国家社科基金青年项目
"'丝绸之路经济带'背景下中国与中亚国家的农业合作模式创新研究"
(项目批准号:15CGL036)的成果

高贵现 著

中国与中亚国家农业合作模式创新研究

中国社会科学出版社

图书在版编目（CIP）数据

中国与中亚国家农业合作模式创新研究／高贵现著 .—北京：
中国社会科学出版社，2023.1
ISBN 978 – 7 – 5227 – 1294 – 9

Ⅰ.①中…　Ⅱ.①高…　Ⅲ.①农业合作—国际合作—研究—中国、中亚　Ⅳ.①F32②F336

中国国家版本馆 CIP 数据核字（2023）第 031195 号

出　版　人	赵剑英
责任编辑	范晨星
责任校对	周　昊
责任印制	王　超

出　　版	中国社会科学出版社
社　　址	北京鼓楼西大街甲 158 号
邮　　编	100720
网　　址	http://www.csspw.cn
发 行 部	010 – 84083685
门 市 部	010 – 84029450
经　　销	新华书店及其他书店
印　　刷	北京明恒达印务有限公司
装　　订	廊坊市广阳区广增装订厂
版　　次	2023 年 1 月第 1 版
印　　次	2023 年 1 月第 1 次印刷
开　　本	710×1000　1/16
印　　张	24
插　　页	2
字　　数	370 千字
定　　价	135.00 元

凡购买中国社会科学出版社图书，如有质量问题请与本社营销中心联系调换
电话：010 – 84083683
版权所有　侵权必究

前　言

一　研究背景

中亚国家位于亚欧大陆中部，地理位置特殊，是中国陆上通往西亚和欧洲的必经之地。农业是中亚国家的重要产业，对于保障国内粮食安全，保障当地民众正常生活以及保持当地社会稳定与经济发展具有重要的意义。中国与中亚国家接壤，在西部有着绵长的边境线，由于中亚与中国西北地区拥有相似的气候条件，农业结构具有较大相似性，具有开展农业合作的天然条件。中国与中亚的农业合作历史悠久，在古代丝绸之路上，中国的丝绸等产品被运往中亚，然后经由中亚远销地中海等地区。中亚国家独立后，中国与中亚国家间一直有着频繁的农业合作，这些农业合作包括农业技术的相互学习借鉴、农产品的贸易等。不过鉴于交通设施的缺乏，以及文化的差异等原因，中国与中亚国家间农业合作的广度和深度都落后于中国与其他接壤国家的农业合作。实际上，中国与中亚国家间农业合作具有广阔的发展空间，相互间农业资源优势互补，发展潜力巨大。中亚国家拥有丰富的农业资源而相对缺少资金和技术，相对应地，中国经过积累拥有较为雄厚的资本和先进的技术而相对缺乏农业资源，中国与中亚国家间的农业合作亟须加强。

2013年"一带一路"倡议的提出为加强中国与中亚国家间的农业合作提供了契机。"一带一路"倡议的理念及"政策沟通、设施联通、贸易畅通、资金融通、民心相通"五通的发展为加强中国与中亚国家间农业合作提供了更多的机遇和可能。首先，推动了农业政策的多主体、深层次沟通，通过各种平台的建立，中国与中亚间已经建立起多层次多维度的沟通机制；其次，为实施重大农业合作项目创造了条件，"一带一路"倡议的发展为实施重大农业合作项目提供了资本、人力和技术条件；再次，为创建新的合作机制提供了可能，比如创建境外农业合作示范区会成为推进国际农业合作的重要载体，在"一带一路"倡议建设中会获得更多的政策和资金支持，将会获得更多的发展机遇，发挥更大的作用；复次，让农产品贸易更加快捷、便利，在"一带一路"倡议带来的贸易便利化以及交通运输条件大幅改善的影响下，中国与中亚国家间的农产品贸易得到了快速的发展；最后，促进了多边农业合作的发展，中亚国家参加了多个国际和地区组织，"一带一路"倡议与这些地区和国家组织积极对接之后，这些都会成为加强多边农业合作的平台。

加强中国与中亚国家间的农业合作需要从模式创新开始。模式创新是加强农业合作的先导，是保障双方农业合作顺利进行的重要手段。"一带一路"倡议的发展为模式创新提供了机遇和可能。模式创新既可能是原有合作模式的发展完善，也可能是根据形势的发展条件的成熟形成了新的合作模式。中国内地与其他国家和地区的农业合作模式一直是学者们的重要研究对象，例如中国与非洲国家的农业合作模式（高贵现，2014；周德翼等，2011；施勇杰，2009），中国与东盟的农业合作模式（付旋，2017），海峡两岸的农业合作模式（邓启明，2014），中国与俄罗斯的农业合作模式（张济路，2017）等。起初中国与中亚国家的农业合作处于自发的阶段，规模很小。随着中国确立新疆向西开放的战略，不断开放内陆口岸，建立边境经济合作区、经济特区、综合保税区等，中国与中亚国家的农业合作得到了迅速发展，双边农产品贸易额快速增长，中国农业企业开始对中亚国家进行直接投资，农业科技交流与合作不断发展，人才交流和劳务输出规模不断扩大，中国与中亚国家的农业合作模式不断丰富。在此基础上，不少学者对于中国（新疆）与中亚国家的农业合作模式创新提出了很多设想和建议。高志刚（2010）提出了增长三角模式、跨国经济合作开发区模式、边境自由贸易区模式及综合模式等创新模式；朱怡洁（2012）提出了农业技术创新联盟合作模式、企业联合合作模式、农业科技园区合作模式等创新模式；陈俭（2012）提出了进出口基地型、目标积聚型、合资共建型、国际农贸市场、国际农产品贸易合作社、电子商务、合同进入、跨国公司八种模式。

如果只是着眼于小的模式创新，那么这样模式的创新是不间断和持续的，而且提出的创新模式因为看问题角度的不同而难以达成共识。所以，为了全面掌握农业合作模式的创新，需要先从大的层面进行把握，比如将中国与中亚国家的农业合作模式分为农业政策沟通、农产品贸易、农业直接投资、农业技术合作等大的方面，然后在这样的框架下进行模式创新的研究，这样对农业合作的模式创新把握得更加全面准确。本书基于这样的思路，对于农业合作模式创新的研究主要基于农业政策沟通、农产品贸易、农业投资等几个大的方面提出创新的依据、思路和路径，为中国与中亚国家间农业合作的顺利开展提供有益的借鉴。

二 "丝绸之路经济带"建设的发展

"一带一路"倡议提出以来，认同此倡议并与中国签署合作文件的国家和国际组织越来越多，"一带一路"朋友圈越来越大；众多合作共赢的项目不断实施，项目示范效应凸显；新的合作领域和合作机制不断开拓；"一带一路"倡议国际合作论坛为其发展注入强大动力，五年来，"一带一路"倡议获得重大进展，成绩斐然。

"一带一路"倡议不断与中亚国家进行双边及多边战略对接。中亚地区所属的国际组织有上海合作组织、欧亚经济联盟和中亚区域经济合作组织等。这些组织都和"一带一路"倡议进行了积极对接，对接之后的合作重点不尽相同。上海合作组织成立于2001年，各方面的合作机制都已经比较成熟，其成立主要是为了加强边境安全方面的合作，后面逐渐延伸到经贸、投资等各领域的合作，农业合作也是其重要的合作领域。"一带一路"倡议与光明之路的对接主要是加强中哈间产能合作，与欧亚经济联盟的对接主要是加强经贸合作，与中亚区域经济合作机制的对接主要是加强基础设施投资方面的合作。

中欧班列近年来获得了蓬勃发展。中欧班列自2011年3月首次开通由重庆开往德国杜伊斯堡的中欧班列以来，中欧班列这几年得到了快速的发展,从2011年开行17列增长到2019年的8225列,增长了483.82倍。2020年上半年,在新冠肺炎疫情影响下,中欧班列共计开行5122列,同比增长36%,保持高速增长。2020年6月,推进"一带一路"建设工作领导小组办公室提出要开展中欧班列集结中心示范工程建设,促进中欧班列开行由"点对点"向"枢纽对枢纽"转变,这意味着中欧班列发展再一次升级,促进其发展数量和质量的双提升。中欧班列发展已经成为推进"一带一路"倡议发展的重要抓手,对开展中国与中亚国家间的农业合作模式创新提供了重要载体。

中国与中亚间边境口岸获得综合性发展。中国与中亚国家相通的口岸主要有阿拉山口、霍尔果斯和伊尔克什坦口岸。阿拉山口口岸是中国西部地区唯一铁路、公路和输油管道并举的国家一类口岸,同时是我国距离欧盟最近的铁路口岸,中欧班列通行数量居全国首位。另外,2020年1月后,阿拉山口口岸开展出口跨境电商零售业务,不过几个月发展到单月发送上千万件包裹。跨境电商的快速发展吸引国际知名电商企业落地口岸综保区,通道经济和口岸经济双向发力,欧亚物流枢纽港地位不断巩固。霍尔果斯除和阿拉山口一起构成通往中亚、欧洲的双通道之外,所建立的中哈霍尔果斯国际边境合作中心是世界上唯一一个跨境的自由贸易区,成为集品牌展示、文化荟萃、贸易投资、商务旅游和文化交流等于一体的综合商贸区。伊尔克什坦口岸与以上两个口岸不同的是,它是公路口岸,也是与吉尔吉斯斯坦边境的口岸,口岸的使用得益于中吉乌跨境公路运输的发展。中吉乌国际公路2018年2月开通以来,并成为中欧班列公铁联运的一部分,成为新疆向西的另一条通道,有效地缓解了阿拉山口、霍尔果斯通道的压力。随着乌兹别克斯坦、吉尔吉斯斯坦通往塔吉克、土库曼以及阿富汗、伊朗的通道的不断完善,中国—中亚—西亚国际运输走廊会成功贯通,中欧班列的西向通道会进一步完善,实现常态化运营,这条通道会为中国与中亚间的经贸合作发挥更大的作用。

三 中国与中亚国家的农业合作模式

国际经济合作与交流不仅包括商品交换,更进一步发展到资本和劳动力等生产要素间的流动，同时带来经贸规则制度等方面的沟通协调。基于此，结合目前中国与中亚国家间农业合作的现状及潜力，本书将中国与中亚国家间农业合作的模式分为农业政策沟通、农产品贸易、农业产业园区建设、农业直接投资、国际劳务合作五个方面。

(一) 农业政策沟通

顺畅的沟通是一切合作顺利进行的前提。在社会中生存的人，每个个体都有着自己不同于他人的思想和对同一事物的看法。同样，每个国家的历史背景、现行政策以及未来发展规划都有很大差异，这些都可能导致国家之间产生冲突。另外，随着国际分工的不断深化，国际合作更加频繁，但国家间的"信任赤字"也随之产生，所以无论是从避免国家冲突、破解"信任赤字"的角度，还是为了国家自身更健康、更全面、更快速的发展，国家之间进行沟通都是解决这些问题的一个良策。国家间沟通包括政策沟通、企业合作、人文交流等，其中国家间政策沟通又是其他沟通交流方式的决定性因素。中国与中亚国家间已经有了良好的沟通体系，"一带一路"倡议的发展又为新的沟通平台和沟通机制的建立创造了良好的条件和机遇，中国与中亚国家间要借此机遇建立起多主体、多层次的立体化沟通体系，以保障中国与中亚国家间各方面农业合作的顺利进行。

(二) 农产品贸易

农产品贸易是中国与中亚国家农业合作的重要内容，是开展农业合作的重要抓手和手段，也是优先发展的方向。中国与中亚一些国家接壤，从古丝绸之路时就开始了频繁的农产品贸易，中亚国家独立后，中国与中亚国家间的农产品贸易获得较大发展。相对于其他农业合作模式来说，农产品贸易成本低、见效快，并且对于其他农业合作的开展具有较强的推动作用。比如中哈间农业合作就是在农产品贸易取得显著成效之后，不断拓展到其他领域合作的。

(三) 农业产业园区建设

建立境外经贸合作园区是中国对外经贸合作中经实践证明了的行之有效的方式。《共同推进"一带一路"建设农业合作的愿景与行动》将共建境外农业合作园区作为"一带一路"农业合作的推进机制。中国已经在中亚国家中建立了农业经贸合作园区,对促进相互的农业合作发挥了积极作用,不过这些合作园区还处于星星之火状态,没有形成燎原之势。因此,中国与中亚的农业合作中,建立更多的境外经贸合作园区也同样必不可少,同时要发挥其多功能的作用,将中国与中亚国家的农业合作不断推行前进。

(四)农业直接投资

对外农业直接投资是国与国之间农业合作的重要模式,对于改善被投资国的农业基础设施、提高农业技术水平具有重要意义,同时对于投资宗主国企业获取农业资源、扩大销售市场、延长产业链具有重要作用。在中国与中亚国家农业合作不断发展的情况下,相互间的农业投资越来越多,越来越多的中国农业企业选择到中亚国家进行投资,这有利于更好地配置区域的优势资源,实现更好发展,不过在相互农业直接投资中,也遇到了一些问题和障碍。在"一带一路"倡议的推动下,中国企业对中亚国家农业直接投资会成为越来越重要的合作模式,也会在实践中不断创新发展。

(五)国际劳务合作

在国家形成之前,人类有迁徙的自由,人口的流动带来了商品的交换和文化的交融,可以说人口的流动是先于并且带动了贸易和投资的产生。现代国家形成之后,虽然人口流动受到了诸多限制,不过人口、劳动力跨国流动与国际贸易、对外非金融类直接投资活动存在一致性。在陆上丝绸之路经济带建设中,中国中西部地区尤其是新疆地区成为我国向西开放的桥头堡,而向西开放的首要地区就是其接壤的中亚地区。从劳动力流动、贸易和投资间的关系可看出,要推进中国与中亚国家的经贸合作,就有必要采取措施来加强中国与中亚国家间的劳务合作。

以上是中国与中亚国家间农业合作五种主要的模式,可能还会有其他的合作形式。农业合作模式是随着国内发展政策、国际发展环境和各国发展需求的变化而变化的历史选择,并且随着农业合作的不断深化,也会有更新的合作模式的出现。不同的合作模式也不一定是完全独立的,有可能同一个项目实际上包含多种合作模式。另外,在同一个国家,也会出现多样化的合作模式。

四 中国与中亚国家农业合作模式的创新

模式的创新不是突然出现的,也不是一蹴而就的,对未来的发展提出模式创新需要考虑现实的基础以及发展的规律。

首先,需要对中亚国家以及中国的农业发展现状有着深入的考察。本书对于中亚五国的农业发展情况进行了深入的研究分析,分析内容包括农业生产要素、农业生产、农产品的消费和贸易等全产业链。农业生产要素包括气候、土地、水资源、劳动力、技术、管理、资本等各个要素,农业生产包含全国、各州的分布以及各农业生产主体的分布。对于中国农业发展现状的分析主要是中国西北五省份的农业发展,可以形成对比。

其次,需要对"一带一路"倡议尤其是陆上丝绸之路经济带的发展有准确的把握。"一带一路"倡议的发展是本书研究的背景,是促进农业合作模式创新的主要动力。对于该倡议的把握包括倡议的提出、倡议的内涵以及倡议提出来之后的发展。本书详细考察了倡议的发展情况,从合作文件签署、重大项目推进、"五通"建设、新的合作领域开拓、新的合作机制建立以及新的重要平台建立六个方面总结了"一带一路"倡议的发展情况。

最后,需要对目前中国与中亚国间各个农业合作模式发展的现状有着清楚的认识。针对中国与中亚国家间农业合作的五个模式,本书对其发展现状都进行了详细的分析。

基于以上三个方面的准备,书中提出了未来农业合作模式创新的思路、方法和路径。模式的创新思路的提出主要是基于政府的角度,为政府推动双方合作提供建议咨询,同时充分考虑到市场机制的作用。对于市场机制较为成熟,能够利用市场力量进行的模式创新,主要是推动市场机制的建设,比如说农产品贸易领域,政府的作用是不断推进贸易便利化,贸易的发展自然会有市场力量来推动。对于市场机制不成熟,难以利用市场力量来推动的模式创新,就需要有效发挥政府的作用,比如中国对中亚国家重大农业投资项目的实施,就更需要发挥政府的顶层设计、规划推进以及沟通协调的作用。

五 本书的创新点及不足之处

本书的创新点主要有以下三个方面：一是研究内容的创新，本书对于中亚五国农业的详细考察以及对于中国与中亚农业合作模式的梳理都是较新的研究内容，以往还没有研究对中亚的农业研究得这样全面；二是研究角度的创新，结合"一带一路"倡议的发展对于中国与中亚农业合作模式创新进行研究是一个新的研究角度，这个研究角度可以推广到其他领域的研究，这样对于"一带一路"倡议的研究会更加全面；三是研究方法的创新，对于此项目的研究，需要和中亚的研究机构和人员进行合作才能更好地完成，本项目与哈萨克斯坦的赛福林农业技术大学建立起了合作关系，并且有效吸收了哈国留学生参与到项目研究中。

本书的不足之处主要有以下几个方面：一是研究内容还可以继续完善，本书中虽然对中亚五国的农业发展进行了详细的分析，但是缺少它们间的横向比较，这个可以继续完善，对中亚国家的农业发展情况也会更能把握和增进了解。二是土库曼斯坦的数据资料有些陈旧，不过这已经是能够找到的最新的数据，这是因为土库曼斯坦对与其他国家共享数据存在疑虑，如果能够获得最新的数据，对土库曼斯坦最近几年的了解会更加深刻。同时出于签证和新冠肺炎疫情的原因，课题组没能到中亚国家进行实地调研，缺少第一手的数据，本书的数据基本都是来自二手数据。三是关于中国与中亚国家间粮食安全方面的合作，本书中还没有深入研究，这主要是因为粮食安全的主题难度有点大，涉及的领域多，后面会努力加以完善。

目 录

第一章 哈萨克斯坦的农业发展 …………………………………… (1)
  第一节 哈萨克斯坦的国家概况及行政区划 ………………………… (1)
  第二节 哈萨克斯坦的农业生产要素 ………………………………… (2)
    一 气候 ………………………………………………………………… (2)
    二 土地 ………………………………………………………………… (3)
    三 水资源 ……………………………………………………………… (6)
    四 农业生产主体 ……………………………………………………… (9)
    五 农业发展战略及农业支持政策 …………………………………… (11)
    六 农业技术水平 ……………………………………………………… (14)
  第三节 哈萨克斯坦的农业生产 ……………………………………… (17)
    一 种植业 ……………………………………………………………… (17)
    二 畜牧业 ……………………………………………………………… (21)
    三 农业产值的地区分布 ……………………………………………… (24)
    四 不同农业经营主体的农业生产 …………………………………… (30)
  第四节 哈萨克斯坦的农产品消费和贸易 …………………………… (35)
    一 哈萨克斯坦居民生活水平 ………………………………………… (36)
    二 哈萨克斯坦农产品消费 …………………………………………… (39)
    三 哈萨克斯坦主要贸易伙伴及贸易量 ……………………………… (42)

第二章 乌兹别克斯坦的农业发展 ………………………………… (45)
  第一节 乌兹别克斯坦的国家概况及行政区划 ……………………… (45)

第二节　乌兹别克斯坦的农业生产要素 …………………………………(48)
    一　气候 ……………………………………………………………(48)
    二　土地 ……………………………………………………………(49)
    三　水资源 …………………………………………………………(51)
    四　农业生产主体 …………………………………………………(53)
    五　农业发展战略及农业支持政策 ………………………………(56)
    六　农业技术水平 …………………………………………………(59)
  第三节　乌兹别克斯坦的农业生产 ……………………………………(63)
    一　乌兹别克斯坦的农业生产 ……………………………………(63)
    二　乌兹别克斯坦农业生产的州际分布 …………………………(69)
    三　不同农业经营主体的农业生产 ………………………………(76)
  第四节　乌兹别克斯坦的农产品消费和贸易 …………………………(82)
    一　乌兹别克斯坦的农产品消费 …………………………………(82)
    二　乌兹别克斯坦的农产品贸易 …………………………………(84)

第三章　吉尔吉斯斯坦的农业发展 …………………………………(90)
  第一节　吉尔吉斯斯坦的国家概况及行政区划 ………………………(90)
  第二节　吉尔吉斯斯坦的农业生产要素 ………………………………(92)
    一　气候 ……………………………………………………………(92)
    二　土地 ……………………………………………………………(93)
    三　水资源 …………………………………………………………(97)
    四　农业生产主体 …………………………………………………(99)
    五　农业发展战略及农业支持政策 ………………………………(100)
    六　农业技术水平 …………………………………………………(102)
  第三节　吉尔吉斯斯坦的农业生产 ……………………………………(107)
    一　吉尔吉斯斯坦的农业生产 ……………………………………(108)
    二　吉尔吉斯斯坦农业生产的州际分布 …………………………(113)
    三　不同农业经营主体的农业生产 ………………………………(118)
  第四节　吉尔吉斯斯坦的农产品消费和贸易 …………………………(123)
    一　吉尔吉斯斯坦的农产品消费 …………………………………(124)

二　吉尔吉斯斯坦的农产品贸易 …………………………… (128)

第四章　塔吉克斯坦的农业发展 …………………………… (133)
第一节　塔吉克斯坦的国家概况及行政区划 ………………… (133)
第二节　塔吉克斯坦的农业生产要素 ………………………… (136)
　　一　气候 …………………………………………………… (136)
　　二　土地 …………………………………………………… (137)
　　三　水资源 ………………………………………………… (139)
　　四　农业生产主体 ………………………………………… (141)
　　五　农业发展战略及农业支持政策 ……………………… (143)
　　六　农业技术水平 ………………………………………… (145)
第三节　塔吉克斯坦的农业生产 ……………………………… (147)
　　一　塔吉克斯坦的农业生产 ……………………………… (147)
　　二　塔吉克斯坦农业生产的州际分布 …………………… (155)
　　三　不同农业经营主体的农业生产 ……………………… (159)
第四节　塔吉克斯坦的农产品消费和贸易 …………………… (162)
　　一　塔吉克斯坦的农产品消费 …………………………… (162)
　　二　塔吉克斯坦的农产品贸易 …………………………… (165)

第五章　土库曼斯坦的农业发展 …………………………… (168)
第一节　土库曼斯坦的国家概况及行政区划 ………………… (168)
第二节　土库曼斯坦的农业生产要素 ………………………… (170)
　　一　气候 …………………………………………………… (171)
　　二　土地 …………………………………………………… (172)
　　三　水资源 ………………………………………………… (173)
　　四　农业生产主体 ………………………………………… (175)
　　五　农业发展战略及农业支持政策 ……………………… (177)
第三节　土库曼斯坦的农业生产 ……………………………… (178)
　　一　土库曼斯坦的农业生产 ……………………………… (178)
　　二　土库曼斯坦农业生产的州际分布 …………………… (184)

三　不同农业经营主体的农业生产 …………………………（188）
　第四节　土库曼斯坦的农产品消费和贸易 ………………………（192）
　　一　土库曼斯坦的农产品消费 ……………………………（192）
　　二　土库曼斯坦的农产品贸易 ……………………………（196）

第六章　中国及西北五省份的农业发展 ……………………………（200）
　第一节　中国及西北五省份的发展概况 …………………………（200）
　第二节　中国及西北五省份的农业生产要素 ……………………（202）
　　一　气候 ……………………………………………………（202）
　　二　土地 ……………………………………………………（203）
　　三　水资源 …………………………………………………（205）
　　四　农业生产主体 …………………………………………（206）
　　五　农业发展战略及农业支持政策 ………………………（207）
　　六　农业技术水平 …………………………………………（208）
　第三节　中国及西北五省份的农业生产 …………………………（210）
　　一　中国及西北五省份的农业生产 ………………………（210）
　　二　农垦系统国有农场的农业生产 ………………………（222）
　第四节　中国及西北五省份的农产品消费和贸易 ………………（224）
　　一　中国及西北五省份的农产品消费 ……………………（224）
　　二　中国及西北五省份的农产品贸易 ……………………（227）

**第七章　"丝绸之路经济带"倡议的内涵、进展及其带来的
　　　　　机遇** …………………………………………………………（231）
　第一节　"一带一路"倡议的内涵 …………………………………（231）
　　一　共建"一带一路"是构建人类命运共同体和建设新型国际
　　　　关系的重要实践平台 …………………………………（233）
　　二　共建"一带一路"以经济合作为主，延展到全方位
　　　　合作 ………………………………………………………（234）
　　三　不是中国一家的独奏，而是沿线国家的合唱 ………（234）
　第二节　"一带一路"倡议的进展 …………………………………（235）

  一 双边及多边文件的签署 …………………………………（235）
  二 重大项目的推进建设 ……………………………………（237）
  三 "五通"建设持续推进 ……………………………………（239）
  四 新的合作领域的开拓 ……………………………………（241）
  五 重要合作机制的建立 ……………………………………（243）
  六 "一带一路"国际合作高峰论坛等重要平台的建立……（244）
 第三节 陆上"丝绸之路经济带"建设的重要进展 ………………（247）
  一 "一带一路"倡议与中亚国家双边及多边战略的对接……（247）
  二 中欧班列的蓬勃发展 ……………………………………（249）
  三 边境口岸综合性发展 ……………………………………（250）
 第四节 "丝绸之路经济带"建设为中国与中亚国家农业合作
     带来的机遇 …………………………………………（251）
  一 推动了农业政策的多主体、深层次沟通 ………………（251）
  二 为实施重大农业合作项目创造了条件 …………………（251）
  三 为创建新的合作机制提供了可能 ………………………（252）
  四 让农产品贸易更加快捷、便利 …………………………（253）
  五 促进多边农业合作的发展 ………………………………（253）

第八章 中国与中亚国家间农业政策沟通的发展及模式创新 ……（255）
 第一节 中国与中亚国家农业政策沟通的发展 …………………（255）
  一 中国与哈萨克斯坦农业政策沟通 ………………………（256）
  二 中国与乌兹别克斯坦农业政策沟通 ……………………（261）
  三 中国与吉尔吉斯斯坦农业政策沟通 ……………………（265）
  四 中国与塔吉克斯坦农业政策沟通 ………………………（268）
  五 中国与土库曼斯坦农业政策沟通 ………………………（273）
 第二节 中国与中亚国家间农业政策沟通的模式创新 …………（274）
  一 创建新的多边农业合作机制 ……………………………（274）
  二 积极推动签署双边农业合作协议 ………………………（276）
  三 实施好友好省份、友好城市对接机制 …………………（277）
  四 积极发挥各类博览会、发展论坛、企业商会的作用 …（279）

五　创建高校、科研院所合作联盟 …………………………… (280)

第九章　中国与中亚国家农产品贸易畅通及模式创新 ……… (282)
　第一节　中国与中亚国家间农产品贸易额的变化 ……………… (283)
　　一　农产品范围界定 ……………………………………………… (283)
　　二　中国与中亚国家间农产品贸易额的变化 ………………… (284)
　　三　中国与中亚国家农产品的进出口额的变化 ……………… (285)
　第二节　中国与中亚国家间农产品贸易的结构变化 …………… (287)
　　一　整体上中国与中亚国家间农产品贸易的结构变化 ……… (287)
　　二　分国家看中国与中亚国家间农产品贸易的结构变化 …… (288)
　　三　中国与中亚国家农产品贸易的多样性指标 ……………… (291)
　第三节　"一带一路"倡议对农产品贸易额影响的实证
　　　　　分析 …………………………………………………… (294)
　　一　实证方法 …………………………………………………… (294)
　　二　中国与中亚国家间农产品进出口贸易的回归结果 ……… (295)
　　三　分国家看农产品贸易额的回归结果 ……………………… (297)
　第四节　中国与中亚国家农产品贸易的发展趋势分析 ………… (298)
　第五节　中国与中亚国家间农产品贸易的分析结论及
　　　　　存在的问题 …………………………………………… (300)
　第六节　中国与中亚国家间农产品贸易的模式创新 …………… (301)
　　一　签订自贸协定，降低关税水平 …………………………… (302)
　　二　完善农产品物流设施和体系 ……………………………… (303)
　　三　进一步推进贸易便利化水平 ……………………………… (305)
　　四　大力发展跨境电商新模式 ………………………………… (306)
　　五　带动农业产业链其他商品及服务的贸易 ………………… (307)

第十章　中国与中亚国家农业合作园区建设及模式创新 ……… (308)
　第一节　中国在中亚国家建立农业合作园区的发展 …………… (309)
　　一　中国在中亚国家建立农业合作园区的发展概况 ………… (310)
　　二　中国在中亚国家建立农业合作园区的发展效益 ………… (312)

三　中国在中亚国家建立农业合作园区的发展模式 …………(314)
　　四　中国在中亚国家建立农业合作园区典型案例介绍 ………(316)
　　五　中国在中亚国家建立农业合作园区存在的问题 …………(318)
第二节　中国在中亚国家建立农业合作园区的模式创新 ………(320)
　　一　推动更多企业在中亚建立农业合作园区 …………………(320)
　　二　促进中亚农业合作园区多元化发展 ………………………(321)
　　三　建立农业合作园区定期评估机制 …………………………(323)
　　四　建立中亚农业合作园区信息平台 …………………………(324)

第十一章　中国对中亚国家农业直接投资及模式创新 …………(326)
第一节　中国对中亚国家农业直接投资的概况 …………………(326)
　　一　中国企业对中亚国家农业直接投资的国别分布 …………(328)
　　二　中国企业对中亚国家农业直接投资的产业分布 …………(329)
　　三　中国企业对中亚国家农业直接投资的主要模式 …………(331)
　　四　中国企业对中亚国家农业直接投资取得的成就 …………(333)
第二节　中国企业对中亚国家农业直接投资典型案例介绍 ……(335)
　　一　西安爱菊粮油工业集团有限公司 …………………………(335)
　　二　甘肃亚兰药业有限公司 ……………………………………(336)
第三节　中国企业对中亚国家农业直接投资的问题 ……………(337)
第四节　中国企业对中亚农业直接投资的模式创新 ……………(339)
　　一　对于单个企业做好投资的全周期管理，提高可持续发展
　　　　能力 ………………………………………………………(339)
　　二　为已投资企业做好服务，及时解决遇到的困难，营造
　　　　优良的发展环境 …………………………………………(340)
　　三　引导推动更多的企业对中亚进行投资，拓展投资领域和
　　　　产业链 ……………………………………………………(341)
　　四　规划建设几个标志性大项目 ………………………………(343)

第十二章 "丝绸之路经济带"背景下中国与中亚国家劳务合作研究 (345)

第一节 加强中国与中亚国家劳务合作的重要意义 (346)
一 有利于中国与中亚国家间的文化融合 (347)
二 有利于中国与中亚国家间人力资源有效配置 (347)
三 有利于中国与中亚国家间深化各领域合作 (347)

第二节 中国与中亚国家都不是对方主要的劳务合作国 (348)
一 从中国劳务输出来看,中亚国家不是中国劳务的主要输出地,民间劳务合作很弱 (348)
二 从国内看,中国与中亚国家的劳务合作以新疆为主 (350)
三 从中亚国家劳务输出看,俄罗斯是其劳务的主要流入地,并积极拓展其他地区 (350)

第三节 加强中国与中亚国家劳务合作已经具备的有利条件 (352)
一 "一带一路"倡议逐渐深入人心,得到国际社会的广泛响应 (352)
二 中国与中亚国家间经贸合作的迅猛发展,催生了众多劳务合作的需求 (353)
三 中国(新疆)与俄罗斯经济发展形势的鲜明对比有利于中国吸引中亚劳工 (353)
四 中亚国家的发展需要寻求更多的与中国的劳务合作的机会 (354)

第四节 加强中国与中亚国家劳务合作的几点措施 (355)
一 在"丝绸之路经济带"倡议下,加强中国与中亚国家间的文化交流 (355)
二 采取优惠措施吸引中亚劳工到中国(新疆)工作 (356)
三 加强双方农业合作 (356)
四 大力拓展中国与中亚国家的旅游合作 (357)

参考文献 (359)

第一章

哈萨克斯坦的农业发展

哈萨克斯坦是中亚地区最重要的国家,是陆上丝绸之路经济带建设不可或缺的国家。哈萨克斯坦的农业发展及其与中国的农业合作对于顺利推进陆上丝绸之路经济带的农业合作以及保障中亚地区的粮食安全具有重要的意义。

第一节 哈萨克斯坦的国家概况及行政区划

哈萨克斯坦是中亚地区的内陆国,国土面积272.49万平方千米,与俄罗斯、乌兹别克斯坦、吉尔吉斯斯坦、土库曼斯坦和中国接壤,西邻里海,其中与俄罗斯有着长达7591千米的边境线。

哈萨克斯坦独立之后,由于苏联的解体造成的原有生产模式的破坏,哈国经济受到了严重的影响,1991年到1995年哈国GDP都在负增长,1996年经济开始复苏,并从2000年到2007年保持着中高速增长。受2008年国际金融危机影响,哈国近十年的经济发展波动加大,2018年GDP增长率为4.1%,经济总量达到1793.4亿美元。哈国人口在独立后出现下降趋势,到2000年左右开始增长,并且增长稳定,2018年哈国人口总计1839.56万,城镇人口1069.82万,占比58.2%。哈国2012年人均GDP达到1.2万美元,进入中高收入国家行列。

哈萨克斯坦幅员辽阔,全国分为14个州,三个直辖市,首都是阿斯塔纳市。2018年州以下共有183个地区,87个城市,30个特别区。地方政府行政机构有2253个乡镇和26个特别区政府,拥有6454个自然村。

(见表1-1)

表1-1　　　　哈萨克斯坦共和国的行政区域划分和人口

	2014年	2015年	2016年	2017年	2018年
州	14	14	14	14	14
地区	176	177	177	177	183
市	87	87	87	87	87
州级市	38	38	38	38	37
区级市	47	47	47	47	47
特别区	30	30	30	30	30
村落	6724	6693	6668	6569	6454
特别区政府	26	26	26	26	26
乡镇	2374	2372	2295	2267	2253
总人口（千人）	17417.7	17670.6	17918.2	18157.3	18395.6
市区	9868.6	10066.6	10250.1	10423.6	10698.2
村落	7549	7604	7668.1	7733.8	7697.4
农村人口总数百分比（%）	43.3	43.2	42.8	42.6	41.8

注：统计截至当年年底。

资料来源：Министерство Национальной Экономики Республики Казахстан Комитет по Статистике, Сельское, Лесное и Рыбное Хозяйство в Республике Казахстан 2014–2018, Нур-Султан 2019, Стр. 10.

第二节　哈萨克斯坦的农业生产要素

一　气候

哈萨克斯坦深入亚欧大陆腹地，使得哈国气候以温带大陆性干旱半干旱气候为主，冬冷夏热，全年气温较低，1961—1990年全国平均气温为5.5℃。2014—2018年月最高气温23.7℃，月最低气温-15.6℃。长期平均气温较高的点位于南部土耳其斯坦地区的沙达拉站（станция Шардара）（海拔271米），年均气温13.6℃，长期平均气温较低的点位于南部阿拉木图地区的千禧站（станция Мынжилки）（海拔3017米），年均气温-1.8℃。（见表1-2）

表1-2　　　　　　　　哈萨克斯坦各州年均气温　　　　（单位：摄氏度）

	2014年	2015年	2016年	2017年	2018年
哈萨克斯坦共和国	6.4	7.7	7.6	7.5	6.2
阿克莫拉	2	3.1	2.8	3.5	1.1
阿克托别州	5.6	6.5	7	6.5	5.5
阿拉木图州	6.9	8.5	8.1	7.9	6.8
阿特劳	9.8	10.5	10.9	10.7	10
西哈萨克斯坦	6.9	8.2	8.2	7.8	7
江布尔州	9.1	11.3	11.1	10.5	9.3
卡拉干达州	3.5	5.4	5	5	2.9
科斯塔奈	3.3	3.9	4	3.8	2.3
克孜勒奥尔达州	9.4	11.8	12.1	11.1	10.2
曼吉斯套州	12.9	13.2	13.3	13.6	13.3
巴甫洛达尔州	2.8	4.1	3.5	3.8	1.6
北哈萨克斯坦	1.9	2.8	2.7	2.9	1.1
图尔克斯坦州	11.5	13.3	13.5	12.7	12.6
东哈萨克斯坦	3.6	5.2	4.3	4.8	3.2
阿斯塔纳市	3.3	4.8	4.6	5.2	2.5
阿拉木图市	9.8	11.7	11.4	11.1	10.2
希姆肯特市	12.4	13.9	14.5	13.6	13.6

资料来源：Министерство Национальной Экономики Республики Казахстан Комитет по Статистике, *Сельское, Лесное и Рыбное Хозяйство в Республике Казахстан 2014 - 2018*, Нур - Султан 2019, Стр. 165.

二　土地

哈萨克斯坦的地势西北低，东南高，依次是里海沿岸低地，图兰平原，北部平原，中部丘陵和东南部天山山脉。西部和西南部多半荒漠和荒漠，从里海延伸到阿尔泰山的半荒漠，占国土面积的15%，北部平原是哈国农业的主产区，中东部丘陵地带是哈国辽阔的草地牧场，草地牧场约占国土面积的三分之一。哈萨克斯坦2018年农用地面积10533.74万公顷，约占哈国可利用土地的40.1%，农用地按照土地使用方式不同分为耕地、果园、荒地、草场、牧场、森林、沼泽、水域及其他，牧场面积最大，主要分布在中部的卡拉干达州、阿克托别州、东哈萨克斯坦，其次是耕地面积，2533.99 万公顷，主要分布在科斯塔奈、阿克莫拉、北哈萨克斯坦北方三州。2018 年可灌溉耕地面积 163.44 万公顷，约占耕地面积的 6.45%，主要分布在锡尔河沿岸和伊犁河谷的阿拉木图州、土耳其斯坦州、江布尔州等。（见表 1-3）

表 1-3　　　　　　　　哈萨克斯坦农用地分布　　　　　（单位：万公顷）

	农用地总面积	耕地	果园	荒地	草场	牧场	森林	沼泽	水域	其他
哈萨克斯坦共和国	10533.74	2533.99	7.7	193.05	217.79	7236.97	0.16	16.14	22.17	253.69
阿克莫拉	1082.89	594.52	0.29	26.33	15.37	443.8	0.01	0.22	0.71	1.23
阿克托别州	1050	71.03	0.05	25.95	13.41	924.75	0.01	0.72	1.89	10.18
阿拉木图州	829.29	101.24	2.06	8.13	20.21	680.81	0	0.59	0.59	11.47
阿特劳	266.29	0.6	0.05	0.82	5.14	239.83	0	5.31	3.15	10.08
西哈萨克斯坦	690.73	60.53	0.2	45.78	44.05	534.52	0.02	0.02	0.28	3.56
江布尔州	458.92	78.19	0.39	—	12.34	354.09	0.01	0.42	0.77	7.12
卡拉干达州	1488.78	125.06	0.19	19.36	22.28	1280.34	0	0.51	2.56	33.59
科斯塔奈	1064.49	601.52	0.92	13.93	11.53	421.6	0	3.24	2.61	4.74
克孜勒奥尔达州	269.24	16.67	0.06	4.02	3.71	191.59	0	0.21	0.35	48.45
曼吉斯套州	522.8	0.04	0.01	0.01	—	420.57	0	—	—	98.98
巴甫洛达尔州	590.61	160.52	0.15	26.94	14.05	381.15	0	0.51	0.99	4.06
北哈萨克斯坦	715.48	491.8	0.26	5.73	1.57	193.04	0.02	4.27	6.49	4.22
图尔克斯坦州	411.43	86.34	2.84	10.12	6.95	293.24	0.02	0.02	0.8	8.13
东哈萨克斯坦	1092.79	145.93	0.23	5.93	47.18	877.64	0.07	0.1	0.98	7.88

注：统计截至 2018 年 11 月 1 日。

资料来源：Министерство Национальной Экономики Республики Казахстан Комитет по Статистике, *Сельское, Лесное и Рыбное Хозяйство в Республике Казахстан 2014-2018*, Нур-Султан 2019, Стр. 80.

哈萨克斯坦主要农作物种植面积在 2000 万公顷以上，2018 年达到 2189.94 万公顷。主要的农作物有谷物、油籽、饲料作物、棉花、露天蔬菜和园林作物。谷物主要有小麦、大麦、燕麦和马铃薯等，其中以小麦种植面积最大，主要分布在科斯塔奈、阿克莫拉、北哈萨克斯坦北方三州，马铃薯主要分布在阿拉木图州和北哈萨克斯坦州，水稻种植面积不大，主要分布在克孜勒奥尔达州和阿拉木图州等灌溉较好的地区。油籽主要有葵花籽、亚麻籽、油菜和红花籽。向日葵主要分布在东哈萨克斯坦和巴甫洛达尔州等东北地区。棉花只在图尔克斯坦州有种植。饲料作物主要有多年生草本植物、一年生草本植物和饲料玉米，饲料作物的分布较为均衡，主要是科斯塔奈和北哈萨克斯坦州。蔬菜主要在图尔克斯坦州、阿拉木图州和江布尔州等南部和东南部州种植。园林作物主要是葡萄和核果，主要分布在图尔克斯坦州和阿拉木图州。（见表 1-4）

表 1-4　　2018 年各州主要农作物种植面积　　（单位：千公顷）

	小麦	马铃薯	水稻	向日葵	棉花	饲料作物	露天蔬菜	葡萄园
哈萨克斯坦共和国	11409.8	193	101.5	856.9	132.6	3323.2	152.3	14.4
阿克莫拉	3599	15.6		29.4		257.7	2.9	0
阿克托别州	311.2	6.3		38		235.6	4.4	0.01
阿拉木图州	125.3	39.3	10.6	21.4		247.7	32.2	3.7
阿特劳	—	2				2	2.6	0.01
西哈萨克斯坦	200	4.3		39.1		175.7	3.6	0.02
江布尔州	119.1	9.7		4.3		208.2	32	0.16
卡拉干达州	629.5	14.5		1.6		281	2.9	0.02
科斯塔奈	3464	9.7		58.8		635.3	2.5	0.01
克孜勒奥尔达州	5.7	4.3	87.5	0.1		57.8	5.2	0.06
曼吉斯套州	—	17.2				0	0.4	0
巴甫洛达尔州	458.8	—		177.1		328.9	6.3	0
北哈萨克斯坦	1949.6	35.5		68.6		406.1	6.3	0
图尔克斯坦州	190.2	14	3.4	4.3	132.6	189.7	39.5	9.97

续表

	小麦	马铃薯	水稻	向日葵	棉花	饲料作物	露天蔬菜	葡萄园
东哈萨克斯坦	345.5	20		413.8		291.7	9.1	0.07
阿斯塔纳市	0.4	0.1				0	0	—
阿拉木图市	0	0.1				—	0.2	0.03
希姆肯特市	11.5	0.4		0.4		5.7	2.4	0.32

资料来源：Министерство Национальной Экономики Республики Казахстан Комитет по Статистике，*Сельское，Лесное и Рыбное Хозяйство в Республике Казахстан 2014 – 2018*，Нур – Султан 2019，Стр. 53 – 79.

三 水资源

哈萨克斯坦 1961—1990 年全国平均年降水量为 326 毫米，2014—2018 年月最高降水量为 60 毫米，月最低降水量为 10 毫米。受气候和地形两方面影响，哈萨克斯坦自西向东逐渐抬升的地形，有利于北大西洋暖流的水汽深入哈萨克斯坦东部地区，在东部及东南部的迎风坡，形成了较多的降水。这里的降水和天山山脉的冰川组成了东部最重要的水源。降水量较高的是南部地区和阿拉木图地区，1961—1990 年平均年降水量达到 863 毫米，降水量较高的是克孜勒奥尔达地区，1961—1990 年平均年降水量为 103 毫米。北部自然环境类似俄罗斯，较为湿润，北部、南部和东南部形成了哈萨克斯坦主要的农产区。（见表 1 – 5）

表 1 – 5　　　　　哈萨克斯坦各州年均降水量　　　　（单位：毫米）

	2014 年	2015 年	2016 年	2017 年	2018 年
哈萨克斯坦共和国	274	333	397	288	293
阿克莫拉	366	405	454	289	441
阿克托别州	220	248	392	259	162
阿拉木图州	401	459	653	416	488
阿特劳	109	184	262	280	98
西哈萨克斯坦	167	234	399	305	231
江布尔州	323	345	451	354	291

续表

	2014 年	2015 年	2016 年	2017 年	2018 年
卡拉干达州	244	314	339	235	271
科斯塔奈	269	348	388	271	270
克孜勒奥尔达州	134	183	190	142	120
曼吉斯套州	78	120	206	106	85
巴甫洛达尔州	300	345	349	326	395
北哈萨克斯坦	410	488	454	322	471
图尔克斯坦州	—	—	—	—	405
东哈萨克斯坦	344	432	477	241	373
阿斯塔纳市	344	396	417	255	429
阿拉木图市	625	671	1 012	685	621
希姆肯特市	704	701	705	680	490

资料来源：Министерство Национальной Экономики Республики Казахстан Комитет по Статистике, *Сельское, Лесное и Рыбное Хозяйство в Республике Казахстан 2014 – 2018*, Нур-Султан 2019, Стр. 162.

受地势和降水量的影响，哈萨克斯坦内流河和内流湖众多，大部分地区为内流区和无流区。哈国共有大小河流 8.5 万多条，湖泊 4.8 万多个，冰川 2700 余座，境内的河流主要有锡尔河、努拉河、乌拉尔河、楚河、额尔齐斯河以及支流伊希姆河。但是这些河流普遍流程短、全年水量小且季节变化很大，2014—2018 年河流年径流水资源最大是 1600 亿立方米（2016 年），最少只有 1080 亿立方米（2014 年），差异变化大。（见表 1 - 6）

表 1 - 6　　　　　　　　哈国境内主要大河特征

河流名称	总长度（千米）	哈国境内长度（千米）	流域面积（万平方千米）	年均径流量（亿立方米）	2016 年径流量（亿立方米）
额尔齐斯（Иртыш）	4248	1700	21	279	292
伊希姆（Ишим）	2450	1400	11.3	18.2	31.7
托博尔河（Тобол）	1591	800	13	2.8	1.9

续表

河流名称	总长度（千米）	哈国境内长度（千米）	流域面积（万平方千米）	年均径流量（亿立方米）	2016年径流量（亿立方米）
努拉河（Нура）	978	978	5.51	6.7	10.9
乌拉尔（Урал）	2428	1082	7.3	100	49.9
锡尔河（Сырдария）	2212	1400	21.9	149	117
楚河（Шу）	1186	800	6.25	17.7	17.4
塔拉斯河（Талас）	661	227	5.27	5.4	5.5
伊利河（Или）	1001	815	6.84	144	1640

资料来源：Министерство Национальной Экономики Республики Казахстан Комитет по Статистике, *Сельское, Лесное и Рыбное Хозяйство в Республике Казахстан 2014 – 2018*, Нур - Султан 2019, Стр. 89.

哈萨克斯坦 2018 年全国取水 250.96 亿立方米，其中运输过程中水损失 37.19 亿立方米，损失比率 14.8%。可利用淡水 205.11 亿立方米，再利用和回收淡水 95.40 亿立方米，工业需求使用淡水 53.51 亿立方米，家庭居民饮用水 7.41 亿立方米，农业灌溉用水 127.6 亿立方米，牧场用水 9.4 亿立方米。（见表 1 – 7）

表 1 – 7　　　　　　　各州农业灌溉用水统计　　　（单位：百万立方米）

	2014 年	2015 年	2016 年	2017 年	2018 年
哈萨克斯坦共和国	9985	10445	9629	13222	12760
阿克莫拉	18	15	13	14	8
阿克托别州	12	32	16	13	18
阿拉木图州	2565	2633	2446	2519	2876
阿特劳	82	72	71	70	71
西哈萨克斯坦	15	10	15	18	17
江布尔州	690	873	609	1532	1044
卡拉干达州	78	71	60	73	63
科斯塔奈	16	16	16	14	15
克孜勒奥尔达州	3004	3026	2918	4239	4089

续表

	2014 年	2015 年	2016 年	2017 年	2018 年
曼吉斯套州	—	—	—	—	0.1
巴甫洛达尔州	291	298	298	1057	1008
北哈萨克斯坦	17	16	15	7	5
图尔克斯坦州	—	—	—	—	3130
东哈萨克斯坦	244	234	247	326	327
阿斯塔纳市	1	1	—	5	6
阿拉木图市	1	1	2	—	0.06
希姆肯特市	—	—	—	—	83

资料来源：Министерство Национальной Экономики Республики Казахстан Комитет по Статистике, *Сельское, Лесное и Рыбное Хозяйство в Республике Казахстан 2014－2018*, Нур-Султан 2019，Стр. 149.

为了解决水资源的短缺，哈国政府在农业方面采取了若干措施，比如提高水资源利用效率、采用节水灌溉和土壤保湿节水、应用和实施现代化水利设施、改善农作物种植结构等措施。另外，与中俄乌吉开展跨境水资源合作也是解决水资源短缺的重要方面。

四 农业生产主体

2017 年哈萨克斯坦总人口 1815.73 万人，劳动力人口 858.52 万人，其中农业劳动力人口 131.9 万人，占劳动力人口的 15.36%，只占总人口的 7.26%。劳动力人口主要分布在农业较为发达的阿拉木图州、图尔克斯坦州、科斯塔奈等州。相比于北方粮食主产区的各州，阿拉木图州和图尔克斯坦州农业劳动力的吸附作用更强，显示出畜牧业、灌溉农业和园林作物种植的劳动力密集性特性。（见表 1－8）

表 1－8　　　　　哈萨克斯坦各州农业就业人口　　　　（单位：千人）

	2013 年	2014 年	2015 年	2016 年	2017 年
农业就业人口	2073.6	1605.1	1362.9	1385.5	1319.0
阿克莫拉	148.9	150.3	133.5	135.5	129.0

续表

	2013 年	2014 年	2015 年	2016 年	2017 年
阿克托别州	55.9	42.2	37.0	45.9	39.4
阿拉木图州	423.0	323.5	252.3	280.3	242.2
阿特劳	11.9	12.8	10.8	10.7	8.4
西哈萨克斯坦	81.0	69.9	62.6	73.0	72.8
江布尔州	201.5	132.1	133.2	126.3	145.9
卡拉干达州	82.4	60.9	34.8	32.7	31.4
科斯塔奈	189.4	182.6	167.2	173.3	154.2
克孜勒奥尔达州	34.4	32.0	31.5	39.6	30.3
曼吉斯套州	3.4	3.4	3.7	3.1	2.1
巴甫洛达尔州	92.4	92.4	77.4	73.7	69.5
北哈萨克斯坦	142.0	120.3	116.1	102.2	97.8
图尔克斯坦州	417.4	222.6	186.9	175.7	186.2
东哈萨克斯坦	179.8	150.8	110.7	106.9	105.5
阿斯塔纳市	6.6	8.0	3.7	4.8	2.0
阿拉木图市	3.5	1.4	1.6	1.8	2.5

资料来源：Министерство Национальной Экономики Республики Казахстан Комитет по Статистике, *Занятость в Казахстане 2013 – 2017*, Астана 2018, Стр. 155.

哈萨克斯坦独立后在农业领域实行私有制，私营农场和个体农户成为了主要的农业生产主体。哈国地广人稀，适合大规模的集约化作业，因此哈国成立了众多的农业企业，个体农户通过产业链延伸和合伙联合出现了众多的个体工商户和农业合作社。因此哈国农业生产主体主要分为四类：一是农工企业，具有法人地位，采用公司化的组织和管理形式；二是农民个体工商户，不具有法人地位，但需要在相关部门注册登记；三是农业合作社，是在合伙合同约定基础上的普通合伙企业；四是家庭农户，是居民个人的农业生产活动，用于满足自身生活需要。截至 2019 年 1 月 1 日，哈萨克斯坦拥有 12970 个农工企业，22154 个体工商户，196648 个农业合作社，1635636 个家庭农户。（见表 1 – 9）

表1-9　　　　　　　　　　现有农业生产服务商

州及直辖市	具有经济活动类型的法律实体，分支机构和代表处				个体工商户数量	农业合作社		农户数量
	总计	经理是女性	主要业务类型	次要业务类型		总计	经理是女性	
哈萨克斯坦共和国	12970	1792	12002	968	22154	196648	44977	1635636
阿克莫拉	1485	206	1411	74	1286	4730	964	123899
阿克托别州	523	75	464	59	797	5765	1159	53910
阿拉木图州	1 286	190	1199	87	1363	44965	11907	292502
阿特劳	137	15	95	42	357	2448	555	52200
西哈萨克斯坦	465	70	415	50	664	6212	1200	76147
江布尔州	523	71	499	24	3298	16629	3839	122472
卡拉干达州	589	90	529	60	712	8671	1724	90039
科斯塔奈	785	99	732	53	681	5702	1430	112651
克孜勒奥尔达州	461	45	415	46	1179	6434	1481	84649
曼吉斯套州	115	19	103	12	530	2081	481	59217
巴甫洛达尔州	462	70	400	62	1448	3251	556	66530
北哈萨克斯坦	1150	105	1064	86	835	3732	833	97732
图尔克斯坦州	2815	362	2697	118	7212	67793	14779	254490
东哈萨克斯坦	921	138	874	47	453	15525	3233	149198
阿斯塔纳市	291	62	256	35	96	169	46	—
阿拉木图市	514	114	455	59	426	452	170	—
希姆肯特市	448	61	394	54	817	2 089	620	—

资料来源：Министерство Национальной Экономики Республики Казахстан Комитет по Статистике, *Сельское, Лесное и Рыбное Хозяйство в Республике Казахстан 2014 - 2018*, Нур - Султан 2019, Стр. 13.

五　农业发展战略及农业支持政策

根据哈萨克斯坦共和国政府决议批准的《哈萨克斯坦共和国2017—

2021年农业工业综合体发展计划》，在哈萨克斯坦存在以下类型的财政支持措施：补贴，租赁，保险，优惠贷款和税收。①

作物补贴工具侧重于优先作物和果园的每公顷补贴，然而分析表明这种补贴的效率很低。此外，农作物生产还补贴了矿物肥料，除草剂，生物制剂（杀虫剂）和生物制品，种子的成本，检查原棉和棉纤维质量的成本以及购买用于生产白糖的甜菜的成本。

畜牧业中的补贴工具旨在降低购得的繁殖动物的成本、繁殖的成本、家畜的人工授精的成本以及降低牲畜的生产成本。2015年国家对畜牧业的支持量与2011年相比增长了3倍，2016年为3.8倍，2017年为3倍。政府的支持措施涵盖了畜牧业的所有领域。水产养殖的补贴旨在降低水产养殖产品的成本。

自2014年以来，为了通过减少资本密集度和增加投资收益来增加在农业工业综合体优先领域（部门）的投资项目框架内的货物，工程和服务的可获得性，已实施了一项补贴计划，以偿还需进行投资的农业工业综合体所产生的部分成本。投资补贴工具旨在对19个方向的建筑和安装工程、机械和设备的投资成本进行部分补偿（从20%到80%）。从这项国家支持措施的实施之初（2014年至2017年），总共对12726个农业综合企业进行了补贴，补贴总额为1208亿坚戈，吸引的投资总额为4824亿坚戈。其中，预算资金的总金额41%超过499亿坚戈用于补贴农业机械的购置，大约30%或359亿坚戈用于资助畜牧业投资项目，197亿坚戈或16%和135亿坚戈或11%分别来支持作物生产和加工领域的项目，剩下的18亿坚戈（2%）用于补贴农业合作社。

用于补贴农业综合企业实体的贷款，农业机械和动物以及技术设备的租赁的利率的工具（用于补充流动资金，获取固定资产等），降低了信贷/租赁合同的利率。在2014年至2017年，为13553个农业企业实体的债务提供了利率补贴，总额为4070亿坚戈，其中包括农业企业实体购买的14800台农业机械。

---

① 《Государственная программа развития агропромышленного комплекса Республики Казахстан на 2017–2021 годы》，город Астана，2018，3.2，Стр. 28.

为了减轻农业综合企业实体的信贷负担和破产风险，自2013年以来，已采取措施改善农业综合企业实体的财务状况。金融回收条款规定将信贷期延长至9年，将利率降低至14%，其中7%由国家预算补贴，并由金融机构注销罚款。2013—2014年，作为农业综合企业财务回收的一部分，政府拨出72亿坚戈来补贴利率。2015年为189亿坚戈，其中包括来自哈萨克斯坦共和国国家基金的58亿坚戈。2016年，共和预算中提供了247亿坚戈的资金。以后每年要补贴利率，大约需要200亿坚戈，到2024年将达到1643亿坚戈。

作为对农业综合企业的保险和担保贷款的一部分，对保险公司或担保人的保险费用进行了补贴。2015年，有3家农业生产商获得了保险担保，吸引的贷款总额达79亿坚戈。从2016年开始向采购组织提供增值税补贴，目的是减少采购组织的生产成本，使之计入增值税额，向15个采购组织支付了1.4亿坚戈。2017年有28个采购组织获得了4.742亿坚戈的预算补贴。

根据哈萨克斯坦国家银行的数据，农业发放的贷款数量正在下降，2017年，授予农业综合企业实体的贷款总额为6640亿坚戈，比2013年减少23%。截至2017年1月1日，二级银行和KazAgro国家管理控股股份公司在农业上的贷款总额达13170亿坚戈，其中53%由二线银行提供，47%由KazAgro国家管理控股股份公司提供。截至2017年12月，农业企业实体对二级银行的逾期债务总额为886亿坚戈，比2013年同期减少10%。

在农业借贷市场上，由KazAgro国家管理控股股份公司主导的金融机构以远低于市场利率的利率提供借贷服务，导致对农业的长期投资已在很大程度上取决于政府的资助。在2011年至2017年，哈萨克斯坦通过隶属于国家管理控股股份公司的金融组织从国家预算中拨款6520亿坚戈，其中4380亿坚戈以短期预算贷款的形式分配，2140亿坚戈被分配以补充公司的股权资本。

哈萨克斯坦的保险系统包括强制性和自愿保险。强制保险的法律依据是哈萨克斯坦共和国的《作物生产强制保险法》，该法规定必须为谷物、油料、甜菜和棉花提供保险。尽管有强制性的保险形式，但法律并没有促进保险的普及，投保作物的比例每年都在下降，近几年略高于50%。农业的自愿保险是在租赁设备和农场动物时以推定形式适用的。估算表格由有执照的谷物接收企业使用。担保农业综合企业对金融机构的义务主要由社会企业家公司和二级银行进行。由社会企业家公司担保的国家食品合同公司（National Company Food Contract Corporation）股份公司，在2011—2016年为9063个农业生产者提供了融资，总金额达858亿坚戈。

目前，哈萨克斯坦对农业综合企业有5种税收优惠政策，并为农业部门提供了单独的税收优惠。自2016年1月1日起，针对农业综合企业的法规在2018年之前规定了特殊税制。对于农民或农场征收单一土地税，根据税务机关的数据，2014年纳税人数量达到12.54万个单位，税额41亿坚戈。对于农产品，水产养殖产品和农业合作社的生产者，根据税务机关的资料，2014年采用该制度的实体数量达到1.9万，向预算支付了121亿坚戈的税款和其他款项。

农业从业者享受增值税特权：将计算出的增值税金额减少70%，使用该利益的实体总数为1147，减免总额为58.99亿坚戈。其中，从事农业原料的组织减免31.17亿坚戈，农产品，从事水产养殖产品和农业合作社的生产者减免27.82亿坚戈。

六 农业技术水平

根据哈萨克斯坦共和国政府决议批准的《哈萨克斯坦共和国2017—2021年农业工业综合体发展国家计划》[①]，哈萨克斯坦共和国农业综合企业领域的科学研究是由非营利股份制公司国家农业科学与教育中心，其他科学组织和高等教育机构的研究机构和企业的员工进行的。2015年科研经费总额为农业总产值的0.15%，2016年为0.11%，2017年为0.10%，约为技术领先国家平均水平的10倍。在当前的融资机制下，企业既不提供资金，也不参与研究主题的确定，因此，科学发展很少集中

---

① 《Государственная программа развития агропромышленного комплекса Республики Казахстан на 2017–2021 годы》，город Астана，2018，3.6，Стр. 60.

在哈萨克斯坦共和国农业工业园区的农业企业的需求上，盈利能力和竞争优势难以得到提升。

为了确保农业综合企业直接获得先进的科学成果和知识，并加快农业生产中的科学发展，农业部从 2009 年开始实施一个旨在建立知识传播系统的项目。创建的系统基于最佳的国际实践——扩展系统，该系统在许多农业发达的外国都存在。在短时期内在农工综合体的创新和技术发展方面取得突破的国家的经验表明，知识传播的中心越多，科学的作用就越大，将新技术引入生产的比率就越高。目前严重缺乏满足农业综合企业需求的知识传播中心。

利用纳扎尔巴耶夫大学的经验，哈萨克国立农业大学（КазНАУ）和以萨肯·塞弗林命名的哈萨克农业技术大学（КазАТУ）正在逐步过渡为研究型大学。自 2015 年以来，两所大学一直在进行人员培训，以实施国家工业和创新发展计划项目。

不过，尽管政府为农业专业提供了很多补助金，但该行业正经历着受过高等教育人员的严重短缺。这些受过高等教育的人员包括农艺师、兽医、动物园工程师、农业机械工程师、农业过程工程师、经济学家、会计师等。2015 年至 2017 年，农业领域对专家和科学人员的总需求为 6922 人，其中 2015 年为 2240 人，2016 年为 2345 人，2017 年为 2337 人。据当地执行机构称，大约 80% 的农业综合企业需要专家。在 1.3 万多家农业综合企业的领导人中，只有 12% 的农业部门的高等教育水平较高且不完整。在农业专业的大学毕业生中，只有 55% 的人受聘，包括农村配额的 43%，因为现有的接受高等教育的录取形式导致城市申请者被招募到农业专业，而他们后来在农村地区找不到工作。同时，农业专业声誉低下，导致申请者表现不佳。结果农业部门继续缺乏农业及相关专业的工作人员。类似的情况也发生在大学毕业后的教育中，由于外语能力不足，难以接收有农村经验的人。

值得注意的是，技术和职业教育在农业人员的大量供应中起着重要作用。在哈萨克斯坦，考虑到自然和气候条件的差异性，截至 2015 年 10 月 1 日，各地区共有专业化院校 807 所，其中包括 462 所州立学院。乡镇企业框架内的农工综合体的人员培训在 21 个专业中进行。除个别地区外，受过中等教育的农业学员由全国所有地区的 62 所学院培训。其中，只有 20% 位于农村地区。

对于国外技术转移，当前，作为单独投资项目的一部分，有效的外国技术转让是单独进行的。没有系统的方法来选择最佳技术解决方案，对其进行认可、调整和分配。技术转移的主要问题是：（1）在农业条件相似的技术领导者国家，缺乏对各国最紧迫的技术挑战、技术解决方法需求的结构性的客观信息；（2）缺乏使外国技术有效适应当地条件的机制；（3）工农业综合体缺乏技术预测，这使得有难以将资源集中在有前途的任务上，并与具有必要能力的外国组织合作。

截至 2016 年 1 月 1 日，哈萨克斯坦主要农具总数为：拖拉机 152.0 万件，联合收割机 42.0 万件，播种复合体 3.5 万件，播种机 86.1 万件，收割机 15.6 万件。截至 2017 年 1 月 1 日，哈萨克斯坦主要农具总数为：拖拉机 152.6 万件，联合收割机 41.5 万件，播种复合体 3.6 万件，播种机 85.5 万件，收割机 15.0 万件。截至 2018 年 1 月 1 日，哈萨克斯坦主要农业设备总数为：拖拉机 148.3 万件，联合收割机 40.0 万件，播种复合体 3.7 万件，播种机 80.7 万件，收割机 15.0 万件，其中使用寿命超过 10 年的拖拉机占总数的 86%，复合机为 72%，播种机超过 88%，收割机为 84%。

考虑到农业机械的平均折旧年限为 10—12 年，可以得出结论，机械的实际使用寿命超过标准 3—10 年。所需的更新水平每年为 10%—12.5% 的主要农业机械类型（播种复合机除外）的更新率为：拖拉机 1.2%；联合收割者 2.8%；播种机 0.6%，收割机 1.6%。农业机械的年均购买量为 800 亿坚戈，其中国内生产为 205 亿坚戈。在国内农业机械的生产中，拖拉机和联合收割机占 93%，其他设备占 7%。创建的联合装配厂的负荷不足。在大多数情况下，本地化水平低于 35%，这导致家用设备的价格直接依赖于进口组件的成本。

在哈萨克斯坦，矿物肥料（磷和氮肥）的生产主要由磷酸钾（过磷酸钙，氨纶）和硫酸钾（硝酸铵）构成。2017 年氮肥消费量为 49.83 万吨，其中 26.45 万吨或 53% 是外国生产，哈萨克斯坦的产量为 37.32 万吨。磷肥消费量为 16.35 万吨，其中 0.07 万吨或 0.04% 是国外生产，哈萨克斯坦产量为16.55万吨。2017年钾肥消费量为2.94万吨，全部来自进口。哈萨克斯坦共和国的复合肥料市场也完全由进口产品组成，每年约3.06万吨。该国通过国内生产的化肥量约占科学合理需求的35%。

第三节 哈萨克斯坦的农业生产

哈萨克斯坦独立后经过20多年的艰难探索，近几年农业发展进入稳定提升的阶段，2014—2018年，农业总产值呈现稳定增加的趋势。农业包括种植业、畜牧业、农业服务业、狩猎产品、林业和渔业，其中以种植业和畜牧业为主，分别约占总产值的55%和44%，其余只占到总产值的不到1%。（见表1-10）

表1-10　　　　　各农业类别的总产值　　　　（单位：亿坚戈）

	2014年	2015年	2016年	2017年	2018年
总产值	31587.59	33217.19	37014.15	40923.33	44975.85
种植业	17394.36	18252.37	20475.81	22491.67	24114.87
畜牧业	13937.62	14699.23	16215.41	18109.14	20504.56
农业服务业	104.80	118.50	152.71	108.36	121.46
狩猎产品	10.95	10.10	10.46	9.04	9.87
林业产品	87.51	75.35	92.37	127.32	132.34
渔业	52.34	61.64	67.38	77.81	92.76

资料来源：Министерство Национальной Экономики Республики Казахстан Комитет по Статистике, *Сельское, Лесное и Рыбное Хозяйство в Республике Казахстан 2014 – 2018*, Нур‐Султан 2019, Стр. 16.

一　种植业

（一）主要农作物的收获面积及产量

哈萨克斯坦主要谷物作物有小麦、大麦、燕麦和马铃薯，小麦产量约占粮食作物产量的 60%，大麦产量约占粮食作物产量的 12%，并且近几年增长较快，马铃薯产量约占粮食作物产量的 15%。哈萨克斯坦油料糖料作物主要是葵花籽、油菜籽、亚麻籽和甜菜。由于哈萨克斯坦农作物种植结构的调整，油料和糖料作物的收获面积和收成近几年增长迅速，尤其是甜菜的产量成倍增加。另外，露天蔬菜的收获面积和产量稳定增加，园林作物主要是葡萄和核果，种植面积和产量也在缓慢增长。(见表 1-11、表 1-12)

表 1-11　　　　　　　主要种植业农产品收获面积　　　　　(单位：万公顷)

		2014 年	2015 年	2016 年	2017 年	2018 年
谷物（大米除外）和豆类		1455.92	1455.92	1521.95	1519.94	1493.31
其中	小麦	1192.31	1156.95	1237.35	1191.2	1135.44
	大麦	190.94	203.72	189.41	206.88	251.69
	燕麦	19.22	20.43	20.99	21.33	23.52
马铃薯		18.51	18.98	18.62	18.29	19.23
油籽		154.76	154.75	190.23	235.96	269.36
	葵花籽	76.87	70.13	80.75	88.29	84.96
	油菜籽	24.33	22.06	16.11	25.11	36.54
	亚麻籽	55.61	62.25	63.36	85.87	107.69
	甜菜	0.1	0.75	1.21	1.69	1.65
棉花		12.75	9.86	10.96	13.55	13.26
露天蔬菜		13.65	13.91	14.54	14.25	15.18
园林作物		8.88	9.44	9.35	9.34	9.56

资料来源：Министерство Национальной Экономики Республики Казахстан Комитет по Статистике, *Сельское, Лесное и Рыбное Хозяйство в Республике Казахстан 2014 – 2018*, Нур-Султан 2019, Стр. 79.

表1-12　　　　　　　主要种植业农产品产量　　　　　　（单位：万吨）

		2014年	2015年	2016年	2017年	2018年
谷物（大米除外）和豆类		1678.51	1825.06	2018.65	2009.56	1979.07
其中	小麦	1299.68	1374.7	1498.54	1480.29	1394.41
	大麦	241.18	267.54	323.13	330.52	397.16
	燕麦	22.59	24.38	33.54	28.46	33.61
马铃薯		341.05	352.11	354.57	355.11	380.7
油籽		154.76	154.75	190.23	235.96	269.36
	葵花籽	51.28	53.4	75.49	90.29	84.77
	油菜籽	24.14	13.82	16.98	27.9	39.43
	亚麻籽	41.99	49.14	56.18	68.33	93.35
	甜菜	2.39	17.41	34.5	46.32	50.45
棉花		32.07	27.39	28.67	33.05	34.36
露天蔬菜		346.99	356.49	379.52	379.11	408.19
园林作物		192.8	208.76	207.09	209.4	214.25
	葡萄	7.03	6.34	7.5	8.12	8.85
	核果	21.07	19.61	23.96	23.34	27.92

资料来源：Министерство Национальной Экономики Республики Казахстан Комитет по Статистике, *Сельское, Лесное и Рыбное Хозяйство в Республике Казахстан 2014 – 2018*, Нур-Султан 2019, Стр. 96.

（二）主要农作物单位面积产量及人均产量

从单位面积产量来看，各主要作物的单产都有稳定增加的趋势，显示出哈萨克斯坦对农业技术投入的增加，人均产量也都比较稳定。不过从国家横向比较来看，哈萨克斯坦的农作物单产水平依然较低，拥有较大的增长潜力。（见表1-13、表1-14）

表1-13　　　　　主要种植业农产品单位面积产量　　（单位：吨/公顷）

		2014年	2015年	2016年	2017年	2018年
谷物（大米除外）和豆类		1.15	1.25	1.33	1.32	1.33
其中	小麦	1.09	1.19	1.21	1.24	1.23
	大麦	1.26	1.31	1.71	1.6	1.58
	燕麦	1.18	1.19	1.6	1.33	1.43
马铃薯		18.43	18.55	19.04	19.42	19.79
油籽		0.78	0.81	0.96	0.97	0.97
	葵花籽	0.67	0.76	0.93	1.02	1
	油菜籽	0.99	0.63	1.05	1.11	1.08
	亚麻籽	0.76	0.79	0.89	0.8	0.87
	甜菜	24.06	23.25	28.55	27.44	30.53
棉花		2.51	2.78	2.62	2.44	2.59
露天蔬菜		24.3	24.58	25	25.37	25.73
园林作物		21.71	22.1	22.14	22.42	22.42
	葡萄	5.8	4.93	6.08	5.85	6.41
	核果	6.5	5.9	7.07	6.85	7.36

资料来源：Министерство Национальной Экономики Республики Казахстан Комитет по Статистике, *Сельское, Лесное и Рыбное Хозяйство в Республике Казахстан 2014–2018*, Нур-Султан 2019, Стр. 117.

表1-14　　　　　　　人均主要农产品产量　　　　　（单位：千克）

	2014年	2015年	2016年	2017年	2018年
谷物（包括水稻）和豆类作物	993	1064	1160	1141	1109
马铃薯	197	201	199	197	208
蔬菜	201	203	213	210	223
园林作物	112	119	116	116	117

资料来源：Министерство Национальной Экономики Республики Казахстан Комитет по Статистике, *Сельское, Лесное и Рыбное Хозяйство в Республике Казахстан 2014–2018*, Нур-Султан 2019, Стр. 21.

二 畜牧业

(一) 主要畜牧业产品类别及产量

哈萨克斯坦的牲畜主要有牛、绵羊和山羊、马、猪、鸟和骆驼，2018年年底，存栏量分别是，牛715.09万头，绵羊和山羊1869.91万只，马64.65万匹，猪79.87万头，鸟4433.79万只，骆驼20.76万头。除猪的存栏量有逐年下降的趋势以外，其他牲畜的存栏量都呈现出稳定增加的趋势。(见表1-15)

表1-15　　　　各年末牲畜的存栏量　　　　(单位：千头，只)

	2014年	2015年	2016年	2017年	2018年
牛	6032.7	6183.9	6413.2	6764.2	7150.9
绵羊和山羊	17914.6	18015.5	18184.2	18329	18699.1
马	1937.9	2070.3	2259.2	2415.7	2646.5
猪	884.7	887.6	834.2	815.1	798.7
鸟儿	35020	35632.9	36910.1	39913.5	44337.9
骆驼	165.9	170.5	180.1	193.1	207.6

资料来源：Министерство Национальной Экономики Республики Казахстан Комитет по Статистике, *Сельское, Лесное и Рыбное Хозяйство в Республике Казахстан 2014 - 2018*, Нур - Султан 2019, Стр. 91.

哈萨克斯坦的主要畜牧产品有畜禽屠宰量、牛奶、鸡蛋、羊毛和卡拉库尔羊皮。2018年畜禽屠宰年净重105.96万吨，牛奶产量568.62万吨，鸡蛋产量55.91亿枚，羊毛3.92万吨，卡拉库尔羊皮0.3万张。除卡拉库尔羊皮产量有明显下降趋势以外，其他畜牧产品都呈现出稳定增长的趋势。(见表1-16)

表1-16　　　　　　　分类别主要畜牧产品的产量

	2014年	2015年	2016年	2017年	2018年
畜禽屠宰和屠宰（毛重）：千吨	1602.5	1651.1	1702	1794.4	1871.9
畜禽屠宰和屠宰（净重）：千吨	900.2	931	960.7	1017.6	1059.6
牛奶：千吨	5067.9	5182.4	5341.6	5503.4	5686.2
鸡蛋：百万个	4291.2	4737	4757.2	5103	5591.4
羊毛：千吨	37.8	38	38.5	39	39.2
卡拉库尔羊皮：千张	20.1	7.1	4.3	8.1	3

资料来源：Министерство Национальной Экономики Республики Казахстан Комитет по Статистике, *Сельское, Лесное и Рыбное Хозяйство в Республике Казахстан 2014–2018*, Нур-Султан 2019, Стр.103.

（二）畜牧业生产率及人均产量

畜牧业生产率可以从牲畜繁殖率、死亡数量、畜牧产品的生产率来表示。绵羊和山羊、猪的死亡数量近几年有明显下降的趋势，每头奶牛的平均产奶量和每只母鸡平均产蛋量由明显上升的趋势，显示出畜牧业养殖技术的不断提升，但和世界先进国家相比，仍有较大差距。牲畜的死亡数量除以存栏量，大概能看出牲畜的死亡率，除了猪的死亡率在4%左右，其他牲畜的死亡率都在0.2%左右。产量的提升也使得人均产量有了明显提升。（见表1-17、表1-18、表1-19、表1-20）

表1-17　　　　　　　每100个母性的后代数量

	2014年	2015年	2016年	2017年	2018年
牛犊	81	80	79	78	78
羔羊和山羊	93	93	93	90	90
马驹	70	68	69	67	66
骆驼	42	42	41	38	36

资料来源：Министерство Национальной Экономики Республики Казахстан Комитет по Статистике, *Сельское, Лесное и Рыбное Хозяйство в Республике Казахстан 2014–2018*, Нур-Султан 2019, Стр.157.

表 1 – 18　　　　　　　　　牲畜的死亡数量　　　　　　（单位：千头）

	2014 年	2015 年	2016 年	2017 年	2018 年
牛	20.1	16.2	17.1	18.4	20.6
绵羊和山羊	88.3	61.5	47.2	51.2	43.3
猪	56.6	42	40.2	32.7	33.5
马	7.1	5	4.7	5	4.6

资料来源：Министерство Национальной Экономики Республики Казахстан Комитет по Статистике, *Сельское, Лесное и Рыбное Хозяйство в Республике Казахстан 2014 – 2018*, Нур – Султан 2019, Стр. 164.

表 1 – 19　　　　　　　　　主要畜牧产品的生产率

	2014 年	2015 年	2016 年	2017 年	2018 年
屠宰的牛的平均活重：千克	322	326	329	331	333
被屠宰的一只绵羊和山羊头的平均体重：千克	39	39	39	39	39
被屠宰的一头猪的平均活重：千克	104	104	105	106	106
每头奶牛的平均产奶量：千克	2275	2321	2324	2337	2340
每只母鸡平均产蛋量：个	225	234	233	241	246
一只绵羊的平均羊毛：千克	2.5	2.5	2.4	2.5	2.4

资料来源：Министерство Национальной Экономики Республики Казахстан Комитет по Статистике, *Сельское, Лесное и Рыбное Хозяйство в Республике Казахстан 2014 – 2018*, Нур – Султан 2019, Стр. 182 – 190.

表 1 – 20　　　　　　　　　人均主要畜牧产品产量

	2014 年	2015 年	2016 年	2017 年	2018 年
牛和家禽屠宰量（按屠宰重量计）	52	53	54	55	58
牛奶	293	295	300	380	311
鸡蛋（个）	248	270	267	280	306

资料来源：Министерство Национальной Экономики Республики Казахстан Комитет по Статистике, *Сельское, Лесное и Рыбное Хозяйство в Республике Казахстан 2014 – 2018*, Нур – Султан 2019, Стр. 21.

三 农业产值的地区分布

(一) 各州农作物总产值

哈萨克斯坦各州气候、地形地貌和水资源差别很大，因此各州农业生产方面差别很大。2018年哈国全国农业总产值达到4.50万亿坚戈，农业产值排名前五的州分别是阿拉木图州（0.74万亿坚戈）、图尔克斯坦州（0.55万亿坚戈）、东哈萨克斯坦（0.52万亿坚戈）、北哈萨克斯坦（0.52万亿坚戈）、阿克莫拉（0.41万亿坚戈），五州农业总产值占到全国的61%。从各州种植业和畜牧业的产值对比看，阿拉木图州和图尔克斯坦州两者产值相当，北方三州北哈萨克斯坦、阿克莫拉和科斯塔奈以种植业为主，东哈萨克斯坦、阿克托别州、西哈萨克斯坦以畜牧业为主。（见表1-21）

表1-21　　　各地区农业、林业和渔业总产值（服务）　（单位：亿坚戈）

	总产值 2017年	总产值 2018年	种植业 2017年	种植业 2018年	畜牧业 2017年	畜牧业 2018年
哈萨克斯坦共和国	40923.33	44975.85	22491.67	24114.87	18109.14	20504.56
阿克莫拉	3814.90	4100.97	2539.68	2687.86	1232.93	1368.79
阿克托别州	2013.52	2349.89	780.34	852.91	1224.11	1488.38
阿拉木图州	6333.86	7370.84	3260.94	3743.96	3027.36	3572.00
阿特劳	626.01	685.63	249.82	267.07	357.64	397.29
西哈萨克斯坦	1401.38	1400.25	576.79	481.82	820.21	913.66
江布尔州	2526.07	2692.40	1339.16	1467.45	1167.71	1207.74
卡拉干达州	2516.00	2780.78	1061.83	1218.54	1442.86	1551.32
科斯塔奈	3686.65	3874.71	2601.93	2672.36	1066.88	1181.89
克孜勒奥尔达州	897.60	1051.69	537.90	623.95	333.00	395.61
曼吉斯套州	144.30	166.28	27.76	30.26	108.67	125.53
巴甫洛达尔州	2050.63	2292.41	1039.02	1122.04	1004.34	1161.76
北哈萨克斯坦	5002.18	5165.33	3612.65	3661.76	1363.20	1477.15
图尔克斯坦州	4822.65	5510.05	2644.32	2926.48	2159.31	2553.26

续表

	总产值		种植业		畜牧业	
	2017 年	2018 年	2017 年	2018 年	2017 年	2018 年
东哈萨克斯坦	4744.22	5178.70	2075.11	2218.83	2641.71	2926.96
阿斯塔纳市	33.81	27.86	6.56	4.62	2.59	1.89
阿拉木图市	63.20	71.19	43.00	50.23	14.40	15.72
希姆肯特市	246.36	256.88	94.88	165.64	142.21	165.64

资料来源：Министерство Национальной Экономики Республики Казахстан Комитет по Статистике, *Сельское, Лесное и Рыбное Хозяйство в Республике Казахстан 2014 – 2018*, Нур – Султан 2019, Стр. 16.

（二）各州主要农作物及产量

哈萨克斯坦的谷物作物和马铃薯生产分布相对比较广泛，粮食作物（以大小麦为主）主要分布在北方三州，马铃薯主要分布在阿拉木图州、北哈萨克斯坦、巴甫洛达尔州以及东哈萨克斯坦。对于葵花籽的生产，东哈萨克斯坦占据绝对优势，而甜菜只分布在阿拉木图州和江布尔州。蔬菜的生产分布也较为广泛，以阿拉木图州、图尔克斯坦州和江布尔州为主。棉花只在图尔克斯坦州有生产。园林作物的生产图尔克斯坦州占据绝对优势。从各州主要农产品的单位面积产量来看，各州的差异很大，总体的单位产量主要是由主产区的单位产量所决定，并且与其他国家相比有较大差距。（见表 1 - 22、表 1 - 23）

表 1 - 22　　　　　**2018 年各州分类别农作物产量**　　　　（单位：千吨）

	谷物（包括大米）和豆类	小麦	马铃薯	葵花籽	甜菜	蔬菜	棉花	园林作物
哈萨克斯坦共和国	20273.7	13944.1	3807	847.7	504.5	4081.9	343.6	2142.5
阿克莫拉	5037.4	3994.8	284.8	19.8		54.6		0.1
阿克托别州	481.2	339.3	103.4	11.4		79.6		17.8
阿拉木图州	1328.9	253.8	732.9	22.9	311.6	993.1		118.1

续表

	谷物（包括大米）和豆类	小麦	马铃薯	葵花籽	甜菜	蔬菜	棉花	园林作物
阿特劳	0.4	—	26.1	—		78.2		30.3
西哈萨克斯坦	171.4	139.1	64.3	36		57.9		24.7
江布尔州	726	267.7	221.7	6.6	192.9	847.3		302.2
卡拉干达州	956.9	732.7	357.9	1		102.2		0.2
科斯塔奈	4679.2	3923.6	188.6	54.9		75.5		2.4
克孜勒奥尔达州	442.7	9.6	61.2	0.2		88		144.7
曼吉斯套州	—	—	—	—		7.7		9.2
巴甫洛达尔州	748.8	511.5	478.9	111.2		200.2		82.7
北哈萨克斯坦	4322.7	2988.3	590	74		207.8		—
图尔克斯坦州	550.2	276.4	263	6.7		981.1	343.6	1290.8
东哈萨克斯坦	816.8	497.1	427.7	502.7		259.1		119.2
阿斯塔纳市	0.2	0.2	0.7	—		0.9		
阿拉木图市	0.3	0	1.4	—		12.3		
希姆肯特市	10.5	10	4.3	0.3		36.4		0.1

资料来源：Министерство Национальной Экономики Республики Казахстан Комитет по Статистике, *Сельское, Лесное и Рыбное Хозяйство в Республике Казахстан 2014 – 2018*, Нур‐Султан 2019, Стр. 100 – 112.

表1–23　　2018年各州分类别农作物单位面积产量　　（单位：千吨）

	谷物（包括大米）和豆类	小麦	马铃薯	葵花籽	甜菜	蔬菜	棉花	园林作物
哈萨克斯坦共和国	13.5	12.3	197.9	10	305.3	257.3	25.9	224.2
阿克莫拉	11.7	11.1	185.1	6.8		185.4		107.5
阿克托别州	11	11	163.4	3		165.3		170.2
阿拉木图州	29.5	20.3	186.5	10.7	348.8	298.3		253.6
阿特劳	29.1		128.5			294		285.1
西哈萨克斯坦	7	7.7	151.2	9.4		159.3		142.5

续表

	谷物（包括大米）和豆类	小麦	马铃薯	葵花籽	甜菜	蔬菜	棉花	园林作物
江布尔州	24.2	22.5	228	15.5	254.1	264.4		261.6
卡拉干达州	11.8	11.9	246.5	7.1		343.3		157.6
科斯塔奈	11.6	11.3	195.3	9.3		306.3		73.2
克孜勒奥尔达州	46.5	16.8	142.8	12.8		170.2		186.1
曼吉斯套州						100.6		187.1
巴甫洛达尔州	10.6	11.2	278	6.3		312.2		290.6
北哈萨克斯坦	15.5	15.4	167.6	11		333.2		—
图尔克斯坦州	20.1	14.9	188.8	15.7		224.5	25.9	215.3
东哈萨克斯坦	15.1	14.4	214.4	12.3		284.7		292.4
阿斯塔纳市	5.8	5.8	121.5			153.2		
阿拉木图市	12.3	6.1	162.3			234.8		
希姆肯特市	8.6	8.6	115.7	6.9		127.8		162

资料来源：Министерство Национальной Экономики Республики Казахстан Комитет по Статистике, *Сельское, Лесное и Рыбное Хозяйство в Республике Казахстан 2014 - 2018*, Нур - Султан 2019, Стр. 120 - 133.

（三）各州主要畜牧业产品及产量

哈萨克斯坦主要牲畜及其分布为：牛主要分布在阿拉木图州、图尔克斯坦州和东哈萨克斯坦，绵羊和山羊主要分布在图尔克斯坦州阿拉木图州江布尔州等东南部地区，马主要分布在东哈萨克斯坦、图尔克斯坦州、阿拉木图州，猪主要分布在科斯塔奈北哈萨克斯坦阿克莫拉，鸡主要分布在阿拉木图州阿克莫拉北哈萨克斯坦，骆驼主要分布在曼吉斯套州克孜勒奥尔达州阿特劳等荒漠地区。（见表1-24）

表 1-24　　　　　　　2018 年年底各州牲畜拥有量　　　　　（单位：万只）

	牛	绵、山羊	马	猪	鸡	骆驼
哈萨克斯坦共和国	715.09	1869.91	264.65	79.87	4433.79	20.76
阿克莫拉	42.26	53.37	18.95	10.4	755.29	0.01
阿克托别州	46.44	110.94	12.86	5.74	122.8	1.75
阿拉木图州	100.46	341.94	31.19	5.48	1042.68	0.71
阿特劳	16.81	56.03	7.94	0.05	44.66	3.19
西哈萨克斯坦	57.15	114.79	17.99	2.15	141.42	0.24
江布尔州	39.62	278.84	12.82	1.37	162.03	0.66
卡拉干达州	53.4	93.14	30.98	7.89	393.11	0.14
科斯塔奈	45.52	45.44	11.67	16.27	442.52	0.02
克孜勒奥尔达州	32.39	61.28	13.64	0.23	12.84	4.57
曼吉斯套州	2.02	40.35	7.88	0.01	4.81	6.59
巴甫洛达尔州	41.04	53.69	16.56	7.12	162.34	0.01
北哈萨克斯坦	35.55	40.42	12.39	14.96	463.54	0
图尔克斯坦州	99.39	408.39	32	0.63	204.77	2.8
东哈萨克斯坦	95.27	159.87	36.24	6.78	390.76	0.06
阿斯塔纳市	0.03	0.17	0.05	0	0.15	0
阿拉木图市	0.32	0.23	0.07	0.03	0.54	0
希姆肯特市	7.42	11.02	1.41	0.79	89.53	0

资料来源：Министерство Национальной Экономики Республики Казахстан Комитет по Статистике, *Сельское, Лесное и Рыбное Хозяйство в Республике Казахстан 2014 - 2018*, Нур - Султан 2019, Стр. 145 - 156.

由饲养牲畜带来的畜产品的分布与牲畜的部分相对应。所不同的是，牛奶的产量主要来自东哈萨克斯坦、阿拉木图州、图尔克斯坦州三州，卡拉库尔羊皮主要产自江布尔州。同时也可以看到，各州主要牲畜的生产率差异较大。（见表 1-25、表 1-26）

表1-25　　　　　　　　2018年年底各州畜产品产量　　　　　（单位：千吨）

	畜禽屠宰量（活重）	畜禽屠宰量（净重）	牛奶产量	鸡蛋（亿个）	羊毛（吨）	卡拉库尔羊皮（千个）
哈萨克斯坦共和国	1871.9	1059.6	5686.2	55.91	39166	3
阿克莫拉	109.6	66.6	387.4	8.90	1013	
阿克托别州	138.7	73.3	327.6	2.32	2899.9	
阿拉木图州	363.1	213.1	758	11.29	8490	
阿特劳	51.6	26.8	63.2	1.26	996	0.8
西哈萨克斯坦	92.6	47.9	234.9	1.73	2118	
江布尔州	129	69.8	315	1.32	5748	
卡拉干达州	136.8	78.3	472.6	7.27	2026	
科斯塔奈	96.8	55.4	410	6.38	545	
克孜勒奥尔达州	36.3	18.8	91.6	0.09	944	0.4
曼吉斯套州	10.9	5.9	12.4	0.08	862	1.4
巴甫洛达尔州	96.5	54.4	383.1	2.15	976	
北哈萨克斯坦	94	55.7	555.1	8.14	716	
图尔克斯坦州	221.9	120.4	706.6	1.90	7505	0.4
东哈萨克斯坦	282.2	166.5	917.7	1.50	4134	
阿斯塔纳市	0.2	0.1	0.4	0.00	2	
阿拉木图市	0.4	0.2	5.2	0.00	1	
希姆肯特市	11.3	6.1	45.4	1.59	193	

资料来源：Министерство Национальной Экономики Республики Казахстан Комитет по Статистике, *Сельское, Лесное и Рыбное Хозяйство в Республике Казахстан 2014 – 2018*, Нур – Султан 2019, Стр. 167 – 181.

表 1-26　2018 年各州的主要畜牧产品的生产率比较　（单位：千克，个）

	屠宰的一头牛的平均活重	屠宰的一只羊的平均活重	屠宰的一头猪的平均活重	每头奶牛的平均产奶量	每只母鸡平均产蛋量	一只绵羊的平均羊毛量
哈萨克斯坦共和国	333	39	106	2340	246	2.4
阿克莫拉	323	42	99	3035	264	2.4
阿克托别州	343	44	115	1978	248	2.0
阿拉木图州	350	35	105	2714	272	3.3
阿特劳	278	38	70	1212	311	2.0
西哈萨克斯坦	337	41	108	1554	226	2.0
江布尔州	360	38	103	2746	172	2.2
卡拉干达州	316	43	103	2161	280	2.6
科斯塔奈	319	39	100	2788	209	2.2
克孜勒奥尔达州	288	38	98	1297	184	1.7
曼吉斯套州	282	38	80	631	242	2.2
巴甫洛达尔州	319	41	121	2558	239	2.3
北哈萨克斯坦	323	42	106	3074	242	2.5
图尔克斯坦州	352	40	86	2327	194	2.5
东哈萨克斯坦	322	41	115	2145	184	2.3
阿斯塔纳市	344	39	102	2231	81	2.0
阿拉木图市	332	40	89	1637	73	1.9
希姆肯特市	409	34	106	1685	295	1.9

资料来源：Министерство Национальной Экономики Республики Казахстан Комитет по Статистике，*Сельское，Лесное и Рыбное Хозяйство в Республике Казахстан 2014 – 2018*，Нур – Султан 2019，Стр. 182 – 190.

四　不同农业经营主体的农业生产

（一）不同农业经营主体的农业总产值

从各农业生产主体的农业产值看，家庭农户的产值最大，依次是个体工商户和合作社、农工企业，家庭农户的农业产值约占哈国农业总产值的一半，不过有逐年递减的趋势。家庭农户的产值优势主要体现在畜牧业上，远远大于另两个，种植业产值三者相当。哈萨克斯坦的畜牧业主要是家庭养殖，家庭养殖科技投入不足，效率低下，这也造成了哈国畜牧业发展依然没有达到苏联解体前的水平，主要牲畜存栏量和主要畜产品产量均低于苏联解体前的水平。这样造成了哈国畜产品生产成本较高，缺乏国际竞争力，主要畜牧业产品需要依赖进口。（见表 1 - 27）

表 1 - 27　　　　各农业生产主体的农业总产值　　（单位：万亿坚戈）

	2014 年	2015 年	2016 年	2017 年	2018 年
农业总产值	31.59	33.22	37.01	40.92	44.98
农业企业	6.05	6.95	8.73	9.97	10.91
个体工商户和合作社	8.10	9.05	10.44	11.52	13.17
家庭农户	17.44	17.22	17.84	19.43	20.89
种植业产值	17.39	18.25	20.48	22.49	24.11
农业企业	4.20	5.02	6.28	7.05	7.47
个体工商户和合作社	6.31	6.93	7.96	8.44	9.51
农户家庭	6.88	6.31	6.23	7.00	7.13
畜牧业总产值	13.94	14.70	16.22	18.11	20.50
农业企业	1.59	1.67	2.13	2.60	3.09
个体工商户和合作社	1.79	2.12	2.47	3.08	3.66
农户家庭	10.56	10.91	11.62	12.43	13.76

资料来源：Министерство Национальной Экономики Республики Казахстан Комитет по Статистике, *Сельское, Лесное и Рыбное Хозяйство в Республике Казахстан 2014 - 2018*, Нур - Султан 2019, Стр. 21.

（二）不同农业经营主体的种植业生产

适应大规模种植，利用机械化生产的谷物（大米除外）和豆类主要由农业企业生产，个体工商户和农业合作社产量也较多，家庭农户的产量很少。适合联合协作，劳动力需求较多的露天蔬菜和园林作物主要由个体工商户和农业合作社生产，其他两个主体产量都较少。适合家庭经营的农作物主要是马铃薯和甜菜，个体工商户和农业合作社生产量较小，不过增长很快，农业企业产量很少。对于油籽的生产，农业企业、个体工商户和农业合作社两个主题的产量相当，并且增长都很快。（见表1-28）

表1-28　　　　　　各主体各类农产品产量　　　　（单位：万吨）

		农业企业		个体工商户和农业合作社		家庭农户	
		2014年	2018年	2014年	2018年	2014年	2018年
谷物（大米除外）和豆类		1051.59	1255.19	624	720.62	2.92	3.26
	小麦	875.24	955.27	424.44	439.14	0	—
	大麦	121.28	213.33	119.9	183.8	0	—
马铃薯		24.71	38.74	109.92	135.25	206.42	206.7
油籽		80.02	142.68	74.51	126.56	0.23	0.12
	葵花籽	18.66	35.9	32.48	48.75	0.14	0.12
	亚麻籽	30.67	58.51	11.32	34.85	0.02	—
甜菜		0.86	6.55	1.51	43.9	154.82	158.9
棉花		1.46	2	30.6	32.36	19.37	20.42
露天蔬菜		19.99	24.48	172.17	224.76	1.27	1.54
园林作物		11.97	18.58	161.46	175.25	10.36	9.86

资料来源：Министерство Национальной Экономики Республики Казахстан Комитет по Статистике, *Сельское, Лесное и Рыбное Хозяйство в Республике Казахстан 2014–2018*, Нур-Султан 2019, Стр. 96.

从单位面积产量来看，家庭农户在马铃薯和甜菜的单产上并不占优势，尤其是甜菜，虽然产量很高，但是单产水平较其他两个主体差别较大。个体工商户和农业合作社在自己的主要产品上单产也有优势，显示出协同合作的必要性。（见表1-29）

表 1-29　　　　　各主体各类农产品单位面积产量　　（单位：吨/每公顷）

		农业企业		个体工商户和农业合作社		家庭农户	
		2014 年	2018 年	2014 年	2018 年	2014 年	2018 年
谷物（大米除外）和豆类		1.12	1.3	1.2	1.38	4.24	4.94
	小麦	1.09	1.24	1.1	1.2	1.57	
	大麦	4.97	5.44	1.24	1.55	1.82	
马铃薯		17.54	22.67	19.66	19.98	17.93	19.22
油籽		0.73	0.89	0.84	1.09	1.64	1.63
	葵花籽	0.67	1.01	0.67	0.99	1.54	1.63
	亚麻籽	0.71	0.79	0.91	1.02		
甜菜		27.45	27.53	22.76	31.04	12.1	—
棉花		2.24	2.4	2.53	2.6	2.92	
露天蔬菜		23.2	25.22	25.2	26.87	23.51	24.35
园林作物		15.32	19.14	22.88	23.14	18.56	20.2

资料来源：Министерство Национальной Экономики Республики Казахстан Комитет по Статистике, *Сельское, Лесное и Рыбное Хозяйство в Республике Казахстан 2014 – 2018*, Нур - Султан 2019，Стр. 117.

（三）不同农业经营主体的畜牧业产量

哈萨克斯坦畜牧业主要以家庭养殖为主，个体工商户和农业合作社产量也较多，农业较少，不过对于鸡的饲养，农业企业规模较大，从而鸡蛋数量也较多。从农业企业的养殖成本和利润率来看，农业企业在畜牧业产品生产中成本较高，利润率远低于种植业。（见表 1-30、表 1-31）

表 1-30　　　　　年末农业各主体拥有的牲畜数量　　　（单位：万只）

	农业企业		个体工商户和农业合作社		家庭农户	
	2014 年	2018 年	2014 年	2018 年	2014 年	2018 年
牛	45.93	71.28	165.69	240.98	391.65	402.83
绵羊和山羊	77.72	83	625.38	706.18	1088.35	1080.73

续表

	农业企业		个体工商户和农业合作社		家庭农户	
	2014 年	2018 年	2014 年	2018 年	2014 年	2018 年
马	11.87	16.34	77.93	118.65	104	129.67
猪	26.2	21.43	10.17	9.32	52.11	49.12
鸡	2282.18	3239.33	44.82	52.33	1175.01	1142.13
骆驼	1.56	1.42	5.93	8.28	9.1	11.05

资料来源：Министерство Национальной Экономики Республики Казахстан Комитет по Статистике, Сельское, Лесное и Рыбное Хозяйство в Республике Казахстан 2014 – 2018, Нур - Султан 2019, Стр. 145.

表 1 – 31　　　　分主体、分类别畜产品产量

	农业企业		个体工商户和农业合作社		家庭农户	
	2014 年	2018 年	2014 年	2018 年	2014 年	2018 年
畜禽屠宰和屠宰（以活重计）：千吨	273.2	385.3	253.3	393	1075.9	1093.7
畜禽屠宰和屠宰（屠宰）：千吨	191.6	271.6	132.3	204.8	576.3	583.2
牛奶：千吨	244.6	384.6	674.4	1120.4	4148.9	4181.3
鸡蛋：百万个	3026.1	4345	18.9	26.6	1246.2	1219.8
羊毛：千吨	1.7	1.7	13	14.7	23.1	22.8
卡拉库尔：千个	5.8	3	1.6	—	12.7	—

资料来源：Министерство Национальной Экономики Республики Казахстан Комитет по Статистике, Сельское, Лесное и Рыбное Хозяйство в Республике Казахстан 2014 – 2018, Нур - Султан 2019, Стр. 165.

从不同主体的主要畜牧产品的生产率看，三个主体在很多产品上生产率相当，不过农业企业在每头奶牛的平均产奶量和每只母鸡平均产蛋量上显著高于其他两个主体，显示出农业企业较高的技术水准。（见表 1 – 32）

表 1-32　　　　　　　　主要畜牧产品的生产率　　　　　　（单位：千克）

	农业企业		个体工商户和农业合作社		家庭农户	
	2014 年	2018 年	2014 年	2018 年	2014 年	2018 年
屠宰的牛的平均活重	399	411	329	333	315	323
被屠宰的一只绵羊和山羊头的平均体重	39	36	39	40	38	39
被屠宰的一个猪肉头的平均活重	112	114	113	116	99	101
每头奶牛的平均产奶量	4252	4105	1767	1869	2320	2407
每只母鸡平均产蛋量（个）	280	292	154	140	152	158
一只绵羊的平均羊毛量	2.4	2.5	2.5	2.4	2.5	2.4

资料来源：Министерство Национальной Экономики Республики Казахстан Комитет по Статистике, Сельское, Лесное и Рыбное Хозяйство в Республике Казахстан 2014 – 2018, Нур – Султан 2019, Стр. 182 – 190.

第四节　哈萨克斯坦的农产品消费和贸易

随着哈萨克斯坦经济发展，农业生产增加，进口渠道不断拓宽，农业产品不断丰富，哈国居民的膳食结构也在不断改善，蛋白质摄入量增加，营养水平进一步提高。2014—2018 年，每月人均约消费谷物 10.5 千克，牛奶 19.9 千克，蔬菜 7.5 千克，马铃薯 3.98 千克，其消费量基本维持原来水平。肉类食品、鱼和海鲜、鸡蛋、油脂、水果、糖类食品消费明显增加，其中肉类食品由 2005 年的 3.3 千克增加到 2018 年的 6.5 千克，增加近一倍，鱼和海鲜由 2005 年的 0.7 千克增加到 2018 年的 1.1 千克，鸡蛋由 2005 年的 9 个增加到 2018 年的 16.1 个。（见表 1 – 33）

表1-33　　　　　　哈萨克斯坦月人均食品消费　　　（单位：千克/月）

	2000年	2005年	2010年	2014年	2015年	2016年	2017年	2018年
烘焙产品和谷物产品	10.3	9.5	10.2	10.5	10.8	10.9	11.1	11.5
肉和肉类食品	3.7	3.3	4.4	5.9	6.1	6.1	6.1	6.5
鱼和海鲜	0.4	0.7	0.8	0.9	0.9	0.9	0.9	1.1
牛奶和乳制品	19.6	15.8	17	18.8	19.5	19.6	19.8	21.8
鸡蛋（个）	8.5	9	10.8	13.1	13.7	13.7	14	16.1
油脂	0.9	0.9	1.1	1.6	1.6	1.6	1.6	1.6
水果	1.3	3	4	5.1	5.4	5.1	5.4	6.2
蔬菜（无马铃薯）	7.2	5.9	5.9	7.2	7.5	7.4	7.4	7.8
马铃薯	5.5	3.9	3.5	4	4	4	3.9	4
糖、果酱、蜂蜜、巧克力、糖果产品	1.8	2.4	2.5	3.3	3.5	3.4	3.4	3.9

资料来源：Agency for Strategic planning and reforms of the Republic of Kazakhstan Bureau of National statistics, *Population consumption of basic food products*, http://stat.gov.kz/, 2019年10月15日。

一　哈萨克斯坦居民生活水平

哈国居民的收入主要来源是劳动收入，劳动包括就业收入和自营职业收入，劳动收入占到总收入的75%以上，有逐年下降的趋势。第二个主要来源是社会转移，包括退休金、补助、生活津贴和福利以及奖学金等，社会转移收入的比例不断增加，2018年达到21.5%，其他收入包括财产收入、亲戚、伴侣、儿女的经济援助等，占比较小。（见表1-34）

表1-34　　　　　　　　　居民现金收入结构

	2014年	2015年	2016年	2017年	2018年
现金总收入	100	100	100	100	100
劳动收入	80.5	80.1	78.3	76.3	74.2
就业收入	69.7	69.3	68	65.7	63.3

续表

	2014 年	2015 年	2016 年	2017 年	2018 年
自营职业和手艺的收入	10.8	10.8	10.3	10.6	10.9
社会转移	15.8	16.6	18.1	19.7	21.5
退休金	12.8	13.7	14.9	16.4	18.3
补助	2.5	2.5	2.8	2.9	2.8
生活津贴和福利	0	0	0	0	0
奖学金	0.5	0.4	0.4	0.4	0.4
财产收入	0.3	0.4	0.4	0.4	0.5
亲戚、伴侣、儿女的经济援助和其他收入	3.4	2.9	3.2	3.6	3.8

资料来源：Ministry of National Economy of the Republic of Kazakhstan Committee on Statistics, *Living standards in Kazakhstan 2014－2018*, Nur－Sultan 2019, p. 15.

由哈萨克斯坦生活水平指数可看出，居民名义人均月收入每年都在提高，2018 年达到 9.27 万坚戈，远高于全国平均最低生活保障线和食品菜篮子价格，剔除通货膨胀的影响，居民人均实际货币收入稳定增长，近几年尤其是 2018 年增长速度最高，达到了 5%。根据年底的市场价格，2018 年奶牛哈国人均年收入相当于购买 34 千克牛肉，68 千克鸡肉，127 升油，260 升牛奶，211 打鸡蛋，糖 237 千克，411 千克优质小麦面包，481 千克马铃薯，127 千克苹果，1.3 套男士双西服，4 套学龄儿童的夹克，137 盒带过滤器的家用香烟，0.4 个冰箱，0.3 个彩色图像电视。（见表 1－35）

表 1－35　　　　　　　　哈萨克斯坦生活水平指数

	2014 年	2015 年	2016 年	2017 年	2018 年
居民年人均支出（万坚戈）	44.56	46.20	50.22	55.58	61.44
居民年人均支出结构	100	100	100	100	100
消费支出比重（%）	92.3	92.4	92.8	92.6	93

续表

	2014 年	2015 年	2016 年	2017 年	2018 年
食品消费（%）	43.1	44.7	45.8	46.6	48.5
非食品消费（%）	28.1	25.7	25.2	24.7	23.5
服务消费（%）	21.1	22	21.8	21.3	21
纳税（%）	0.2	0.2	0.2	0.2	0.2
其他（%）	7.5	7.4	7	7.2	6.8
居民名义人均月收入（坚戈）	62271	67321	76575	83053	92703
居民人均实际货币收入指数	103.4	101.4	99.3	101.8	105
居民人均每月货币支出	37131	38502	41847	46319	51198
全国平均最低生活保障线（坚戈）	19068	19647	21612	23783	27072
收入低于全国平均最低生活保障线的居民比重（%）	2.9	2.6	2.5	2.7	4.3
食品菜篮子价格（坚戈）	11441	11788	12967	14270	14890
收入低于食品菜篮子价格的居民比重（%）	0.1	0.1	0.1	0.1	0.1
最低月工资标准（坚戈）	19966	21364	22859	24459	28284
最低养老金标准（坚戈）	21736	23692	25824	31245	33745

资料来源：Ministry of National Economy of the Republic of Kazakhstan Committee on Statistics, *Living standards in Kazakhstan 2014 – 2018*, Nur – Sultan 2019, p. 17.

因食品价格较高，在居民家庭年人均支出中，食品消费占比约 45%，占比较高。2018 年居民年人均总支出 614373 坚戈，其中消费支出 571607 坚戈，占比 93%。消费支出中，食品消费 298347 坚戈，在居民年人均总支出中占比 48.5%。在食品消费中，面包和面包产品 39140 坚戈（占 6.4%），肉、鸡和鱼 101214 坚戈（占 16.5%），奶制品和鸡蛋 33737 坚戈（占 5.5%），油和脂肪 15020 坚戈（占 2.4%），水果和蔬菜 44146 坚戈（占 7.2%），糖、糖果 21021 坚戈（占 3.4%），含酒精的饮料 12911 坚戈（占 2.0%），烟草制品 8839 坚戈（占 1.4%）。（见表 1 – 36）

表1-36 居民人均收入的购买力期末人均收入的市场等值

	2014 年	2015 年	2016 年	2017 年	2018 年
食品（千克）					
牛肉	33	35	37	34	34
鸡	67	67	66	64	68
水煮香肠	32	32	30	30	31
黄油	27	30	28	26	26
油（升）	135	135	103	115	127
牛奶（升）	289	270	260	262	260
鸡蛋（打）	193	211	178	194	211
糖	229	227	178	204	237
优质小麦面包	470	442	386	381	411
马铃薯	406	459	518	402	481
苹果	141	139	129	133	127
非食品（个/套）					
男士双西服	1.4	1.4	1.2	1.3	1.3
学龄儿童的夹克	4.9	4.6	3.7	3.9	4
女冬鞋（双）	1.7	1.6	—	—	—
男鞋（双）	3.2	3.1	—	—	—
带过滤嘴的香烟	162	150	137	138	137
冰箱	0.5	0.5	0.3	0.4	0.4
彩色图像电视	0.4	0.4	0.3	0.3	0.3

资料来源：Ministry of National Economy of the Republic of Kazakhstan Committee on Statistics, *Living standards in Kazakhstan 2014 - 2018*, Nur - Sultan 2019, p. 16.

二 哈萨克斯坦农产品消费

哈萨克斯坦居民的主食是小麦面包、面粉和马铃薯，肉类有牛肉、羊肉、猪肉和鸡肉，以牛肉和鸡肉为主，副食品是牛奶、鸡蛋和鱼等。2014 年到 2018 年，各类食品的人均消费量基本保持稳定，只有鸡蛋有明显增加的趋势。（见表1-37）

表 1-37　　　　　　每人年均食物消费量　　　　　（单位：千克）

	2014 年	2015 年	2016 年	2017 年	2018 年
小麦面包	52.6	55	56.2	55.3	52.5
面粉	23.3	24	24.7	25.1	26.7
大米	15.5	15.7	15.4	16	16
意大利面	24.4	24.2	23.7	24.9	25.7
马铃薯	48.5	48.5	48.6	46.9	48.6
蔬菜	86.6	90.2	89.3	88.5	94.1
水果和浆果	60.8	64.4	61.4	64.6	74.9
牛肉	23.7	25	24.5	23.9	24.8
羊肉	6.7	6.9	6.8	6.3	6.4
猪肉	3	3.1	3	2.9	3.3
鸡肉	15.1	15.7	14.8	15.3	17
香肠产品、烟熏肉产品	8.1	8.3	8.3	8.5	7.9
全脂牛奶（升）	46.3	46.2	45.5	46.8	50.4
酸奶油和奶油	4.3	4.6	4.9	4.9	4.9
糖	20.9	21.5	20.7	20.8	20.3
鱼和鱼罐头	10.9	11.1	10.7	10.5	12.9
鸡蛋（个）	157.7	164	164.7	168.5	193.3
茶	2.3	2.4	2.4	2.4	2

资料来源：Ministry of National Economy of the Republic of Kazakhstan Committee on Statistics, *Living standards in Kazakhstan 2014 – 2018*, Nur – Sultan 2019, p. 24.

从主要食品的生产和消费的统计看，哈萨克斯坦谷物的生产量、消费量和出口量都比较大，库存保持稳定，粮食加工品的生产量、消费量和出口量也都比较大，两者相比，谷物出口量大，而粮食加工品消费量大，库存也在不断减少，加强哈国粮食加工能力是满足国内需求的重要手段。马铃薯及其加工品生产量大，主要用于国内居民消费，进出口都比较少，库存保持稳定。甜菜生产主要用于食品加工和出口，居民消费较少，出口量增加很快。水果、葡萄及其加工产品生产量满足不了国内居民消费，需要大量进口，进口量是国内生产量的 2 倍以上。肉和肉制品、牛奶和乳制品国内生产量较大，主要用于满足国内居民消费需求，牛奶和乳制品还用于工业消费,不过尚不能完全满足居民消费需求,需要适当进口,自给率在80%以上。鸡蛋和蛋制品国内生产量大,主要用于居民消费,进出口量少,并且基本平衡,不过出口量在2017年、2018年大幅增长。植物油和含脂肪的产品主要用于国内居民消费,需要适当进口,进口大于出口,不过出口量在2017年、2018年也有较快增长。(见表1-38、表1-39)

表1-38 谷物的生产和消费统计 （单位:千吨）

	2014年	2015年	2016年	2017年	2018年
Ⅰ.供应量	30964.3	31975.3	34494.3	35485.9	36624.5
年初库存	13717.5	13154.9	13800	14819	16174
生产量	17162.2	18673.7	20634.4	20585.1	20273.7
进口	84.6	146.7	59.9	81.8	176.8
Ⅱ.消费量					
畜禽饲料	3370.9	3975.2	4083.5	4351.3	3971.8
种子	2418.3	2481.6	2465.7	2164.3	2106.2
食品加工	5025.6	4953.8	5209.3	5117.6	4944.9
其他工业用途	1141.3	1197.7	1201.8	956.6	1757.5
损失	498.5	831.4	896.9	922.6	659.2
出口	5028.9	4402.3	5476.5	5447.7	8402.9
居民消费	325.9	333.3	341.7	351.8	319.8
人均消费（千克/年）	18.8	19	19.2	19.5	18.5
年末库存	13154.9	13800	14819	16174	14462.2

资料来源:Министерство Национальной Экономики Республики Казахстан Комитет по Статистике, *Сельское, Лесное и Рыбное Хозяйство в Республике Казахстан 2014 - 2018*, Нур - Султан 2019, Стр. 196.

表1-39 粮食加工品的生产和消费统计 （单位:千吨）

	2014年	2015年	2016年	2017年	2018年
Ⅰ.供应量	4951.6	4933	5121.2	4613.4	4489.7
年初库存	766.9	842	801	360	324.3
生产量	4093.7	3955.9	4205.5	4129.2	4032.1
进口	91	135.1	114.7	124.2	133.3

续表

	2014 年	2015 年	2016 年	2017 年	2018 年
Ⅱ. 消费量					
工业消费	389.3	403.5	419.7	375.5	363.1
损失	99	48.2	30.7	18.5	18
出口	1873.3	1855.7	2458.3	2389	2400.2
居民消费	1747.9	1824.6	1852.4	1506.2	1394.2
人均消费（千克/年）	101.1	104	104.1	101	97.9
年末库存	842	801	360	324.3	314.3

资料来源：Министерство Национальной Экономики Республики Казахстан Комитет по Статистике, *Сельское, Лесное и Рыбное Хозяйство в Республике Казахстан 2014 – 2018*, Нур - Султан 2019, Стр. 196.

三 哈萨克斯坦主要贸易伙伴及贸易量

哈萨克斯坦主要出口的农产品有小麦和黑麦、大麦、小麦和黑麦粉，这是哈萨克斯坦主要的出口创汇产品。2018 年小麦和黑麦净出口量为 611.17 万吨，创汇收入为 9.62 亿美元，大麦净出口量为 170.79 万吨，创汇收入为 2.87 亿美元，小麦和黑麦粉净出口量为 229.45 万吨，创汇收入为 4.47 亿美元。主要进口的农产品有新鲜、冷冻和冷藏的肉及内脏、动植物油脂类产品、糖和糖食、粮食制品及乳制品、酒精和非酒精饮料和醋等，进口的数量和金额都比较大。糖和糖食的进口量有减少的趋势，不过酒精和非酒精饮料和醋有扩大趋势。（见表 1 – 40）

表 1 – 40　　　　　哈萨克斯坦主要农产品的进出口额

（单位：万吨，亿美元）

类别	流向	2014 年 数量	2014 年 金额	2015 年 数量	2015 年 金额	2016 年 数量	2016 年 金额	2017 年 数量	2017 年 金额	2018 年 数量	2018 年 金额
新鲜、冷冻和冷藏的肉及内脏	出口	0.89	0.25	1.19	0.23	1.25	0.20	0.93	0.20	1.75	0.45
	进口	19.17	2.44	18.75	1.99	18.07	1.60	19.85	2.06	17.17	2.10
	净出口	18.28	-2.19	-17.56	-1.76	-16.82	-1.41	-18.92	-1.86	-15.41	-1.66

续表

类别	流向	2014 年 数量	2014 年 金额	2015 年 数量	2015 年 金额	2016 年 数量	2016 年 金额	2017 年 数量	2017 年 金额	2018 年 数量	2018 年 金额
小麦和黑麦	出口	420.82	9.60	363.59	6.89	450.42	6.94	425.65	6.60	619.84	9.72
	进口	1.14	0.02	6.24	0.13	1.66	0.03	3.83	0.06	8.67	0.09
	净出口	419.68	9.58	357.35	6.76	448.76	6.91	421.82	6.54	611.17	9.62
大麦	出口	71.13	1.43	63.26	1.04	78.08	1.09	90.37	1.37	175.50	2.94
	进口	1.59	0.04	2.43	0.04	0.28	0.00	0.82	0.01	4.70	0.07
	净出口	69.54	1.39	60.83	1.00	77.80	1.09	89.55	1.36	170.79	2.87
大米	出口	5.19	0.21	6.64	0.31	6.93	0.16	9.90	0.22	9.69	0.26
	进口	2.46	0.18	2.24	0.15	0.97	0.05	0.82	0.05	0.98	0.06
	净出口	2.73	0.03	4.41	0.16	5.96	0.11	9.08	0.17	8.71	0.20
小麦和黑麦粉	出口	184.48	5.62	182.27	4.94	239.43	5.05	231.69	4.69	229.77	4.48
	进口	0.25	0.01	0.60	0.02	0.23	0.01	0.27	0.01	0.32	0.01
	净出口	184.23	5.60	181.67	4.92	239.19	5.04	231.41	4.68	229.45	4.47
动植物来源的油脂及其分解产物	出口	5.93	0.63	5.48	0.54	7.48	0.64	14.04	1.18	18.25	1.40
	进口	16.08	1.78	20.98	1.84	19.92	1.85	20.01	1.89	21.14	1.97
	净出口	-10.15	-1.15	-15.50	-1.29	-12.44	-1.21	-5.97	-0.71	-2.88	-0.57
糖和糖食	出口	2.92	0.36	2.17	0.26	3.72	0.34	8.33	0.63	9.80	0.64
	进口	55.24	3.39	45.93	2.50	50.14	2.66	50.19	2.90	47.82	2.57
	净出口	-52.32	-3.03	-43.76	-2.24	-46.42	-2.33	-41.86	-2.28	-38.03	-1.93
谷物、面粉、淀粉或牛奶、糖食类成品	出口	3.09	0.61	3.09	0.64	2.86	0.40	3.77	0.49	4.72	0.53
	进口	13.61	3.25	16.03	2.92	13.76	2.39	14.80	2.79	15.68	2.81
	净出口	-10.51	-2.65	-12.95	-2.29	-10.91	-1.99	-11.03	-2.30	-10.96	-2.28
酒精和非酒精饮料和醋	出口	9.57	0.54	8.88	0.47	10.91	0.45	10.60	0.41	12.32	0.50
	进口	336.99	2.83	386.86	1.82	481.28	1.68	466.86	2.20	454.70	2.62
	净出口	-327.42	-2.29	-377.97	-1.35	-470.37	-1.24	-456.26	-1.79	-442.38	-2.13

资料来源：Министерство Национальной Экономики Республики Казахстан Комитет по Статистике, *Внешняя Торговля Республики Казахстан 2014 - 2018*, Нур - Султан 2019, Стр. 114, 176.

从哈萨克斯坦主要农产品出口目的国看，小麦和黑麦有三分之二出口到独联体国家，以出口到乌兹别克斯坦、塔吉克斯坦为最多，占到独联体国家的70%以上。世界其他地区主要出口到中国、意大利、阿富汗、土耳其等国家。大麦绝大部分出口到了伊朗,小麦和黑麦粉主要出口到了阿富汗和乌兹别克斯坦,两个国家占据很大比重。从进口农产品的来源国看,新鲜、冷冻和冷藏的肉和内脏主要进口来源国是俄罗斯、白俄罗斯、乌克兰和美国。动植物来源的油脂及其分解产物主要进口来源国是俄罗斯和马来西亚,谷物、面粉、淀粉或牛奶、糖食类成品主要进口来源国是俄罗斯和乌克兰,酒精和非酒精饮料和醋主要进口来源国是俄罗斯和格鲁吉亚。由此可见,俄罗斯是哈萨克斯坦农产品的主要进口来源国,占据极其重要的地位。

第二章

乌兹别克斯坦的农业发展

乌兹别克斯坦是中亚人口最多的国家，基本上能占到中亚人口的一半，农业发展对于其国家经济社会发展具有极其重要的作用。独立之后，乌国大力进行农业领域改革，农业产值不断增加，农业结构不断优化，其农业发展对于其他中亚国家的农业发展具有较强的示范效应。

第一节 乌兹别克斯坦的国家概况及行政区划

1991年8月31日，乌兹别克斯坦共和国议会宣布乌兹别克斯坦独立。获得独立后，该国选择了开放市场经济的和平、民主政策，并以正式成员身份加入了国际经济社会。同月，伊斯兰·卡里莫夫先生被新议会选为新国家的第一任总统。

乌兹别克斯坦是全世界两个双内陆国之一，即本国是内陆国而其周围所有的邻国也是内陆国。它的面积为44.884万平方千米，位于北纬37°至46°，东经56°至74°。它从西向东延伸1425千米，从北向南延伸930千米。乌兹别克斯坦的北部和西北部与哈萨克斯坦和咸海接壤，西南部与土库曼斯坦接壤，东南部与塔吉克斯坦接壤，东北部与吉尔吉斯斯坦接壤。乌兹别克斯坦是中亚唯一与其他四个国家接壤的国家。乌兹别克斯坦与南部的阿富汗也有较短的边界（不到150千米）。

乌兹别克斯坦是中亚人口最多的国家，2018年其人口为3157万人，几乎是中亚总人口的一半。在总人口中，有50.5%生活在城市中，而有49.5%生活在农村地区。根据官方资料，乌兹别克族占总人口的大多数

（80%）。其他种族包括俄罗斯族5.5%，塔吉克族5.0%，哈萨克族3%，卡拉卡尔帕克族2.5%，约1%的朝鲜族和约3%的其他民族。

乌兹别克斯坦独立后，人口增长较快，从1993年的2194万人增长到2018年的3157万人，几乎增长了1000万人。按2010年不变价美元，国内生产总值从1993年的212.56亿美元增长到2018年782.23亿美元，增长了2.68倍，年均增长5.35%，人均GDP也在不断增长，从1993年的968.73美元增长到2018年2373.54美元，增长了1.45倍。农业发展增长的速度和整个经济发展的速度相当，农业增加值在国内增加值的比重保持相对稳定的水平，近几年在34%左右。农业投资在固定资本投资的占比较小，农业就业人数在总就业人数的比例保持在27%左右。（见表2-1）

表2-1　　乌兹别克斯坦主要经济指标和农业发展主要指标

（单位：十亿苏姆）

	2015年	2016年	2017年	2018年
GDP	210183.1	242495.5	302536.8	407514.5
产品服务增加值	190036.2	220064.0	267744.8	361951.1
产品净税	20146.9	22431.5	34792.0	45563.4
GDP增长率	7.45	6.09	4.46	5.45
官方汇率	2567.987	2965.253	5113.879	8069.606
总人口（万人）	3325.55	3265.67	3212.05	3157.53
城市人口	1680.67	1653.27	1625.08	1596.39
乡村人口	1644.88	1612.4	1586.97	1561.14
人均GDP	2138.57	2229.78	2290.38	2373.54
农业增加值	64680.3	74779.0	90983.9	117315.8
农业份额	34.1	34.0	34.0	32.4
建筑业份额	26.2	26.6	27.9	32
服务业份额	39.7	39.4	38.1	35.6
固定资本投资	44810.4	51232.0	72155.2	124231.3
农业投资	4515.4	4795.3	6110.6	7991.9
份额	10.1	9.4	8.5	6.4
总就业人数	13058.3	13298.4	13520.3	13273.1

续表

	2015 年	2016 年	2017 年	2018 年
农业就业人数	3601.7	3646.7	3671.3	3537.2
份额	27.6	27.4	27.2	26.6
水果蔬菜出口占总出口的比重	9.5	4.6	5.1	6.3

资料来源：Государственный Комитет Республики Узбекистан по Статистике *Сельское Хозяйство Узбекистана 2015 – 2018*，Ташкент – 2019，Стр. 12，13. GDP 增长率、人均 GDP 和汇率资料来源于世界银行数据库。

截至 2019 年 1 月 1 日，乌兹别克斯坦共和国在行政上分为一个直辖市、一个自治共和国和 12 个州，159 地区，119 个大中型城市，1071 个城市住区（Urban settlements），260 个农村聚集区和 11015 个村庄。主要城市是安集延、布哈拉、撒马尔罕、纳曼干和塔什干。乌兹别克斯坦的人口分布不均匀，首都塔什干市人口 255.42 万人，人口密度最大，远超其他州。撒马尔罕州、卡什卡达里亚州、安集延州的人口超过了 300 万，大多数州的人口在 100 万到 300 万人，只有纳沃伊州和锡尔河州人口不到 100 万人，锡尔河州人口最少，为 84.18 万人。除首都之外，人口密度最大的州是安集延州，其次是费尔干纳州和纳曼干州，西部和西北部各州人口密度都很低，例外的是花拉子模州人口密度还挺高。从人均 GDP 看，纳沃伊州人口密度最低，而人均 GDP 最高，还高过了首都，人口密度比较大的安集延州、费尔干纳州和纳曼干州，人均 GDP 排名却比较靠后，低于全国平均水平，说明乌国人口聚集的经济效应并没有体现出来，经济发展还主要靠资源投入驱动。（见表 2 – 2）

表 2 – 2　　　　乌兹别克斯坦行政区划及人口分布

	区域面积（万平方千米）	人口（万人）	人口密度（人/平方千米）	人均 GDP（万苏姆）	城市化率
乌兹别克斯坦共和国	44.90	3372.49	75.12	1234	50.50%
卡拉卡尔帕克斯坦自治共和国	16.66	188.99	11.34	809	49.04%

续表

	区域面积（万平方千米）	人口（万人）	人口密度（人/平方千米）	人均GDP（万苏姆）	城市化率
安集延州	0.43	311.01	723.28	872	52.26%
布哈拉州	4.02	191.60	47.64	1125	36.92%
吉扎克州	2.12	137.45	64.80	902	46.88%
卡什卡达里亚州	2.86	326.14	114.15	879	43.03%
纳沃伊州	11.11	99.25	8.93	2279	48.70%
纳曼干州	0.74	279.57	375.77	662	64.59%
撒马尔罕州	1.68	385.70	229.99	831	37.14%
苏尔汉河州	2.01	261.24	129.97	700	35.35%
锡尔河州	0.43	84.18	196.68	980	42.71%
塔什干州	1.53	292.99	192.12	1346	49.21%
费尔干纳州	0.68	373.31	552.23	729	56.48%
花拉子模州	0.61	185.64	306.84	837	33.20%
塔什干市	0.03	255.42	7647.23	2199	1

注：人口数据截至2019年1月1日。

资料来源：乌兹别克斯坦共和国国家统计委员会公开数据库，https://stat.uz/en/open-data，2020年5月20日。

第二节　乌兹别克斯坦的农业生产要素

一　气候

乌兹别克斯坦大部分地区为大陆性干燥（干旱）气候，年降水量很少（200—300毫米）。夏季炎热，干燥无雨，7月平均气温30℃，通常高温约为40℃，而冬季的平均温度约为-23℃，1月平均气温为-5℃（北方）和-3℃（南方），最冷时，地面最低温度可达-30℃。年降水量少而且不均匀，中西部平原每年90—580毫米，东南部山区每年460—910毫米，降雨季节主要在秋季和冬季。

乌兹别克斯坦明显受到全球气候变暖的影响。在整个中亚地区都能观察到强烈的气候变暖。寒冷和温暖的季节都可以感觉到变暖。乌兹别克斯坦领土的观测数据也显示出变暖的稳定趋势。根据联合国政府间气候变化专门委员会（IPCC）2007年的第四份报告，自20世纪50年代初以来的全球变暖速率已达到每十年0.13℃。而在乌兹别克斯坦，从20世纪50年代开始平均升温速率每十年为0.29℃，是全球升温速率的2倍以上。气候变化的明显指标是高温出现的频率增加。例如，不管是在咸海地区还是在在乌兹别克斯坦其他地区，温度高于40℃的天数增加了一倍，平均为一倍半。

二 土地

乌兹别克斯坦全境地势东高西低。中西部为平原、盆地、沙漠，海拔0—1000米，约占国土面积的三分之二，大部分位于西北部的克孜勒库姆沙漠。东部和南部属天山山系和吉萨尔—阿赖山系的西缘，内有著名的费尔干纳盆地和泽拉夫尚盆地。全国不到10%的土地适合在河谷和绿洲中耕种，该国领土的其余部分是一片广阔的沙漠（克孜勒库姆沙漠）和山脉。

乌兹别克斯坦缺少适合农业生产的土地。截至2019年1月1日，乌国的人均农业用地为0.61公顷。在2020万公顷农业用地中，只有20.7%被灌溉。农业中的土地使用在很大程度上取决于灌溉的可用性。在过去的15年中，人均灌溉土地的面积下降了24%（从0.23公顷减少到0.16公顷）。这是人口增长、供水减少以及农业用地转移到其他类别的土地的结果。据预测，如果不采取紧急措施，在未来30年内，灌溉土地面积将再减少20%—25%。大部分农业用地都用于种植棉花和小麦，这是一种低吸水率的农作物，利润率低。总体而言，2017年它们占播种总面积的67%，有限的肥沃土地用于种植饲料作物，这是扩大畜牧业以及增加水果和蔬菜生产和出口的主要障碍。大约45%的农业用地是含盐的，其中19%的土地具有高盐度。（见表2-3）

表 2-3　　　　乌兹别克斯坦规划农业用地面积及结构　　（单位：万公顷）

	2015 年	2016 年	2017 年	2018 年
农业用地面积	2038.88	2017.4	2026.16	2023.63
耕地	402.07	401.48	399.9	398.85
灌溉土地面积	371.21	370.88	370.24	369.46
多年生草本植物	36.67	37.12	37.68	38.31
干草地和牧场	1112.71	1102.06	1109.15	1102.83
其他	487.43	476.74	479.43	483.64

资料来源：Государственный Комитет Республики Узбекистан по Статистике *Сельское Хозяйство Узбекистана 2015 – 2018*，Ташкент – 2019，Стр. 24，60.

乌兹别克斯坦农业用地的分布不均匀，主要分布在纳沃伊州、布哈拉州、卡拉卡尔帕克斯坦自治共和国，这和各州的大小有很大关系。耕地面积和灌溉面积就和各州水资源的多少密切相关。耕地面积和灌溉土地面积较多的州有卡什卡达里亚州、卡拉卡尔帕克斯坦自治共和国、吉扎克州、撒马尔罕州等州。从耕地面积和灌溉面积在农业用地面积的比例看，比例较高的州是安集延州、纳曼干州、费尔干纳州等位于费尔干纳盆地的州，比例较低的州是纳沃伊州、布哈拉州等州及卡拉卡尔帕克斯坦自治共和国。（见表 2-4）

表 2-4　　　　乌兹别克斯坦各州农业用地面积　　（单位：万公顷）

	2015 年	2018 年	2015 年	2018 年	2015 年	2018 年
	农业用地面积		耕地面积		灌溉土地面积	
乌兹别克斯坦共和国	1559.14	1547.59	402.07	398.85	371.21	369.46
卡拉卡尔帕克斯坦自治共和国	208.86	214.17	41.67	41.50	47.07	46.65
安集延州	25.46	25.08	20.26	20.11	23.35	23.20
布哈拉州	255.17	250.67	20.05	19.91	22.64	22.60
吉扎克州	118.33	113.89	47.96	47.95	27.65	27.44
卡什卡达里亚州	198.48	195.63	67.56	67.32	45.80	45.73
纳沃伊州	359.64	359.48	11.02	10.82	10.70	10.70

续表

	2015 年	2018 年	2015 年	2018 年	2015 年	2018 年
	农业用地面积		耕地面积		灌溉土地面积	
纳曼干州	28.41	28.07	19.17	18.79	23.47	23.35
撒马尔罕州	122.79	120.17	43.40	42.56	30.95	30.85
苏尔汉河州	100.96	100.12	27.91	27.71	27.02	26.96
锡尔河州	28.50	28.18	24.86	24.63	26.59	26.31
塔什干州	58.03	57.81	32.97	32.48	33.91	33.79
费尔干纳州	31.48	31.38	24.71	24.68	29.93	29.83
花拉子模州	22.99	22.93	20.49	20.38	22.09	22.04
塔什干市	0.04	0.01	0.04	0.01	0.04	0.01

资料来源：Государственный Комитет Республики Узбекистан по Статистике *Сельское Хозяйство Узбекистана 2015 – 2018*，Ташкент – 2019，Стр. 76 – 78.

三 水资源

水资源获取问题是扩大用于农业需求的土地面积和维持生产力的主要障碍。乌兹别克斯坦的一次性水资源包括可再生的地表水和地下水，以及人为使用的回水（污水和排水）。水资源主要形成在跨界流域。中亚的一个特点是将其领土划分为三个主要的地表径流区：（a）径流形成区（山区上游集水区）；（b）过境水流及其扩散区；（c）三角洲区。在径流形成区，人为变化的水平微不足道，但是由于在该区边界建造了大型水坝和水库，下游的流域变化很大（Соколов，2015）。在径流的传播和扩散区域，流量和整个水文循环是河流与领土之间相互作用的结果。这种相互作用的特征是从河流到灌溉区的取水量以及化肥和农药的回流量。乌兹别克斯坦有17777条自然水道，其中阿穆尔达里亚盆地为9930条，锡尔河达里亚盆地为4926条，山区河流山谷中有500多个湖泊，其中最大的是艾达河—阿纳赛湖系统。冰川位于个别河流的上游，主要位于阿姆河流域，平均一个冰川面积为0.29平方千米。

锡尔河长期平均径流量为每年379亿立方米，乌兹别克斯坦平均每年形成55.9亿立方米（14.8%），阿姆河长期平均径流量为每年780亿立方米，乌兹别克斯坦平均每年形成47亿立方米（6%）。中亚水资源的形成和利用极不均匀,乌兹别克斯坦境内形成的水资源远不够国内使用,所以乌国需要两个河流的境外流入,该国约80%的水资源来自跨界水道。(见表2-5)

表2-5　锡尔河和阿姆河流域的水资源及其在国家之间的分布

(单位:十亿立方米)

国家	合计	锡尔河	阿姆河
乌兹别克斯坦	56.19	17.28	38.91
吉尔吉斯斯坦	4.41	4.03	0.38
哈萨克斯坦	12.29	12.29	0
塔吉克斯坦	12.34	2.46	9.88
土库曼斯坦	21.73	0	21.73
阿富汗	7.44	0	7.44
总计	114.4	36.06	78.34

资料来源:Соколов, В. И. "*Водное хозяйство Узбекистана: прошлое, настоящее и будущее.*" Ташкент 2015.

在乌兹别克斯坦共和国,近年来平均使用的水量不超过520亿立方米,其中包括:来自锡尔河和阿姆河的316亿立方米(61%);国内支流和小河182亿立方米(35%),地下来源5亿立方米(1%),集水器—排水网络17亿立方米(3%)。

在乌用水结构中,大约有460亿立方米的水用于灌溉320万公顷的土地,占总用水量的90%左右。乌国320万公顷灌溉土地中,有220万公顷的土地通过泵站供水,在超过250万公顷的灌溉面积上,建造了10.33万千米的排水网络,其中主要农场的集水器3.21万千米、排水网络10.77万千米。乌国的农场间灌溉网络总长度为2.78万千米,农场上为15.05万千米。在主干渠和农场间的运河上,有超过25000个水工建筑物,在农场网络上,有超过44000个水工建筑物。农业灌溉用水中只有60%用于农田,原因之一是,只有23%的灌溉网络(总长度为18万千米)具有混凝土涂层,并且已有30—35年没有更新。由于在费尔干纳州引入了节水技术,因此可以将农民的供水成本降低50%,将化肥的成本降低37%,将燃料的成本降低35%。2020年乌国计划在20万公顷的播种面积上引入节水技术，到2025年将在100万公顷的播种面积上引入节水技术（Соколов，2015）。

世界资源研究所预测，到2040年，乌兹别克斯坦将成为缺水量最大的33个国家之一。如果不采取严厉措施，到2050年，锡尔河谷盆地的棉花和小麦单产将分别下降11%—13%和5%—7%。和阿姆河谷盆地分别为13%—23%和10%—14%。有关确保合理使用水以满足人口和经济部门的需求，保护水免遭污染，堵塞和消耗，防止和消除有害影响，乌国从1993年出台了有关《关于水和用水》的法律文件，并不断完善。根据《水和水的使用法》，乌国提供水的优先顺序是：饮用水和市政供水，医疗、度假和休闲用水，渔业用水，工业用水和农业用水。

四　农业生产主体

乌国的农业生产者主要分为三类：农业企业、家庭农场和个体农户农场。农业有两种类型的农场：家庭农场和个体农户农场。所有其他形式的管理，比如农业合作社，农业公司和其他组织被归入"从事农业活动的组织"类别，也可以成为农业企业，但数量少。在20世纪90年代初，以前的集体农场和国营农场转变为农业企业，而农业企业在21世纪初几乎完全转变为家庭农场和个体农户农场。（见表2-6）

表2-6　　　　　　　　乌兹别克斯坦的农业企业、
家庭农场和个体农户的定义

	农业企业	家庭农场	个体农户
基本定义	合作社，合作经营合作社	以法人身份建立的农业生产企业主体，在出租土地上活动	家庭自然或小规模经济，由户主提供的土地生产
使用劳动	合作社成员	家庭成员以及永久和季节性招聘的人员	大多数家庭成员，可以选择雇用季节性工人
土地使用形式	长期租赁	长期租赁土地（最多50年）。租期取决于政府采购的目标。农场的大小可能取决于生产的专业化	终身占有土地，分配的土地面积：灌溉土地为0.35公顷，非灌溉土地为0.5公顷，包含土地建设设施的面积

续表

	农业企业	家庭农场	个体农户
财产所有权	集体	私人的，任何一个在农业领域有足够资格的成年人	私人的，前农业企业员工及其家庭
生产专业化	之前的协议是种植棉花和小麦，卡拉库尔羊的繁育	仅土地租赁协议中指定的农产品，主要是棉花和小麦	任何农产品，主要是农作物，蔬菜，水果，牛

资料来源：Naumov, Jurij, and Igor Puga？. *Проблемы и перспективы развития животноводства в Узбекистане*. No. 188. Discussion Paper, 2019.

乌兹别克斯坦共和国的土地为国有财产。"使用权"是通过注册长期租约而转让的。自独立以来，已采取了许多措施来重组农场和重新分配土地。自 2017 年以来，土地管理领域的主要重点已从小麦和棉花转移到生产的多样化、专业化以及增加个体农户农场的作用。

家庭农场是独立的商业实体，土地租用期最长为 50 年。家庭农场提供了国家定购的所有棉花和大部分小麦的产量，其产量取决于土地面积和质量。不过农民也有权种植其他农作物，这种方法使水果、蔬菜和其他产品的生产多样化成为可能。2019 年乌国有 7.75 万个家庭农场。

个体农户农场平均耕种 0.17 公顷，提供的土地面积不能超过 0.35 公顷的灌溉土地或 0.5 公顷非灌溉土地。个体农户农场独立确定农作物和牲畜产品。尽管个体农户农场只占用了 13% 的灌溉耕地，不过是该国主要的粮食生产主体，约占全国农业生产的 70%，其中肉、奶、蛋、水果和蔬菜大部分都是由其生产。个体农户农场的数量正在增长，2019 年已经超过了 470 万。（见表 2-7）

表 2-7　　　　乌兹别克斯坦农业生产主体的数量

	1992 年	1998 年	2003 年	2008 年	2016 年	2017 年
农业企业	2818	1921	2135	343	113	—
家庭农场	5942	23048	87552	218645	134263	147833
个体农户	2579542	3043894	4377112	4703433	4731700	4769000

资料来源：乌兹别克斯坦共和国国家统计委员会，https：//stat. uz/en/，2020 年 5 月 20 日。

与其他农场相比，个体农户农场的效率更高，其原因在于能够生产出利润更高，水分含量较低的产品，以及对有效利用生产要素更有积极性。但是，这些农场的规模受到法律的限制，不允许生产足够数量的产品以减少销售的交易成本，并提高质量和确保产品的一致性。另外，个体农户的土地使用权保障薄弱，阻碍了管理效率的提高，限制了投资的吸引力。当前，没有法律明确透明的土地分配机制以及保护土地使用者权利的机制。而且，没有提供土地转租的可能性，这阻碍了农业用地从效率较低的生产者向效率更高的生产者的过渡。

乌兹别克斯坦农业就业人口2018年是353.72万人，占全国就业人口的26.6%，比2017年减少13.41万人。农业就业人口较多的州是费尔干纳州和撒马尔罕州，都超过了40万人，人口较少的州是纳沃伊州、锡尔河州和卡拉卡尔帕克斯坦自治共和国。（见表2-8）

表2-8　　　乌兹别克斯坦各州农业就业人数　　　（单位：万人）

	2015年	2016年	2017年	2018年
乌兹别克斯坦共和国	360.17	364.67	367.13	353.72
卡拉卡尔帕克斯坦自治共和国	18.81	19.09	19.15	19.25
安集延州	34.28	34.84	34.91	33.95
布哈拉州	24.5	24.6	25.48	25.21
吉扎克州	19.21	19.53	19.57	19.05
卡什卡达里亚州	33.61	33.68	34.23	30.09
纳沃伊州	9.36	9.4	9.58	9.19
纳曼干州	24.93	25.55	25.65	25.95
撒马尔罕州	42.12	42.77	42.89	40.36
苏尔汉河州	35.78	36.32	36.35	35.72
锡尔河州	16.68	16.92	16.95	15.62
塔什干州	33.1	33.51	33.84	32.29
费尔干纳州	41.37	41.6	41.63	40.61
花拉子模州	25.43	25.83	25.86	25.57
塔什干市	0.99	1.03	1.04	0.86

资料来源：Государственный Комитет Республики Узбекистан по Статистике *Сельское Хозяйство Узбекистана 2015—2018*，Ташкент－2019，Стр. 63.

五 农业发展战略及农业支持政策

近年来，该国一直在实施旨在确保粮食安全、提高农产品质量和该行业出口潜力的改革。农业是乌兹别克斯坦经济的主要部门，为360万人提供了就业机会（占整个经济部门就业人数的27%）。该行业在该国国内生产总值中的份额为32%。用于农业生产的土地占共和国领土的45%，约50%的人口生活在农村地区。农产品出口使乌兹别克斯坦共和国约占总出口收入的20%至25%。2018年有180多种农产品出口到80个国家。

鉴于农业在乌兹别克斯坦国家的重要性，为了更加有效地引入农产品生产、加工和出口机制，提供服务，有效地引入创新和信息和通信技术，乌兹别克斯坦共和国总统令批准出台《乌兹别克斯坦共和国2020—2030年农业发展战略》（以下简称《战略》），并且确定了执行乌兹别克斯坦共和国2020—2030年农业发展战略的路线图。该战略旨在提高农业部门的竞争力并刺激出口，确保利益的平均分配，特别是通过促进小生产者和农村人口直接参与该部门的发展并改善农村地区的生活质量，特别注意合理利用自然资源和环境保护。另外，乌国专门设立一个执行理事会，以执行《战略》，将乌兹别克斯坦共和国农业部定义为协调委员会的工作机构。为了严格控制《战略》和《路线图》全面、及时和高质量地实施，执行理事会每6个月向总统行政管理部门提交一次有关实施该战略的工作的信息。

《战略》给出了到2030年农业发展的主要方向和目标：第一，确保人口的粮食安全；第二，提高了农业出口企业的国际市场竞争力，通过进一步的贸易自由化，质量控制基础设施的发展，交易成本的降低和出口的刺激，可在目标国际市场上提高高附加值农业食品产品的竞争力；第三，减少国家干预并增加该行业的投资吸引力，从而增加私人投资资本的流动，以支持农业食品部门的现代化，多样化和可持续增长；第四，确保合理利用自然资源和环境保护；第五，发展现代公共行政系统，为有效地从公共行政向市场经济转变，提供有效的公共行政结构调整和进一步发展；第六，支持政府部门支出的多样化，根据旨在提高生产率，产品质量和增加附加值的国家政策的新优先事项逐步重新分配预算资金，从而提高利用公共支出支持农业的效率；第七，发展农业科学，教育，信息和咨询服务系统，为建立有效的传播农业知识和信息的系统，将研究、教育和咨询服务与生产相结合提供条件；第八，农村发展，为促进可持续的农村发展提供支持；第九，开发可靠的行业统计系统，从而开发有效的统计数据收集系统以及收集、分析和分发数据的系统。（见表2-9）

表2-9　　　　乌兹别克斯坦共和国2020—2030年
农业发展战略关键目标和指标

指标	基础（2018年）	2021年目标	2025年目标	2030年目标
农业增加值的年增长率（%）	1173.15亿苏姆（145亿美元）	3%	5%	5%
小麦平均单产增加：吨/公顷	4.1	5	6	6.5
牛奶的平均产奶量：千克/牛	2320	2800	3200	3700
饲料作物的土地面积增加	播种面积的7%	10%	12%	15%
农业对国内生产总值的贡献（占百分比）	32%	30%	25%	20%
农业领域国家预算支出在农业总GDP中的占比增加	0.02%	0.05%	0.50%	1，0%
农业食品部门的职位数量：				
农业	3671300	2%	1%	-1%
食品工业	91420	3%	4%	5%
纺织工业	140200	3%	4%	3%
食品和轻工业的雇员比例（占农业工作总数的百分比）	6%	10%	15%	20%
农业出口总值：亿美元	23	28	100	200
农产品出口增加：亿美元	23	28	100	230
加工产品在出口中所占份额增加	25%	30%	35%	40%
粮食短缺的比例	6.30%	5%	3%	0
农业劳动生产率的增长（每名农业工人每年产值：美元）	3900	4500	6000	8000

续表

指标	基础（2018年）	2021年目标	2025年目标	2030年目标
农业和农业食品业务的新投资总额：亿美元	6.5	7.8	9.1	11.7
节水技术灌溉的农业用地总面积	5%	10%	23%	40%
减少高盐度土地的总百分比	45%	43%	41%	37%
农业来源的温室气体排放减少（%）	15740兆克（2016年）	10%	30%	50%

资料来源：Министерство Сельского Хозяйства Республики Узбекистан Стратегии *Развития Сельского Хозяйства Республики Узбекистан на 2020 – 2030 Годы*, Приложение №1, 2.

农业是乌兹别克斯坦吸引国家预算投资和国外投资的最重要领域。截至2018年年底，国家农业预算支出约为68580亿苏姆（按当时汇率的8.36亿美元）。分析表明，政府在农业支持上的支出份额是非经合组织中等收入国家的3倍，是经合组织国家的10倍。尽管支出如此之高，但它们对农业生产率、竞争力以及生产者收入增长的影响是有限的。该部门的大部分公共资金都用于灌溉系统（占63%），通常旨在支持棉花和小麦的生产，将大部分预算资金都花在了泵站的电力上，结果是：灌溉和排水系统的运营和维护成本长期供不应求，缺乏发展和现代化所需的资金。为了补贴贷款和补贴，国家农业总预算的约12%用于棉花和小麦的生产。2018年农业领域科学研究和调查工作的支出（即促进该部门的知识和创新）仅占农业总产值的0.2%，远低于中等收入国家的1.0%和高收入国家的2.5%。当前，对共同服务的大多数支持在预算结构中均以"其他"反映出来，这表明该部门缺乏对公共支出的战略规划。此外，行业机构、国有企业和其他机构的预算外支出体系是不透明和分散的。预算系统在国际金融和信贷部门的支持计划（超过35亿美元）与主要国家资本投资计划，战略规划流程以及结果之间也缺乏联系。

自2000年以来，乌兹别克斯坦共和国的农业食品行业吸引了6.47亿美元的外国直接投资和贷款。截至2018年1月，农业领域有159家外国投资公司，预计未来几年投资项目的数量还要增加。国外直接投资吸引了 490 万的家庭农场和个体农户的大量投资。作为棉纺织生产和集群的一部分，纺织和棉加工企业吸引了大量投资。到 2019 年年底，76 个棉花和纺织工业产业集群将覆盖 63.66 万公顷耕地，47 个果蔬产业集群将覆盖 14.40 万公顷。目标是吸引新技术和创新进入该行业，提高生产率并减少国家在生产管理中的作用。各种国际金融机构提供了超过 17 亿美元，用于发展园艺和畜牧业的价值链。此外，各个国际金融机构已为恢复灌溉和农业多样化项目提供了 8.5 亿美元。(见表 2-10)

表 2-10　　　　　　　　按来源分的农业投资　　　　（单位：十亿苏姆）

	2015 年	2016 年	2017 年	2018 年
国家预算	5845	5657	5534	9111
企业和组织经费	439.5	5100	9055	17688
商业银行贷款和其他借款	2825	3712	7156	23281
外国投资和贷款	650	1718	1898	10644
其他资金来源	31439	31766	37463	19195
总计	45154	47953	61106	79919

资料来源：Государственный Комитет Республики Узбекистан по Статистике *Сельское Хозяйство Узбекистана 2015 - 2018*，Ташкент - 2019，Стр. 16.

六　农业技术水平

乌兹别克斯坦国家机构在农业部门中的很大一部分职能是针对生产过程的，可以转移到私营部门。尽管园艺和畜牧业增长显著，但大多数基础设施、供应结构以及研究和教育机构都集中在棉花和小麦的生产上。现有的公共服务范围无法在营销和出口等领域提供有效的支持。

农业部门生产率低下的主要原因之一与该行业培训、咨询和专业发展服务质量低下有关。现代农业要求制造商和整个农业工业综合体具有广泛的知识和技能，从在露天场所和温室中操作现代机械设备到再生产、收获，加工、销售等所有阶段都要遵守最低安全卫生和质量标准。缺乏将研究、教育和信息及咨询服务联系起来的有效的农业知识和信息传播系统，仍然是该部门发展的最严重障碍之一。（见表 2-11）

表 2-11　　　　"农业和水管理"领域的应届毕业生数量　　　　（单位：人）

	2015 年	2016 年	2017 年	2018 年
实施中等特色教育计划的教育机构	45852	47836	45517	46439
实施高等教育计划的教育机构	4451	4478	4966	5489

资料来源：Государственный Комитет Республики Узбекистан по Статистике *Сельское Хозяйство Узбекистана 2015 – 2018*，Ташкент – 2019，Стр. 62.

在科学研究方面：2018 年农业研究的公共投资水平仅占农业总预算的 0.2%。这些资金大部分分配给与棉花和小麦有关的计划。结果，农业生产者获得基本资源的机会有限，例如改良的植物品种和种子。许多当地的植物品种和品种单产低，难以适应国外市场的需求。进口种子、物种和植物品种的价格昂贵和不适应当地条件的问题越来越突出。缺乏私营部门参与确定国家农业重点技术研究的机制。另外，即使国家研究后，也没有针对农民或农业综合企业的反馈机制，这严重限制了新技术的引入。

在教育和培训方面：大学、学院和职业学院提供的教育和培训课程已经过时，并且在结构、格式和过时的教学方法方面灵活性较低。大多数专业的典型课程为期三年，通常不能满足该部门和劳动力市场的需求。教育系统需要实现现代化，并在课程和过程的开发方面增加灵活性，这将使该系统适应农业食品部门劳动力市场的当前和未来需求。为了及时确定市场需求并引入新的专业，需要部门和机构间的协调。

在咨询和信息服务方面：该国不存在用于传播农业知识和信息的有组织的公共或私人农业研究所。尽管如此，仍有许多公共和私人组织向农业生产者提供支持，包括通过提供特殊咨询服务，此支持由各种政府机构提供。由于对国际金融机构和捐助者组织活动的协调不足，在该部门执行各种投资和赠款项目时比较缺乏一致性。尽管该国某些地区通过水果和蔬菜生产的多样化取得了积极成果，但大多数生产者仍无法获得必要的信息、知识和咨询服务。

农业可持续和有效发展的最重要方向是通过引进现代农业技术并配备高性能农业机械，将农业转移到集约化管理方法。为此，整个农业工程系统从根本上进行了重组,成立控股公司,对生产特定类型的流行农业机械和机械化手段的行业中的企业进行了优化和专业化。在塔什干拖拉机厂的优化区域建立了一家新企业——塔什干农业设备厂有限责任公司,该公司专注于生产新型拖拉机、拖车和摘棉机。(见表2-12、表2-13)

表2-12　　　　　基本类型农业机械的生产　　　　　(单位:台)

	2015年	2016年	2017年	2018年
拖拉机	1378	720	1182	3926
中耕机(千台)	0.6	2.2	1.2	1.2
耙	944	3310	912	1010
联合收割机	231	232	312	574
播种机	318	1410	1260	1026
电动升降机	25	18	17	11
收割机	112	201	187	172

资料来源:Государственный Комитет Республики Узбекистан по Статистике *Сельское Хозяйство Узбекистана 2015-2018*,Ташкент-2019,Стр. 31.

表2-13　　　　乌兹别克斯坦农业肥料的使用　　(单位:万公顷,万吨)

	2015年	2016年	2017年	2018年
矿物肥料的使用量	97.99	99.7	97.72	91.2
矿物肥料的使用面积	294.25	297.14	278.79	220.47
有机肥料的使用量	1889.57	1901.72	1638.4	586.41
有机肥料的使用面积	292.54	293.51	277.78	180.73
矿物肥料的生产量	123.44	122.57	114.19	117.08
其中:氮肥	94.27	94.47	85.48	84.8
钾肥	14.33	13.8	16.8	18.24
磷肥	14.84	14.3	11.91	14.04

资料来源:Государственный Комитет Республики Узбекистан по Статистике *Сельское Хозяйство Узбекистана 2015-2018*,Ташкент-2019,Стр. 35-39.

在乌兹别克斯坦的农业技术水平下,主要农作物的单产在中亚地区属于较高的水平,粮食作物的单产水平大概在4吨每公顷,不过单产的提升潜力已显示出不足。小麦、大麦、食用玉米、大米、豆类等主要粮食作物的单产水平近几年在下滑,尤其是小麦和大麦下滑明显,蔬菜、瓜果的单产水平也在下滑。不过,马铃薯和葡萄的单产水平在提升。然后从灌溉土地的农作物单位面积产量看,灌溉对于农作物的单产提升有明显的作用,粮食作物能提升 4—5 公担每公顷,不过对于马铃薯、蔬菜的提升作用不是很明显。(见表 2-14)

表 2-14　　　　　　　主要农作物单位面积产量　　　　单位:公担/公顷

	2015 年	2016 年	2017 年	2018 年
粮食作物	45.3	45	39.7	38.1
小麦	48.2	47.9	42.2	41
大麦	15.1	15.1	13.3	11
食用玉米	50.5	54.2	48.1	49
大米	32.8	34.4	30.9	27.6
豆类	15.5	17.8	15.6	13.4
马铃薯	219.1	225.1	217.9	224.8
蔬菜	271	271.1	253.6	237.1
瓜果	203.6	209.4	197.9	189.8
饲料玉米	198.2	200.9	187.1	175.8
水果浆果	128.1	134.5	118.3	121.6
葡萄	133.1	142.3	157	157.5
灌溉土地的农作物单位面积产量				
粮食作物	50.7	51	44.8	42
马铃薯	219.9	225.4	218.1	224.9
蔬菜	271.2	271.1	253.9	239.9
瓜果	207	213.1	201.4	198.8

资料来源:Государственный Комитет Республики Узбекистан по Статистике *Сельское Хозяйство Узбекистана 2015-2018*,Ташкент-2019,Стр. 30,33,60。

第三节 乌兹别克斯坦的农业生产

乌兹别克斯坦拥有有利的自然和气候条件，可以生产各种农作物，包括经济作物。1991年获得独立后，该国开始了多种农业生产多元化的工作。替代了水分密集型作物（如棉花、水稻和苜蓿），播种了水分密集度较低的作物（谷物、瓜类和其他作物），从而增加了播种量。如果在20世纪90年代初，超过50%的灌溉土地被棉花占据，其余的则用于粮食需求，那么在现今条件下，棉花种植面积已减少了近25%，目前不超过125万公顷。

乌兹别克斯坦高度重视对农业原料的加工工业的发展，发展农产品储存基础设施。2015年，该国水果和蔬菜的总存储量达到83.2万吨，这使得不间断供应得以实现且季节性价格没有大幅上涨，从而为该国人口提供了主要农产品，扩大了其出口供应，并保持了价格稳定。在独立的这些年中，在农业工业综合体的各个领域进行了逐步的土地改革，农业管理的经济，财务和法律条件发生了根本性的变化，并且已经从行政计划和分配制度过渡到以市场为导向的经济体制，逐渐形成了多元农业。

一 乌兹别克斯坦的农业生产

乌兹别克斯坦农业主要分为种植业和畜牧业，2018年农作物种植面积339.6万公顷，农业总产值195.1万亿苏姆，其中种植业占比50.44%，畜牧业占比45.63%，两者之和占比高达96%，而林业、渔业产值以及农业服务业占比很小，可以忽略不计。从近几年的发展来看，农业一直处于增长的态势，不过增长的速度在放缓，其主要原因在于种植业实际产值在下降，2017年和2018年连续两年在负增长，而畜牧业一直保持快速稳定增长，2018年增长率5.7%。种植业产值下降的主要原因可能是播种面积的减少，2018年的播种面积比2015年已经减少了近30万亩，减少了8.1%。（见表2-15）

表 2-15　　　　　　　　　乌兹别克斯坦农业关键指标

	2015 年	2016 年	2017 年	2018 年
农作物面积（万公顷）	369.42	370.67	347.45	339.6
农业产品及服务的产值（万亿苏姆）	103.3	119.73	154.37	195.1
种植业（万亿苏姆）	55.43	61.76	83.3	98.41
畜牧业（万亿苏姆）	44.18	53.84	64.9	89.02
占上一年的百分比	106.1	106.1	101.2	100.3
种植业	105.5	105.7	98.2	95.8
畜牧业	106.9	107	104.1	105.7
从事农业生产的人数（万人）	360	360	370	350

资料来源：Государственный Комитет Республики Узбекистан по Статистике *Сельское Хозяйство Узбекистана 2015 – 2018*，Ташкент – 2019，Стр. 19.

（一）种植业

乌兹别克斯坦种植业主要的农作物有粮食作物，包括小麦、大麦、食用玉米和大米等，经济作物主要是棉花，另外还有马铃薯、蔬菜、瓜果、水果和葡萄等。小麦和棉花在其农业生产中占有重要的地位，不过其重要性在下降，多元农业在不断形成，其他农作物的产量也在不断提高。与 1992 年相比，2018 年小麦产量增加了 5.15 倍，马铃薯增加了 7.3 倍，饲料作物仅增加了 4%。根据官方统计，农作物单产提高了 2—4 倍。同时，棉花减少了 3%。

乌兹别克斯坦共和国获得独立后，确定了通过自己的生产为本国人民提供谷物和谷物产品的战略任务。结果，谷物种植现在已成为农业的主要部门之一。1990 年谷物（小麦）的种植面积为 22.1 万公顷，2018 年为 138.63 万公顷（增加了 6.3 倍）；1990 年小麦单位面积产量为 2.22 吨/公顷，2018 年为 4.1 吨/公顷；小麦 1990 年总收成为 87.91 万吨，2015 年收成创纪录的 696.4 万吨（增长了 7.9 倍），近两年产量有所下降，2018 年收成为 541 万吨，在相对较短的时间内，乌兹别克斯坦实现了谷物独立，该国从谷物的进口国转变为出口国。（见表 2-16）

表 2-16　　　　　　　　主要农作物播种面积　　　　　（单位：万公顷）

	2015 年	2016 年	2017 年	2018 年
作物总面积	369.42	370.67	347.45	339.6
粮食作物	167.11	168.94	165.56	164.32
谷类	153.91	154.92	151.26	149.54
小麦	144.59	144.61	141.11	138.63
玉米	3.73	3.99	3.78	4.08
水稻	7.05	7.28	7.31	4.68
豆类	1.99	2.37	2.8	5.61
经济作物	136.87	133.39	125.33	115.05
棉花	129.81	126.51	120.12	110.82
马铃薯	8.06	8.46	7.88	8.68
蔬菜	19.4	20.6	18.97	21.9
瓜果	5.2	5.88	5.23	5.26
饲料作物	32.71	33.35	24.34	24.27
水果浆果	26.64	27.96	27.16	31.92
葡萄园	12.83	13.12	11.45	11.33

资料来源：Государственный Комитет Республики Узбекистан по Статистике *Сельское Хозяйство Узбекистана 2015–2018*，Ташкент–2019，Стр. 24，33.

棉花种植对于确保该国经济的可持续发展特别重要。乌兹别克斯坦在棉纤维的生产和出口方面处于领先地位。2016 年 1 月，乌兹别克斯坦总统卡里莫夫（I. A. Karimov）设定了到 2020 年逐步将棉籽的生产和政府采购从 335 万吨减少到 300 万吨的任务。根据计算，一方面，考虑到棉花的深加工，所生产的原棉数量将完全满足加工业主要是纺织和轻工业对原料的需求。另一方面，维持乌兹别克斯坦作为向世界市场提供棉纤维及其衍生物的供应商的牢固地位。通过减少 35 万吨原棉产量，释放了约 17.05 万公顷的灌溉土地。同时，通常在较为贫瘠的土地上，其棉花单产不超过每公顷 12—15 公担，而该国的平均单产为每公顷 26.1 公担。盐碱地和不适合种植棉花的山麓地带的土地大多被释放。

同样重要的是，近年来，世界市场价格和棉花纤维需求急剧下降。蔬菜作物包括马铃薯、饲料、油料作物，果园和葡萄园将主要种植在从棉花下面撤离的播种地区。2017—2018年乌国棉花的种植面积和原棉的产量下降较快，2018年原棉产量为229.3万吨，已经超额完成了减产计划。（见表2-17）

表2-17　　　　　　　　　主要农作物产量　　　　　　　（单位：千吨）

	2015年	2016年	2017年	2018年
粮食作物	8173.5	8261.3	7288.5	6535.5
小麦	6964.7	6934.9	6079.2	5410.8
大麦	151.6	167.4	134.3	111.8
玉米	439.6	491.9	389.4	413.2
大米	425.7	452	395	221.1
豆类	76.4	98.4	212.5	260
其他谷物	115.5	116.7	77.7	99.7
原棉	3361.3	2959	2853.9	2293
马铃薯	2586.8	2789.5	2793.7	2911.9
蔬菜	9390	10184	10219.9	9760.3
瓜果	1853.6	2044.9	2031	1837
青贮饲料	4185.8	4366.4	2775.7	2782.9
营养根类菜	149	213.1	180.6	120.5
一年生干草	719.9	746.5	850.1	778.8
多年生干草	1335.8	1358.2	851.1	705.8
水果浆果	2467.9	2612.9	2614.9	2706.2
葡萄	1518.2	1613.1	1625.5	1589.8

资料来源：Государственный Комитет Республики Узбекистан по Статистике *Сельское Хозяйство Узбекистана 2015 – 2018*，Ташкент – 2019，Стр. 26, 33.

由于近年来的气候变化和世界人口的增加，对水果和蔬菜、马铃薯和其他类型食品的需求正在增加。在乌兹别克斯坦，已采取大规模措施来增加产量，以充分满足国内的食品市场需求。在 2010—2014 年，在近 5 万公顷的土地上种植了新的果园，其中包括超过 1.4 万公顷的集约型果园以及占地 2.3 万公顷的葡萄园。为了建立密集的果园，从波兰、塞尔维亚和其他国家引进了超过 600 万棵树苗。如果在普通果树中，通常从播种到第一次收获的时间为 4—5 年，那么在密集园艺中，树木在第二年和第三年就已经结出果实。它们于 2011 年种植，2014 年已经每公顷平均收获了 30 吨水果。2015 年，乌国收获了 939 万吨蔬菜，其中包括 258.6 万吨马铃薯（是 1990 年的 2.5 倍），185 万吨瓜（1.4 倍），151.8 万吨葡萄（2.5 倍），246.8 万吨的水果（3.3 倍）。2018 年乌国的蔬菜、马铃薯、水果和葡萄的产量继续增加。（见表 2 - 18）

表 2 - 18　　　　　　　　　主要农产品人均产量

	2015 年	2016 年	2017 年	2018 年
人均农业产值（千苏姆）	3182.4	3629.7	4575.7	5687.5
人均农业产量（千米）				
粮食作物	261.1	259.4	225	198.3
马铃薯	82.6	87.6	86.3	88.4
蔬菜	300	319.8	315.5	296.2
瓜果	59.2	64.2	62.7	55.7
水果浆果	78.9	82	80.7	82.1
葡萄	48.5	50.7	50.2	48.2
肉类	65	68.2	70.6	73.8
牛奶	288.4	304.7	310.2	317.6
蛋，个	176.9	193.2	195.5	226.3
鱼	1.9	2.1	2.6	2.8

资料来源：Государственный Комитет Республики Узбекистан по Статистике Сельское Хозяйство Узбекистана 2015 - 2018，Ташкент - 2019，Стр. 29.

（二）畜牧业

乌兹别克斯坦独立后，非常重视畜牧业的发展。乌国在农业领域的土地改革和市场化改革都为畜牧业的发展提供了动力。另外，国家还有对于畜牧业生产领域的专门的支持，这些支持主要是通过向畜牧业生产者提供优惠贷款和向畜牧业加工者提供优惠待遇。自2009年以来，畜牧业政策旨在提高肉类和奶制品行业在原材料的综合加工和整个产品范围（包括半成品、高度加工产品的生产）方面的潜力。2009年1月26日的总统令"关于扩大食品生产和充实国内市场的其他措施"给人以鼓舞。该决议为从事肉类和奶制品业的企业家制定了税收优惠政策，并为其分配了资金用于购买现代设备、装备实验室等。

在这些举措下，乌国畜牧业得到了快速的发展，牲畜数量有所增加。相比于1991年年底，2008年年底牛的存栏量增加了142.9%，奶牛数量增加了108.6%，绵羊和山羊数量增加了108.9%，家禽数量增加了229.9%。特别地，自2002年开始，牲畜数量急剧增加，当时开始采用高产牛种的进口计划进入该国，并开始向农村居民分发牛。（见表2-19）

表2-19　　　　乌兹别克斯坦主要牲畜年底存栏量　　　（单位：万头）

	1991年	2002年	2015年	2016年	2017年	2018年
牛	527.5	587.9	1164.13	1218.14	1247.1	1281.41
奶牛	221.8	255.7	417.35	421.73	433.65	462.6
绵羊山羊	1032.9	992.9	1911.88	1969.79	2064.09	2158.05
马匹	—	—	21.69	22.14	23.06	24.25
猪	—	—	8.78	8.56	7.53	5.88
各种家禽	2618.1	1767.6	6134.92	6703.77	7487.01	8637.48

资料来源：Государственный Комитет Республики Узбекистан по Статистике *Сельское Хозяйство Узбекистана 2015-2018*，Ташкент-2019，Стр. 41.

同样地，主要的畜牧产品也得到了较快的增长。从1992年到2018年，肉类产量增长了212.8%，牛奶产量增长184.5%，鸡蛋增长293%。其中统计数据显示2008年至2018年，肉、奶和蛋的产量增长速度最快。（见表2-20）

表 2-20　　　　　　　乌兹别克斯坦主要畜产品产量　　　　（单位：万吨）

	1992 年	2003 年	2015 年	2016 年	2017 年	2018 年
肉（活重）	77.7	80.9	203.34	217.25	228.68	243.05
牛奶	367.9	349.5	902.78	970.34	1004.79	1046.64
鸡蛋：亿个	18.98	11.65	55.35	61.53	63.33	74.59
羊毛	—		3.6	3.71	3.64	3.46
卡拉库尔羊皮（万个）	—		103.2	105.54	107.51	108.52
茧	—		2.63	2.64	1.25	1.79

资料来源：Государственный Комитет Республики Узбекистан по Статистике *Сельское Хозяйство Узбекистана 2015 – 2018*，Ташкент – 2019，Стр. 43.

二　乌兹别克斯坦农业生产的州际分布

乌兹别克斯坦各州因其农业条件和农业资源的不同，农业产出也差别较大。农业总产值较高的州为撒马尔罕州、安集延州、塔什干州、费尔干纳州、卡什卡达里亚州等，农业总产值较低的州是卡拉卡尔帕克斯坦自治共和国、锡尔河州和纳沃伊州各州。从种植业和畜牧业产值的对比来看，以种植业为主的州为安集延州、费尔干纳州、纳曼干州，以畜牧业为主的州为卡什卡达里亚州，两者相当的州为撒马尔罕州、卡拉卡尔帕克斯坦自治共和国、布哈拉州、塔什干州。从中可以看出，费尔干纳盆地、撒马尔罕地区以及阿姆河沿岸的卡什卡达里亚州、布哈拉州是乌国农业主产区，其中费尔干纳盆地、撒马尔罕地区以种植业为主，卡什卡达里亚州和布哈拉州综合发展，西部和西北部各州畜牧业为主，其他各州两者相当。

纵向比较，各州的农业生产的增长速度不同，与 1992 年相比，2018 年农业总产值增长较快的州是纳沃伊州（234%）、安集延州（156%）和撒马尔罕州（145%），而在卡拉卡尔帕克斯坦自治共和国农业总产值下降了 3%。在种植业产值增长中，纳沃伊州（482%）、撒马尔罕州（294%）和安集延州（291%）增幅最大。在畜牧业产值增长中，锡尔河州（169%）和卡什卡达里亚州（158%）的畜牧业增幅最高，费尔干纳州增长达到 27%，卡拉卡尔帕克斯坦自治共和国增幅达到 24%。（见表 2-21）

表 2-21　　　　　　　　乌兹别克斯坦各州农业产值　　　（单位：万亿苏姆）

	2017 年	2018 年	2017 年	2018 年	2017 年	2018 年
	农业总产值		种植业产值		畜牧业产值	
乌兹别克斯坦共和国	154.37	195.10	83.30	98.41	64.90	89.02
卡拉卡尔帕克斯坦自治共和国	4.98	7.00	2.28	3.00	2.52	3.57
安集延州	15.95	20.18	10.52	13.11	4.77	6.50
布哈拉州	13.18	17.33	7.08	8.85	5.89	8.21
吉扎克州	9.19	11.83	3.77	4.16	5.06	7.29
卡什卡达里亚州	14.76	17.69	6.61	6.96	7.76	10.25
纳沃伊州	6.85	8.69	2.77	3.18	3.70	5.12
纳曼干州	11.40	13.94	6.20	7.46	4.02	5.18
撒马尔罕州	22.31	26.59	13.76	15.04	7.74	10.62
苏尔汉河州	11.84	15.39	6.81	8.17	4.80	6.87
锡尔河州	5.49	6.19	3.12	3.07	1.96	2.58
塔什干州	16.38	19.54	8.11	8.87	7.48	9.49
费尔干纳州	12.69	18.01	7.66	10.65	4.73	6.80
花拉子模州	9.35	12.73	4.62	5.89	4.46	6.53

资料来源：Государственный Комитет Республики Узбекистан по Статистике *Сельское Хозяйство Узбекистана 2015 – 2018*，Ташкент – 2019，Стр. 69 – 71.

（一）种植业

乌兹别克斯坦各主要农作物的分布都较广，谷物种植面积最多的州为卡什卡达里亚州、吉扎克州和撒马尔罕州，小麦的种植业主要分布于这三个州，小麦作为乌国最重要的粮食作物，与人民的生活密切相关，各州都要种植，种植业产值最小的纳沃伊州也有 4.47 万公顷的种植面积。同样的是棉花的种植，各州都有相当数量的种植面积，最多的也是卡什卡达里亚州，其次是布哈拉州，种植业产值最小的纳沃伊州也有 3.33 万公顷的种植面积。马铃薯的种植主要分布在撒马尔罕州、费尔干纳州和苏尔汉河州。（见表 2-22）

表 2-22 2018 年各州主要农作物播种面积 (单位：万公顷)

	作物总面积	谷物	小麦	棉花	马铃薯
乌兹别克斯坦共和国	339.60	164.32	138.63	110.82	8.68
卡拉卡尔帕克斯坦自治共和国	23.22	8.58	6.30	8.86	0.51
安集延州	21.87	8.95	7.85	8.16	0.80
布哈拉州	23.77	8.03	7.92	10.45	0.56
吉扎克州	36.67	23.70	13.81	8.17	0.20
卡什卡达里亚州	46.31	25.94	23.70	14.48	0.68
纳沃伊州	9.51	4.79	4.47	3.33	0.22
纳曼干州	19.25	9.33	8.69	6.89	0.57
撒马尔罕州	35.18	18.83	16.71	8.23	1.62
苏尔汉河州	25.98	11.83	11.10	7.96	1.03
锡尔河州	20.73	9.81	8.73	8.12	0.19
塔什干州	30.47	15.01	12.51	8.36	0.77
费尔干纳州	25.63	12.20	11.63	8.66	1.05
花拉子模州	21.01	7.32	5.21	9.15	0.48

资料来源：Государственный Комитет Республики Узбекистан по Статистике *Сельское Хозяйство Узбекистана 2015 - 2018*，Ташкент - 2019，Стр. 80 - 95.

蔬菜的种植主要分布在撒马尔罕州、塔什干州和费尔干纳州，瓜果的种植主要分布在卡拉卡尔帕克斯坦自治共和国和吉扎克州，饲料作物的种植主要分布在塔什干州、苏尔汉河州和卡什卡达里亚州，水果种植主要分布在费尔干纳州、苏尔汉河州和塔什干州，葡萄的种植主要分布在撒马尔罕州、塔什干州和布哈拉州。(见表 2-23)

表 2-23 2018 年各州主要农作物播种面积（二） (单位：万公顷)

	蔬菜	瓜果	饲料作物	水果种植园	葡萄园面积
乌兹别克斯坦共和国	21.90	5.26	24.27	31.92	11.33
卡拉卡尔帕克斯坦自治共和国	1.41	1.01	2.03	0.52	0.12
安集延州	2.03	0.18	1.62	3.15	0.33

续表

	蔬菜	瓜果	饲料作物	水果种植园	葡萄园面积
布哈拉州	1.61	0.29	2.64	1.27	1.01
吉扎克州	0.98	0.96	1.98	1.68	0.44
卡什卡达里亚州	1.95	0.59	2.24	2.19	0.87
纳沃伊州	0.50	0.13	0.50	0.76	0.57
纳曼干州	1.15	0.17	0.95	2.97	0.76
撒马尔罕州	3.62	0.27	1.88	3.79	3.74
苏尔汉河州	1.84	0.30	2.80	4.81	0.92
锡尔河州	0.58	0.42	1.40	0.80	0.16
塔什干州	2.56	0.24	3.07	3.84	1.52
费尔干纳州	2.27	0.21	1.18	4.91	0.62
花拉子模州	1.40	0.49	1.98	1.23	0.27

资料来源：Государственный Комитет Республики Узбекистан по Статистике *Сельское Хозяйство Узбекистана 2015–2018*，Ташкент–2019，Стр. 99–126.

乌兹别克斯坦主要农作物产量的州际分布与种植面积的分布密切相关，同时也与各地的单位面积产量有关。谷物（以小麦为主）的产量以卡什卡达里亚州最多，其单位面积产量是每公顷3.95吨，稍高于全国平均产量。谷物单位面积产量较高的州是安集延州和布哈拉州，最低的是卡拉卡尔帕克斯坦自治共和国，相差比较大，有1倍之多。2018年原棉的产量布哈拉州最多，马铃薯产量撒马尔罕州最多，并且领先比较多，马铃薯的单产水平各地也差异较大。蔬菜的单产水平各地差异相对较小，总产量安集延州和撒马尔罕州最多。瓜果的单产水平以苏尔汉河州为最高，比最低的也多1倍有余。水果浆果的产量安集延州最多，葡萄的产量撒马尔罕州最多，并且优势明显。从这些分析可以看出，各地的农业条件差别较大，安集延州和撒马尔罕州的农业条件较好，位于西部的卡拉卡尔帕克斯坦各种作物单产水平都远低于全国平均水平。（见表2-24、表2-25）

表 2-24　　　　　　　2018 年各州主要农作物收成　　　　（单位：万吨）

	谷物	小麦	原棉	马铃薯	蔬菜	瓜果	水果浆果	葡萄
乌兹别克斯坦共和国	653.55	541.08	229.30	291.19	976.03	183.70	270.62	158.98
卡拉卡尔帕克斯坦	24.68	16.90	15.99	7.03	25.30	13.44	4.94	0.76
安集延州	59.33	46.64	21.69	34.39	157.09	13.95	60.61	7.12
布哈拉州	55.23	45.32	29.64	20.94	68.88	14.83	28.03	18.81
吉扎克州	52.47	40.00	14.64	6.23	39.49	22.70	8.25	2.47
卡什卡达里亚州	80.07	77.17	23.91	17.26	49.59	14.98	18.03	9.69
纳沃伊州	21.46	18.80	8.30	7.70	27.92	8.82	9.78	7.74
纳曼干州	48.34	39.06	16.07	26.43	79.50	7.61	26.76	11.11
撒马尔罕州	63.28	54.11	12.95	57.96	143.90	12.00	33.39	60.18
苏尔汉河州	54.41	47.53	13.96	30.61	91.39	24.99	15.46	9.19
锡尔河州	43.06	37.29	16.51	5.68	27.05	21.63	3.93	1.26
塔什干州	51.78	42.68	12.71	36.35	108.22	8.16	14.22	10.97
费尔干纳州	60.90	49.68	20.52	29.03	100.82	8.26	32.40	15.74
花拉子模州	38.54	25.90	22.41	11.58	56.88	12.33	14.82	3.94

资料来源：Государственный Комитет Республики Узбекистан по Статистике *Сельское Хозяйство Узбекистана 2015–2018*，Ташкент–2019，Стр. 127–154.

表 2-25　　　　　　2018 年各州主要农作物单位面积产量　　　（单位：吨/公顷）

	谷物	小麦	马铃薯	蔬菜	瓜果	水果浆果	葡萄
乌兹别克斯坦共和国	3.81	4.10	22.48	23.71	18.98	12.16	15.75
卡拉卡尔帕克斯坦自治共和国	2.76	2.71	11.06	15.87	12.85	11.45	8.75
安集延州	5.80	5.92	23.94	28.57	23.45	21.66	23.47
布哈拉州	5.71	5.72	24.31	25.79	22.91	23.02	19.63
吉扎克州	2.09	2.92	18.52	22.44	13.96	7.79	7.64
卡什卡达里亚州	3.95	4.11	22.91	20.98	22.94	9.43	11.97
纳沃伊州	4.24	4.24	28.05	23.64	26.25	15.28	14.93
纳曼干州	4.33	4.37	21.61	25.47	17.04	11.28	16.16
撒马尔罕州	3.50	3.67	25.96	23.51	22.94	11.87	16.97

续表

	谷物	小麦	马铃薯	蔬菜	瓜果	水果浆果	葡萄
苏尔汉河州	4.29	4.28	22.04	25.47	30.31	9.81	10.88
锡尔河州	4.15	4.24	17.58	24.12	21.83	7.33	9.21
塔什干州	3.31	3.42	23.01	22.44	20.39	6.39	10.23
费尔干纳州	4.24	4.25	22.77	24.27	17.08	8.96	27.64
花拉子模州	4.38	4.89	19.05	24.50	20.35	14.63	17.13

资料来源：Государственный Комитет Республики Узбекистан по Статистике *Сельское Хозяйство Узбекистана 2015 – 2018*，Ташкент – 2019，Стр. 167 – 194.

（二）畜牧业

乌兹别克斯坦畜牧业发展的州际差别也较大。从 2018 年主要牲畜的存栏量看，牛和奶牛数量主要分布于卡什卡达里亚州和撒马尔罕州，绵羊山羊数量主要分布于费尔干纳州和卡什卡达里亚州，这两州的数量占据绝对的优势。家禽主要分布于塔什干州和撒马尔罕州。纵向相比较，2018 年与独立之初相比，吉扎克州（208%）、布哈拉州（183%）和卡什卡达里亚州（175%）的牲畜数量增幅最大，而费尔干纳州（79%）增幅最小。在纳沃伊州（847%）和卡什卡达里亚州（251%），奶牛数量增加最多，在费尔干纳州地区（60%）增长最少。撒马尔罕、霍列兹姆地区和安集延地区的绵羊和山羊数量增加最多，绵羊和山羊增幅最小的是纳曼干州（15%）。此外，撒马尔罕和安集延地区以及卡拉卡尔帕克斯坦的家禽数量有所增加。（见表 2 – 26）

表 2 – 26　　　　　　2018 年年底各州主要牲畜存栏量

	牛（万头）	奶牛（万头）	绵羊、山羊（万头）	家禽（万只）
乌兹别克斯坦共和国	1281.41	462.60	2158.05	8637.48
卡拉卡尔帕克斯坦自治共和国	109.53	31.69	108.97	431.08
安集延州	103.82	35.87	143.49	747.89
布哈拉州	120.90	39.38	211.59	469.51

续表

	牛 （万头）	奶牛 （万头）	绵羊、山羊 （万头）	家禽 （万只）
吉扎克州	89.37	25.11	211.83	328.58
卡什卡达里亚州	158.49	52.89	459.92	621.53
纳沃伊州	49.68	20.99	209.18	272.10
纳曼干州	70.25	24.07	76.51	570.87
撒马尔罕州	155.56	68.54	239.71	1275.51
苏尔汉河州	96.21	37.83	231.69	480.85
锡尔河州	45.83	16.33	37.46	261.99
塔什干州	90.22	39.49	102.44	1822.95
费尔干纳州	100.37	35.88	885.14	798.87
花拉子模州	91.18	34.53	42.82	555.75

资料来源：Государственный Комитет Республики Узбекистан по Статистике *Сельское Хозяйство Узбекистана 2015–2018*，Ташкент–2019，Стр. 198–210.

乌兹别克斯坦畜牧产品的州际分布与牲畜存栏量密切相关，肉类和牛奶主要产自撒马尔罕州和卡什卡达里亚州，鸡蛋主要产自撒马尔罕州和塔什干州，羊毛主要产自卡什卡达里亚州、撒马尔罕州、纳沃伊州、吉扎克州、布哈拉州等州，有点奇怪的是，绵羊山羊数量很多的费尔干纳州羊毛的产量并不高。卡拉库尔羊皮主要产自布哈拉州、纳沃伊州和卡什卡达里亚州，茧主要产自安集延州和撒马尔罕州。

纵向看，自1992年独立到2018年，乌兹别克斯坦的肉类产量增加了194%。其中吉扎克州、卡什卡达里亚州、纳沃伊州和霍列兹姆地区肉类产量增加超过了3倍，在卡拉卡尔帕克斯坦增加最少，只有103%。2017年，所有家庭屠宰了440万头牛、930万头绵羊和山羊以及9120万头家禽，在卡什卡达里亚州、吉扎克和布哈拉地区，大多数牲畜被宰杀。自1992年以来，鸡蛋产量增加了248%，其中撒马尔罕地区增产最多（1071%），费尔干纳州增产最少（55%）。（见表2–27）

表 2-27　　　　　2018 年年底各州主要畜产品产量　　　（单位：万吨）

	肉类	牛奶	鸡蛋（亿）	羊毛（吨）	卡拉库尔羊皮（个）	茧（吨）
乌兹别克斯坦共和国	243.05	1046.64	74.59	34606	1085224	17921.30
卡拉卡尔帕克斯坦	10.52	37.80	3.07	1260	81390	607.00
安集延州	14.61	92.98	6.54	1650	—	2450.60
布哈拉州	24.30	94.07	4.29	3761	437274	1659.70
吉扎克州	21.24	59.39	2.70	3822	3260	596.40
卡什卡达里亚州	28.93	113.12	5.86	7462	218000	1812.70
纳沃伊州	15.73	45.40	3.08	3839	266550	801.30
纳曼干州	14.38	67.83	5.53	1464	—	1498.50
撒马尔罕州	29.46	124.18	14.27	3871	59070	2241.10
苏尔汉河州	18.41	84.46	4.64	2300	11060	1515.90
锡尔河州	6.48	34.15	1.56	712	—	400.90
塔什干州	26.44	89.83	13.48	2059	—	1166.80
费尔干纳州	16.76	102.20	4.99	1305	—	1655.10
花拉子模州	15.79	101.23	4.60	1101	8620	1506.30

资料来源：Государственный Комитет Республики Узбекистан по Статистике *Сельское Хозяйство Узбекистана 2015–2018*，Ташкент–2019，Стр. 214–234.

三　不同农业经营主体的农业生产

乌兹别克斯坦的农业经营主体主要是农业企业、家庭农场和个体农户。随着市场化改革，原来的国有农场、集体农场、合作社等企业组织逐渐转变为家庭农场和个体农户，乌国农业生产的机构发生重大变化。近几年，农业企业的农业产值只占总产值的 2%，家庭农场占比 30% 左右，个体农户的占比最大，为 68% 左右。（见表 2-28）

家庭农场是乌国重点培育发展的农业生产组织形式。乌兹别克斯坦获得独立后，除国有农场外，所有形式的管理都采用租赁土地使用形式，为农民提供了长达 50 年的长期租赁用地，而棉花和畜牧业的农场最小面积为30公顷，蔬菜和园艺为5公顷。乌国已经引入了一种机制，为继承农场土地的租赁权奠定了法律基础，刺激农场利用自有资金来开发更多土地。目前，家庭农场在农业总产值中的份额基本达到30%。该指标在棉花生长中的比例几乎为100.0%，在粮食种植中为80.0%，在蚕茧生产中为90.0%。土地改革使农业生产发生了重大的积极变化——产量增加，作物单产和牲畜生产率提高。棉花播种面积的逐渐减少以及在这些地区的谷物——蔬菜、瓜、马铃薯和饲料作物的种植使得有可能在国际金融危机的情况下防止短缺并提高粮食价格。

表2-28　　　　　　各农业生产主体的产值及所在比例

	2015年	2016年	2017年	2018年
	产值（十亿苏姆）			
农业企业	2350	2669.5	3464.9	5224.3
家庭农场	30620.8	34271.1	43358.1	48675.1
个体农户	66633.8	78658.6	101376.3	133534.3
	所占比例（%）			
农业企业	2.4	2.3	2.3	2.8
家庭农场	30.7	29.6	29.3	26.0
个体农户	66.9	68.0	68.4	71.2

资料来源：Государственный Комитет Республики Узбекистан по Статистике Сельское Хозяйство Узбекистана 2015–2018, Ташкент–2019, Стр. 52–57.

（一）种植业

在乌国主要农作物的种植和生产中，家庭农场占比绝对的优势地位。2018年家庭农场的作物总面积277.39万公顷，远大于个体农户的47.29万公顷和农业企业的14.92万公顷。2018年家庭农场生产了78.9%的谷物和豆类，96.2%的棉花，个体农户生产了18.6%的谷物和豆类，没有生产棉花，农业企业生产了2.5%的谷物和豆类、3.8%的棉花。除此之外，在蔬菜和马铃薯的种植中，个体农户占比较大。2018年个体农户生产了84.6%的马铃薯、71.8%的蔬菜，家庭农场生产了14.1%的马铃薯和27%的蔬菜，农业企业的马铃薯生产只占1.3%，蔬菜生产只占1.2%。(见表2-29、表2-30)

表2-29　　　　各农业经营主体主要农作物的种植面积　　（单位：千公顷）

		2015年	2016年	2017年	2018年
农业企业	作物总面积	88	88.7	90.6	149.2
	粮食作物	35.7	36.4	43.2	65.1
	经济作物	16.5	15.6	13.6	46.3
	棉花	12.3	9.5	9.1	39.5
	马铃薯	0.9	0.8	1.1	1.2
	蔬菜	2.5	3.2	4.9	7.6
	瓜果	1.1	1.2	2.5	2.5
	饲料作物	31.1	31.5	24.5	26
家庭农场	作物总面积	3129.1	3137.7	2911.4	2773.9
	粮食作物	1423.6	1442.4	1410.7	1398.7
	经济作物	1346.1	1312.2	1234.3	1099.1
	棉花	1285.8	1255.6	1192.1	1068.7
	马铃薯	15.3	18.1	9.6	12.5
	蔬菜	66.5	75.3	55	60.9
	瓜果	25.5	31.7	23.4	23.4
	饲料作物	251.7	257.7	178.2	178.6
个体农户	作物总面积	477.2	480.2	472.5	472.9
	粮食作物	211.8	210.6	201.7	179.4
	经济作物	6.2	6.1	5.4	5.1
	马铃薯	64.5	65.7	68.1	73.1
	蔬菜	125	127.4	129.8	150.5
	瓜果	25.4	25.9	26.4	26.7
	饲料作物	44.2	44.3	40.7	38.1

资料来源：Государственный Комитет Республики Узбекистан по Статистике *Сельское Хозяйство Узбекистана 2015 – 2018*，Ташкент – 2019，Стр. 52 – 57.

表2-30　　　　　各农业经营主体主要农作物的产量　　　　（单位：千吨）

		2015年	2016年	2017年	2018年
农业企业	谷物豆类	102.3	106.9	118.8	163
	马铃薯	21.6	13.3	16.8	36
	蔬菜	86.1	64.3	133.8	84.9
	瓜果	31.1	32.1	18.5	15.8
	水果浆果	56.6	56.1	47.7	49.7
	葡萄	24.5	14.5	22.8	28.9
家庭农场	谷物豆类	6588.3	6640.4	5733.1	5155.9
	马铃薯	554.4	544	429.3	411.6
	蔬菜	3150.7	3328.8	2995.2	2598.3
	瓜果	907.2	1013.5	953.4	673.6
	水果浆果	1031.8	1017.1	963.2	1037
	葡萄	806.2	815.2	740.7	692
个体农户	谷物豆类	1482.9	1514	1436.6	1216.6
	马铃薯	2010.8	2232.2	2347.6	2464.3
	蔬菜	6153.2	6790.9	7090.9	6931.7
	瓜果	915.3	999.2	1059.1	1147.6
	水果浆果	1379.5	1539.7	1604	1619.5
	葡萄	687.5	783.4	862.1	868.9

资料来源：Государственный Комитет Республики Узбекистан по Статистике Сельское Хозяйство Узбекистана 2015-2018，Ташкент-2019，Стр. 52-57.

从各个农业经营主体主要农作物的单位面积产量看，个体农户的单产水平最高，家庭农场次之，农业企业最低，个体农户农业生产效率最高，差距还比较大，这可能也是农业企业逐渐转变为个体农户的原因。这也体现出乌国的农业生产主要依靠农户的精耕细作，缺乏现代农业生产技术和服务的支持，规模经济难以体现。（见表2-31）

表 2-31　　各农业经营主体主要农作物的单位面积产量

(单位：公担/公顷)

		2015 年	2016 年	2017 年	2018 年
农业企业	谷物豆类	27.2	27.7	27.1	25.9
	马铃薯	189	205	91.4	118
	蔬菜	196.2	171.6	206.4	106
	瓜果	155.2	145.9	67.9	67.5
家庭农场	谷物豆类	44.2	43.7	37.9	37
	马铃薯	201	212	178.1	154.9
	蔬菜	261.7	258.9	212	178.9
	瓜果	192	197.4	169.8	139.6
个体农户	谷物豆类	56	56.9	54.6	51.9
	马铃薯	223.9	228.7	225.3	238.2
	蔬菜	277.3	280.8	272.8	266.3
	瓜果	217.2	226.7	233.3	243.3

资料来源：Государственный Комитет Республики Узбекистан по Статистике Сельское Хозяйство Узбекистана 2015 – 2018，Ташкент – 2019，Стр. 52 – 57.

(二) 畜牧业

在乌兹别克斯坦畜牧业生产中，个体农户占比绝对优势的地位，其次是家庭农场，最少的是农业企业。2018 年个体农户拥有全国 93.5% 的牛、94.06 的奶牛、83.57% 的绵羊山羊，家庭农场拥有全国 5.17% 的牛、4.97% 的奶牛、11.41% 的绵羊山羊，农业企业只拥有全国 1.32% 的牛、0.97% 的奶牛、5.02% 的绵羊山羊。从中可以看出，乌国畜牧业主要依靠家庭散养，规模化养殖水平低。(见表 2 – 32)

表 2-32　　　　　各农业经营主体主要牲畜的存栏量　　　（单位：千头）

		2015 年	2016 年	2017 年	2018 年
农业企业	牛	130.8	144.4	179.7	168.6
	其中：奶牛	37.1	39.9	41.2	44.7
	绵羊、山羊	1718.5	1662.5	1104.1	1084.1
家庭农场	牛	557.3	575.8	615.9	662.2
	其中：奶牛	187.9	193.9	210.3	230.1
	绵羊、山羊	1405.6	1518.9	2166.9	2461.7
个体农户	牛	10953.2	11461.2	11675.4	11983.3
	其中：奶牛	3948.5	3983.5	4085	4351.2
	绵羊、山羊	15994.7	16516.5	17369.9	18034.7

资料来源：Государственный Комитет Республики Узбекистан по Статистике *Сельское Хозяйство Узбекистана 2015-2018*，Ташкент-2019，Стр. 52-57.

从主要畜牧产品生产的结构看，呈现出同样的结构。2018 年个体农户生产了 92% 的肉，95.5% 的牛奶，58.1% 的蛋，88.3% 的羊毛，83.3% 的卡拉库尔羊皮，没有生产蚕茧。家庭农场生产了全国 4.5% 的肉，3.8% 的牛奶，14.5% 的蛋，8% 的羊毛，7.9% 的卡拉库尔羊皮，79.7% 的蚕茧。农业企业只生产了 3.5% 的肉，0.7% 的牛奶，27.4% 的蛋，3.7% 的羊毛，8.8% 的卡拉库尔羊皮，以及 20.3% 的蚕茧。（见表 2-33）

表 2-33　　　　　各农业经营主体主要畜产品的产量　　　（单位：千吨）

		2015 年	2016 年	2017 年	2018 年
农业企业	肉	54.4	59.1	71.6	84.5
	牛奶	64.1	71.9	68.4	73.3
	蛋：百万	1816.3	1967.5	1616.6	2044.7
	羊毛：吨	2345	2453	1737	1277
家庭农场	肉	58.3	62.2	69.3	109.5
	牛奶	328.4	352.7	337.7	397.3
	蛋：百万	613.6	656.7	695.3	1079.5
	羊毛：吨	2871	2963	2190	2785

续表

		2015 年	2016 年	2017 年	2018 年
个体农户	肉	1920.7	2051.3	2145.9	2236.5
	牛奶	8635.3	9278.8	9641.8	9995.8
	蛋：百万	3105.5	3528.2	4020.8	4335.1
	羊毛：吨	30813	31687	32433	30544

资料来源：Государственный Комитет Республики Узбекистан по Статистике *Сельское Хозяйство Узбекистана 2015 – 2018*，Ташкент – 2019，Стр. 52 – 57.

第四节　乌兹别克斯坦的农产品消费和贸易

农业生产的产品除了满足本国人民的生活需要外，还可以出口，对于不能满足国内需要的农产品，还可以进口，这取决于本国人民的购买力，也就是本国的经济发展水平。

一　乌兹别克斯坦的农产品消费

（一）乌兹别克斯坦人的生活水平

独立后，乌兹别克斯坦的经济保持着相对稳定快速的增长，其国内工资水平也保持着较快增长，以可比价格计算，2013—2018 年全国实际工资年均增长 9.26%，人均实际工资年均增长 7.43%，均高于同期全国 GDP 的增长速度。从工资的来源看，有近 80% 的收入来自初次分配收入，20% 来自转移收入。在初次分配收入中，大多是生产收入，财产收入占比较小。（见表 2 - 34）

表 2 - 34　　　　乌兹别克斯坦工资水平及收入结构

	2013 年	2014 年	2015 年	2016 年	2017 年	2018 年
全国实际工资（万亿苏姆）	95.03	110.77	125.13	175.27	201.71	240.59
与上一年的百分比	115.67	108.96	106.15	107.08	109.01	108.96
实际人均工资（万苏姆）	314.21	360.13	399.81	550.35	622.78	730.02
与上一年的百分比	113.88	107.13	104.31	105.24	107.19	107.08

续表

	2013年	2014年	2015年	2016年	2017年	2018年
初次分配收入	73.00	75.60	79.70	84.01	79.14	76.09
其中：生产收入	70.30	73.20	76.90	80.93	75.76	73.03
财产收入	2.80	2.40	2.80	3.08	3.38	3.06
转移收入	27.00	24.40	20.30	15.99	20.86	23.91

资料来源：乌兹别克斯坦共和国国家统计委员会，https：//stat.uz/en/open-data, 15.1, 15.3, 2020年5月20日。

乌国民众的购买力也可以从家庭拥有的耐用品的数量来体现。2018年平均每个家庭拥有2.62部手机，1.55台电视机，1.03个冰箱和冰柜，0.81个洗衣机，0.55个电子真空吸尘器，0.52台个人电脑，0.44辆汽车，0.35台空调，并且拥有的耐用品的数量也在逐年提高。由此可看出，乌国民众的购买力水平还是较高的。（见表2-35）

表2-35　　乌兹别克斯坦一百户家庭拥有的耐用品数量

	2013年	2014年	2015年	2016年	2017年	2018年
电视机	146	151	152	153	154	155
冰箱和冰柜	100	101	101	102	101	103
空调	29	30	32	34	34	35
电子真空吸尘器	51	51	53	54	54	55
个人电脑	32	37	47	49	50	52
洗衣机	78	78	79	80	80	81
手机	210	228	234	246	257	262
汽车	35	41	42	43	44	44

资料来源：乌兹别克斯坦共和国国家统计委员会，https：//stat.uz/en/open-data, 15.11, 2020年5月20日。

（二）乌兹别克斯坦农产品消费量

根据联合国开发计划署的乌兹别克斯坦粮食安全的报告，到2005年乌兹别克斯坦的人均粮食消费量基本达到推荐水平，其他主要农产品还远不能满足需求。经过十几年的发展，乌兹别克斯坦的农业逐步多元化，但是多元化水平有限，蔬菜和水果的产量增加较快，由进口转变为出口国，其他主要农产品依然无法达到国内的标准消费量，另外，由于人口增加，主要的粮食作物也需要进口才能满足本国的需求。（见表2-36）

表2-36　　乌兹别克斯坦主要农产品人均年消费量　　（单位：千克）

	推荐量	1995年	2000年	2005年
小麦	128.4	149.1	155.4	145.9
大米	7.8	13.23	7.7	2.45
马铃薯	54.6	24.7	30.1	32.5
蔬菜	109.2	127	110.2	118.3
水果	65.9	37.9	38.5	35.2
菜籽油	7.3	9.2	8.5	7.8
肉及肉类产品	46.1	26.4	21.9	23.1
牛奶及奶制品	156.3	149.6	141.5	136.4
动物油	8.1	0.4	0.34	0.36
鸡蛋（个）	295	55.4	51	74.4
鱼肉及鱼肉制品	13.4	1.3	0.8	0.7

数据来源：联合国开发计划署（UNDP），*Food security in Uzbekistan*，Tashkent 2010。

二　乌兹别克斯坦的农产品贸易

在过去的20年中，该国农产品出口的数量几乎没有变化（1995年为22亿美元，2016年为24亿美元，2018年为29亿美元）。但是，随着时间的流逝，出口范围不断扩大。1995年，主要出口商品是棉纤维，占出口收入的90%。2018年，纺织品和棉花产品的份额为55%，棉纤维为8%，农产品食品（主要是水果和蔬菜生产）的份额为食品和纺织品总出口的30%。

截至2018年年底，乌兹别克斯坦共和国出口了约180种新鲜和加工的果蔬产品。过去5年中，出口地域不断扩大；与80多个国家进行贸易。在2018年，水果和蔬菜产品占食品出口总额的80%，占农产品（食品，棉纤维和纺织产品）出口总额的30%，而在2000年，这一指标仅为10%。水果和蔬菜出口的增长使该国成为：世界第二大的杏干出口国，柿子的第三大出口国，葡萄干和杏子的第四出口国，以及干梅子、新鲜的樱桃和李子的第五和第六出口国。蔬菜和水果主要出口到哈萨克斯坦（44.4%）、俄罗斯（18.9%）、吉尔吉斯斯坦（9.2%）和阿富汗（6.1%），这四国占到总出口额的78.6%。

完整价值链的发展是确保农业食品部门竞争力的重要因素。从田间到最终消费者的农产品的收集、运输、存储、加工，包装和认证的高成本降低了农业生产者的利润。同样，农业生产资源的高成本限制了生产力的增长，从而限制了农业的发展。该国食品批发市场的基础设施发展水平仍然不能令人满意，阻碍了出口发展。冷链设备的缺乏不利于易腐产品的贮藏运输，不允许在高峰期放置水果和蔬菜产品进行销售。在主要的过境路线和边防哨所上创建装备完善的"绿色走廊"以确保快速运输易腐产品的做法尚处于发展的初期阶段。铁路运输由于其价格昂贵且地理覆盖范围有限而未被大量使用。食品工业的低水平发展限制了增加高附加值产品产量的可能性。为了吸引对该行业的投资，需要发达的金融市场，良好的商业环境以及旨在支持制造商和促进价值链发展的政府政策。

个体农户农场生产大部分出口的水果和蔬菜，其加工和包装产品的机会有限，这会造成重大损失。它们还受到价格的急剧季节性波动和市场状况变化的影响。小型生产者最近开始通过各种融资渠道，包括通过国际金融机构的信贷额度，积极投资于现代化的仓储设施和加工设备。尽管如此，它们仍然很大程度上与加工企业和出口组织隔离。由于缺乏将小型农业生产者合并的有效机制，它们的活动在很大程度上仍然是无组织的，这阻碍了规模经济的实现，也限制了其与现有或新兴价值链的整合。应当指出，合作社在发达国家或组织（欧盟、美国、加拿大）市场中的份额超过40%，而在乌兹别克斯坦，这一方向才刚刚开始发展。（见表2-37、表2-38、表2-39、表2-40）

表2-37　　　　　乌兹别克斯坦果蔬出口产品及金额　　（单位：百万美元）

	2015年	2016年	2017年	2018年
水果浆果	321	217.4	254.4	357.7
蔬菜	479.2	183.6	217.7	307.7
葡萄	350	142.1	159.5	179.7
花生	38	9.3	10.6	22.9
新鲜的瓜和西瓜	5.1	2	3.3	6.5

资料来源：Государственный Комитет Республики Узбекистан по Статистике *Сельское Хозяйство Узбекистана 2015–2018*，Ташкент–2019，Стр. 65.

表2-38　　　　　　蔬菜和水果的出口量　　　　　　（单位：吨）

	水果	葡萄	新鲜蔬菜	瓜果	葡萄干	柿子	番茄
2014年	10923	58098	38006	60768	28152	16451	19306
2015年	18948	106552	43064	7728	65760	19678	36627
2016年	15740	95805	41916	6418	73765	61921	41373
2017年	25271	136072	49752	27227	64551	69014	58165

资料来源：联合国粮农组织统计数据库，http://faostat.fao.org，2020年5月25日。

表2-39　　　　2018年乌兹别克斯坦果蔬产品主要的出口国

出口国	出口量（千吨）	出口金额（百万美元）	比例（%）
哈萨克斯坦	584.7	388.6	44.4
俄罗斯	238.2	164.8	18.9
吉尔吉斯斯坦	88.2	80.1	9.2
阿富汗	73.4	53.2	6.1
中国	66.9	46.2	5.3
土耳其	23	23.5	2.7
巴基斯坦	29.8	22.2	2.5
越南	22.4	14.6	1.7
乌克兰	14.8	8.7	1
白俄罗斯	8.5	7.7	0.9

续表

出口国	出口量（千吨）	出口金额（百万美元）	比例（%）
伊拉克	6.1	6.2	0.7
土库曼斯坦	11.6	5.7	0.6
阿塞拜疆	4.3	4.9	0.6
其他	58.8	48.1	5.5

资料来源：Государственный Комитет Республики Узбекистан по Статистике *Сельское Хозяйство Узбекистана 2015 – 2018*，Ташкент – 2019，Стр. 66.

表 2 – 40　　　　　　　　棉花及棉制品出口　　　　　　　（单位：吨）

	棉绒	棉籽饼	棉短绒	棉籽油	棉花废料	精梳棉
2014 年	215667	50000	19	23000	7879	175
2015 年	344579	50000	3652	23000	8413	161
2016 年	155132	50000	60625	23000	7222	323
2017 年	116688	—	5841	23200	12586	67

资料来源：联合国粮农组织统计数据库，http://faostat.fao.org，2020 年 5 月 25 日。

乌兹别克斯坦每年需要大量进口的农产品是粮食产品、油类和糖类产品以及畜牧产品。进口的粮食产品包括小麦及面粉麦麸、大米、马铃薯、玉米、大麦和大豆等。2017 年乌国进口小麦及面粉麦麸产品为 244.76 万吨，当年产量为 607.92 万吨，进口量占国内总需求量的 28.7%。进口马铃薯为 30.08 万吨，当年产量为 279.37 万吨，进口量占国内总需求量的 1% 左右。粮食产量国内缺口比较大的主要还是小麦。（见表 2 – 41）

表 2 – 41　　　　　乌兹别克斯坦主要粮食作物的进口　　　　　（单位：吨）

	小麦及面粉麦麸	大米	马铃薯	玉米	大麦	大豆及大豆饼
2014 年	1985794	4210	19164	26432	46667	65366
2015 年	2264959	48861	17134	50405	52049	213894
2016 年	2575618	1565	55903	23105	44092	92147
2017 年	2447589	280	300780	36386	40414	50684

资料来源：联合国粮农组织统计数据库，http://faostat.fao.org，2020 年 5 月 25 日。

乌国油类和糖类产量远不能满足国内需求，大量需要进口，2017年进口植物油14.85万吨，动物油3.3万吨，精制糖16.13万吨，葵花籽15.07万吨，葵花籽饼1.96万吨。鱼类产品也是主要依赖进口。2018年进口鱼罐头187.53万美元，冷冻鱼451.1万美元，鱼片61.14万美元，活鱼52.55万美元。2018年乌国鱼的总捕捞量为9.1万吨，产值10766亿苏姆，按照当年汇率计算，折合1.33亿美元。鱼类产品的进口额约占国内产值的5.7%。鱼类产品主要进口来源国为挪威、越南、立陶宛、俄罗斯、拉脱维亚、白俄罗斯等国家。（见表2-42、表2-43）

表2-42　　　　　　　　油类及糖类产品进口　　　　　　（单位：吨）

	植物油	动物油	精制糖	葵花籽	葵花籽饼
2014年	185932	33557	548900	73538	31470
2015年	134956	35889	548900	76919	24947
2016年	173211	30208	548900	98413	13032
2017年	148532	33173	161278	150731	19642

资料来源：联合国粮农组织统计数据库，http：//faostat.fao.org，2020年5月25日。

表2-43　　　　　　　　鱼类产品的进口额　　　　　　（单位：万美元）

	冷冻鱼	活鱼	鱼片	鱼罐头	其他水生动物
2017年	262.6	1.2	49.28	157.02	10.8
2018年	451.1	52.55	61.14	187.53	7.91

资料来源：Государственный Комитет Республики Узбекистан по Статистике *Сельское Хозяйство Узбекистана 2015-2018*，Ташкент-2019，Стр. 67.

虽然畜牧业是乌国农业的重要行业，独立后得到了较大发展，主要的畜牧产品产量较大，不过依然需要进口，除羊毛出口以外，其他的主要产品像肉类、牛奶和鸡蛋都需要进口，不过从表2-44明显可以看出，从2014年到2017年，主要畜牧产品的进口量在减少。2017年果奶的肉类产量228.68万吨，牛奶产量1004.79万吨，进口量与此相比，占比很小，畜牧产品的国内自给率很高。（见表2-44）

表 2-44　　　　　　　　　主要的畜牧产品进口

	牛肉	鸡肉	猪肉	牛奶	鸡蛋	羊毛*
2014 年	4498	30891	1781	52189	1091	1320
2015 年	4368	14244	2584	31450	156	1289
2016 年	2107	11416	252	17889	125	1748
2017 年	507	11315	527	12856	495	2319

注：*表示出口。

资料来源：联合国粮农组织统计数据库，http://faostat.fao.org，2020 年 5 月 25 日。

第三章

吉尔吉斯斯坦的农业发展

吉尔吉斯斯坦是中亚地区重要的国家,是各种国际组织的积极参与者,是古丝绸之路穿越的地方,与中国有着1096千米的国界线。吉国农业发展及加强其与中俄哈的农业合作对于保障本国粮食安全、维护地区稳定以及促进国家经济社会发展具有重要的意义。

第一节 吉尔吉斯斯坦的国家概况及行政区划

吉尔吉斯斯坦是位于中亚地区东部的山区内陆国家。北部与哈萨克斯坦接壤,东部与中国接壤,西部与乌兹别克斯坦接壤,南部与中国和塔吉克斯坦接壤。在该国的地势中,大多是冰川、陡峭山峰和山谷。吉尔吉斯斯坦大约90%的地区位于海拔1500多米的地方。根据吉尔吉斯共和国政府辖下的国家登记局的数据,截至2019年1月1日,吉尔吉斯共和国的领土面积为19.99万平方千米。从东部到西部的距离约为900千米,从北部到最南端的距离约为410千米。

吉尔吉斯斯坦1991年独立之后,国内经济发展遭遇严重下滑,直到1996年才开始恢复正增长,之后经济在曲折中发展,2014年以来,经济发展比较稳定,增长率基本稳定在4%左右。吉尔吉斯斯坦的人口一直缓慢增长,从1991年的446.36万人增长到2018年的638.95万人,2018年吉尔吉斯斯坦的人均GDP为1331.91美元,属于中低收入国家。农业在国内生产总值中占比较大,2014年占比48.83%,近几年下降较快,2018年占比36.79%,吉国贫困发生率较高,不过近几年有逐渐下降的趋势。(见表3-1)

表 3-1　　　　　　　吉尔吉斯共和国的主要社会经济指标

	2014 年	2015 年	2016 年	2017 年	2018 年
永久人口数（年底）（万人）	589.51	601.95	614.02	625.67	638.95
GDP（亿索姆）	4006.94	4304.89	4763.31	5304.76	5571.13
GDP 增长率，按上年同期的百分比	104	103.9	104.3	104.7	103.5
人均 GDP（万索姆）	7.18	7.55	8.18	8.93	9.18
人均 GDP（美元）	1331.2	1163.3	1178.5	1295.7	1331.91
工业产值（亿索姆）	1711.09	1810.27	2098.12	2372.25	2573.49
农业、狩猎和林业总产值（亿索姆）	1956.51	1969.36	1974.14	2085.30	2049.70
固定资产投资额（亿索姆）	1078.85	1273.22	1354.70	1452.27	1514.68
从业人数（万人）	230.27	235.21	236.37	235.12	238.25
农业平均就业人数（万人）	72.74	68.93	63.33	54.14	48.27
在国家就业服务机构登记的失业人数（万人）	5.82	5.60	5.56	5.76	7.09
每位员工的平均每月名义工资（索姆）	12285	13483	14847	15670	16427
农业员工的平均月工资（索姆）	6044	8331	9010	9643	10084
商品和服务的消费者价格指数	110.5	103.4	99.5	103.7	100.5
外贸营业额（亿美元）	76.18	56.37	55.74	62.59	71.29
出口额	18.84	14.83	15.73	17.64	18.37
进口额	57.35	41.54	40.00	44.95	52.92
贫困率（%）	30.60	32.10	25.40	25.60	22.40

资料来源：Национальный Статистический Комитет Кыргызской Республики *Окружающая Среда в Кыргызской Республике 2014 – 2018*，Бишкек – 2019，8.2，8.4.

吉尔吉斯斯坦共有七个州、两个市，下辖 40 个区，31 个市，453 个村庄，首都是比什凯克市，人口 102.72 万人，是全国人口最多的城市。各州面积最大的是纳伦州，为 4.52 万平方千米，最小的是巴特肯州，为 1.7 平方千米，各州人口密度差别很大，最大的是奥什州，最小的是纳伦州。到 2018 年年底，吉全国总人口 638.95 万人，城市人口 217.36 万人，农村人口 421.59 万人，城市化率 34.02%，两个直辖市的城市化率都达到了 90% 以上，城市化率最高的州是伊塞克湖州，为 29.01%，最低的州是奥什州，只有 7.68%。（见表 3-2）

表 3-2　　　　　吉尔吉斯斯坦的行政区划及其人口分布

	面积（万平方千米）	人口（万）	人口密度（个/平方米）	区	城市	城市人口	农村	农村人口
吉尔吉斯共和国	19.99	638.95	32	40	31	217.36	453	421.59
巴特肯州	1.7	52.51	31	3	6	12.39	31	40.12
贾拉拉巴德州	3.37	121.44	36	8	8	26.38	68	95.06
伊塞克湖州	4.31	48.98	11	5	3	14.21	61	34.77
纳伦州	4.52	28.7	6	5	1	4	63	24.7
奥什州	2.9	134.19	46	7	3	10.3	88	123.89
塔拉斯州	1.14	26.35	23	4	1	3.87	37	22.48
楚河州	2.02	94.11	47	8	7	16.9	105	77.21
比什凯克市	—	102.72	—	—	1	102.27	—	0.45
奥什市	—	29.95	—	—	1	27.04	—	2.91

注：统计截至 2019 年 1 月 1 日。

资料来源：Национальный Статистический Комитет Кыргызской Республики Демогр. ежегодник 2014–2018，http：//stat. kg/en/statistics/naselenie/，2020 年 6 月 15 日。

第二节　吉尔吉斯斯坦的农业生产要素

一　气候

吉尔吉斯斯坦的气候是极端大陆性的，城市的夏季非常炎热，而山区则相对凉爽。冬季寒冷多雪，尤其是在高原地区。该国的夏季平均温度为27℃，平均最低温度为16℃，平均最高温度保持为33℃。① 在冬季，平均气温为1℃，平均最低温度为-12℃，平均最高温度保持在10℃。吉尔吉斯斯坦最温暖的地区是贾拉拉巴德地区的山谷山麓地带，年平均气温为11—13℃。在吉尔吉斯斯坦的山区，其年均值降至-8℃（阿克赛、沙特尔库尔、天山等）。阿克塞水文气象站的最低气温为-53.6℃（海拔3135米）。

吉尔吉斯斯坦的气候特征非常复杂，崎岖不平的山坡随着高度变动而带来的阳光和气流的各种变化，创造了多种多样的气候特征，使得吉国存在四个明显的垂直气候带。一是山谷山麓地带（海拔500—600米至900—1200米），特征是炎热的夏季（7月的气温为22—27℃）和较凉的冬季（1月的温度为-6— -1℃）。该带具有亚热带气候的特征。二是中山带（900—1200米至2000—2200米）为典型的温带气候，夏季温暖，7月为18—19℃，冬天多雪，气温低，1月为-8— -7℃，12月和2月为-5— -3℃。三是高寒地区（2000—2200米至3000—3500米），特点是夏季凉爽，冬季寒冷，有时下雪。7月的温度在这里仅11—16℃，冬季漫长（11月至3月），1月的温度为-10— -8℃，在其他寒冷的月份，温度低于-7— -3℃。四是寒带（3500米以上），特征是严酷，非常寒冷的气候。这是一片雪原，岩石，冰川，以及湿气堆积带。即使在该带的底部，7月的平均温度也不会超过4—7℃，1月的温度降至-22— -19℃。②

二 土地

根据吉尔吉斯共和国政府辖下的国家注册局的数据，截至2016年1月1日，吉尔吉斯共和国的领土为19.909万平方千米。吉尔吉斯共和国的大部分土地面积为未使用的土地（42.6%）、农业用地（33.8%）和林地（13.0%）。（见表3-3）

---

① Национальный статистический комитет Кыргызской Республики 《Окружающая среда в Кыргызской Республике 2014 - 2018》，Бишкек - 2019，Стр. 11.

② Государственное агентство охраны окружающей среды и лесного хозяйства при Правительстве Кыргызской 《Национальный доклад о состоянии окружающей среды Кыргызской Республики за 2011 - 2014 годы》，Бишкек - 2016，Стр. 26.

表3-3　　吉尔吉斯共和国按用途划分的土地类别及百分比

（单位：万公顷，%）

	2014年	2015年	2016年	2017年	2018年
合计	1999.49	1999.49	1999.49	1999.49	1999.49
农业用地	654.26	675.39	675.34	675.28	675.28
土地定居点	27.63	27.67	27.79	27.84	27.83
工业、运输、国防、通信和其他目的的土地	22.89	23.09	23.08	23.15	23.19
受特别保护的自然领土	82.38	85.44	118.73	118.73	118.75
林地	260	259.68	253.04	253.04	252.98
储备土地	76.73	76.73	76.73	76.73	76.73
未开发土地	875.6	851.49	824.78	824.72	824.73
农业用地	32.8	33.8	33.8	33.8	33.8
土地定居点	1.4	1.4	1.4	1.4	1.4
工业、运输、国防、通信和其他目的的土地	1.1	1.2	1.2	1.2	1.2
受特别保护的自然领土	3.7	4.3	5.9	5.9	5.9
林地	13	13	12.7	12.7	12.7
储备土地	3.8	3.8	3.8	3.8	3.8
未开发土地	44.2	42.5	41.2	41.2	41.2

资料来源：Национальный Статистический Комитет Кыргызской Республики *Окружающая Среда в Кыргызской Республике 2014–2018*，Бишкек–2019，Стр. 13.

2018年，吉尔吉斯斯坦农业用地1060.77万公顷，占总国土面积的53%，根据国家土地核算，土地被划分为不同类别的土地，包括耕地，多年生人工林，储备用地，草地，牧场以及灌木林，沼泽，森林地区和其他地区。最多的是牧场，占比84.9%；其次是耕地，占比12.1%。吉尔吉斯斯坦是耕地较少的国家之一。耕地总面积为120.26万公顷（平均每人0.25公顷），其中有793.5灌溉（平均每人0.18公顷）。2010年，吉尔吉斯斯坦一个农民农场的平均耕地面积为2.7公顷，其中包括1.9公顷的灌溉耕地。在楚河州农民中，平均耕地面积最大，每人平均耕地面积为4.9公顷（其中灌溉3.5公顷），在贾拉拉巴德州的农民中，最小的平均耕地为1.3公顷（其中灌溉0.8公顷）。（见表3-4）

表3-4　　　　吉尔吉斯斯坦农业用地的类型及面积　　（单位：万公顷）

	2014年	2015年	2016年	2017年	2018年
合计	1062.52	1062.47	1060.81	1060.72	1060.77
耕地	128.06	128.06	128.78	128.78	128.76
多年生人工林地	7.52	7.52	7.58	7.59	7.65
储备用地	3.6	3.59	3.48	3.48	3.48
草场	20.17	20.21	20.22	20.22	20.31
牧场	903.17	903.09	900.75	900.65	900.57
未使用的耕地	9.00	8.19	7.48	6.73	6.33
盐渍化和涝渍	0.50	0.38	0.33	0.31	0.28
灌溉网络故障导致浇水不足	1.38	1.40	1.20	1.18	1.11
容易遭受自然灾害	0.04	0.04	0.10	0.15	0.05

资料来源：Национальный Статистический Комитет Кыргызской Республики *Окружающая Среда в Кыргызской Республике 2014－2018*，Бишкек－2019，Стр.13.

吉尔吉斯斯坦的农业用地主要分布在纳伦州、贾拉拉巴德州、奥什州、伊塞克湖州、楚河州等地区，其中牧场主要分布在纳伦州、贾拉拉巴德州、伊塞克湖州，耕地主要分布在楚河州、奥什州等地区。其他巴特肯州和塔拉斯州农业用地较少。（见表3-5、表3-6）

表3-5　　　　吉尔吉斯斯坦牧场和耕地的地区分布　　（单位：万公顷）

	2015年	2016年	2017年	2018年	2019年
牧场					
吉尔吉斯共和国	903.17	903.09	900.75	900.65	900.58
巴特肯州	48.39	48.37	48.35	48.33	48.31
贾拉拉巴德州	157.63	157.62	155.96	155.96	155.96
伊塞克湖州	140.57	140.54	140.52	140.5	140.47
纳伦州	263.88	263.87	263.87	263.85	263.84
奥什州	139.16	139.16	139.16	139.16	139.16
塔拉斯州	67.35	67.35	67.33	67.29	67.26
楚河州	85.77	85.76	85.14	85.13	85.13
比什凯克市	0.01	0.01	0.01	0.01	0.01
奥什市	0.41	0.41	0.41	0.42	0.44

续表

	2015 年	2016 年	2017 年	2018 年	2019 年
耕地					
吉尔吉斯共和国	128.06	128.06	128.78	128.78	128.76
巴特肯州	7.38	7.38	7.39	7.39	7.39
贾拉拉巴德州	16.56	16.56	16.56	16.56	16.59
伊塞克湖州	19.16	19.16	19.16	19.17	19.18
纳伦州	1.41	1.41	1.41	1.41	1.41
奥什州	18.51	18.51	18.51	18.5	18.49
塔拉斯州	11.77	11.77	11.76	11.76	11.79
楚河州	42.04	42.03	42.74	42.74	42.69
比什凯克市	0.18	0.19	0.19	0.19	0.18
奥什市	0.37	0.37	0.38	0.38	0.35

资料来源：Национальный Статистический Комитет Кыргызской Республики *Окружающая Среда в Кыргызской Республике 2014 – 2018*，Бишкек – 2019，1.4，1.6.

表 3 – 6　　　　吉尔吉斯斯坦灌溉面积及分布　　　（单位：万公顷）

	2015 年	2016 年	2017 年	2018 年	2019 年
吉尔吉斯共和国	102.39	102.4	102.44	102.45	102.47
巴特肯州	5.77	5.77	5.78	5.79	5.8
贾拉拉巴德州	12.5	12.5	12.5	12.5	12.5
伊塞克湖州	15.65	15.66	15.67	15.68	15.7
纳伦州	12.05	12.05	12.05	12.05	12.06
奥什州	12.73	12.73	12.75	12.74	12.74
塔拉斯州	11.28	11.28	11.3	11.3	11.31
楚河州	31.52	31.24	31.21	31.21	31.18
比什凯克市	0.64	0.92	0.92	0.92	0.92
奥什市	0.25	0.25	0.26	0.26	0.26

资料来源：Национальный Статистический Комитет Кыргызской Республики *Окружающая Среда в Кыргызской Республике 2014 – 2018*，Бишкек – 2019，1.13.

三 水资源

吉尔吉斯共和国是中亚地区唯一在自己的领土上形成充分水资源的国家,这是其水文特征和优势,其水资源储备位于河流、永恒的冰川和积雪地块中。在其领土上,共有 1923 个湖泊,水面总面积为 6836 平方千米,其中最大的是伊塞克湖(6236 平方千米)、松克尔(Сон-Куль)(275 平方千米)和恰特尔克尔(Чатыр-Куль)(175 平方千米)。吉国拥有超过 3500 条河流和小溪流,最长的河流是纳伦河(Нарын)(535 千米),查卡尔河(Чаткал)(205 千米)和楚河(Чу)(221 千米)。此外,还有 44 个地下淡水和矿泉水矿床。在吉尔吉斯共和国境内,有 8208 条冰川,冰川总面积为 8076.9 平方千米,总体积为 4947 亿立方米,自然年平均年总径流量为 472 亿立方米。(见表 3-7)

表 3-7 吉尔吉斯斯坦每年的水径流量

	2006 年	2007 年	2008 年	2009 年	2010 年	2011 年	2012 年	2013 年
水资源量(亿立方米)	510	450	410	480	540	427	430	427
人均(立方米)	9996	8656	7823	8893	10007	7691	7600	7385

资料来源:Государственное Агентство Охраны Окружающей Среды и Лесного Хозяйства при Правительстве Кыргызской Республики *Национальный Доклад о Состоянии Окружающей Среды Кыргызской Республики за 2011–2014 Годы*, Бишкек – 2016, Стр. 53.

根据吉尔吉斯共和国农业、食品工业和土地开垦部的数据,2018 年来自包括地下水在内的取水量为 78 亿立方米,比 2017 年增加 1.3%。由于灌溉系统条件不佳,约有 27% 的取水量在运输过程中流失了。实际用水量约为 51 亿立方米,与 2014 年相比有所增加,增长了 6.7%。在总用水量中,很大一部分(94.7%)用于灌溉和农业供水,3.2% 用于家庭和饮水需求,1.6% 用于生产需求。(见表 3-8)

表3-8　　　　　　　吉尔吉斯斯坦水资源的获取及利用　　（单位：亿立方米）

	2014年	2015年	2016年	2017年	2018年
取水					
合计	76.58	75.69	73.34	76.58	77.58
从天然水源	74.32	72.25	71.25	74.33	75.13
从地下水	2.26	3.44	2.09	2.25	2.45
水损失					
运输过程的损失	20.30	20.92	18.42	21.28	20.85
用水					
合计	47.68	52.25	46.69	50.72	50.89
用于生产需求	0.81	0.87	0.67	0.69	0.83
用于灌溉和农业用水	45.31	49.22	44.35	48.22	48.17
满足家庭和饮酒需求	1.43	1.94	1.56	1.57	1.61
其他	0.14	0.22	0.11	0.25	0.28
用水各用途比例（%）					
用于生产需求	1.7	1.7	1.4	1.4	1.6
用于灌溉和农业用水	95	94.2	95	95.1	94.7
满足家庭和饮酒需求	3	3.7	3.3	3.1	3.2
其他	0.3	0.4	0.2	0.4	0.5

资料来源：Национальный Статистический Комитет Кыргызской Республики *Окружающая Среда в Кыргызской Республике 2014–2018*，Бишкек–2019，2.1，2.3.

农业用水占据了吉国用水量的绝大部分，2018年农业用水量比2014年增加了2.865亿立方米（6.27%），各州的用水量基本上都在增加，增加最多的是楚河州，增加了1.744亿立方米，占总增量的60.87%。2018年，在各州的农业用水中，用水量比较大的州是楚河州（25%）、奥什州（17.45）及贾拉拉巴德州（15.03%），较少的州是伊塞克湖州和纳伦州。（见表3-9）

表 3 – 9　　　　　　吉尔吉斯斯坦各州的农业用水　　　（单位：亿立方米）

	2014 年	2015 年	2016 年	2017 年	2018 年
吉尔吉斯共和国	45.305	49.222	44.353	48.216	48.17
巴特肯州	5.02	5.239	5.26	5.268	5.464
贾拉拉巴德州	7.084	7.607	7.275	7.047	7.241
伊塞克湖州	4.127	4.006	3.32	4.125	3.993
纳伦州	4.201	4.288	4.232	4.244	4.439
奥什州（包括奥什市）	8.373	9.575	8.894	8.729	8.405
塔拉斯州	6.107	6.991	6.461	6.871	6.582
楚河州	10.297	11.516	8.911	11.929	12.041
比什凯克市	0.096	0	0	0.003	0.005

资料来源：Национальный Статистический Комитет Кыргызской Республики *Окружающая Среда в Кыргызской Республике 2014 – 2018*，Бишкек – 2019，2.7.

四　农业生产主体

吉尔吉斯斯坦农业生产主体主要分为四类：国营农场、集体农场、家庭农场和个体农户。国营农场是法人实体，其财产和利润是国家财产。集体农场包括商业伙伴关系和协会、农业合作社、股份公司、各种伙伴关系建立的农业公司以及企业和组织的附属农场。家庭农场是具有法人资格的实体，是个体经营的实体，或者是在法人实体清单上开展活动的实体，其活动通常是家庭成员、亲戚和其他个人联合生产农产品。个体农户是公民以既定方式在自己分配的土地上工作，饲养牲畜以及生产农作物和牲畜产品的农场。

吉国独立后，农业领域开始私有化，将原先的国营农场和集体农场转为农民个人所有，使农业生产从原先的集体农场为主转为以农户家庭农场为主。2018 年吉共有农业生产主体 440055 个，2018 年国营农场和集体农场的数量 453 个，数量占比 0.1%，另外林业和渔业的生产主体很少。从 2014—2018 年，国营农场和集体农场数量已经很少（2018 年占比 0.1%），不过仍在不断减少，家庭农场和个体农户的数量已经占据绝度优势，数量依然在增加。吉农业经济以个体经济为主，国营和集体经济的影响日益式微，2018 年国营和集体农场的农业产值只占到吉国农业总产值的 1.76%。（见表 3-10）

表 3-10　　吉尔吉斯斯坦农业、林业和渔业经营性经济实体的数量

	2014 年	2015 年	2016 年	2017 年	2018 年
农业	384871	401350	415433	429217	440055
国营农场	40	38	33	27	26
集体农场	513	518	481	460	427
家庭农场	287322	300245	312833	323245	332909
个体农户	96996	100549	102086	105485	106693
林业	56	56	53	53	62
渔业	13	17	23	21	199
合计	384940	401423	415509	429291	440316

资料来源：Национальный Статистический Комитет Кыргызской Республики *Окружающая Среда в Кыргызской Республике 2014 – 2018*，Бишкек – 2019，1.1.

五　农业发展战略及农业支持政策

农业一直是吉尔吉斯斯坦共和国经济的主要部门，农业产值在国民经济中包含比较高，从业人口在总就业人口中占比也达到 30% 左右。农业是需要持续和积极的国家监管的领域，其与区域发展、生活方式、基本自然资源的利用和自然环境的保护密不可分。2012 年吉尔吉斯共和国农业与土地开垦部制定了《吉尔吉斯共和国直到 2020 年的农业发展战略》，以促进农业生产的增长，提高产品质量和农业效率，确保该国的粮食安全。该战略计划融资 236.63 亿索姆（5.035 亿美元）。该发展战在分析吉国农业发展的问题以及有利条件的基础上，给出了吉国农业发展的战略目标以及战略选择。

吉国农业发展的问题主要有以下几个方面：一是农民土地面积小和

土地整合程度低。建立农业合作社，农工产业集群，农业与加工业合作以及贸易的大量努力并未取得预期的结果。生产潜力不足使得农业难以获得必要的财务资源，并且难以获得在生产过程中使用的市场上购买的各种商品和服务（燃料和润滑油，机械、化肥、服务公司的服务等）。二是农业生产者无法获得足够的农田灌溉、植物保护、保存和改善土地肥力、种子生产和动物繁育等方面的设施、商品及服务。该问题与相关组织的国家支持不足以及这些设施、商品及服务的市场缺陷有关，所有这些阻碍了农作物和牲畜生产力的增长。三是农产品的正常销售很困难。由于缺乏市场供需知识以及缺乏存储设施，农民的产品销售遭受了重大损失。他们经常以最低价格向中介公司销售产品，这不仅抢夺了农场发展所需的足够财力，而且抢夺了增加产量的经济动机。四是农业投资吸引力低。第一，吉尔吉斯斯坦的农业高度依赖自然和气候条件，有利年份与干旱，霜冻，大雨等引起的不利年份交替出现。第二，农业生产是一项收入相对较低且难以维持的活动，这导致对外部优惠融资的持续依赖。第三，土地分配的小规模决定了小规模生产，现有的立法框架和基础设施并未为生产资源集中的机制提供支持。第四，在吉尔吉斯斯坦，监管和宽松制度的特征是效率低下，冗员和腐败。农业生产本身不受监管和宽松制度的重大影响。但是产品的加工和销售（包括进出口业务）完全受关税和非关税监管机制的约束。第五，吉尔吉斯斯坦没有制定符合国际标准的产品认证制度。这阻碍了出口的增长，进而抑制了收入的增长。

吉国农业发展的有利条件主要有：一是 1991 年开始的土地改革旨在解决土地问题和改革农业生产组织的社会经济形式。这为农村居民开展创收活动创造了必要条件，改革允许改变以私有财产为基础的农业生产组织，引入了市场定价机制，产品生产和销售不受行政法规的限制。二是成立了农业和土地开垦部负责改革和解决当前问题，其农业发展措施集中在以下几个方向：一个方向是每年在国家预算中分配大量资金来支持农业生产，提供支持的形式包括商品贷款和赠款，固定价格的燃料和润滑油的销售等；另一个方向是在预算允许的范围内支持组织的运作，以确保灌溉设施的功能、动植物的保护、控制疫情的措施等。三是近年来，国家促进在农村地区建立金融机构体系，向农业和加工业提供贷款，并与农产品进行贸易。"向农民提供负担得起的贷款"计划以降低的利率提供财政资源，旨在改善融资。四是吉国正在积极吸引捐助组织的援助，与世界银行、联合国开发计划署、粮农组织、美国国际开发署、美洲开发银行达成了一些协议，以向农业提供援助，项目涉及农业支持的各个领域：种苗和繁育农场的发展、有效的牧场管理、可持续的土地管理等。

吉国农业的发展目标是：吉尔吉斯斯坦的农业使命是向该国居民提供自己生产的高质量和营养丰富的营养。长期的战略目标是使吉尔吉斯斯坦成为有机农业的世界领导者之一，以确保可持续的经济发展，公共卫生和环境保护。农业应成为以市场为导向的，发展稳定、可行和繁荣的产业，在国内外市场上具有较高的竞争力。

吉国农业的战略选择是：一是创建强大的国有公司，为农场提供各种服务（融资、租赁、市场营销等）。假定它们不仅能够为农民迅速提供金融和租赁服务、设备和技术，而且可以与农民签订直接合同，以购买种植的农产品以进一步在国内外市场销售。但是，这意味着市场将由大型国有公司控制，而定价实际上将在其控制下进行。二是实施旨在提高农业生产者私人利益，增加生产和销售以及增加收入的逐步改革。应该给那些农业生产者以及他们的服务提供商带来好处，使这些生产者更具竞争力，他们将有效地利用其生产中的可用资源并能够生产足够数量的产品。在此基础上，农业生产者可以出于自愿基于市场原则进行生产集中，集中的方式可以是大型农场、农业企业等。

六 农业技术水平

吉尔吉斯斯坦地势崎岖不平，人均占有土地面积小，再加上国家财政资源紧缺，这些原因使得吉农业技术水平低下。不少耕地因为灌溉网络故障浇水不足、盐碱化和涝灾、自然灾害、燃料和润滑剂、种子和设备缺乏、现金不足等而未被使用。2018年未被使用的耕地占所有耕地面积的4.92%，并且从2014年到2018年有逐年下降的趋势。其中，灌溉网络故障导致浇水不足而引起的未使用耕地的面积最大，占总面积的17.5%。

在 2014 年，由于盐碱化和涝灾而未被利用的耕地中，塔拉斯州（1851.0 公顷）、楚河州（1115.0 公顷）和伊塞克湖州（1016.0 公顷）居多。由于灌溉网络故障导致缺乏灌溉，纳伦地区未使用的耕地面积达 5473 公顷，而伊塞克湖地区为 2624 公顷。由于受到自然灾害（山体滑坡，泥石流）的影响，贾拉拉巴德州未使用的耕地面积最大，达到了 259 公顷。（见表 3－11）

表 3－11　　　　　吉耕地未使用的原因及面积　　　　（单位：公顷）

	2014 年	2015 年	2016 年	2017 年	2018 年
合计	1280570	1280570	1287859	1287810	1287584
未使用的耕地	89985	81920	74796	67337	63332
包括原因：					
盐渍化和涝渍	4958	3840	3288	3103	2792
灌溉网络故障导致浇水不足	13756	14039	11954	11774	11105
容易遭受自然灾害（山体滑坡，泥石流）	394	352	1035	1539	512

资料来源：Национальный Статистический Комитет Кыргызской Республики *Окружающая Среда в Кыргызской Республике 2014－2018*，Бишкек－2019，1.7.

科学研究和工业实践证明，肥料的施用只有在考虑到土壤中元素的实际供应量和植物需求的情况下才能提供高效率。土壤中一种或另一种营养元素的缺乏和过量都会对植物的生长发育及其产量产生负面影响。为了保持并获得高产并通过养分恢复土壤肥力，不仅需要使用氮肥，而且必须使用一定量的磷肥和钾肥。吉尔吉斯斯坦没有矿物肥料厂，每年平均从俄罗斯、乌兹别克斯坦和哈萨克斯坦进口约 1 万吨物理重量的矿物肥料，其中 95.0% 以上为氮肥，其余 0.1 万吨是磷和钾的矿物肥料。矿物肥料由私营公司（供应商和个人自费）进口到吉国。近年来，由于吉尔吉斯斯坦不对矿物肥料征税（取消进口关税和国内生产的增值税），进口有所增加，俄罗斯在化肥进口中的份额不断增加。

由于农作物需要 2 万吨氮肥，2014 年进口了 1.264 万吨矿物肥料，其中基于吉尔吉斯共和国政府对农民的支持，通过吉尔吉斯共和国政府领导的国家材料储备基金从乌兹别克斯坦共和国进口了 0.567 万吨矿物肥。与矿物肥料一起，近年来，吉国一直在进口含有大量和微量元素的复合肥料和有机矿物肥料。2014 年，吉国进口了 36.11 万吨各种有机矿物和水溶性肥料，比 2013 年增加了 6.36 吨或 17.6%。（见表 3-12）

表 3-12　　　　吉尔吉斯斯坦各州化肥的使用量　　　（单位：千吨）

	2014 年	2015 年	2016 年	2017 年	2018 年
矿物肥料（以活性物质计）					
吉尔吉斯共和国	40.9	34.1	40.3	26.7	25.9
巴特肯州	6.4	6.2	6.3	6.1	5.3
贾拉拉巴德州	13.1	13.1	15.3	10.3	10.1
伊塞克湖州	0.3	0.2	0.2	0.3	0.6
纳伦州	0.1	0.4	0	0	0.2
奥什州	8.9	8.7	12.7	2.8	2.9
塔拉斯州	7.3	1.3	1.4	2.1	2.7
楚河州	4.8	4.2	4.4	5.1	4.1
有机肥料					
吉尔吉斯共和国	389.9	415.6	470.8	314.3	301.5
巴特肯州	9	6.9	7.3	10.1	8.4
贾拉拉巴德州	66.7	59.4	48.8	28.5	30.1
伊塞克湖州	104	106	104	87	76
纳伦州	123.2	119.5	100.8	115.9	124.8
奥什州	32.3	32.8	34.3	29.9	27
塔拉斯州	35.4	36.5	36.2	36.4	35.2
楚河州	19.3	54.5	139.4	6.5	0

资料来源：Национальный Статистический Комитет Кыргызской Республики *Окружающая Среда в Кыргызской Республике 2014–2018*, Бишкек-2019, 1.14.

吉尔吉斯斯坦的肥料使用量显著不足。以 1990 年的收成计算，以 100% 的养分含量计算，总共需要肥料 17.88 万吨，其中包括 9.43 万吨氮、6.63 万吨磷肥、1.81 万吨钾肥，和 29.06 万吨有机肥。以 1990 年施肥面积为 105.33 万公顷计算，平均每公顷施肥量为 170 千克矿物质和2.76吨有机肥料。2014年，使用了4.09万吨矿物肥料，占1990年水平的23%，其中3.57万吨氮肥，占1990年水平的37.9%；磷0.496万吨，占1990年水平的7.48%；钾肥0.27万吨，占1990年水平的1.4%；有机肥3.898万吨，占1990年水平的13.2%。2014年，矿物肥料施肥面积为46.57万公顷，占1990年水平的44.2%，而有机肥料施肥面积仅为3.22万公顷。不管是矿物肥料和有机肥料，吉国的使用量在2014—2018年仍在不断减少，肥料使用的急剧下降导致了农作物单产的减少。如果在1986—1990年，常规谷物单位的耕地生产率为3.4吨/公顷，那么2014年已降至2.2吨/公顷，不过2018年逐步回升到3.1吨/公顷。

吉国农民在种植农作物时缺乏矿物肥料的使用和有机肥料的使用不足导致了不利的后果：土壤肥力下降，土壤中的腐殖质数量减少以及农作物对病虫害的抵抗力导致产量降低，小麦面筋和农产品质量下降。多年来，由于仅施用氮肥—硝酸铵和尿素，缺乏施用腐殖质，磷和钾的含量急剧下降，结果发生了土壤枯竭，农产品的产量和质量下降，以及对病虫害的抵抗力下降。吉国农业区的土壤有机质（腐殖质）贫乏，耕层中的腐殖质含量为1.0%—3.0%。大量使用土地会导致腐殖质储量减少，进而导致土壤肥力显著下降，水蚀和土壤退化。与原始类似物相比，许多可耕土壤已经损失了20%—45%的腐殖质。

吉尔吉斯共和国不生产农药。为了农业需求，商业实体进口批准使用的农药。自1990年以来，吉尔吉斯共和国的农药总供应量已大大减少。这不仅是由于苏联解体，现有经济联系破裂，农民和农户的财务能力低下，还因为单位面积农药的使用量减少。如果在1990年，吉国每1公顷的使用量约为3.7千克，那么在2003年约为1千克。

考虑到耕地的结构，需求量和农民的购买力，农业使用量不同地区差别很大。在2014年，贾拉拉巴德（44%）和奥什（32%）是使用杀虫剂数量最多的地区，楚河州（46%）、塔拉斯（16%）和贾拉拉巴德地区（13.7%）使用的除草剂数量最多。楚河州、奥什州、贾拉拉巴德州的杀菌剂使用量较多。（见表3-13）

表 3-13　　吉尔吉斯斯坦各州农药的使用量　　（单位：吨）

	2014 年	2015 年	2016 年	2017 年	2018 年
除草剂					
吉尔吉斯共和国	229.4	296.1	261.9	325.4	399.7
巴特肯州	10.7	14.1	14.7	16.8	18
贾拉拉巴德州	31.5	58.9	15.2	30.4	31.1
伊塞克湖州	20.7	16.9	16.6	35.6	34
纳伦州	7.1	7.2	1.3	2.6	2.8
奥什州	17.8	25.8	19.3	35.3	53.6
塔拉斯州	36.5	65.1	53.8	63.1	113.3
楚河州	105.1	108.1	141	141.6	146.9
杀菌剂					
吉尔吉斯共和国	43.1	65.7	71.6	64.1	42.7
巴特肯州	3.2	8.4	8.6	6.9	7.1
贾拉拉巴德州	10.1	13.6	4.4	13.4	11.8
伊塞克湖州	1.9	9.9	1.7	2.5	4.61
纳伦州	0.8	1.4	0.1	—	0
奥什州	12.7	16.8	16.7	25.5	16.4
塔拉斯州	1.1	1.2	0.5	2.9	2.8
楚河州	13.3	14.4	39.6	12.9	0
杀虫剂					
吉尔吉斯共和国	130.1	154.2	199.3	170.9	164.8
巴特肯州	14.3	17.6	16.4	15.5	18.2
贾拉拉巴德州	57	75.6	18.9	83.9	60.7
伊塞克湖州	3.4	3.7	12.8	5.8	4.73
纳伦州	2.1	2.4	0.2	6	16.1
奥什州	42	36.7	66	33.4	36.5
塔拉斯州	3.2	8	3.5	14.8	16.3
楚河州	8.1	10.2	81.5	11.5	12.3

资料来源：Национальный Статистический Комитет Кыргызской Республики *Окружающая Среда в Кыргызской Республике 2014-2018*，Бишкек-2019，1.15。

综合考察以上农业要素，吉国农业资源的主要投入包括国家财政支持、水资源和农资的投入。虽然 2014 年到 2018 年肥料的投入减少，但是随着国家农业支持战略的实施、农业用水的增加以及农药使用量的增加，使得吉国农业生产技术水平不断提升，主要农作物的单产水平都在增加。谷物的单产水平已经回升到 3.13 吨/公顷，距离 1986—1990 年的 3.4 吨/公顷已经差距不大，甜菜的单产增加迅速，已经增加了 1 倍以上。原棉、烟草、油菜籽、马铃薯、蔬菜、瓜果的单产水平缓慢增加。不过主要畜产品的单产水平基本没有增加，甚至还有减少。（见表 3-14）

表 3-14　　吉尔吉斯斯坦主要农畜产品的生产率：吨/公顷

	2014 年	2015 年	2016 年	2017 年	2018 年
谷物（以后续护理的重量计）	2.25	2.97	3.07	3.06	3.13
甜菜	23.87	36.3	62.32	41.16	47.54
原棉（以测试重量计）	2.96	3.09	3.14	3.18	3.24
烟草（以重量计）	2.19	2.35	2.45	2.49	2.52
油菜籽	1.03	1.11	1.05	1.15	1.18
马铃薯	16.52	16.51	16.63	16.8	16.88
蔬菜	19.02	19.23	19.44	19.48	19.76
瓜果	21.36	21.76	21.94	21.89	21.8
每头牛的平均年产奶量（千克）	2009	1998	1978	1984	1987
蛋鸡年平均产蛋量（件）	120	113	113	113	113
一只绵羊的平均年羊毛剪切量（千克）	2.4	2.4	2.4	2.4	2.4

资料来源：Национальный Статистический Комитет Кыргызской Республики Сельское Хозяйство Кыргызской Республики 2014 -2018，Бишкек - 2019，Стр. 23.

第三节　吉尔吉斯斯坦的农业生产

农业是吉尔吉斯共和国发展的重中之重，2018 年该行业在国内生产总值中的份额为 36.8%，从业人数为 20.3%。农业不仅为人口提供食用食品，而且为农业和加工业提供就业机会。在过去的二十年中，吉尔吉斯共和国在农业领域进行了彻底的改革，包括土地改革、建立协会和合作社。同时，吉尔吉斯共和国的农业受到自然灾害和社会经济冲击的影响，例如土地退化、盐碱化、干旱，2007—2008 年全球粮食危机和燃料价格危机等。

一　吉尔吉斯斯坦的农业生产

吉尔吉斯斯坦的农业主要包括种植业、畜牧业、农业服务业、狩猎业、林业和渔业，其中以种植业和畜牧业为主，其他的占比很小。2018 年农产品，林业和渔业的总产值为 2049.7 亿索姆，其中种植业占农业总产值的比例为 49.04%，畜牧业产量为 48.31%，农业服务业占比 2.4%，其他狩猎业、林业和渔业占比为 0.25%。2014 年到 2018 年，农业产值缓慢增加，各部分的占比结构没有显著变化。（见表 3-15）

表 3-15　按当前价格计算的农业、林业和渔业总产值　（单位：亿索姆）

	2014 年	2015 年	2016 年	2017 年	2018 年
农业	1911.89	1922.43	1926.20	2032.35	1995.34
种植业	981.65	975.32	978.03	1081.87	1005.15
谷物和豆类	263.35	293.88	253.99	265.75	278.50
马铃薯	229.51	147.36	164.16	246.07	174.73
蔬菜	207.81	263.07	285.12	279.49	229.77
棉花	30.61	21.61	24.79	32.47	37.48
烟	2.34	0.98	0.35	1.15	1.34
甜菜	5.04	5.87	24.36	22.65	24.62
葫芦	19.50	24.49	19.33	21.47	20.16
水果浆果	86.08	83.70	81.49	91.10	96.69
葡萄	6.77	4.21	5.81	4.17	3.81
其他	130.65	130.15	118.66	117.56	138.06
畜牧业	930.24	947.11	948.17	950.48	990.19
畜禽	566.13	601.14	599.04	592.12	613.88

续表

	2014 年	2015 年	2016 年	2017 年	2018 年
牛奶	314.92	296.28	297.65	307.24	322.94
鸡蛋	28.56	31.19	33.33	32.73	33.29
皮毛	4.38	1.52	2.11	2.17	2.25
其他	16.25	16.98	16.03	16.22	17.83
农业服务业	41.16	43.06	43.28	48.74	49.27
狩猎业	0.17	0.14	0.14	0.23	0.19
林业	2.69	3.28	3.60	3.12	3.29
渔业	0.61	0.46	0.92	0.87	1.61
合计	1956.51	1969.36	1974.14	2085.30	2049.70

资料来源：Национальный Статистический Комитет Кыргызской Республики *Сельское Хозяйство Кыргызской Республики 2014–2018*, Бишкек – 2019, 2.1.

(一) 种植业

吉尔吉斯共和国主要的灌溉土地位于山间洼地和山谷中，从低地向山区迁移时，其自然和经济状况发生了很大变化。该国的农业气候条件有利于小麦、玉米、大麦、马铃薯、棉花和其他一些作物的种植。

2018 年吉国主要农作物的播种面积为 121.49 万公顷，与 2014 年相比作物的总播种面积增加了 3.37 万公顷，增加的播种面积来源于甜菜、蔬菜、马铃薯和饲料作物，而谷物和油菜播种面积有所减少。吉国主要的谷物是小麦、大麦和玉米，谷物作物播种面积远远大于其他作物，2018 年播种面积为 55.34 万公顷，比 2014 年减少了 3.49 万公顷，其中小麦面积减少较多，大麦和玉米面积有增加。这一时期的主要经济作物播种面积增加了，甜菜、马铃薯、蔬菜和瓜类作物增加了 0.9 万公顷、0.55 万公顷、0.71 万公顷和 0.19 万公顷，油菜播种面积减少了 1.39 万公顷。(见表 3-16)

表 3-16　　　　吉尔吉斯斯坦主要农作物的播种面积　　（单位：万公顷）

	2014 年	2015 年	2016 年	2017 年	2018 年
所有播种面积	118.12	118.59	119.24	120.71	121.49
谷类作物	58.83	57.6	55.8	54.73	55.34
小麦	33.95	29.73	27.04	25.02	25.38
大麦	15.56	17.39	18.46	19.45	19.31
燕麦	0.08	0.15	0.1	0.09	0.11
玉米	9.2	10.23	10.17	10.14	10.51
小米	0.0	0.0	0.0	0.0	0.0
水稻	0.81	0.86	0.99	1.07	1.14
豆类	6.12	5.73	5.65	5.88	6.16
荞麦	0.002	0.004	0.002	0.01	0.002
甜菜	0.73	0.5	1.13	1.75	1.63
油菜	4.38	4.29	3.83	3.42	2.99
棉花	2.33	1.43	1.66	2.06	2.3
烟叶	0.2	0.06	0.02	0.06	0.07
马铃薯	7.89	8.45	8.22	8.30	8.44
蔬菜	4.49	5.15	5.15	5.20	5.20
瓜类	0.93	1.13	1.06	1.16	1.12
其他农作物	0.04	0.07	0.09	0.10	0.08
饲料作物	31.37	33.32	35.64	36.97	37.01
多年生草本作物	27.52	28.55	30.59	32.26	33.06

资料来源：Национальный Статистический Комитет Кыргызской Республики *Сельское Хозяйство Кыргызской Республики 2014－2018*，Бишкек － 2019，3.1.

2014 年到 2018 年，基于播种面积的增加和单产水平的提升，吉尔吉斯斯坦主要农作物的产量在增加。2018 年谷物产量达到 174.15 万吨，比 2014 年增加了 41.4 万吨，增长了 23.77%，谷物产量的增长主要来源于大麦的增长，玉米也增加较多，小麦增加量不大。谷物的人均产量也由 2014 年的 254 千克增加到 2018 年的 311 千克，增加了 22.44%。甜菜的产量大幅度增长，由 2014 年的 17.36 万吨增加到 2018 年的 77.3 万吨，增加了 3.45 倍。其他的农作物如棉花、大米、豆类、马铃薯、蔬菜、瓜

类产量都在缓慢增加。另外油菜籽的产量下降，主要是因为播种面积的减少。（见表 3–17、表 3–18）

表 3–17　　　　　　吉尔吉斯斯坦主要农作物产量　　　　（单位：万吨）

	2014 年	2015 年	2016 年	2017 年	2018 年
所有类别的农场					
谷物（精制后的重量）	132.75	172.31	172.81	168.18	174.15
小麦	57.27	70.46	66.15	60.1	61.59
大麦	19.71	37.02	41.53	42.44	42.93
燕麦	0.12	0.41	0.22	0.22	0.26
谷物玉米	55.61	64.19	64.87	65.33	69.29
小米	0.1	0.1	0.1	0.1	0.1
大米	2.82	3.02	3.48	3.82	4.08
豆类	9.01	9.67	9.77	10.26	10.66
荞麦	0	0.01	0.01	0.01	0.004
甜菜	17.36	18.32	70.52	71.23	77.3
油菜籽	4.57	4.9	4.13	3.97	3.54
棉花	6.9	4.41	5.21	6.53	7.47
烟叶	0.44	0.13	0.05	0.15	0.18
马铃薯	132.07	141.64	138.84	141.6	144.66
蔬菜类	91.97	105.21	106.93	108.67	109.49
瓜类	20.02	24.86	23.73	25.91	24.91
水果和浆果	23.7	20.92	23.93	24.06	25.14
葡萄	0.85	0.57	0.86	0.86	0.88

资料来源：Национальный Статистический Комитет Кыргызской Республики *Сельское Хозяйство Кыргызской Республики 2014 – 2018*, Бишкек – 2019, 4.1.

表 3–18　　　　　　人均主要农产品产量　　　　　　（单位：千克）

	2014 年	2015 年	2016 年	2017 年	2018 年
肉（屠宰重量）	36.7	36.5	36.5	36.4	36.5
鲜奶	261.8	259.7	261.7	261.8	261.9
鸡蛋：个	80.7	76	80.6	85.9	87.8
谷物（精制后的重量）	254	319.1	296.7	283	311.3

续表

	2014 年	2015 年	2016 年	2017 年	2018 年
马铃薯	236.7	248.4	238.4	238.3	238.4
蔬菜	224.4	204.9	183.6	182.8	221.4
水果和浆果	44	37.7	41.1	40.5	41.4

资料来源：Национальный Статистический Комитет Кыргызской Республики *Сельское Хозяйство Кыргызской Республики 2014 – 2018*，Бишкек – 2019，Стр. 21.

（二）畜牧业

吉尔吉斯共和国的畜牧业是农业的主要部门之一，也是农业部门的重要组成部分。吉国的自然和气候条件促进了畜牧业所有部门的发展（牛育种、绵羊育种、马育种、家禽养殖和养蜂业）。从 2014 年到 2018 年，主要的牲畜存栏量都在增加。截至 2018 年年底，所有农场的牛存栏量为 162.73 万头，比 2014 年年底增加 16.89 万头，增长了 11.58%，母牛 81.26 万头，增加了 6.83 万头，增长了 9.18%，绵羊和山羊 616.79 万头，比 2014 年增加了 33.89 万头，增长了 5.81%，马匹 49.87 万匹，比 2014 年增加了 6.57 万匹，增长了 15.17%。2018 年年末的家禽数量为 600.97 万只，与 2014 年同期相比，增加了 58.97 万只，即 10.88%。（见表 3 – 19）

表 3 – 19　　　　　　2018 年年底主要畜禽的数量　　　　　（单位：万）

	2014 年	2015 年	2016 年	2017 年	2018 年
牛	145.84	149.25	152.78	157.54	162.73
母牛	74.43	75.74	76.99	78.98	81.26
猪	5.08	5.03	5.11	5.22	5.13
母猪	1.80	1.89	2.34	2.48	2.53
绵羊和山羊	582.90	592.95	602.26	607.78	616.79
母羊且年龄超过 1 岁	401.18	403.40	410.90	420.23	428.45
马匹	43.30	44.96	46.72	48.13	49.87
3 岁以上的母马	22.37	23.30	24.25	25.36	26.96
家禽	542.00	558.62	567.36	591.04	600.97

资料来源：Национальный Статистический Комитет Кыргызской Республики *Сельское Хозяйство Кыргызской Республики 2014 – 2018*，Бишкек – 2019，6.1.

吉尔吉斯斯坦主要的畜产品包括肉类、牛奶、鸡蛋、羊毛和蜂蜜。主要牲畜存栏量的增加也带动畜产品的增加。2018年，基于各类肉产品的增加，肉类产品22.13万吨，比2014年增加1.85万吨，增长了9.12%。牛奶156.92万吨，从2014年增加15.86万吨，增长11.24%，从前面的分析也可以看出，牛奶的增加主要是因为母牛数量的增加，每头牛的平均年产奶量是在下降的。鸡蛋产量5296万个，比2014年增加854万个，增长了19.26%。羊毛产量1.24万吨，比2014年增加0.1万吨，增长了8.77%。蜂蜜1957.8吨，比2014年增加了213.8吨，增长了12.26%。从人均畜产品产量看，人均鸡蛋产量明显增加，人均肉产量和牛奶产量变化不大。（见表3-20）

表3-20　　　　吉尔吉斯斯坦主要的畜牧产品产量

	2014年	2015年	2016年	2017年	2018年
肉（净重），万吨	20.28	20.83	21.24	21.66	22.13
牛肉	10.16	9.91	10.27	10.36	10.86
羊肉	5.94	6.09	6.20	6.39	6.32
猪肉	1.58	1.54	1.64	1.64	1.69
马肉	1.99	2.46	2.31	2.48	2.37
家禽肉	0.58	0.80	0.79	0.76	0.86
牛奶（万吨）	141.06	145.07	149.79	152.70	156.92
鸡蛋（百万）	44.42	43.07	46.78	50.61	52.96
羊毛（吨）	11390	11671	11980	12212	12403.3
山羊毛（吨）	408	403	394	400	387.4
蜂蜜（吨）	1744	1957	1819	1803	1957.8

资料来源：Национальный Статистический Комитет Кыргызской Республики *Сельское Хозяйство Кыргызской Республики 2014-2018*，Бишкек - 2019，7.1.

二　吉尔吉斯斯坦农业生产的州际分布

吉尔吉斯斯坦的地形复杂，各州的农业发展差别很大。从整个农业产值分布看，吉国农业主产州是楚河州（25.35%）、奥什州（20.13%）和贾拉拉巴德州（19.94%），三州占到了全国的65%以上。从农业各类别的分布看，种植业主要分布在楚河州（28.34%）、贾拉拉巴德州（20.7%）和奥什州（18.01%）；畜牧业主要分布在奥什州（22.76%）、楚河州（22.12%）和贾拉拉巴德州（19.37%）；狩猎业主要分布在比什凯克市；林业主要分布在贾拉拉巴德州、伊塞克湖州；渔业主要分布于比什凯克市和楚河州。从各州内部种植业与畜牧业比值看，三个主产州楚河州、奥什州和贾拉拉巴德州，还有巴特肯州、伊塞克湖州，五个州的种植业和畜牧业比值相当，不过在纳伦州和塔拉斯州明显差别很大，纳伦州农业以畜牧业为主，塔拉斯州农业以种植业为主。（见表3－21）

表3－21　　2018年吉尔吉斯斯坦各州的农业、林业和渔业总产值

（单位：亿索姆）

	巴特肯州	贾拉拉巴德州	伊塞克湖州	纳伦州	奥什州	塔拉斯州	楚河州	比什凯克市	奥什市
农业产值	152.90	399.86	222.58	130.50	406.41	168.07	503.87	1.92	9.24
种植业	78.69	208.03	105.51	24.59	181.01	116.62	284.87	1.28	4.56
畜牧业	74.21	191.83	117.07	105.90	225.40	51.46	219.01	0.64	4.68
农业服务业	3.87	7.62	5.08	3.50	5.85	5.72	14.86	1.98	0.80
狩猎业	0.00	0.00	0.02	0.10	0.00	0.00	0.00	0.07	0.00
林业	0.24	1.12	0.50	0.46	0.36	0.16	0.25	0.16	0.04
渔业	0.00	0.19	0.00	0.00	0.05	0.09	0.63	0.65	0.00
合计	157.00	408.79	228.18	134.56	412.67	174.05	519.61	4.76	10.08

资料来源：Национальный Статистический Комитет Кыргызской Республики Сельское Хозяйство Кыргызской Республики 2014－2018，Бишкек－2019, 2.3.

（一）种植业

吉尔吉斯斯坦谷物的种植以楚河州为主，尤其是小麦，楚河州的种植面积占绝对优势。大麦主要分布在楚河州、伊塞克湖州和奥什州。荞麦主要种植于塔拉斯州，棉花主要分布在贾拉拉巴德州。从单位面积产量看，各州的差异也比较大，小麦的单产伊塞克湖州最高，达到1.61吨/

公顷，楚河州次之，为1.151吨/公顷，最低的是纳伦州，只有0.57吨/每公顷。大麦的单产以纳伦州最高，达到4.8吨/公顷，其次是楚河州，2.32吨/公顷，最低的是奥什州，只有0.7吨/公顷。棉花在贾拉拉巴德州的单产水平是3.23吨/公顷。（见表3-22、表3-23）

表3-22　　　2018年吉尔吉斯斯坦各州主要农作物的种植面积

（单位：万公顷）

	巴特肯州	贾拉拉巴德州	伊塞克湖州	纳伦州	奥什州	塔拉斯州	楚河州
谷物	6.29	15.58	18.33	10.71	17.8	10.61	41.88
小麦	3.47	5.95	8.88	2.33	8.57	1.18	24.79
大麦	1.25	1.87	5.71	0.66	4.27	0.51	11.07
燕麦	1.18	0.72	3.12	1.67	1.77	0.23	10.56
谷物玉米	0	0.02	0.04	0.001	0	0.002	0.05
小米	1.05	3.34	0	0.002	2.53	0.44	3.09
大米	0	0.003	0	0.001	0	0	0.0001
豆类	0.33	0.46	0	0	0.35	0	0
荞麦	0.19	0.08	0.05	0.0001	0.01	5.71	0.11
甜菜	0	0	0.002	0	0	0	0
油菜籽	0	0	0	0	0	0.05	1.57
棉花	0.14	1.32	0	0	0.46	0.09	0.99
烟叶	0.005	1.25	0	0	1.05	0	0
马铃薯	0.01	0.004	0	0	0.05	0	0
蔬菜类	0.26	0.92	2.81	0.67	1.32	1.32	1.12
瓜类	0.33	1.15	0.29	0.05	0.92	0.42	1.99
水果浆果	0.02	0.37	0	0	0.32	0.009	0.4
葡萄	1.5	4.08	6.28	7.66	4.76	1.83	10.88

资料来源：Национальный Статистический Комитет Кыргызской Республики *Сельское Хозяйство Кыргызской Республики 2014－2018*，Бишкек－2019，3.3.

表3－23　　　　2018年吉尔吉斯斯坦各州主要农作物产量　　（单位：千吨）

	巴特肯州	贾拉拉巴德州	伊塞克湖州	纳伦州	奥什州	塔拉斯州	楚河州
谷物	98.4	272.1	218.7	45.1	294.1	45.4	762
小麦	22.2	50.7	142.7	13.2	88.8	13	284.8
大麦	15.2	15.4	74.9	31.7	30	4.2	257
燕麦	—	0.5	1	0.02	—	0.03	1.1
谷物玉米	61	205.4	—	0.1	175.3	28.2	218.5
小米	—	0.06	—	0.03	—	—	0.002
大米	11	18.2	—	—	11.6	—	—
豆类	3.2	1.4	1.2	0	0.1	98.9	1.9
荞麦	—	—	0.04	—	—	—	—
甜菜	—	—	—	—	—	14.6	758.4
油菜籽	2.3	16.4	—	—	5.3	1	10.5
棉花	0.1	42.6	—	—	32	—	—
烟叶	0.4	0.1	—	—	1.3	—	—
马铃薯	38.2	134.5	521.8	100	204.4	234	210.5
蔬菜类	58.2	286.2	49.5	5.8	167.9	89.8	426.6
瓜类	3.1	94.6	—	—	55.8	1.8	93.8
水果浆果	64.3	45	50	0.5	52.9	20.3	16.7
葡萄	3.8	1	—	—	2.9	0.02	0.9

资料来源：Национальный Статистический Комитет Кыргызской Республики Сельское Хозяйство Кыргызской Республики 2014－2018，Бишкек － 2019，4.3.

（二）畜牧业

吉尔吉斯斯坦畜牧业的牲畜以牛、羊、马为主，猪的数量少，各州牲畜的分布也很不均匀。牛主要分布于奥什州（22.52%）、贾拉拉巴德州（20.26%）和楚河州（17.82%）；绵羊和山羊主要分布在贾拉拉巴德州（21.17%）、奥什州（18.52%）和纳伦州（17.26%）；马主要分布在纳伦州（23.95%）、伊塞克湖州（21.18%）和奥什州（19.34%）；猪主要分布于楚河州，其他各州都很少；家禽主要分布于楚河州（41.28%）、贾拉拉巴德州（18.54%）和奥什州（15.82%）。（见表3－24）

表 3-24　　　　2018 年吉尔吉斯斯坦各州主要畜禽的数量　　　（单位：万只）

	巴特肯州	贾拉拉巴德州	伊塞克湖州	纳伦州	奥什州	塔拉斯州	楚河州	比什凯克市	奥什市
牛	14.90	32.96	23.76	17.46	36.63	6.76	28.99	0.06	1.13
母牛	7.21	17.76	12.01	8.09	18.68	3.31	13.68	0.03	0.46
猪	0.00	0.00	0.29	—	—	0.03	4.77	0.01	0.01
母猪	0.00	0.00	0.13	—	—	0.02	2.36	0.01	0.01
绵羊和山羊	50.40	130.58	91.66	106.48	114.21	55.27	65.56	0.18	2.43
母羊且年龄超过1岁	34.09	88.17	62.34	76.44	76.46	37.32	51.80	0.15	1.65
马匹	0.78	7.14	10.56	11.94	9.64	2.68	7.01	0.03	0.07
3岁以上的母马	0.33	3.53	5.82	6.97	4.61	1.34	4.31	0.01	0.02
家禽	28.14	111.42	63.89	20.45	95.03	25.77	248.04	1.82	6.29

资料来源：Национальный Статистический Комитет Кыргызской Республики *Сельское Хозяйство Кыргызской Республики 2014-2018*，Бишкек - 2019，6.3.

吉尔吉斯斯坦的主要畜牧产品的分布与牲畜存栏量的分布类似。牛肉产量主要来源于奥什州（23.11%）、楚河州（21.09%）和贾拉拉巴德州（18.42%）；牛奶产量主要来源于楚河州（21.09%）、奥什州（23.11%）和贾拉拉巴德州（18.42%）；羊肉产量主要来源于奥什州（18.52%）、楚河州（21.09%）和贾拉拉巴德州（21.17%）；羊毛产量主要来源于奥什州、贾拉拉巴德州（18.42%）、纳伦州和伊塞克湖州；鸡蛋产量主要来源于楚河州，占据绝对的比例；蜂蜜产量主要来源于贾拉拉巴德州和奥什州，优势也很明显。（见表 3-25）

表 3-25　　　　2018 年吉尔吉斯斯坦各州主要畜牧产品的产量

	巴特肯州	贾拉拉巴德州	伊塞克湖州	纳伦州	奥什州	塔拉斯州	楚河州	比什凯克市	奥什市
肉（净重）（万吨）	1.53	3.45	2.88	2.57	4.31	1.25	5.99	0.02	0.08
牛肉	1.06	2	1.4	1.02	2.51	0.51	2.29	0.01	0.06
羊肉	0.41	0.99	0.88	0.97	1.31	0.58	1.15	0.005	0.02

续表

	巴特肯州	贾拉拉巴德州	伊塞克湖州	纳伦州	奥什州	塔拉斯州	楚河州	比什凯克市	奥什市
猪肉	—	0	0.07	0	—	0.02	1.59	0.002	0
马肉	0.03	0.28	0.52	0.57	0.42	0.11	0.45	0	0.003
家禽肉	0.03	0.18	0.01	0.01	0.07	0.03	0.48	0.002	0.003
牛奶（万吨）	10.05	32.62	23.09	11.67	31.51	7.41	39.77	0.06	0.73
鸡蛋（百万）	20.5	65.2	25.2	7.4	57.8	21.9	329.0	1	2.4
羊毛（吨）	526.3	2188.4	2102.7	2112	2232.9	1458.3	1742.1	4.6	36
山羊毛（吨）	164	69.7	10.2	63.2	54.5	17	8.9	—	—
蜂蜜（吨）	16.3	976.5	168	22.5	477.6	136.8	154	6.2	—

资料来源：Национальный Статистический Комитет Кыргызской Республики *Сельское Хозяйство Кыргызской Республики 2014 – 2018*，Бишкек – 2019, 6.3.

三 不同农业经营主体的农业生产

吉尔吉斯斯坦的农业生产主体主要分为国营农场、集体农场、农户家庭农场和个体农户。如前所述，吉国实施私有化以来，国营农场和集体农场数量逐渐转变为家庭农场和个体农户，吉国的农业生产以农户为主，集体经济很弱。从农业产值来看，2018年家庭农场占有很大的优势，在总产值中占比为62.6%，个体农户占比为35.6%，国营农场和集体农场的农业产值只占到总产值的1.8%。而且从时间发展看，集体经济有进一步减少的趋势。从各个经营主体的种植业和畜牧业间的比值看，国营农场以发展种植业为主，集体农场两者相当，家庭农场以发展种植业为主，个体农户以发展畜牧业为主。（见表3-26）

表3-26　　　　　　按农场分类的农业总产值　　　　　（单位：亿索姆）

		2014年	2015年	2016年	2017年	2018年
国营农场	农业产值	6.67	5.64	5.30	6.04	5.74
	种植业	6.19	5.12	4.91	5.52	5.34
	畜牧业	0.48	0.52	0.39	0.52	0.40

续表

		2014 年	2015 年	2016 年	2017 年	2018 年
集体农场	农业产值	30.29	30.04	29.66	30.91	29.47
	种植业	14.50	15.81	14.78	17.18	17.89
	畜牧业	15.79	14.23	14.89	13.73	11.57
家庭农场	农业产值	1176.76	1189.68	1180.10	1257.74	1249.33
	种植业	715.78	715.19	701.79	780.11	746.56
	畜牧业	460.98	474.50	478.31	477.63	502.77
个体农户	农业产值	698.17	697.07	711.14	737.67	710.81
	种植业	245.18	239.20	256.56	279.07	235.36
	畜牧业	452.99	457.86	454.58	458.60	475.45

资料来源：Национальный Статистический Комитет Кыргызской Республики *Сельское Хозяйство Кыргызской Республики 2014–2018*，Бишкек – 2019, 2.2.

（一）种植业

从各经营主体主要农作物的播种面积看，家庭农场的播种面积最多，2018年占比87.9%，占有绝对的优势，而且家庭农场的种植作物最齐全，是吉国种植业最重要的生产主体，吉国的经济作物如豆类、甜菜、油菜和棉花基本上都是由家庭农场生产。其次是个体农户，播种面积占比8.3%，是吉国谷物、马铃薯、蔬菜、饲料作物的重要生产者。集体农场和国营农场的种植面积占比很小，主要种植谷物类作物。（见表3-27）

表3-27　　吉尔吉斯斯坦主要农作物各类型农场的种植面积

（单位：万公顷）

		2014 年	2015 年	2016 年	2017 年	2018 年
国营农场	总播种面积	0.91	0.86	0.81	0.81	0.8
	谷类作物	0.41	0.37	0.31	0.29	0.28
集体农场	总播种面积	4.36	4.07	3.84	3.78	3.76
	谷类作物	2.86	2.66	2.42	2.36	2.44
家庭农场	总播种面积	102.9	103.72	104.69	105.78	106.81
	谷类作物	51.91	51.2	49.86	48.84	49.42

续表

		2014 年	2015 年	2016 年	2017 年	2018 年
	小麦	30.7	27	24.54	22.65	23.2
	大麦	13.5	15.15	16.47	17.46	17.12
	玉米	7.63	8.84	8.75	8.65	8.99
	豆类	5.8	5.48	5.4	5.6	5.9
	甜菜	0.62	0.4	0.98	1.51	1.38
	油菜籽	3.9	3.83	3.34	2.92	2.64
	棉花	2.22	1.33	1.56	1.91	2.14
	烟叶	0.19	0.06	0.02	0.06	0.07
	马铃薯	5.12	5.67	5.46	5.53	5.68
	蔬菜类	2.62	3.12	3.13	3.15	3.19
	饲料作物	28.85	30.64	32.89	33.99	34.13
个体农户	总播种面积	9.95	9.94	9.9	10.34	10.12
	谷类作物	3.65	3.37	3.21	3.24	3.2
	马铃薯	2.68	2.68	2.67	2.68	2.67
	蔬菜类	1.82	1.97	1.97	1.99	1.95
	饲料作物	1.24	1.45	1.6	1.93	1.87

资料来源：Национальный Статистический Комитет Кыргызской Республики *Сельское Хозяйство Кыргызской Республики 2014–2018*，Бишкек – 2019，3.2.

从作物的产量看，家庭农场的谷物产量最多，2018 年占到总产量的 88.87%，个体农户的产量占到总产量的 7.27%，集体农场占 3.51%，国营农场占 0.45%。从谷物的单位面积产量看，2018 年个体农户的单产水平最高，为 3.9 吨/公顷，其次是家庭农场，为 3.13 吨/公顷，集体农场和国营农场单产分别是 2.51 和 2.82 吨/公顷。其他农作物家庭农场的产量，基于其较大的种植面积，基本上都是最高的，不过对于水果和浆果以及葡萄的产量，个体农户超过了家庭农场，是最主要的生产者。(见表 3 – 28)

表 3-28　　吉尔吉斯斯坦主要农作物各类型农场的产量　　（单位：万吨）

		2014 年	2015 年	2016 年	2017 年	2018 年
国营农场	谷物	0.93	0.95	0.84	0.83	0.79
集体农场	谷物	4.44	6.38	6.04	5.6	6.12
家庭农场	谷物	116.95	153.1	153.95	149.74	154.76
	小麦	52.91	64.57	60.43	54.82	56.53
	大麦	17.43	32.44	37.33	38.42	38.19
	谷物玉米	46.49	55.53	56.03	56.29	59.77
	大米	2.75	2.95	3.41	3.75	3.99
	豆类	8.49	9.23	9.33	9.8	10.22
	甜菜	14.09	14.2	60.04	61.79	66.14
	油料种子	4.11	4.47	3.74	3.46	3.14
	棉花厂	6.58	4.15	4.92	6.05	6.94
	烟叶	0.41	0.12	0.05	0.15	0.17
	马铃薯	87.3	96.27	93.03	95.67	98.28
	蔬菜类	57.46	66.96	68.35	69.97	70.91
	瓜类	18.94	23.96	23.04	25.2	24.04
	水果和浆果	7.81	6.53	7.42	7.51	7.91
	葡萄	0.3	0.08	0.36	0.36	0.37
个体农户	谷物	10.43	11.88	11.98	12.01	12.48
	小麦	1.62	2.72	2.48	2.34	2.02
	大麦	1.13	2.32	2.4	2.51	2.93
	谷物玉米	7.68	6.84	7.1	7.15	7.52
	马铃薯	43.23	43.72	44.23	44.46	44.57
	蔬菜类	33.55	37.21	37.59	37.72	37.52
	水果和浆果	15.48	13.98	16.19	16.24	16.96
	葡萄	0.53	0.48	0.49	0.49	0.5

注：谷物是指精制后的重量。

资料来源：Национальный Статистический Комитет Кыргызской Республики *Сельское Хозяйство Кыргызской Республики 2014-2018*，Бишкек - 2019，4.2.

（二）畜牧业

从畜牧业总产值比例看，2018 年家庭农场的畜牧业产值占到总产值的 50.78%，个体农户占到 48.02%，集体农场占到 1.17%，国营农场只有 0.04%，家庭农场和个体农户的产值相当。从牲畜存栏量看，家庭农场的绵羊、山羊的数量高于个体农户，不过个体农户的家禽量明显高于家庭农场。集体农场的家禽饲养量也要一定规模。相对应，在主要畜产品的生产方面，家庭农场的羊毛产量明显高于其他生产主体，个体农户的家禽肉产量明显高于家庭农场。在鸡蛋产量方面，个体农户的产量通常高于家庭农场，不过家庭农场的产量增加较快，在2018年超过了家庭农场，集体农场的鸡蛋产量也有一定规模，可以看出集体农场的家禽饲养主要是为了鸡蛋产品，而不是肉类产品。另外，每个生产主体的蜂蜜产量都有一定规模，其中，个体农户的产量远高于其他主体，其次是家庭农场。同时可以看出，国营农场和集体农场的蜂蜜每年的产量很不稳定。（见表3-29、表3-30）

表3-29　　　　吉尔吉斯斯坦各类型农场主要畜禽数量　　　（单位：万）

	2014年	2015年	2016年	2017年	2018年	2014年	2015年	2016年	2017年	2018年
	国营农场					家庭农场				
牛	0.23	0.23	0.26	0.21	0.14	70.95	72.97	75.46	77.69	80.40
母牛	0.08	0.08	0.04	0.04	0.04	36.59	37.48	38.25	39.11	40.24
猪	0.00	0.01	0.01	0.00	0.01	2.47	2.53	2.64	2.84	2.73
母猪	0.00	0.00	0.00	0.00	0.00	0.82	0.93	1.25	1.44	1.56
绵、山羊	1.93	1.71	1.78	1.76	1.71	328.00	331.65	340.67	341.23	344.27
母羊	1.46	1.34	1.38	1.27	1.22	228.24	227.97	234.05	237.13	240.51
马匹	0.24	0.22	0.24	0.25	0.25	24.48	25.27	26.08	26.98	27.83
母马	0.04	0.04	0.04	0.04	0.04	12.83	13.38	13.98	14.77	15.61
家禽	0.02	0.01	0.05	0.08	0.10	198.56	211.37	215.68	237.04	239.11
	集体农场					个体农户				
牛	1.28	1.07	0.93	0.94	0.98	73.37	74.98	76.13	78.70	81.21
母牛	0.47	0.39	0.34	0.27	0.27	37.30	37.79	38.36	39.55	40.71
猪	0.12	0.12	0.15	0.15	0.15	2.48	2.37	2.31	2.23	2.24
母猪	0.01	0.00	0.00	0.00	0.00	0.97	0.96	1.09	1.04	0.97
绵、山羊	0.99	0.87	0.96	0.97	1.25	251.98	258.72	258.84	263.82	269.56
母羊	0.69	0.62	0.73	0.67	0.85	170.79	173.47	174.74	181.16	185.87
马匹	0.19	0.18	0.16	0.16	0.18	18.40	19.29	20.24	20.74	21.61
母马	0.07	0.06	0.06	0.06	0.06	9.43	9.82	10.17	10.49	11.25
家禽	95.88	85.62	79.44	78.47	91.65	247.55	261.62	272.19	275.45	270.47

注：母羊是指年龄超过1岁，母马年龄超过3岁。

资料来源：Национальный Статистический Комитет Кыргызской Республики Сельское Хозяйство Кыргызской Республики 2014-2018, Бишкек - 2019, 6.2.

表 3-30　　　　吉尔吉斯斯坦各类型农场主要畜产品产量

	2014年	2015年	2016年	2017年	2018年	2014年	2015年	2016年	2017年	2018年
	国营农场					家庭农场				
肉（万吨）	0.00	0.000	0.00	0.00	0.00	10.04	10.41	10.51	10.94	11.66
牛肉	—	—	—	—	—	5.1	4.92	4.89	5.03	5.54
羊肉	0.00	0.000	0.00	0.00	0.00	3.11	3.27	3.33	3.47	3.5
猪肉	—	—	—	—	—	0.61	0.68	0.67	0.74	0.97
马肉	—	—	—	—	—	1	1.24	1.32	1.46	1.33
家禽肉	—	—	—	—	—	0.22	0.29	0.3	0.28	0.31
牛奶（万吨）	0.03	0.03	0.03	0.02	0.02	66.8	71.17	73.25	76.1	78.35
鸡蛋（百万）						114.8	140.3	156.6	178.5	201.7
羊毛（吨）	46	46	41.6	34.4	36.7	6372	6626	6668	6868	6996.4
山羊毛（吨）	—	0.5	—	—	—	206	205	211	201	188.6
蜂蜜（吨）	112	137	71	123	43.3	413	418	440	469	531.8
	集体农场					个体农户				
肉（万吨）	0.12	0.22	0.21	0.26	0.12	10.12	10.2	10.51	10.47	10.35
牛肉	0.05	0.07	0.07	0.08	0.03	5.01	4.92	5.31	5.24	5.28
羊肉	0.00	0.00	0.00	0.00	0.00	2.83	2.82	2.87	2.92	2.82
猪肉	0.01	0.01	0.00	0.01	0.00	0.96	0.86	0.97	0.9	0.71
马肉	0.00	0.00	0.00	0.00	0.00	0.99	1.22	0.99	1.06	1.04
家禽肉	0.06	0.14	0.14	0.17	0.08	0.3	0.35	0.35	0.32	0.46
牛奶（万吨）	1.45	1.21	1.02	0.93	0.90	72.78	72.66	75.5	75.65	77.65
鸡蛋（百万）	161.7	125.4	131.4	132.1	138.3	167.6	164.9	181	198.3	193.1
羊毛（吨）	18	12	10	13	16.2	4954	4987	5261	5297	5354
山羊毛（吨）	—	—	—	—	—	203	198	183	199	198.9
蜂蜜（吨）	277	532	396	306	242.5	942	871	912	905	1140.2

资料来源：Национальный Статистический Комитет Кыргызской Республики Сельское Хозяйство Кыргызской Республики 2014-2018，Бишкек-2019，7.2.

第四节　吉尔吉斯斯坦的农产品消费和贸易

农业生产的主要目的是满足本国居民消费的需要，总体上看，吉尔吉斯斯坦的农业生产相对不足，很多农产品主要是大量进口，吉国在国际贸易中常年是逆差状态。居民消费水平和商品贸易与吉国经济发展和具名生活水平的提高密不可分。近几年，吉国经济发展速度较快并且比较稳定，这为吉国农产品消费和贸易的增长提供了条件。

一 吉尔吉斯斯坦的农产品消费

（一）吉尔吉斯斯坦人的生活水平

在过去的五年中，吉尔吉斯斯坦国家人口生活水平的主要指标显著增加。家庭实际最终消费逐年增加，2018年的最终消费达到5075.54亿索姆，比2014年增加了20.7%，比2017年增加了7.5%。2018年平均每月名义工资与上一年相比增加了4.8%，达到16427索姆。退休人员的养老金水平逐年提高。根据对吉国所有地区每年进行的家庭预算和劳动力综合抽样调查的结果，2018年人均名义现金收入为每年68057.2索姆，是2014年的1.4倍。现金收入与生活成本的比值明显改善，从2014年的79.4%提高到2018年的111.4%。

吉尔吉斯共和国政府于2009年11月6日第694号批准了吉尔吉斯共和国主要人口的最低食物消费标准和生活成本的结构。在生活成本结构中，食品支出占65%，非食品支出占16%，服务支出占17%，税收占2%。2018年的生活成本与2014年相比下降了3.8%，平均每月人均4792.5索姆，与2017年相比下降了2.2%。生活成本的大部分是菜篮子的成本（3115.15索姆），菜篮子成本在2018年下降了2.2%，使得人均生活成本在2018年下降2.2%。（见表3-31）

表3-31　　　　　　吉尔吉斯斯坦生活水平主要指标

	2014年	2015年	2016年	2017年	2018年
家庭实际最终消费：亿索姆	4203.35	4289.52	4445.08	4720.27	5075.54
人均消费：万索姆	7.45	7.44	7.55	7.94	8.36
占上一年的百分比	102.8	99.3	101.8	103.3	103.5
人均月收入：索姆	3957.5	4074.5	4257.9	4739.4	5337.3
劳动人口的平均月薪：索姆	12285	13483	14847	15670	16427
最低工资：索姆斯	900	970	1060	1200	1662
月均养老金：索姆	4710	4896	5235	5578	5761
生活菜篮子成本	3238	3369	3116.3	3185.5	3115.2

续表

	2014 年	2015 年	2016 年	2017 年	2018 年
人均月生活成本：索姆					
总人口	4981.5	5183	4794.3	4900.8	4792.5
劳动人口	5563.2	5799.8	5352	5479.1	5357.9
退休人口	4434.4	4637.2	4303.7	4392.9	4283
现金收入与生活成本的比：%					
总人口	79.4	78.6	88.8	96.7	111.4
劳动人口	220.8	232.5	277.4	286	306.6
退休人口	106	106	121.6	127	134.5

资料来源：Национальный Статистический Комитет Кыргызской Республики Уровень Жизни Населения Кыргызской Республики 2014－2018，Бишкек － 2019，Стр. 12.

根据家庭综合抽样调查的结果，2018 年吉尔吉斯共和国人口的可支配现金收入为人均每月 5337.3 索姆，比 2014 年增长了 1.3 倍。现金收入主要来自劳动收入，社会转移（养老金、福利、奖学金、保险赔偿金和其他付款），从事创业活动的收入，财产收入（存款，证券，股息，出租财产的利息），以及个人附属地块及其他的收入。现金收入形成中最重要的来源是劳动活动收入（68.9%），社会转移收入（15.8%）和个人附属土地生产的农产品销售收入（11.2%）。居住在农村地区人口收入中第二重要的来源是个人附属土地产品的销售收入，其份额从 2014 年的 27.8% 下降到 2018 年的 17.0%。

居住在城市住区和农村地区的人口的现金收入结构差异很大。对于城镇居民来说，劳动收入占现金收入总额的份额为 78.0%，对于村民来说，为 63.4%。在城市和乡村居民中，社会转移的比例分别为 15.7% 和 15.8%。个人附属土地生产的农产品的销售收入份额占农村人口的 17.0%，仅占城市人口的 1.4%。家庭的规模和组成对人均现金收入有很大的影响。对于由一个人或仅一个成年人组成的家庭，人均收入是固有的，而在具有较大劳动年龄的人组成的家庭中，收入要低得多。因此，根据调查，单人家庭的人均现金收入是全国平均水平的 2.3 倍。（见表 3－32、表 3－33）

表 3-32　　吉尔吉斯斯坦人均月现金收入　　（单位：索姆）

	2014 年	2015 年	2016 年	2017 年	2018 年
现金收入总计	3957.5	4074.5	4258	4739.4	5337.3
劳动收入	2440.2	2647.3	2830	3270.5	3676.8
社会转移	618.6	662	704.3	779.6	841.3
个人附属地块的收入	719.2	571	544.4	486.4	595.9
其他现金收入	179.6	194.3	179.4	202.8	223.3
城市地区					
现金收入总计	4205.1	4414.4	4655.2	5172.3	5583.5
劳动收入	3264	3456.9	3644.4	4049.3	4356.3
社会转移	631.6	673.7	736.8	822.7	877.4
个人附属地块的收入	110.5	56.4	57.9	62	76.8
其他现金收入	199	227.4	216	238.4	273.1
农村地区					
现金收入总计	3817.7	3888.3	4040	4500.9	5200.4
劳动收入	1974.8	2203.7	2382.9	2841.5	3298.9
社会转移	611.2	655.6	686.4	755.9	821.2
个人附属地块的收入	1063.1	852.9	811.4	720.2	884.6
其他现金收入	168.6	176.2	159.3	183.2	195.7

资料来源：Национальный Статистический Комитет Кыргызской Республики *Уровень Жизни Населения Кыргызской Республики 2014 – 2018*，Бишкек – 2019，Стр. 13.

表 3-33　　吉尔吉斯斯坦各州平均月工资与劳动人口生活成本之比　　（单位:%）

	2014 年	2015 年	2016 年	2017 年	2018 年
吉尔吉斯共和国	220.8	232.5	277.4	286	306.6
巴特肯州	162.9	166.2	191.4	201.3	219.1
贾拉拉巴德州	199.8	205.6	240.2	240.4	254.3
伊塞克湖州	338.7	348	418.3	433.9	436
纳伦州	211.6	223.8	264.4	266.1	281.3
奥什州	141.5	143.2	180.5	184.1	181.8
塔拉斯州	176.7	186	221.4	221.7	252.1
楚河州	195.6	207	245.7	249.1	271.2
比什凯克市	262.7	281.7	336.1	351.6	385.4
奥什市	—	—	—	234.1	243.9

资料来源：Национальный Статистический Комитет Кыргызской Республики *Окружающая Среда в Кыргызской Республике 2014 – 2018*，Бишкек – 2019，9.36.

吉尔吉斯斯坦还有相当比例的贫困人口，2018年全国贫困发生率是22.4%。吉国经济发展的重要目的依然是消除贫困，食品消费支出在总支出中占比很高，增加的收入很大一部分用来增加食品消费。从各州的贫困发生率看，奥什州、楚河州和比什凯克市贫困发生率较低，其他各州都比较高。从近五年发展看，全国贫困发生率有明显下降，奥什州、贾拉拉巴德州贫困发生率下降明显，塔拉斯州和奥什市却不降反升。（见表3-34）

表3-34　　　　　吉尔吉斯斯坦各州贫困发生率　　　　（单位：%）

	2014年	2015年	2016年	2017年	2018年
吉尔吉斯共和国	30.6	32.1	25.4	25.6	22.4
巴特肯州	40.7	41.2	37	40.5	33.8
贾拉拉巴德州	46.4	45.1	32.2	32.6	32.2
伊塞克湖州	26	28.9	24.7	24.2	21.5
纳伦州	30.6	38	37.8	29.2	30.6
奥什州	31.7	28.9	22	14.3	14.8
塔拉斯州	19	21.5	18.1	20.7	22.1
楚河州	21.6	24.8	30.3	33.3	15.6
比什凯克市	17.6	23.5	9.8	15.9	15.4
奥什市	33.4	38.3	24.6	33.5	35.5

资料来源：Национальный Статистический Комитет Кыргызской Республики *Окружающая Среда в Кыргызской Республике 2014–2018*，Бишкек–2019，8.4.

（二）吉尔吉斯斯坦农产品消费量

2018年吉尔吉斯斯坦人口人均现金支出每月达到3874索姆，与2014年相比增长了1.2倍。食品支出包括家庭食品支出和家庭外食品支出，从2014年的52.7%下降到2018年的48.9%。家庭食品消费支出占消费者支出的比重很大，2018年占44.9%，比2014年降低5.3个百分点。在居民每年用于购买食物的支出总额中，2018年最大的份额是面包和面包产品（34.7%），比 2014 年降低了 2.4 个百分点。同时，购买肉类产品的支出份额从 2014 年的 23.9% 增加到 2018 年的 28.6%。2018 年蔬菜和瓜类支出的份额为 7.0%，油脂为 6.2%，糖和糖果产品为 4.8%，牛奶和乳制品为 6.0%。

从消费量上看，2014—2018 年，除面包产品、植物油以及鱼和鱼制品的消费量有明显下降以外，其他主要农产品的人均消费量都在增加，显示出吉国居民消费结构的改善。从吉国主要农产品的生产量和消费量的对比看，肉类产品自给率在下降，2018 年的自给率为 88.3%。牛奶、鸡蛋、马铃薯、蔬菜和谷物是能够达到自给的。糖和植物油吉国产量不足，需要进口。（见表 3 - 35）

表 3 - 35　　　　　　人均主要农产品消费量　　　　（单位：千克/年）

	2014 年	2015 年	2016 年	2017 年	2018 年
肉和肉制品（包括猪油和内脏）	34.6	39	38.7	38.5	40.3
牛奶和乳制品	215.6	226.3	224.5	223.3	218.8
鸡蛋：个	81.7	86.3	80.1	86	86.4
鱼和鱼制品	1.9	1.9	0.9	0.9	0.8
糖	19.7	18.3	22	22.8	29.5
植物油	12.7	12.8	10.6	10.3	9.5
马铃薯	98.5	107.2	107.2	106.6	140
蔬菜和瓜	150	159	161.2	174.4	181.6
水果和浆果	29.1	31.2	43.3	42.8	33.5
面包产品（面包、面粉、谷物和豆类）	138.1	136	136.6	127.7	100.1

资料来源：Национальный Статистический Комитет Кыргызской Республики Сельское Хозяйство Кыргызской Республики 2014 – 2018，Бишкек - 2019，Стр. 21.

二　吉尔吉斯斯坦的农产品贸易

近年来，在吉尔吉斯共和国的货物对外贸易中，出口和进口都有增长的趋势。与 2017 年相比，2018 年的贸易增长了 13.9%，其中出口额增长 4.1%，进口额增长 17.7%，吉尔吉斯斯坦贸易处于逆差状态，进口额远大于出口额，2018 年逆差有扩大趋势，贸易逆差扩大为 34.55 亿美元，比 2017 年增加 26.56%。（见表 3-36）

表 3-36　　　吉尔吉斯斯坦与主要经济体的商品贸易额　　（单位：亿美元）

		2014 年	2015 年	2016 年	2017 年	2018 年
总计	出口额	18.837	14.829	15.732	17.643	18.368
	进口额	57.347	41.539	40.004	44.947	52.92
	顺差	-38.51	-26.71	-24.272	-27.304	-34.552
独联体	出口额	8.934	5.755	6.038	7.221	8.589
	进口额	28.936	22.349	17.521	20.832	23.871
	顺差	-18.859	-16.594	-11.483	-13.611	-15.282
欧亚经济联盟	出口额	6.376	4.102	4.472	5.415	6.406
	进口额	26.465	20.651	16.26	18.637	21.613
	顺差	-20.089	-16.549	-11.788	-13.222	-15.207
经济合作组织	出口额	8.753	5.051	5.255	5.918	6.015
	进口额	12.378	7.964	7.77	9.381	11.067
	顺差	-3.625	-2.913	-2.515	-3.463	-5.052
上海合作组织	出口额	7.42	4.772	5.489	6.615	7.439
	进口额	36.929	30.967	30.815	33.013	41.054
	顺差	-29.509	-26.195	-25.326	-26.398	-33.615

资料来源：Национальный Статистический Комитет Кыргызской Республики *Внешняя Торговля Кыргызской Республики 2014 - 2018*，Бишкек - 2019，1.1，1.2。

吉尔吉斯共和国与欧亚经济联盟成员国之间的相互贸易在该国 2018 年总贸易中所占的份额为 39.3%（2017 年为 38.4%），其中包括 34.9% 的出口（2017 年为 30.7%），进口 40.8%（2017 年为 41.5%）。与 2017 年相比，2018 年吉国与独联体国家间的贸易额增长了 15.7%（包括出口增长了 18.9% 和进口增长了 14.6%），而与非独联体国家的贸易额减少了 12.4%（包括出口减少了 6.2%，进口增加了 20.5%）。对非独联体国家的出口下降是由于黄金在该国总出口中的份额从 2017 年的 39.7% 下降到

2018年的36.2%，黄金出口下降了5.2%，为6.642亿美元，从非独联体国家的进口增长主要是从上海合作组织国家的进口额增长较快。

从吉尔吉斯斯坦主要的贸易国家看，吉国无论是进口和出口，贸易都比较集中，贸易占比比较大的前5位国家的总占比都达到了85%以上。英国是其出口交货量最大的贸易伙伴（占出口总额的36.5%），依次是俄罗斯（19.5%）、哈萨克斯坦（14.7%）、乌兹别克斯坦（8.6%）、土耳其（5.7%）、中国（3.3%）和塔吉克斯坦（2,6%）。

出口到英国的主要产品是黄金。出口到俄罗斯的主要产品有服装和服饰配件（1.334亿美元）、铜废料和废料（6010万美元）、棉纤维（1770万美元）、水果（1660万美元）元，其中杏子380万美元、坚果240万美元、葡萄150万美元、牛奶和奶制品1490万美元、汽车零配件1510万美元、鞋类1460万美元、蔬菜840万美元。水泥、电力、煤炭、黑色金属的废料、抛光玻璃、陶瓷建材出口至乌兹别克斯坦；石油产品（燃料）、原油、抛光玻璃和塑料容器出口到塔吉克斯坦。蔬菜（主要是豆类）、石油产品（燃料）、棉纤维、贵金属矿石和精矿、水果（坚果）出口到土耳其；贵金属矿石和精矿、烟草制品、石油产品（桶装燃料）、鞣制的牛皮革、褐煤、干果、天然蜂蜜、蓬乱的羊毛和生的牛皮出口到中国。

吉尔吉斯斯坦进口商品的最大贸易伙伴是中国，占2018年进口总额的36.7%。从中国进口的主要产品是服装和服饰配件（价值2.333亿美元）、鞋子（2.785亿美元）、合成纤维（1.597亿美元）和贱金属产品（8350万美元）、轮胎（2190万美元）、针织物（2160万美元）、道路施工设备（1780万美元）、塑料容器（1500万美元）。其他主要合作伙伴是土耳其（占吉国进口总额的5.5%）和乌兹别克斯坦（占吉国进口总额的3.4%）。从土耳其进口了服装和衣服配件（1.023亿美元）、针织物（2160万美元）、鞋（1690万美元）、药品（1010万美元）。从乌兹别克斯坦进口水果（3660万美元）、蔬菜（800万美元）、服装（1330万美元）、氮肥（1220万美元）和天然气（490万美元）、针织面料（600万美元）。（见表3-37）

表 3-37　　　　吉尔吉斯斯坦主要的贸易国及贸易额占比　　　（单位：%）

	2014 年	2015 年	2016 年	2017 年	2018 年
			出口		
英国	0.2	0.1	2.0	10.8	36.5
俄罗斯	6.5	11.3	11.3	15.1	19.5
哈萨克斯坦	27.0	16.0	16.9	15.2	14.7
乌兹别克斯坦	8.7	7.6	8.0	8.3	8.6
土耳其	4.6	5.7	5.7	7.4	5.7
中国	1.7	2.4	5.1	5.5	3.3
总计	48.7	43.1	49.0	62.3	88.3
			进口		
中国	19.2	25.3	36.7	33.4	36.7
俄罗斯	31.0	35.2	28.6	27.4	28.5
哈萨克斯坦	13.5	13.3	10.9	11.6	11.4
土耳其	5.4	4.0	4.8	5.0	5.5
乌兹别克斯坦	1.8	1.4	1.7	3.6	3.4
美国	1.9	2.9	3.8	3.5	2.4
总计	72.8	82.1	86.5	84.5	87.9

资料来源：Национальный Статистический Комитет Кыргызской Республики *Внешняя Торговля Кыргызской Республики 2014－2018*, Бишкек － 2019, 1.18, 1.19.

吉尔吉斯斯坦出口的农产品主要有天然蜂蜜、食用蔬菜和水果、烟草类制品以及棉花。进口的主要农产品有肉类、植物油、糖类食品、谷物类产品、饮品及烟草类制品。糖类、油脂类、饮品、烟草类产品因其国内产量不足，需要大量进口，谷物制品业需要大量进口。可可及其制品的大量进口，显示出吉国居民对于可可饮料的喜爱。

从时间发展进行纵向比较看，吉国棉花和谷物的出口额在增加，2018 年的棉纤维出口额与 2017 年相比增长了 52.2%，不过牛奶和乳制品出口额下降了 6.8%，蔬菜出口额下降了 16%，水果额下降了 14.8%。同时，吉国的食用水果及坚果进口额大幅增加，食用水果及坚果 2018 年进口额比 2017 年增加 54%，与 2014 年相比增加了 1 倍多。除此之外，很多农产品的进口额在减少，2018 年与 2017 年相比肉类进口额下降了

13.97%，糖及糖食的进口额下降了 14.1%，动植物油脂的进口额下降了 6.22%。（见表 3 – 38）

表 3 – 38　　吉尔吉斯斯坦农产品进出口的主要类别及金额　　（单位：万美元）

编码	名称	2014 年	2015 年	2016 年	2017 年	2018 年
		出口				
04	乳品；蛋品；天然蜂蜜；其他食用动物产品	2397.0	2130.8	2377.7	3723.5	3315.7
07	食用蔬菜、根及块茎	8748.7	6090.7	9282.4	7521.0	6316.2
08	食用水果及坚果；柑橘属水果或甜瓜的果皮	3841.9	2898.6	3142.9	3424.1	2916.9
19	谷物、粮食粉、淀粉或乳的制品；糕饼点心	458.3	615.9	646.5	1075.8	1492.3
24	烟草、烟草及烟草代用品的制品	3796.3	3072.3	1569.6	2280.0	1188.6
52	棉花	2451.0	2012.1	2222.0	2554.4	3761.1
		进口				
02	肉及食用杂碎	9346.9	5933.6	2246.2	3696.2	3179.9
08	食用水果及坚果；柑橘属水果或甜瓜的果皮	3307.8	2724.6	3329.2	4538.6	6986.7
15	动、植物油、脂及其分解产品	7700.3	6879.4	5554.9	5751.9	5394.2
17	糖及糖食	8393.9	5807.7	6304.2	4320.4	3710.6
18	可可及其制品	6454.8	4765.4	3959.9	4492.8	4240.3
19	谷物、粮食粉、淀粉或乳的制品；糕饼点心	6766.1	4555.7	3552.1	5265.3	5384.4
22	饮料、酒及醋	7132.5	4846.1	2829.1	4268.8	5564.7
24	烟草、烟草及烟草代用品的制品	8022.8	5854.7	5738.2	7522.7	7899.0

资料来源：Национальный Статистический Комитет Кыргызской Республики *Внешняя Торговля Кыргызской Республики 2014 – 2018*，Бишкек – 2019, 1.8, 1.9.

第四章

塔吉克斯坦的农业发展

塔吉克斯坦是名副其实的"高山国",全境93%的国土面积都是高山。由于农业资源短缺,塔国农业欠发达,全国粮食安全问题严峻,2019年仍有26.3%的贫困人口,其中有10.7%的人口处于赤贫的状态。塔吉克斯坦的农业发展对于保障本国粮食安全、保障本国经济的可持续的稳定发展具有重要的意义。

第一节 塔吉克斯坦的国家概况及行政区划

塔吉克斯坦共和国位于中亚,北纬37°和东经71°,西至东长700千米,北至南长350千米。塔吉克斯坦与吉尔吉斯斯坦边界长630千米,与乌兹别克斯坦边界长910千米,与阿富汗伊斯兰共和国边界长1030千米,与中华人民共和国边界长430千米。

塔吉克斯坦共和国的地理多山,海拔高度在300—7495米。山脉属于中亚最高山系,占该国总面积的93%。北部有费尔干纳山谷,而西北部和中部则有土库曼、扎拉夫山、希萨尔和阿莱山脉。东南部拥有令人印象深刻的帕米尔山脉(最高的山峰,即Somonids峰或前共产主义峰,海拔7495米,是世界上最高的山峰之一);西南则有瓦赫什(Vakhsh)、希萨尔(Hissar)和其他山谷。

塔吉克斯坦1991年独立后,经济遭遇较大滑坡,1991年GDP下滑7.1%,之后又经过多年内战,经济一直处于下降的趋势,1996年国内生产总值降到谷底,只有1991年的三分之一,1997年经济发展才开始缓慢回升。从1997年到2012年近15年的时间，塔国经济才恢复到1991年的水平。从2012年到现在，经济增长稳定，保持较高速度增长，增长率每年都在6%以上。塔国人口一直保持正增长，从1991年的540万人增长到2018年的910万人，年均增长率保持在2%左右。人均GDP近几年保持稳定增长，不过鉴于总量和人口总数的变化，人均GDP 2018年仍未达到1991年的水平。

农业是塔吉克斯坦的重要行业，1991年在国民经济中占比36.09%，2017年占比21.22%，同时2017年农业吸收了全国60.91%的就业人口。农业的发展与全国总体经济发展的过程类似，先经历了大幅度下滑，从1997年开始回升，不过农业的恢复较快，到2007年已经恢复到1991年的水平。近几年农业发展稳定，不过在国民经济中的占比缓慢下降。塔国城市化率较低，2018年城市化率只有27.13%，贫困人口仍然较多，根据塔吉克斯坦共和国国家统计局和世界银行的数据，家庭预算调查的结果显示，2018年贫困人口比例27.4%，赤贫人口比例11.8%，不过过去几年中塔吉克斯坦的收入水平增长较快，全国总体贫困和赤贫水平正在稳定下降。（见表4-1）

表4-1　　　　　　　塔吉克斯坦主要经济指标

	1991年	2014年	2015年	2016年	2017年	2018年
GDP（2010年不变价美元）：亿美元	63.00	74.64	79.13	84.57	91.01	97.65
GDP增长率（年百分比）	-7.10	6.71	6.01	6.87	7.62	7.30
人口：万人	540.06	825.28	845.40	866.36	888.03	910.08
人口增长（年度百分比）	2.19	2.37	2.41	2.45	2.47	2.45
人均GDP（2010年不变价美元）	1166.53	904.48	936.00	976.14	1024.86	1073.02
人均GDP年增长率	-9.11	4.21	3.49	4.29	4.99	4.70
农业增加值（2010年不变价美元）：亿美元	8.60	14.80	15.28	16.07	17.16	17.85
农业增加值（占GDP的百分比）	36.09	23.77	21.93	20.38	21.22	19.20
农村人口（占总人口的百分比）	68.91	73.35	73.26	73.15	73.02	72.87
贫困人口比例*	—	32	31	30.3	29.5	27.4
赤贫人口比例*		17.2	15.7	14	14	11.8

续表

	1991年	2014年	2015年	2016年	2017年	2018年
平均月工资（索莫尼）*	—	819.59	879.21	962	1147.79	1237.47
平均月工资年增长率*	—	17.5	7.3	9.5	19.5	7.8
失业率*	—	2.4	2.5	2.3	2.1	2.00
总就业人口**	—	2325.4	2379.7	2385.3	2407	—
农业就业人口**	—	1524.2	1545.2	1538.6	1466.1	—

资料来源：世界银行公开数据库。*资料来源：Statistical Agency under President of the Republic of Tajikistan, *Food Security and Poverty*, Dushanbe 2015 – 2019, 1.1. **资料来源：Агентство по Статистике при Президенте Республики Таджикистан *Таджикистан в Цифрах 2018*, Душанбе – 2018, Стр. 40.

截至2019年1月1日，塔吉克斯坦共和国在行政上分为一个直辖市（杜尚别市）、一个国家直辖区、一个自治州（戈尔诺—巴达赫尚自治州）和2个州（索格特州和哈特隆州）。州级行政下面分为58个地区，18个城镇，4个城市辖区，63个定居点（settlements），370个行政村（Djamo-ats dechot）。主要的城市有杜尚别市，吉国首都，人口超过80万人；第二大城市是胡占德，是北部索格特州首府，人口超过10万人。伊斯塔拉夫尚位于该国西北部，距离首府苦盏78千米，人口超过5万人。吉国人口分布各州差别很大，人口最多的州是哈特隆州，占总人口的35.88%，最少的是戈尔诺—巴达赫尚自治州。人口密度差别极大，最大的杜尚别市，人口密度达到8464人/平方千米，而戈尔诺—巴达赫尚自治州只有3.6人/平方千米。从城市化率看，总体城市化率不高，除首都外，最高的是索格特州，最低的是国家直辖区。（见表4－2）

表4－2　　　　　　塔吉克斯坦行政区划及人口分布

	区域面积（万平方千米）	人口（万人）	人口密度（人/平方千米）	城市化率
塔吉克斯坦共和国	14.14	912.66	64.5	26.3
戈尔诺—巴达赫尚自治州	6.29	22.69	3.6	13.4
索格特州	2.52	265.84	105.5	24.7

续表

	区域面积（万平方千米）	人口（万人）	人口密度（人/平方千米）	城市化率
哈特隆州	2.47	327.49	132.6	18
杜尚别市	0.01	84.64	8464	100
国家直辖区	2.85	212	74.4	12.8

注：人口数据截至2019年1月1日。

资料来源：Агентство по Статистике при Президенте Республики Таджикистан Численность Населения Республики Таджикистан На 1 Января 2019 Года, Душанбе – 2019, Стр. 9, 12.

第二节　塔吉克斯坦的农业生产要素

塔吉克斯坦国内粮食生产的规模及效率取决于气候、基本自然资源、生产过程的组织的效率和水平。总的来说，塔吉克斯坦共和国的自然环境对该国所有地区的常规生产都有风险——干旱、长期降水、早霜和其他自然灾害阻碍了农业部门的正常运转。

一　气候

塔吉克斯坦是一个山区国家，绝对海拔在300—7495米，其领土的93%被属于中亚最高山脉——天山和帕米尔高原的山脉所占据。塔吉克斯坦的气候取决于其在亚热带和温带地区边缘的欧亚大陆内部的地理位置。它的特征是太阳辐射强度高，干旱，云量低，日照时间长，每日和季节性温度剧烈波动，空气中多尘。

海拔高达1000米的宽广山谷和高原的特征是漫长而炎热的夏季，7月平均温度约为30℃，绝对最大值为43—48℃，无霜期持续210—250天。夏季干旱无处不在，在7月、8月、9月几乎没有降雨。冬天短而温和，1月的平均温度是从2℃到2.5℃。但是有时北极空气的入侵有时会带来明显的降温。降水量在各个区域分布非常不均匀，主要发生在冬春两季，尤其是春季。

根据塔吉克斯坦的气候变化预测，气温将持续上升（直到2050年），河流水位将上升，随后河流和水位将下降。

二　土地

塔吉克斯坦的土壤及其动植物取决于高山环境。盛产的植物主要是野生果树和众多种类的植物，被人们广泛使用。动物也很丰富。塔吉克斯坦拥有约 80 种哺乳动物，超过 365 种鸟类，49 种爬行动物，40 种鱼类，上万种昆虫。人们可以看到这样的天敌，例如雪豹、熊、鬣狗、水獭、狼、狐狸和貂、鹿和雪羊。

根据塔吉克斯坦共和国土地管理和测量国家委员会每年出具的关于土地基金的报告，截至 2018 年 1 月 1 日，灌溉土地的总面积为 758842 公顷。每年的国家投资不足以恢复土地，此外，由于各种原因，还发现耕地未被利用。受水和风蚀的土地面积为 35000 公顷，占播种总面积的 5.3%。塔吉克斯坦共和国的牧场总面积为 380 万公顷，其中每年有 4% 遭受不同程度的侵蚀。

无论采取什么措施，农田的效率低下和不充分使用仍在继续，这一过程有助于减少总体农田面积。塔吉克斯坦共和国是世界上人均灌溉土地的供给水平很低的一些国家之一。（见表 4-3）

表 4-3　　　　　　塔吉克斯坦农业用地面积　　　　（单位：万公顷）

	1991 年	2014 年	2015 年	2016 年	2017 年	2018 年
国土面积	1425.45	1413.76	1413.77	1413.77	1413.77	1413.79
农业用地面积	430.82	360.46	361.19	363.85	365.82	366.94
灌溉土地	64.12	59.38	59.39	59.45	59.85	60.26
耕地	88.11	65.56	65.32	65.02	65.73	65.90
灌溉耕地	55.91	45.63	45.45	45.29	45.49	45.88
多年生植物	9.98	13.70	14.04	14.44	14.82	15.09
储备农业用地	1.91	2.97	2.93	2.85	2.71	2.57
干草地	2.17	1.75	1.76	1.74	1.58	1.58
牧场	328.65	276.49	277.15	279.75	280.96	281.80
总播种面积	82.10	82.85	83.06	83.73	83.72	82.67

续表

	1991 年	2014 年	2015 年	2016 年	2017 年	2018 年
谷物	23.17	41.26	42.29	42.35	41.16	37.50
马铃薯	1.28	3.55	3.98	4.16	4.06	4.96
蔬菜	2.80	4.85	5.54	5.82	5.97	6.83
棉花	29.88	17.76	15.96	16.26	17.39	18.58
饲料作物	22.67	10.46	10.24	10.32	10.15	—

资料来源：Агентство по Статистике при Президенте Республики Таджикистан *Охрана Окружающей Среды в Республике Таджикистан*, Душанбе – 2019, Стр. 14, 15.

由表 4–3 可以看出，在过去的 28 年中，农业用地的结构发生了变化，但这不能被称为积极的变化。首先，农业用地面积减少，在该国土地面积结构中的份额从 30.2% 下降到 26%。减少的原因是由于不加控制地转让农业用地而又扩大城市和农村住区以及基础设施的面积。这种转让往往是腐败行为的结果，在转让用于建造房屋和商业设施的土地时，还伴随着非正规的付款。

其次，由于塔吉克斯坦境内山区多，地形复杂，与其他后苏联国家相比，经济关系中最有价值的耕地所占份额最低。但是，在上述期间，耕地在土地总结构中所占的份额一直在稳步下降，从 1991 年到 2018 年，耕地面积减少了 22.21 万公顷。1991 年的耕地份额为 6.1%，到 2018 年下降到 4.6%。同时，在指定的时间段内，塔吉克斯坦的人口从 540 万人增加到 910 万人。这意味着人均耕地面积从 0.16 公顷减少到 0.07 公顷，或者说减少了 56.3%。自然，如果农作物的产量没有增长 50%—60%，那么这些趋势可能会导致严重的粮食危机。

然后，在过去的 28 年中，多年生植物的面积增加了 51.2%，人口增加了 61.7%，不过这几年果园和葡萄园的生产力并没有显示出稳定的上升趋势，相反，果园和葡萄园的生产力下降。1991 年，水果和浆果种植的产量为每公顷 32.1 公担，葡萄种植的产量为 44.5 公担。2017 年，这些指标分别达到每公顷 42.1 公担和 69.0 公担，没有达到人口增长的速度。因此，我们可以得出结论，尽管塔吉克斯坦的发展具有最丰富的生物气候潜力，但它们都在低效率地发展，并失去了解决塔吉克斯坦粮食问题的能力。

最后，播种地区结构中饲草作物的份额急剧下降的问题，饲料作物的播种面积减少了12.52万公顷，或者说减少了55.3%，所占份额从27.6%下降到12.1%。这样，在所描述的情况下，向人群提供动物高蛋白产品变得有问题。

三　水资源

塔吉克斯坦共和国拥有充足的水资源，每年平均排水量为472亿立方米。河流的季节性和地域分布不均衡，以及河流波动的特点阻碍了水资源的有效利用。在这种情况下，有必要确保食品灌溉系统的发展和保存。在当前条件下，该国的灌溉系统无法在农作物的生长季节为土地提供足够的灌溉用水。这个因素给农业生产系统带来许多风险，特别是在干旱条件下，这个因素的影响是巨大的。

河流和湖泊有冰川系统。大约947条河流的长度超过10千米，总长度超过28500千米。塔吉克斯坦的高山可容纳大量的冰雪。永久性雪线位于西部3500—3600米的高度，而东部则高达5800米。塔吉克斯坦的冰川总面积超过8476平方千米。有超过1000个冰川的长度超过1500千米。16个冰川（例如Fedchenko和Grumm‑Grzymailo冰川）的长度超过16千米。（见表4-4、表4-5）

表4-4　塔吉克斯坦主要的河流长度及径流量　（单位：亿立方米）

	河流长度（千米）	长期平均径流量	占比	可饮用水径流量	占比
喷赤河（Пяндж）	921	336.69	41.6	333.69	51.4
瓦赫什河（Вахш）	524	189	23.6	189	29.1
泽拉夫尚河（Зеравшан）	781	51.39	6.4	51.39	7.9
卡菲尔尼甘河（Кафарниган）	387	51.91	6.5	51.91	8
锡尔河（Сырдарья）	195	159.78	19.9	159.78	1

资料来源：Агентство по Статистике при Президенте Республики Таджикистан *Охрана Окружающей Среды в Республике Таджикистан*，Душанбе‑2019，Стр. 17.

表4-5　　　　　　　　　主要冰川面积及容积

冰川名称	面积 平方千米	容积 (亿立方米)	冰川名称	面积	容积
Федченко	156	936	Наливкин	45.2	85880
Гармо	114.6	—	Бывачий	37.1	80.5
Витковского	50.2	68820	Грумм-Гржимайло	142.9	225
АН СССР	48.1	52420	Октябрьский	32	—
Географического общества	64.4	105.4	Рохзов 1	47，2	34.5

资料来源：Агентство по Статистике при Президенте Республики Таджикистан *Охрана Окружающей Среды в Республике Таджикистан*，Душанбе－2019，Стр. 18.

塔吉克斯坦国内部可再生地表水资源量每年为604.6亿立方米，每年从上游国流入133.1亿立方米的水量，同时向下游国流出548.66亿立方米的水量，因此，塔吉克斯坦国每年实际可利用地表水资源量为189.1亿立方米。

塔吉克斯坦也盛产湖泊。大约有1300个湖泊，总表面积为705平方千米。Karakul、Sarez和Yashikul是自然创建的最大湖泊，湖泊主要位于海拔3500米的高山上。（见表4-6、表4-7、表4-8）

表4-6　　　　　塔吉克斯坦主要的水库湖泊及其容积

（单位：亿立方米、平方千米）

水库	容积	湖泊	面积	湖泊	面积	湖泊	面积
Кайраккумское	34.1	Каракуль	380	Шоркуль	16.29	Рангкуль	7.78
Нурекское	105	Сарез	86.5	Чаканкуль	9.2	Искандеркуль	3.4
Муминабадское	0.3	Зоркуль	38.9	Турумтаькуль	8.9		
Сельбурское	0.2	Яшилькуль	35.6	Сасыккуль	8.92		

资料来源：Агентство по Статистике при Президенте Республики Таджикистан *Охрана Окружающей Среды в Республике Таджикистан*，Душанбе－2019，Стр. 18.

表4-7　　　　　　　　塔吉克斯坦各行业用水量　　　　　（单位：亿立方米）

	2000年	2014年	2015年	2016年	2017年	2018年
总用水量	126.09	88.44	89.13	87.49	79.88	97.74
农业、林业、狩猎业和养鱼业	85.59	72.31	78.40	70.94	51.86	73.78
灌溉农业	84.59	68.26	72.64	67.92	51.28	73.78
电力，煤气，水和热的开采、制造、生产和分配	3.41	3.50	3.64	3.39	20.84	16.10
电力生产和分配	2.08	2.30	2.80	2.57	18.31	16.10
家庭用水	2.99	3.30	3.86	3.26	5.76	7.86
其他经济活动	1.70	4.30	1.43	3.55	1.42	—

资料来源：Агентство по Статистике при Президенте Республики Таджикистан *Охрана Окружающей Среды в Республике Таджикистан*，Душанбе-2019，Стр. 19.

表4-8　　　　　　　塔吉克斯坦每年人均生活用水量　　　　　　　（单位：吨）

	2003年	2014年	2015年	2016年	2017年	2018年
塔吉克斯坦共和国	33.8	12.8	18.5	21.3	12.9	13.9
戈尔诺—巴达赫尚自治州	12.4	0.09	1.5	1.8	1	0.9
索格特州	49.1	15.8	17.8	21.6	17.3	17.8
哈特隆州	13.9	2.6	4.9	5.9	5.9	7.8
杜尚别市	105.2	65.7	78.3	81.3	52.7	60.5
国家直辖区	17.7	4.2	4.8	4.9	3.3	4.1

资料来源：Агентство по Статистике при Президенте Республики Таджикистан *Охрана Окружающей Среды в Республике Таджикистан*，Душанбе-2019，Стр. 48.

四　农业生产主体

塔吉克斯坦的农业生产主体主要分为三类：农业企业，德坎农场和自给农场。农业企业包括：集体农场，国有农场，州际农场，租赁企业，农业合作社，以及农业公司、企业和组织的附属农场。德坎农场（дехканские хозяйства，英文 Dekhkan farm）是由家庭或个人公民创建的独立商业实体，从事基于私有财产，终身可继承或租赁的财产、土地和其他自然资源的使用来生产、加工、储存和销售农产品。自给农场

（household plots）包括居民个人附属土地，花园和集体果园以及郊区土地。

自给农场苏联时期就已存在，苏联时期农民自给农场的生产以个人、家庭、附属土地和第二职业的形式保存了很多年。这使得向生产者本身提供农产品并在市场上出售剩余产品成为可能。在社会主义管理时期，它们是无效的、没有前途的，能够破坏社会政治基础的社会经济形式，在经济和法律上受到限制，但它们仍然存在并发挥着重要的社会经济功能。

塔国独立以后，开始进行了土地和农业产权制度改革，苏联时期的国有农场和集体农场转变为农业企业。不过农业企业逐渐萎缩，分解成为了德坎农场。根据塔吉克斯坦共和国国家统计委员会的统计，自1991年到2015年间，各类农场（集体农场，国有农场，跨农场等）的577个单位，分解为其他管理形式（德克坎（农场）农场，合作社，股份公司等），转变为108035个农场单位以及其他形式的企业，或者说，它们数量上增加了187倍。

出现于塔吉克斯坦20世纪末期的德坎农场，作为一种有前途的有法律保障的基于私有财产的管理形式，需要对其重新思考和研究。现在，几乎没有人质疑一种经济的多元性和必要性，包括多种所有制和管理形式。在科学领域中的现代条件下，存在着与它们的首要性、最优性和增加竞争的需求有关的争议。关于德坎农场，可以说，在国家的不同地区，它们的发展不是刻板印象（集体农场就是这样），而是要考虑许多因素：自然的气候，社会经济，心理因素；它们的发展以不同的形式、专业化、强度和规模进行。实际上，根据塔吉克斯坦国家土地委员会获得的部分信息表明，约有三分之二的德坎农场实际上是家庭或个人农场，只有三分之一的德坎农场是集体私人农场，与个体或家庭农户有区别。

作为新的社会经济管理形式的德坎农场已成为客观现实。他们的发展前景以其在所有类别农场中农产品生产和销售份额的不断增加而得到确认。在塔吉克斯坦共和国，2017年德赫坎拥有全国农业用地的70.3%，在农业总GDP中的份额为36.5%，注册的德赫坎（农场）农场总数为16.46万个农场，是2006年的661倍。考虑到所提供的数据，可以注意

到，这一农业生产部门正在迅速发展，应特别注意提高其竞争力并在总体上进一步发展。（见表4-9）

表4-9　　　　　　塔吉克斯坦各类型农场的数量　　　　　（单位：个）

	2012年	2013年	2014年	2015年	2016年	2017年
集体农场	707	543	58	58	132	129
国营农场	15	7	3	—	—	—
私人农场（万个）	7.38	8.76	10.8	12.34	14.51	16.96
其他	2200					

资料来源：Агентство по Статистике при Президенте Республики Таджикистан *Таджикистан в Цифрах 2018*, Душанбе - 2018, Стр. 96.

作为小型农业企业家精神之一，德坎农场比大型农业生产者具有优势：设计简单，进入市场和退出市场的程序对它们而言并不构成严重问题；在经济活动中具有很大的灵活性；对市场状况的变化迅速做出反应；与大型农场相比，在农场运输和管理成本上有明显的节省；对更高效的工作更感兴趣。同时，它们有很多社会和经济问题，而其中的中心问题之一就是形成有效、具有成本效益的、竞争性的生产。

塔吉克斯坦共和国农业工业综合体深陷旷日持久的危机和生产过程的下降之中，这是对竞争性德坎农场模式的形成进行科学研究的前提，这只能通过合理地提高生产率和在提高竞争力的基础上向国内市场提供农产品来克服。

五　农业发展战略及农业支持政策

粮食安全是塔国国家和经济安全的重要组成部分，粮食安全取决于国家经济和社会发展的总体动态。粮食安全被认为是国家保障的能力，以满足人民正常生活水平的粮食需求。农业是塔国优先发展的产业，政府制定出台了很多促进农业发展的法规政策。

为了提高产量并将水果作为进口食品生产，塔吉克斯坦2015年12月30日第793号法令政府通过并实施了《塔吉克斯坦共和国2016—2020年园艺和葡萄栽培发展计划》。

为了提高作物产量,优质种子的提供发挥着关键作用。塔吉克斯坦政府于2016年10月28日通过了《塔吉克斯坦2016—2020年种子产业发展计划》(第438号),目前正在实施相关措施。

塔吉克斯坦共和国政府法令,2018年10月31日第520号批准《塔吉克斯坦共和国2019—2023年粮食产品安全计划》(以下简称《计划》)。

《计划》指出塔国农业发展中的主要问题有:农业正常生产受到短期灾害天气和长期的气候变化的干扰;资金筹集和吸引外国投资不足以合理利用水资源和维护灌溉系统;耕地持续减少,以及对这些土地的不当和低效利用;用于耕地恢复的资金不足。

加工行业包括以国内进口原料为主的牛奶、乳制品、肉类、蔬菜、水果、浆果、谷物等加工企业。在当前阶段,塔国不到三分之一的牛奶被加工,水果、蔬菜、浆果总产量的15%被加工,肉类总产量的不到5%被加工。农作物产品加工水平低是造成作物损失的主要原因之一。一般来说,加工不足减少了对农业生产的经济刺激。

德坎农场生产能力低,产量小,利润不稳定,生产者获得货物和服务、信贷资源、农业机械、动植物保护服务、优质种子、良种动物、缺乏营养动物饲料等机会有限。产品销售困难,与低效的产品认证制度有关,缺乏销售支持。生产者和加工厂之间缺乏必要的合作。

《计划》中提出粮食安全计划的优先方向是:(1)支持农业产业发展;(2)粮食开发产业的发展;(3)加强食品进出口的公共管理和法规以及加强对塔吉克斯坦共和国国内食品市场的保护;(4)建立必要的粮食储备水平,更新装备和创造新的能力来开发和保存粮食资源;(5)确保食品安全检查和监测。国家对农业生产的支持如下:(1)灌溉系统,包括国内灌溉网络;(2)保护植物和动物;(3)生产种子和繁殖;(4)增加加工产品的产量;(5)生产过程的财务可持续性。具体的任务是:(1)支持当地生产者确保食品安全并发展其机构能力;(2)为产品制造商提供有针对性的支持;(3)支持提供服务的私营和公共组织;(4)培训产品制造商,提供信息获取渠道,为农民提供咨询服务。

《计划》中提出建立专门的政府执行机构,其主要任务是:调动必要的预算资金；协调吸引共同资金；为私营部门和公民社会创造制度条件，参与实施该方案。《计划》的实际实施需要一定的财政资源，根据融资来源的预测，该方案的实际实施预计为 7250 亿索莫尼，包括国家预算来源的 2550 万索莫尼和其他来源的 4700 万索莫尼。

实施《计划》活动的资金是在国家预算，内部和外部投资，各部委、部门和有关组织的自有资金以及企业家和德坎农场（农户）提供的资金框架内进行的。另外，为执行该方案，有必要吸引和协调国际组织和捐助者向塔吉克斯坦共和国提供的外部援助。约有 20 个国际组织参与了与食品安全和农业综合企业发展有关的项目和赠款，例如世界银行、亚洲开发银行、欧洲复兴开发银行、联合国开发计划署、联合国粮食及农业组织、世界粮食计划署、欧洲委员会、美国国际开发署和其他捐助者。

六　农业技术水平

塔吉克斯坦的农业部门是共和国国民经济的主要部门之一，用于生产的国家资源的很大一部分集中在农业部门。农业机械是这些资源中的一种，农业生产的效率以及整个国家的经济在很大程度上取决于设备的水平及其使用。

随着塔国独立后农业市场化改革，原有的大规模的生产主体逐渐分化为大量的小规模的生产主体，这种情况对新建立的经济主体（德坎农场）的物质和技术基础产生了戏剧性的影响，尤其对其技术农业服务领域的状况造成了严重的影响。例如，在 1991—2015 年，与农业改革有关，塔吉克斯坦共和国农业机械的供应量急剧下降，即 2014 年，在农业企业中，各种类型和目的的拖拉机可用量为 10446 台，比 1991 年减少了 28.2%。在此期间，采棉机的数量只有 122 台，比 1991 年减少了 25 倍，拖拉机犁只有 3034 个，与 1991 年相比，其数量减少了 3 倍。这表明在过去的 15 年中，在农业企业中，大多数工作实际上是手工操作或根本不操作。塔吉克斯坦共和国农业部关于该地区农业部门维修和保养基地的可用性和状况的数据表明，该国目前包括 3 个专业维修厂、44 个维修和技术企业（RTP）、8 个汽车维修站，与 1991 年相比，它们的数量减少了数倍。

尽管有困难，国家还是颁布了一套法律来支持农业和该行业的进一步发展，这直接关系到农业技术服务体系和新农场的形成。例如，根据塔吉克斯坦共和国《关于农场经济的法律》（2009年）第35条，新成立的农场享有许多好处：国家对农场进行注册而不收取费用；免收用电、供水费用（不使用建筑物或技术设备）；无须收费即可在银行开设账户的权利；从银行获得优惠贷款；使用提供的资金来支持中小企业；享受塔吉克斯坦共和国法律提供的其他好处。所提供的好处有助于增加德坎农场的数量及其发展，通过从商业银行获得软贷款来购买种子、化肥和设备，通过吸引国内外投资来发展农产品生产的中小型企业活动。

塔吉克斯坦共和国新版法律"关于德坎农场经济"于2016年发布，尽管没有专门条款为德坎农场带来好处，但在第34条"国家对德坎农场经济的支持"中列出了一些有助于进一步发展的措施：获得设备和现代农业技术；购买优质植物种子和种牛；采取措施保护国内农产品市场；吸引国内外农业生产投资；制定和介绍有关农业技术使用和创新成就的建议；建立经济市场关系并引入有效的财政支持机制；提供有关国内外市场农产品产量和价格的信息；塔吉克斯坦共和国法律确定的其他形式的支持。

塔国陆续发布一些促进和支持农业部门技术服务系统企业的规范性法律行为。在实践中执行这些措施将有助于为农场提供必要的生产资料，并提高农业生产效率。（见表4-10、表4-11）

表4-10　　　　　塔吉克斯坦全国及各州化肥使用量　　　　　（单位：万吨）

	1991年	2014年	2015年	2016年	2017年	2018年
	有机肥料的应用					
塔吉克斯坦共和国	41.96	21.27	20.82	23.01	22.58	20.07
戈尔诺—巴达赫尚自治州	6.03	10.63	10.68	10.93	10.80	8.90
索格特州	29.69	9.23	7.91	8.75	6.50	8.87
哈特隆州	3.60	0.68	0.78	0.75	1.43	1.21
国家直辖区	2.64	0.73	1.45	2.58	3.85	1.09

续表

	1991 年	2014 年	2015 年	2016 年	2017 年	2018 年
	矿物肥料的应用					
塔吉克斯坦共和国	4.04	5.83	5.96	5.25	6.14	6.27
戈尔诺—巴达赫尚自治州	0.00	0.04	0.04	0.05	0.05	0.04
索格德州	1.07	1.50	1.34	1.33	1.55	1.91
哈特隆州	2.49	3.77	3.76	3.16	3.52	3.56
国家直辖区	0.48	0.52	0.82	0.71	1.02	0.76

资料来源：Агентство по Статистике при Президенте Республики Таджикистан *Охрана Окружающей Среды в Республике Таджикистан*, Душанбе – 2019，Стр. 16.

表 4 – 11　　　　不同作物的单位面积肥料施用量　　　（单位：吨/公顷）

	1991 年	2014 年	2015 年	2016 年	2017 年	2018 年
平均施用量（以 100% 的养分计）	1.1	2.7	3.9	4.2	2.4	2.3
粮食作物	0.3	4.7	6.6	7	4.8	5.6
经济作物	1.6	0.4	0.7	0.7	0.5	0.4
马铃薯	7.6	10.4	8.4	8.7	7.1	4.4
蔬菜作物	5	4.2	3.6	4.9	3.1	3.8
瓜果	0.2	1.3	2.8	3.1	0.8	0.4
饲料作物	0.6	1.4	2.9	2.9	2.8	5.2

资料来源：Агентство по Статистике при Президенте Республики Таджикистан *Охрана Окружающей Среды в Республике Таджикистан*, Душанбе – 2019，Стр. 16.

第三节　塔吉克斯坦的农业生产

塔吉克斯坦的农业部门是该国国民经济的主要部门之一，主要为人口提供食物，同时为农业工业综合体的企业和国民经济的其他部门提供原材料，用于进一步加工和生产消费品。

一　塔吉克斯坦的农业生产

1991 年到 2017 年，农业总产值增长了 89.2%，其中农作物总产值增长了 2 倍。但是，2017 年畜牧业总产值只达到 1991 年的 67.4%。在此期间,农作物与畜牧生产之间的比例发生了重大变化。尽管每年都有一些波动,但农作物产量的份额却趋于增长。在内战期间,由于粮食严重短缺,饥饿和营养不良蔓延,由于大规模屠杀,牛肉和奶牛的数量均急剧下降。民众用所得来购买小麦、玉米、大麦和面粉,以确保其生存所需。在那些年里,不仅城市居民,而且农村居民都被迫利用闲置的土地和山坡来播种谷物和豆类。因此,与牲畜生产相比,农作物总产量的下降幅度较小。

总体而言,在整个27年的时间里,种植业的增长速度远高于畜牧业。上述情况导致人均某些牲畜产品的生产已恢复到1990—1991年的水平。但是,就畜产品的消费水平而言,塔吉克斯坦承认明显落后于以科学为基础的消费标准水平。2017年,在农业总产值将结构中,种植业产值占比69%,而畜牧业占比只有31%。家庭和私人农场的产值占到总产值的95.17%,也就是说,国有和集体农场的产值占比只有不到5%,以私有制为基础的德坎农场和农户自给农业占据了国内生产的绝大部分。(见表4-12)

表4-12　　　　　　　　塔吉克斯坦的农业产值

	2012年	2013年	2014年	2015年	2016年	2017年
农业总产值(按2017年价格计算)	182.60	196.42	204.72	211.26	222.34	245.76
种植业	133.86	144.03	145.33	146.24	150.67	169.78
畜牧业	53.10	57.14	64.89	69.54	71.67	75.98
其中:家庭和私人农场	174.86	188.58	197.57	204.41	210.86	233.89
种植业	123.86	133.75	135.01	137.17	141.03	159.66
畜牧业	51.00	54.83	62.56	67.24	69.83	74.23

资料来源:Агентство по Статистике при Президенте Республики Таджикистан *Таджикистан в Цифрах 2018*,Душанбе-2018,Стр.95.

(一)种植业

在塔吉克斯坦,与其他许多亚洲国家一样,面包是人口的主要食物,小麦种植被视为塔吉克斯坦农业活动的主要领域之一。但是,普遍的历史环境和社会政治结构的变化总体上显著影响了小麦的种植和粮食生产。该国获得独立后，政府的农业政策旨在实现总体粮食安全，特别是粮食独立。同时，主要重点是种植小麦，因为小麦提供了该国约60%的粮食产品需求。随着塔吉克斯坦的私有制改革，以及家庭农场的发展，小麦的种植面积不断扩大，其产量得到快速增长。全国谷物总产量从1991年的23.17万吨增长到2019年的141.45万吨。

塔吉克斯坦的其他主要农作物有棉花、马铃薯、蔬菜、瓜果以及饲料作物。近几年蔬菜、瓜果和葡萄的种植面积和产量都增加较快。2019年，全国共生产了1414835吨谷物（比上年增长9.2%），其中包括836215吨小麦（增长7.3%）、403403吨棉花（增长34.2%），蔬菜2182493吨（增加3.0%），包括洋葱637189吨（减少6.2%）、甜瓜701333吨（增加9.3%），水果473628吨（增加5.8%），包括169427吨苹果（减少6.5%）、桃169446吨（增加15.7%）、葡萄247167吨（增长2.2%）。（见表4-13、表4-14）

表4-13　　　　　　塔吉克斯坦主要农作物的播种面积

	2012年	2013年	2014年	2015年	2016年	2017年
农作物播种面积	86.01	86.49	82.84	83.06	83.73	83.72
谷物和豆类	42.43	43.74	41.26	42.29	42.35	41.16
经济作物	23.16	22.3	20.77	18.86	19.06	20.34
棉	19.93	19.09	17.76	15.96	16.25	17.4
马铃薯	4.17	4.44	3.55	3.98	4.16	4.06
蔬菜	4.89	5.07	4.85	5.54	5.82	5.97
瓜和葫芦	1.84	1.74	1.94	2.14	2	2.03
饲料作物	9.49	9.18	10.46	10.24	10.32	10.15

资料来源：Агентство по Статистике при Президенте Республики Таджикистан *Таджикистан в Цифрах 2018*, Душанбе-2018, Стр. 97.

表 4-14　　塔吉克斯坦主要农作物的总收成及单位面积产量

	2012 年	2013 年	2014 年	2015 年	2016 年	2017 年
	总收成（万吨）					
谷物和豆类	123.26	139.26	131.78	139.22	143.58	144.77
原棉	41.79	39.28	37.27	27	28.47	38.65
马铃薯	99.1	111.57	85.37	88.74	89.81	78.29
蔬菜	134.23	149.06	154.95	166.66	174.83	185.91
瓜和葫芦	46.5	49.53	54.57	52.94	59.42	63.14
水果和浆果	31.32	32.85	34.13	29.92	36.41	40.5
葡萄	16.71	17.53	18.88	20.38	21.47	22.83
谷物和豆类	25.3	27.7	28.1	27.7	28.4	28.9
	单位面积产量（吨/公顷）					
原棉	21	20.6	21	17.3	17.6	22.4
马铃薯	233.2	247.3	236	221.7	214.4	191.5
蔬菜	225.1	240.3	251.1	247.9	248.6	256
瓜果	209.7	223.8	229.4	233.4	246.2	254.6
水果和浆果	39.9	40	39.9	33.2	38.7	42.1
葡萄	52.9	54.9	61.1	64.2	67.4	69

资料来源：Агентство по Статистике при Президенте Республики Таджикистан *Таджикистан в Цифрах 2018*，Душанбе-2018，Стр. 99.

小麦单产在很大程度上取决于当年的气候特征，并且全国平均水平在 30.0—31.0 公担/公顷。由于灌溉土地有限，部分谷物作物被放在干旱的土地上，那里的生产力对降水量的依赖性很高。旱地粮食作物的单产水平较低，不超过 10 公担/公顷。近几年，瓜果和葡萄的单产有稳定提高的趋势。按冬春季的作物种植看，塔国春季作物的种植面积明显大于冬季，这主要是因为春季作物种类较多，冬季作物基本上只是谷类作物。春季作物中，种植面积最大的是以棉花为代表的经济作物，其次是谷类作物，然后是蔬菜、马铃薯、瓜果等。（见表 4-15）

表4-15　　塔吉克斯坦冬春季主要农作物的播种面积及收成

	2014年	2015年	2016年	2017年	2018年	2019年
	播种面积（万公顷）					
总面积	82.85	83.05	83.73	83.72	82.67	84.7
冬季作物	26.47	25.69	25.9	25.24	21.4	23.24
谷类作物	26.47	25.69	25.9	25.24	21.4	23.24
春季作物	56.38	57.36	57.83	58.48	61.27	61.46
谷类作物	14.79	16.68	16.44	15.92	16.1	15.13
小麦	5.23	6.2	6.25	6.09	6.5	5.66
大麦	5.09	5.47	5.36	4.95	4.89	4.68
经济作物	20.77	18.86	19.07	20.34	21.46	21.55
马铃薯	3.55	3.98	4.16	4.06	4.96	5.18
蔬菜	4.85	5.54	5.82	5.96	6.83	6.7
甜瓜	1.94	2.14	2	2.03	1.99	2.19
	总收成（万吨）					
谷类作物	131.78	139.28	143.58	144.77	129.56	141.45
马铃薯	85.37	88.74	89.81	78.29	96.46	99.44
蔬菜	154.95	166.79	174.83	185.91	211.94	218.26
甜瓜	54.57	59.24	59.42	63.13	64.18	70.13

资料来源：Statistical Agency under President of the Republic of Tajikistan, *Food Security and Poverty*, Dushanbe 2015-2019, 2.1.2.

（二）畜牧业

截至2020年1月1日，所有类别的农场中的牛数量达到235.83万头（与2019年同期相比增加了3.33万头或1.4%）。绵羊和山羊数量增加了6.99万头，或1.2%，达到567.18万头。需要指出的是，大约92.9%的牛和81.7%的绵羊和山羊属于家庭和私人农场，国营和集体农场的占比较小。（见表4-16）

表 4 - 16　　　　　　　塔吉克斯坦主要畜禽数量　　　（单位：万头，万只）

	1991 年	2013 年	2014 年	2015 年	2016 年	2017 年
牛	139.07	209.91	213.04	220.92	227.81	231.73
其中：家庭和私人农场		206.86	210.08	218.27	225.33	229.36
奶牛	58.59	107.63	108.99	113.19	116.85	119.55
其中：家庭和私人农场		106.76	108.11	112.42	116.11	118.84
猪		0.05	0.05	0.04	0.02	0.02
其中：家庭和私人农场		0.05	0.05	0.04	0.02	0.02
绵羊	335.49	309.75	322.69	336.42	349	363.57
其中：家庭和私人农场		288.06	301.74	316.56	328.77	343.77
山羊		182.61	182.97	191.51	196.62	194.57
其中：家庭和私人农场		176.02	176.62	185.3	190.45	188.73
马匹		7.69	7.82	7.83	7.97	8.04
其中：家庭和私人农场		7.15	7.31	7.34	7.49	7.61
家禽	658.64	502.05	529.01	514.3	505.15	521.7
其中：家庭和私人农场		328.77	339.77	351.67	374.8	373.28

资料来源：Агентство по Статистике при Президенте Республики Таджикистан *Таджикистан в Цифрах 2018*, Душанбе - 2018, Стр. 101, 102.

在塔吉克斯坦，牲畜饲料和牲畜饲料产量之间的结构失衡正在发展。在 1991 年至 2017 年期间，饲料作物的耕地面积减少了，播种面积结构中饲草作物的份额从 27.6% 下降到 12.1%，同时随着土壤侵蚀的增加，以及平原和山区不稳定过程的加强，动物饲料生产的绝对量具有持续下降的趋势。至于牲畜种群，其增长非常迅速。1991 年至 2017 年期间，该国的牛数量增加了 66.6%，其中奶牛的数量增加了 1 倍以上，绵羊和山羊的数量增加了 66.4%。在塔吉克斯坦，显然感到了人为因素对这些自然资源的压力，这些生物气候条件明显限制了畜牧业的发展潜力。（见表 4 - 17）

表 4-17　　　　　　　　塔吉克斯坦畜牧产品生产　　　　　　（单位：万吨）

	2012年	2013年	2014年	2015年	2016年	2017年
肉（活重）	16.19	17.3	19.88	21.77	23.33	24.88
屠宰体重	8.1	8.65	9.94	10.88	11.67	12.44
其中：家庭和私人农场	15.7	16.89	19.45	21.35	22.96	24.51
牛奶	77.83	82.82	85.47	88.9	91.8	95
其中：家庭和私人农场	76.52	81.43	83.83	87.3	90.18	93.32
蛋（亿个）	2.916	3.437	3.5	3.572	3.372	3.414
其中：家庭和私人农场	1.077	1.182	3.447	1.315	1.635	1.901
羊毛（吨）	6354	6565	6776	7033	7304	7522
其中：家庭和私人农场	5956	6166	6364	6666	6977	7149

资料来源：Агентство по Статистике при Президенте Республики Таджикистан *Таджикистан в Цифрах 2018*，Душанбе-2018，Стр. 103，104.

数据表明，到目前为止，塔吉克斯坦的牛奶产量（每头母牛）还没有达到1991年的水平（1991年每头牛的平均产奶量2404千克）。主要原因是苏联解体导致塔国停止了从白俄罗斯、俄罗斯、乌克兰、波罗的海国家有组织地进口高产种牛，几乎停止了为人工授精的种牛进口，也导致了兽医和动物技术服务水平的恶化等。同时大型畜禽综合体停止活动，家系动物群在前集体农场成员和国有农场工人之间分配。个体（家庭）德坎（农场）农场没有足够的物质和财务能力来引进最新的创新成果，无法为畜牧业雇用高素质的人才。可以说，塔吉克斯坦的畜牧业被退回了几十年，其特征是完全原始化。畜牧业是根据最简单的方案引入的，这是数千年前农民生活中固有的。饲养牲畜的农民早就忘记了以科学为基础的动物饲料饮食。实际上，构成奶牛和牛群核心的家养牲畜的生产力由于缺乏饲料而遭到破坏，生产力已经下降至当地非生产性牲畜品种的水平。（见表4-18）

表 4-18　　塔吉克斯坦主要畜牧产品产量及生产率

	2014 年	2015 年	2016 年	2017 年	2018 年	2019 年
肉（屠宰）（万吨）	9.94	10.88	11.67	12.44	13.10	13.63
牛肉和小牛肉	4.42	4.84	5.19	7.69	8.08	8.13
羊肉和山羊肉	4.94	5.41	5.80	3.98	4.30	4.33
家禽	0.15	0.16	0.17	0.34	0.36	0.81
其他肉	0.43	0.47	0.51	0.43	0.36	0.36
牛奶	85.47	88.89	91.79	95.00	98.31	100.06
鸡蛋（亿个）	3.50	3.57	3.37	3.41	4.50	7.26
生产率						
每头牛的平均产奶量（千克）	1618	1679	1676	1792	1783	1871
每只产蛋母鸡平均产蛋量（个）	223	221	201	226	184	205

资料来源：Statistical Agency under President of the Republic of Tajikistan, *Food Security and Poverty*, Dushanbe 2015-2019, 2.1.3.

塔国人均农产品产量方面，表4—19中的数据显示，整个27年的人均粮食产量增长了3.1倍，马铃薯产量为2.7倍，蔬菜产量为1.4倍，瓜类产量为2.3倍。数据显示，塔吉克斯坦的农业人均水果和浆果、葡萄、肉和牛奶产量在2017年达到了在1991年的水平。不过在人均产蛋量方面，该国尚未达到1991年的水平（少2.1倍）。

塔国的农业无法满足人口对肉类，奶制品和其他畜产品的需求。肉类和肉类产品的消费标准为60.0千克，奶和乳制品的消费标准为250千克，鸡蛋的消费标准为165个。根据表4-19，农村生产部门仅能满足人口对肉和肉制品的需求的23.17%，对牛奶和奶制品的需求的42.56%，对鸡蛋的需求23.15%。所有这些表明，该国畜牧业需要大幅度提高生产率。

表 4-19　　　　　　塔吉克斯坦人均农产品产量　　　　（单位：千克）

	1991 年	2012 年	2013 年	2014 年	2015 年	2016 年	2017 年
肉（屠宰重量）	13.4	10.1	10.7	12.3	13.2	13.4	13.9
牛奶	104.9	97.3	102.6	103.0	105.2	106.2	106.4
蛋（个）	81.1	36.5	42.6	42.2	42.3	39.0	38.2
粮食	54.3	154.1	172.5	158.8	164.8	166.1	162.1
马铃薯	32.3	123.9	138.2	102.9	105.0	103.9	87.7
蔬菜	112.1	167.8	184.6	186.7	197.2	202.2	208.2
甜瓜和葫芦	31.2	58.1	61.3	65.7	70.1	68.7	70.7
水果和浆果	31.6	39.2	40.7	41.1	35.4	42.1	45.3
葡萄	21.6	20.9	21.7	22.7	24.1	24.8	25.6

资料来源：Агентство по Статистике при Президенте Республики Таджикистан *Таджикистан в Цифрах 2018*，Душанбе‑2018，Стр. 104.

二　塔吉克斯坦农业生产的州际分布

塔吉克斯坦各州农业产值差别较大，主产州为哈特隆州和索格特州。以 2017 年为例，全国农业产值 245.76 亿索莫尼，哈特隆州 127.52 亿索莫尼，占比 51.89%，索格特州 71.16 亿索莫尼，占比 28.96%，两州占比达到 80.84%，其次是国家直辖区，占比 16.51%，最少的是戈尔诺—巴达赫尚自治州，占比 2.64%。（见表 4-20）

表 4-20　　　　　2017 年塔吉克斯坦各州农业产值　　　（单位：亿索莫尼）

	所有农场	农业企业	自给农场	德坎农场
塔吉克斯坦共和国	245.76	11.87	144.27	89.62
戈尔诺—巴达赫尚自治州	6.50	0.10	4.06	2.35
索格特州	71.16	4.93	35.47	30.76
哈特隆州	127.52	4.59	80.09	42.84
国家直辖区	40.58	2.26	24.65	13.67

资料来源：Агентство по Статистике при Президенте Республики Таджикистан *Гендерные Показатели в Производственной Деятельности дехканских Хозяйств за 2012－2017 гг*，Душанбе‑2018，Стр. 28.

(一) 种植业

塔吉克各州农作物播种面积的差距基本保持了其农业产值间的差距,差别不大,从时间发展看,各州的播种面积变化不大,只有首都杜尚别市,在 2013 年比 2012 年有大幅减少。从各个农作物 2016 年各州的播种面积看,谷物和豆类、马铃薯和蔬菜是各州都广泛种植的作物,棉花主要种植于哈特隆州和索格特州,其他两个州种植都很少,饲料作物主要种植于索格特州,种植面积超过了哈特隆州。哈特隆州在大多数作物的种植面积上都占据较大的优势,不过在马铃薯和饲料作物上低于索格特州。索格特州在大多数作物的种植面积上处于第二的位置,不过在小麦的种植面积上低于国家直辖区。国家直辖区的小麦种植面积超过了索格特州,不过在经济作物的种植面积方面又很不足,尤其是在棉花的种植面积上差距较大。戈尔诺—巴达赫尚自治州在各方面都处于最后的位置,而且根本没有种植棉花。(见表 4-21、表 4-22)

表 4-21　　　　塔吉克斯坦各州农作物播种面积　　　(单位:公顷)

	2012 年	2013 年	2014 年	2015 年	2016 年
塔吉克斯坦	860147	864862	828437	830578	837299
戈尔诺—巴达赫尚自治州	12298	12219	12224	12245	11926
杜尚别市	939	174	40	34	211
索格特州	265476	270038	264650	268442	270428
哈特隆州	432689	432698	406043	406795	412417
国家直辖区	148745	149733	145480	143062	141317

资料来源:Агентство по Статистике при Президенте Республики Таджикистан *Регионы Республики Таджикистан 2017*, Душанбе - 2017, Стр. 128.

表 4-22　　　塔吉克斯坦 2016 年各州农作物的播种面积　　　(单位:公顷)

	塔吉克斯坦	戈尔诺—巴达赫尚自治州	杜尚别市	索格特州	哈特隆州	国家直辖区
谷物和豆类	423469	6685	6	132878	201095	82805
小麦	297479	4310	4	53077	172977	67111
经济作物	190656	29	138	53883	125676	10930

第四章　塔吉克斯坦的农业发展　157

续表

	塔吉克斯坦	戈尔诺—巴达赫尚自治州	杜尚别市	索格特州	哈特隆州	国家直辖区
棉	162558		1	44194	115535	2828
马铃薯	41577	2466	6	14954	11212	12939
蔬菜	58205	586	16	15523	29870	12210
瓜果	19970	10		6006	13210	744
饲料作物	103265	2150	45	47156	31354	22560

资料来源：Агентство по Статистике при Президенте Республики Таджикистан *Регионы Республики Таджикистан 2017*，Душанбе – 2017，Стр. 130 – 141.

各州农作物产量有差异，差异一是来源于播种面积的不同，二是来源于单产水平的高低。从单产看，除去杜尚别市，各州的单产差异因作物的不同而不同。谷物的单产哈特隆州最高，其他各州都较低，其中索格特州最低，棉花的单产国家直辖区最高，哈特隆州最低，马铃薯、蔬菜单产水平相对来说差异不是很大，国家直辖区较低；瓜果的单产水平差异较大，哈特隆州远高于其他州，国家直辖区最低，水果的单产水平戈尔诺—巴达赫尚自治州最高，葡萄的单产水平哈特隆州也是远高于其他州。从此看出，哈特隆州的农业条件还是最优越的，单产水平高出一截，种植面积也多，因此其农作物产量远高于其他州（马铃薯除外）。（见表4 – 23、表4 – 24）

表4 – 23　　　　　　2016 年各州主要农作物的产量　　　　　（单位：吨）

	谷物	棉	马铃薯	蔬菜	瓜果	水果	葡萄
塔吉克斯坦	1435810	284708	898116	1748282	594170	364060	214775
戈尔诺—巴达赫尚自治州	16349	—	51130	15661	161	18653	—
杜尚别市	8	1	19	8		16	0
索格特州	311653	85589	344882	457953	118535	112699	55495
哈特隆州	870351	193049	245409	954391	463162	158936	99976
国家直辖区	237449	6069	256676	320264	12312	73756	59304

资料来源：Агентство по Статистике при Президенте Республики Таджикистан *Регионы Республики Таджикистан 2017*，Душанбе – 2017，Стр. 160 – 171.

表 4-24　　　　　各州 2016 年农作物单位面积产量　　（单位：公担/公顷）

	谷物	棉	马铃薯	蔬菜	瓜果	水果	葡萄
塔吉克斯坦	29.2	17.6	214.4	248.6	246.2	38.7	67.4
杜尚别市	13	10	32.0	4.8	—	80.0	—
戈尔诺—巴达赫尚自治州	24.5	—	207.3	267.3	161.0	77.0	—
索格特州	23.2	19.4	229.7	268.5	189.8	24.7	56.5
哈特隆州	34.7	16.8	214.0	253.3	278.7	67.8	82.3
国家直辖区	26.0	21.5	198.5	211.1	125.8	32.9	59.8

资料来源：Агентство по Статистике при Президенте Республики Таджикистан *Регионы Республики Таджикистан 2017*, Душанбе - 2017, Стр. 231-243.

(二) 畜牧业

从 2016 年年底各州牲畜的存栏量看，塔吉克各州畜牧业发展的排名是哈特隆州、索格特州、国家直辖区和戈尔诺—巴达赫尚自治州。哈特隆州在所有主要牲畜的数量方面都占据优势，而且领先较多，尤其是马匹。索格特州与国家直辖区相比，领先优势不大，不过在马匹的存栏量方面，低于国家直辖区。戈尔诺—巴达赫尚自治州在各牲畜的存栏量方面都是最少的，不过它有养猪，只有该州养猪，其他州都没有，虽然只有 271 头。（见表 4-25）

表 4-25　　　　　2016 年年底各州牲畜的存栏量　　　　　（单位：头）

	牛	母牛	猪	绵羊和山羊	马匹	鸟
塔吉克斯坦	2278072	1168460	271	5456206	79700	5051474
戈尔诺—巴达赫尚自治州	117240	41283	271	375479	333	129939
索格特州	634296	339975		1500710	8383	1635529
哈特隆州	944806	480763		2211247	56902	1772540
国家直辖区	581730	306439		1368770	14082	1513466

资料来源：Агентство по Статистике при Президенте Республики Таджикистан *Регионы Республики Таджикистан 2017*, Душанбе - 2017, Стр. 173-182.

牲畜是生产畜产品的载体，牲畜存栏量的高低决定了畜产品产量的高低，所以各州畜产品的产量的差别与牲畜存栏量的差别应该保持一致。从2016年各州畜产品产量看，基本上保持一致，哈特隆州的各畜产品的产量远高于其他各州，其次是索格特州、国家直辖区，最后是戈尔诺—巴达赫尚自治州。不过，它与牲畜存栏量的关系并不是直接的，主要体现在蛋的产量上。这可能主要是因为鸡有蛋鸡和肉鸡的区别。（见表4-26）

表4-26　　　　　　　　2016年各州畜产品的产量　　　　　　　（单位：吨）

	牛和家禽肉（以活重计）	牛奶	蛋	羊毛
塔吉克斯坦	233329	917990	337153	7304
戈尔诺—巴达赫尚自治州	10253	21334	5478	249
索格特州	53346	249779	151144	1470
哈特隆州	125700	447070	69230	4854
国家直辖区	44030	199807	111301	731

资料来源：Агентство по Статистике при Президенте Республики Таджикистан *Регионы Республики Таджикистан 2017*，Душанбе-2017，Стр. 184-190。

三　不同农业经营主体的农业生产

塔吉克斯坦独立后，农业领域进行了市场化改革，农业经营主体实现了深刻的演化，原来占主体地位的国有和集体农场逐渐演化为家庭和私人农场，家庭和私人农场逐渐成为该国农业生产的主体。2017年农业企业实现农业产值11.87亿索莫尼，占总产值的4.83%，农户家庭自给农场实现农业产值144.27亿索莫尼，占总产值的58.7%，德坎农场实现农业产值89.62亿索莫尼，占总产值的36.47%。私人和家庭农场占比达到了95.17%，成为塔国农业生产的绝对主力。

（一）种植业

因为德坎农场继承了原有的国有和集体农场的土地，所以德坎农场拥有的土地数量占比绝对的优势，2017年德赫坎拥有全国农业用地的70.3%。从农作物总播种面积看，德坎农场的播种面积占到总播种面积的65.11%。自给农场的播种面积比农业企业稍多。另外，农业企业和自

给农场的播种面积逐年在减少，而德坎农场的作物播种面积一直在增加。（见表4-27）

表4-27　　各类型农业经营主体的农作物总播种面积　　（单位：公顷）

	2012年	2013年	2014年	2015年	2016年
农业企业	149865	147278	142636	121526	117032
自给农场	200832	201333	176785	174944	175135
德坎农场	509450	516251	509016	534108	545133

资料来源：Агентство по Статистике при Президенте Республики Таджикистан *Регионы Республики Таджикистан 2017*，Душанбе-2017，Стр. 128.

各个农业经营主体的土地在各个作物的分配方面也很不一样。农业企业主要生产谷物和豆类、经济作物等，马铃薯、蔬菜、瓜果等作物的播种面积较少。自给农场的经济作物的播种面积明显很少，尤其是棉花基本不种植，而马铃薯、蔬菜和瓜果、饲料作物等关系民众生活的作物种植较多。德坎农场也主要生产谷物和豆类，经济作物等。由此看出，除了谷物和豆类三类经营主体都要生产，农业企业和德坎农场主要种植棉花等经济作物，而自给农场主要种植马铃薯、蔬菜和水果等与民众生活关系密切的作物。（见表4-28）

表4-28　　各农业经营主体2016年主要农作物的播种面积　　（单位：万公顷）

	谷物和豆类	小麦	经济作物	棉	马铃薯	蔬菜	瓜果	饲料作物
农业企业	5.83	3.91	3.34	2.97	0.29	0.34	0.17	1.73
自给农场	9.84	7.34	0.51	—	1.92	2.77	0.33	2.15
德坎农场	26.68	18.50	15.22	13.29	1.95	2.71	1.50	6.44

资料来源：Агентство по Статистике при Президенте Республики Таджикистан *Регионы Республики Таджикистан 2017*，Душанбе-2017，Стр. 130-141.

从各个经营主体的农作物产量看，德坎农场是塔国谷物、棉花、马铃薯的主要生产者，而自给农场是塔国蔬菜、水果、葡萄的最主要生产者。农业企业的发展逐渐萎缩，德坎农场不断发展壮大，德坎农场继承了原有的土地，是塔国种植业规模化经营的代表，成为塔国最主要的农业生产者，也是塔国实现农业现代化的希望。不过自给农场在提高人民生活水平，保障民众粮食安全，创造就业等方面发挥着重要的作用。（见表4-29）

表4-29　　　　　各农业经营主体2016年农作物产量　　　　（单位：吨）

	谷物	棉	马铃薯	蔬菜	瓜果	水果	葡萄
农业企业	145860	51339	65464	87573	29717	18759	12226
自给农场	424784	0	386316	832737	130386	192659	114300
德坎农场	865167	233369	446336	827572	434067	152643	88249

资料来源：Агентство по Статистике при Президенте Республики Таджикистан *Регионы Республики Таджикистан 2017*, Душанбе-2017, Стр. 160-171.

（二）畜牧业

与种植业中德坎农场占据比较大的优势不同，在塔国畜牧业中自给农场占据着非常大的优势。从2016年牲畜存栏量看，自给农场牲畜数量都远远大于其他两个经营主体，比如牛的数量，自给农场牛的数量占到总数量的92.93%。德坎农场的牲畜数量略大于农业企业，家禽数量少于农业企业。苏联时期大的牲畜养殖场都基本退化成了家庭养殖，规模很小，技术原始，生产率低下，这也是塔国畜牧业依然没有恢复到独立前水平的重要原因。（见表4-30）

表4-30　　　各农业经营主体2016年年底牲畜的存栏量　　　（单位：头/只）

	牛	母牛	绵羊和山羊	马匹	家禽
农业企业	24843	7440	264051	4736	1303458
自给农场	2117073	1124257	4479994	58646	3404473
德坎农场	136156	36763	712161	16318	343543

资料来源：Агентство по Статистике при Президенте Республики Таджикистан *Регионы Республики Таджикистан 2017*, Душанбе-2017, Стр. 173-182.

各农业经营主体 2016 年畜产品的产量也体现了这一重要特征。自给农场是塔国最重要的畜产品生产者，2016 年肉类的产量占到了总产量的 94.89%，其次是德坎农场和农业企业，不过鸡蛋的产量农业企业高于自给农场和德坎农场，显示出鸡蛋规模化生产的优越性。自给农场在满足人民日常畜产品需求、保障粮食安全方面发挥着重要的作用，不过其缺陷也是明显的。如何实现畜牧业的规模化发展是塔国今后畜牧业发展过程中面临的突出难题。（见表 4-31）

表 4-31　　各农业经营主体 2016 年畜产品的产量　　（单位：吨）

	牛和家禽肉（以活重计）	牛奶	蛋	羊毛
农业企业	3755	16151	173648	327
自给农场	221412	867851	155761	6013
德坎农场	8162	33987	7744	964

资料来源：Агентство по Статистике при Президенте Республики Таджикистан *Регионы Республики Таджикистан 2017*，Душанбе-2017，Стр. 184-190.

第四节　塔吉克斯坦的农产品消费和贸易

一　塔吉克斯坦的农产品消费

（一）塔吉克斯坦人的生活水平

2016 年实际人均现金收入与 2015 年相比，增长了 4.3%，达到每月 299.20 索莫尼，家庭现金收入最重要的来源仍然是劳动收入（54.8%）和农产品销售收入（6.0%）。高收入者和最低收入者的平均收入之间的差距为 10.2 倍。2018 年实际人均现金收入与 2017 年相比增加了 4.1%，达到每月 372.16 索莫尼。2018 年家庭最重要的现金收入来源继续保持劳动收入（53.0%）和农产品销售收入（6.0%）。高收入者和最低收入者的平均收入之间的差距为 9.6 倍。2019 年实际人均现金收入与 2018 年相比增长 4.3%，达到每月 425.46 索莫尼。2019 年家庭最重要的现金收入来源仍然是劳动力收入（51.2%）和农产品销售收入（5.4%）。在 2019 年，最高收入和最低收入的平均收入之间的差距达到 9.2 倍。（见表 4-32）

表 4-32　　　　　　塔吉克斯坦人均收入和支出及增长

	2015 年	2016 年	2017 年	2018 年	2019 年
人均收入（索莫尼/月）	270.82	299.2	344.44	372.16	425.46
实际收入增长（%）	92.6	104.3	107.3	104.1	106
平均工资（索莫尼/月）	879.21	960.17	1147.79	1237.47	1335.52
实际工资增长率（%）	101.4	103.1	111.4	103.9	100
人均支出（平均数/月）	259.68	286.24	324.1	351.28	401.83
实际支出增长（%）	92.2	104.1	105.5	104.4	106

资料来源：Statistical Agency under President of the Republic of Tajikistan, *Food Security and Poverty*, Dushanbe 2015－2019, 3.2.

2016 年食品支出在城镇家庭总支出中所占的比例与 2015 年相比下降了 2.4%；在农村地区，增长了 1.4%。有 3 个以上子女的家庭的食品支出份额也下降了 4.7%，而养老金领取者的这一指标下降了 0.4%。与 2017 年相比，2018 年食品支出在城镇家庭总支出中所占比例下降了 1.2%；在农村地区，下降了 2.0%。有 3 个或更多子女的家庭的食品支出份额下降了 2.4%，而养老金领取者中的这一指标上升了 8.0%。2019 年食品支出在城镇家庭总支出中所占份额比 2018 年增加了 1.5%；在农村地区，增长了 1.4%。有 3 个或 3 个以上孩子的家庭的食品支出份额也增加了 3.8%，而养老金领取者的这一指标增加了 5.5%。（见表 4-33）

表 4-33　食品消费者支出在家庭支出总结构中所占的百分比（%）

	2015 年	2016 年	2017 年	2018 年	2019 年
塔吉克斯坦共和国	57.3	55.5	54.1	52.4	53.4
市区	56.4	54	53.7	52.5	54
乡村	57.7	56.3	54.4	52.4	53.7
各州					
杜尚别	56.7	55	54.9	52.7	56
戈尔诺—巴达赫尚自治州	62.8	58.3	56.9	55.4	57.5
索格特州	50.3	48.1	46.2	43.7	45.2
哈特隆州	60.8	60.1	59.8	58.6	59.4
国家直辖区	60.8	59.8	56.7	55.1	56.6

续表

	2015 年	2016 年	2017 年	2018 年	2019 年
弱势群体					
有 3 个或更多孩子的家庭	59.8	55.1	54	51.6	55.4
养老金领取者	60.4	60	64.7	56.7	62.2

资料来源：Statistical Agency under President of the Republic of Tajikistan, *Food Security and Poverty*, Dushanbe 2015 – 2019, 3.3.

（二）塔吉克斯坦农产品消费量

塔吉克斯坦共和国从独立后到现在在人均粮食消费方面未能达到标准，由表 4 – 34 可以看出，只有谷物产品指标超过了消费标准，对于其他类型的人均食品消费，反映出严重不足。从发展来看，2019 年谷物、马铃薯和水果、浆果的人均消费超过了 1991 年，反映出这些作物的产量得到了较为快速的增长，不过在肉和肉制品、牛奶和乳制品等方面，2019 年的消费量远低于 1991 年的消费量，说明在畜牧业发展方面尤其不足。塔吉克斯坦是人口增长率高的国家之一，未来的粮食安全保障面临较大压力。（见表 4 – 34）

表 4 – 34　　　　塔吉克斯坦食物的人均月消费量　　　　（单位：千克）

	1991 年	2015 年	2016 年	2017 年	2018 年	2019 年	标准
面包产品（以谷物表示）	12.9	12.49	12.62	13.45	13.78	13.22	10.8
马铃薯	2.8	2.98	3.28	3.54	3.87	3.53	3.8
蔬菜和瓜	7.9	6.67	6.70	7.41	7.37	7.20	11.8
水果和浆果	2.2	2.99	2.53	2.77	3.22	2.77	6.5
糖和糖果	1.1	1.14	1.19	1.33	1.41	1.29	—
肉和肉制品	2.2	1.22	1.23	1.17	1.18	1.09	5.0
牛奶和乳制品	14.3	4.79	4.96	4.84	5.04	5.32	20.8
鸡蛋（个）	7.3	6.00	6.00	6.00	7	8	13.8
植物油	1.1	1.31	1.43	1.52	1.52	1.46	—
鱼和鱼制品	—	0.03	0.04	0.04	0.04	0.04	—

资料来源：Statistical Agency under President of the Republic of Tajikistan, *Food Security and Poverty*, Dushanbe 2015 – 2019, 2.4.

二 塔吉克斯坦的农产品贸易

在塔吉克斯坦的实际情况下，提高农业在该国对外经济营业额中的作用非常重要。以出口为导向的活动类型的发展不仅为该行业本身，而且为整个国家的经济迅速增长提供了重要储备。没有人否认甚至现在个体农户农场都参与了国际商品交换。塔国出口的农产品主要是棉纤维、新鲜和干果、葡萄和蔬菜。

同时，该国进口了大量的农业食品。大量进口农产品是动植物和动物产品、植物来源的产品、植物和动物来源的油脂。仅就这三个项目而言，2017 年的进口额为 4.211 亿美元，即占该国进口总额的 15.2%。这个比例似乎是绝对不能接受的，需要彻底改变。但是，专家分析显示，农业在克服贸易逆差方面可以发挥更大的作用。

首先，这需要对农产品对外贸易的地理进行彻底的调整。可以实现与南部邻国——阿富汗、巴基斯坦、印度、孟加拉国、尼泊尔、斯里兰卡的贸易额的多重扩张。塔吉克斯坦拥有丰富的水资源，可以专门向阿富汗和巴基斯坦西部各省供应高耗水产品。每年有机会增加 20 万至 25 万吨的瓜类产品供应，这种贸易已经在进行中，需要通过为农民（水密集产品的出口商）创造有利条件来大大增加这种贸易。向阿富汗出口西瓜和哈密瓜可带来 45%—50% 的利润。（见表 4-35）

表 4-35　　　　　塔吉克斯坦主要食品的出口量　　　（单位：万吨）

	2015 年	2016 年	2017 年	2018 年	2019 年
食物产品	22.93	18.26	12.75	14.52	13.18
小麦	0.01	0.00	0.00	0.00	0.00
面粉	0.00	0.02	0.00	0.00	0.00
糖和糕点	0.00	0.01	0.03	0.01	0.01
意大利面、面条、肘等产品	0.00	0.00	0.02	0.02	0.00
植物油	0.00	0.01	0.01	0.01	0.00
牛奶和乳制品	0.00	0.01	0.00	0.00	0.00
蛋	0.00	0.00	0.01	0.00	0.00

续表

	2015 年	2016 年	2017 年	2018 年	2019 年
茶	0.00	0.01	0.00	0.00	0.00
马铃薯	0.05	0.08	0.07	0.02	0.00
新鲜蔬菜	11.99	9.98	5.52	8.39	8.45
新鲜水果和浆果	3.14	2.20	3.02	2.93	1.85
水果和蔬菜汁	0.01	0.00	0.02	0.01	0.00
蔬菜罐头、番茄	0.00	0.01	0.00	0.00	0.00
食品占总量的百分比（%）	4.8	3.4	2.6	2.3	2.8

资料来源：Statistical Agency under President of the Republic of Tajikistan, *Food Security and Poverty*, Dushanbe 2015 – 2019, 2.3.

另外，开发一种技术以加速葡萄栽培的发展似乎更有利可图，其目的是出口到南亚国家——巴基斯坦、印度、孟加拉国和斯里兰卡。在这方面，以下条件是有利的：a. 塔吉克斯坦中部和东南部山麓地区在塔吉克斯坦有大量的空地，这些土地被称为所谓的富湿土地。b. 中亚和南亚地区不同季节的葡萄种植和市场销售。在印度和巴基斯坦，"葡萄季节"于4月下旬至5月初结束，在塔吉克斯坦，该季节于6月开始，于11月至12月初结束。在6月至11月期间，塔吉克斯坦的葡萄商人可以在南亚食品市场上享受该产品的垄断销售商的身份。c. 南亚葡萄品种在塔吉克餐桌上绝对没有竞争力，并且口味低劣。d. 塔吉克斯坦、阿富汗、巴基斯坦、印度和孟加拉国之间的高速公路符合国际标准，并有可能以最小的损失组织新鲜葡萄的运输。塔吉克斯坦应该吸引国际投资者将他们的资金投入富湿土地的开发，以增加中亚瓜和葡萄的出口。

在塔吉克斯坦，有超过120万公顷的山麓富湿土壤，适合雨养果园和葡萄的种植。从该地区，可以至少获得700万吨葡萄，其中包括550万吨鲜食葡萄，这些葡萄具有较高的消费特性。仅通过销售如此数量的食用葡萄，塔吉克斯坦每年就可以至少征收8亿美元的额外税收。（见表4-36）

表 4-36　　　　　塔吉克斯坦主要食品的进口量　　　　（单位：万吨）

	2015 年	2016 年	2017 年	2018 年	2019 年
食物产品	161.44	156.54	158.59	162.37	184.96
小麦	85.89	103.41	101.45	101.89	109.02
面粉	14.04	8.88	5.46	4.72	8.58
糖和糕点	14.89	10.41	12.5	12.975	16.26
意大利面、面条、肘等产品	1.73	1.34	1.43	1.337	1.74
植物油	8.41	8.65	9.71	8.14	10.05
牛奶和乳制品	1.15	1.02	0.86	0.82	0.83
蛋	0.28	0.37	1.08	0.19	4.03
茶	0.5	0.7	0.48	0.51	0.58
马铃薯	5.1	0.55	1.72	3.22	0.37
新鲜蔬菜	1.6	0.23	0.51	0.12	1.09
新鲜水果和浆果	3.49	2.41	1.92	2.829	2.73
水果和蔬菜汁	0.14	0.14	0.13	0.14	0.69
蔬菜罐头、番茄	0	0.087	0.074	0.399	0.02
食品占总量的百分比（%）	23.1	21.5	23	19.6	20.5

资料来源：Statistical Agency under President of the Republic of Tajikistan，*Food Security and Poverty*，Dushanbe 2015–2019，2.3.

第 五 章

土库曼斯坦的农业发展

土库曼斯坦是中亚国家较为特殊的国家,是联合国批准的少有的中立国之一,与其他国家经济合作交流较少。不过土库曼斯坦处于中亚和西亚的连接处,是中亚西亚走廊的关键节点国家,地理位置极其重要。中国与土库曼斯坦的农业合作对于保障两国的粮食安全、提高农业技术水平,继而推进中亚西亚走廊建设具有重要意义。

第一节 土库曼斯坦的国家概况及行政区划

土库曼斯坦的面积为 488100 平方千米,该国从西向东延伸 1100 千米,从北向南延伸 650 千米。土库曼斯坦在北部与哈萨克斯坦,在东部和东北与乌兹别克斯坦,在南部与伊朗和在东南与阿富汗接壤,边界长度为 3736 千米,其中与乌兹别克斯坦的边境线长为 1621 千米,与伊朗的边境线长为 992 千米,与阿富汗的边境线长为 744 千米,与哈萨克斯坦的边境线长为 379 千米。

土库曼斯坦独立后与其他中亚国家一样,遭遇了严重的经济下滑,以 1994 年为最大滑坡,GDP 减少了 17.3%,到 1996 年经济开始恢复正增长。以 2010 年不变价美元计量,土库曼斯坦的经济直到 2015 年才恢复到独立前 1990 年的水平。2005 年之后土库曼斯坦的经济保持较快增长,不少年份增长率达到 10% 以上,2015 年到 2018 年经济增长保持在 6% 左右,增长相对快速和平稳。土库曼斯坦的人口在 1990 年为 368.4 万人,人口总数一直保持缓慢增长,1994 年突破 400 万人,2009 年突破 500 万人。人口的增加使得人均 GDP 的增长缓慢。不过随着 GDP 的快速增长，人均 GDP 也增长较快。

农业是土库曼斯坦的重要部门，农业人口占比较高，城市化率 50% 左右，农业用地在全国的土地总面积中占比 72% 左右，不过土库曼斯坦多是沙漠牧场，耕地较少，人均耕地面积只有 0.4 公顷左右。农业就业人员在全国就业人数中占比 25% 左右，农业就业人员工资水平比全国的工资水平要低，说明农业的生产率还需要提高。土库曼斯坦全国盛产天然气等矿产资源，以工业为主，2011 年工业产值占比 49.3%，建筑业占比 13.6%，农业产值占比 10% 左右。（见表 5-1）

表 5-1　　　　　　土库曼斯坦主要经济社会指标

指标	2007 年	2008 年	2009 年	2010 年	2011 年
现价 GDP（亿马纳特）	—	494.70	576.11	643.62	799.76
GDP（2010 年不变价美元）（亿美元）	169.94	194.92	206.81	225.83	259.03
GDP 增长率	11.06	14.7	6.1	9.2	14.7
总人口（万人）	487.01	493.58	500.80	508.72	517.41
城市人口比例	46.5	46.5	50.7	50.6	50.8
人均 GDP（2010 年不变价美元）	3489.33	3949.04	4129.54	4439.20	5006.27
人均 GDP 增长率	9.69	13.17	4.57	7.50	12.77
平均月工资（马纳特）	507.1	604.4	677.6	742.8	848.4
户均现金收入（马纳特）	821.7	916.8	962.1	1081	1223.7
农业 GDP（亿马纳特）	—	53.04	60.58	72.99	80.24
农业占比	—	10.72	10.51	11.34	10.03
农业就业人员（占就业总数的百分比）	26.86	26.113	25.323	24.814	24.238
农业月工资	321.9	358.6	397.8	416.4	475.1
农业用地（占土地面积的百分比）	73.52	73.10	72.79	72.35	72.01
耕地（人均公顷数）	0.42	0.40	0.40	0.38	0.37

资料来源：State Committee of Statistics of Turkmenistan, *Statistical Yearbook of Turkmenista*, Ashgabat-2012. 以美元计价的 GDP 和人均 GDP 数据来自世界银行数据库。

土库曼斯坦行政区划分为一个直辖市和 5 个州，州下面分为 50 个地区，25个城镇，78个定居点和1927个村落。面积最大的省份是巴尔坎州，该州属于沙漠地区，人口较少，人口密度小，不过其靠近里海，资源丰富，城市化率最高，达到了82.35%。其余四个省份面积相当，阿哈尔州人口较少，其他三个州人口比例也相当。除巴尔坎州之外，其他四个州分列为阿姆河和卡拉库姆运河两岸，是土库曼斯坦农业的主要产区。总体来看，除首都阿什哈巴德市和西部巴尔坎州外，土库曼斯坦各州的发展较为均衡。（见表5-2）

表5-2　　　　　　　土库曼斯坦行政区划及其特征

省份	全国人口比例	城市化率	面积（万平方千米）	地区	城镇	定居点	村落
土库曼斯坦	1	50.8	49.212	50	25	78	1927
阿什哈巴德市	12.7	100	0.047	—	1	1	
阿哈尔州	14.5	42.07	9.716	9	5	12	278
巴尔坎州	8.5	82.35	13.927	6	7	16	128
达绍古兹州	21.1	37.44	7.343	9	2	8	654
列巴普州	20.5	46.83	9.373	14	5	27	485
马雷州	22.7	33.04	8.715	12	5	14	382

注：截至2012年1月1日。

资料来源：State Committee of Statistics of Turkmenistan, *Statistical Yearbook of Turkmenista*, Ashgabat-2012, p.11.

第二节　土库曼斯坦的农业生产要素

土库曼斯坦是中亚国家，国土面积49.12万平方千米。它是原苏联加盟共和国中仅次于俄罗斯、哈萨克斯坦、乌克兰的第四大国家。尽管大部分土地被视为农业用地，但耕地仅占其面积的4%（170万公顷）。相比之下，在俄罗斯和乌克兰，这一数字从60%到80%不等，在其他中亚国家约为25%。土库曼斯坦剩余的96%的农业用地是沙漠牧场。

土库曼斯坦的人口约为500万人，与亚美尼亚、格鲁吉亚和阿塞拜疆的人口相当。近60%的人口生活在农村地区，而俄罗斯和乌克兰在农村生活的人口不到三分之一。该国的实际人口密度高：一个村民占耕地0.5公顷，而在乌克兰和俄罗斯一个村民占2—3公顷。

在土库曼斯坦，农业仍然是经济的主要部门之一。该国农村人口比例很高，占58%，从事农业的人数占总劳动力的比例为48%。在过渡时期，中亚国家农业部门的就业人数呈增长趋势，而在欧洲国家，其特点是就业人数下降。这种趋势与农村人口的增长和整个国家的人口密切相关。农业就业与总人口之间的强正相关关系反映了一个事实，即中亚国家总体上无法创造足够的非农业就业机会，只好将劳动力迁移到非农业部门。

农业部门仅占土库曼斯坦 GDP 的 19%。这大大低于中亚其他农业国家，主要是因为经济依赖能源（石油和天然气出口）。2008 年，土库曼斯坦人均 GDP 为 3918 美元，与土库曼斯坦农业邻国（如哈萨克斯坦和阿塞拜疆）的指标相比，更接近于其他拥有能源资源经济的国家。

一 气候

土库曼斯坦是一个内陆国家，属于大陆性干旱气候，漫长而干燥，夏季闷热，秋季凉爽，潮湿，冬季少雪。一月的平均温度在南部地区约为4℃，在东北地区为-5℃，而有些情况下温度会降低到-22℃，在沙漠地区会降低到-20—32℃。夏季，平均温度约为28℃，在东北和里海地区，在南部最高+34℃（在山区，最高不超过17℃）。同时，在沙漠中部地区，白天的温度可以达到50℃，日落之后迅速下降到14—18℃（每天温度波动幅度最大为35℃）。春季和秋季的霜冻频繁发生，在沙漠地区尤为明显。

该国东北地区的降水量从每年80毫米下降到山区的300—400毫米。降水量最大的月份是冬季（12月至3月），平均降水量为77mm。在6月至10月的东南部地区和喀喇昆仑沙漠中，几乎没有降水。相对湿度也很低，在冬季不超过60%。当地气候的一个特征是北部地区几乎全年有持续的风，冬季有来自哈萨克斯坦草原地区的冷气团，夏季有山坡的热风和径流气团，引起沙尘暴和干燥风。土库曼斯坦属于水分不足的地区。在平坦的领土上，咸海平原地区的年降水量不超过150毫米，少于100毫米，山区的年降水量不超过350毫米。干旱条件下的农业发展完全基于人工灌溉。

二 土地

土库曼斯坦80%以上的领土属于农业用地。同时，土库曼斯坦是一个沙漠国家。大部分农业用地是沙漠牧场，而耕地面积很小。由于近几十年来灌溉网络的扩展，其所占份额（不包括牧场）已从20世纪60年代的1.5%增至90年代和21世纪00年代的4%，其余96%的土地为牧场。

土库曼斯坦是中亚地区唯一一个在2007—2008年期间的灌溉土地面积大大超过1990年水平的国家。在该国独立后，扩大灌溉系统的努力仍在继续，直到1994年才停止。结果在之后的十年中，灌溉土地面积翻了一番之后，它稳定在一个新的更高水平。（见表5-3）

表5-3　　1991—2011年土库曼斯坦的土地资源结构　（单位：万公顷）

	1991年	2004年	2005年	2006年	2007年	2008年	2011年
总土地面积	4940.3	4912.1	4912.1	4912.1	4912.1	4912.1	4912.1
农业用地	4088.6	3996.6	3993.7	3993.4	3992.7	3992	3983.16
耕地	128.7	171.47	173.39	177.78	153.55	152.57	155.29
休耕地	1.4	1.27	1.26	1.34	15.45	15.55	2.91
多年生人工林地	5.96	3.31	3.27	3.2	3.06	3.01	13.45
牧场	3952.53	3820.56	3815.73	3811.03	3820.64	3820.86	1.01
其他	851.71	915.48	918.44	918.74	919.39	920.1	928.93

资料来源：Инвестиционный Центр ФАО *Туркменистан Обзор Агропродовольственного Сектора*, Отчет No. 7 - Ноябрь 2012, February 1, 2013, Стр. 109, 110.

独立后，土库曼斯坦开始了土地制度改革，不过改革是非常缓慢的，逐步采取了一些市场化改革措施，但仍保持着政府强有力的干预。关于土地关系的转变和农场的改组，可以区分两个主要的改革方向：将土地分配给单个农场和改建苏联时期遗留下来的大型农场。土库曼斯坦改革的主要特点是：(1) 放宽国家对住户土地的控制并增加这类住户的土地面积；(2) 试行增加分配给私有农场（或农民）的土地面积，随后试行中断，分配给私有农场（或农民）的土地面积急剧减少；(3) 将传统的大型农场改组为"农民协会"，以向农民出租国有土地，同时保持国家提供生产资料和购买农产品的制度。

这些转变导致了三组农业生产者的形成：传统的家庭农户土地，私有农场和农民协会。一般而言，前两种生产者都被视为私人农场，而农民协会（由这些协会的租户耕种的土地）被视为集体部门。但是土库曼斯坦在集体部门和私营部门之间没有明显的区别。与独联体国家不同，土库曼斯坦实际上没有大型农业企业从事初级生产。这些大型企业转变为由个人租户组成的农民协会。农民协会有义务履行政府的命令，并通过政府渠道出售其产品和购买生产资料。通常，租户几乎没有能力决定什么生产、使用什么种子、何时收获等。因此，不应将它们视为自愿合作的小农协会，以实现规模经济，也不应将其视为类似于苏联时期的集体农场。

三 水资源

土库曼斯坦的主要水源是阿姆河（Amu Darya），土库曼斯坦和乌兹别克斯坦沿共同边界对其中的大部分进行了分类。土库曼斯坦主要通过卡拉库姆运河满足其需求，占阿姆河上游总流量的30%以上。总用水量包括260亿立方米的地表径流和5亿立方米的地下水源。（见表5-4）

表5-4　　　　　土库曼斯坦天然水取水量　　　（单位：亿立方米）

	2000年	2007年	2008年	2009年	2010年	2011年
总取水量	249.17	297.47	281.90	268.53	279.22	253.43
地下水取水量	4.26	3.07	3.09	2.86	2.69	3.42
倾倒脏污水	47.49	71.29	45.93	51.70	58.54	52.11
淡水消费量	174	210	188	178	182	166
灌溉农业用淡水量	156	190	169	159	164	148

资料来源：State Committee of Statistics of Turkmenistan, *Statistical Yearbook of Turkmenista*, Ashgabat-2012, pp.341, 350.

土库曼斯坦的农业完全依靠灌溉,因为所有耕地都在灌溉。在过去的30年中,灌溉土地的总面积增加了2倍多,从1965年的50万公顷增加到1994年的170万公顷,此后保持稳定,灌溉土地面积的增长速度超过了用水总量,特别是由于灌溉系统的损失减少了。从1970年到2004年,农业水资源仅增加了70%,因此同期每公顷灌溉土地的用水量下降了一半,从15000降至7500立方米。

水通过一个复杂的基本运河系统流向农业生产者,这些基本运河从河流汲取水。二级运河为全国的大型农场和农民协会供水;以及向大型协会分配水给农民的第三级运河。最后,沿沟渠灌溉农田,水从第三级运河流经相当原始的沟渠。整个系统是开放的,运河两岸没有任何东西。

灌溉基础设施非常广泛,但其技术条件最近有所恶化。蒸发和过滤是损失的主要原因,由于灌溉系统是开放式的,因此损失的水可达到抽水量的70%。此外,在大规模灌溉的情况下,必须有收集器和其他排水设备去除多余的水分,否则由于地下水位上升,土壤可能会发生渍水现象,其盐度可能会增加到不适合农业种植的水平。推荐的集水渠密度为每公顷45%,而实际上在土库曼斯坦,密度不超过19米,即不超过规范的43%。排水网络的不良状况导致土壤质量严重恶化。在14%的灌溉土地上,地下水已超过临界水平,24%的排水不足,90%—95%的灌溉土地是盐水。

除了灌溉基础设施质量方面的问题,人们还担心在农场一级如何有效利用水。水是国家的专有财产,负责供水和维持水质,不向农民收取用水量的费用,他们只需要向国家控制的灌溉机构支付其生产总值的3%,以补偿供水系统的一般维护和维护费用(这笔费用由农民协会收取)。政府通过控制投入物和农产品价格的政策,从预算中支付水费。结果,农民没有经济动机去有效地用水。

可以通过减少灌溉系统的损失并采用节水技术(如滴灌、地下灌溉、洒水等)来提高用水效率。防止水流失的传统方法包括用能防止过滤的材料衬砌渠道以及使用管道代替灌溉沟渠。更高效率的灌溉可以使土库曼斯坦扩大其灌溉土地,并将系统损失从30%减少到15%,从而使农业生产至少增加30%。

四 农业生产主体

在土库曼斯坦农业改革过程中，形成了三种农业生产者：传统的家庭农户，私有农场和农民协会，它们管理着土库曼斯坦近70%的土地。

在苏联时期，"私有部门"以家庭用地为代表，总共占地约4万公顷，其中75%是灌溉土地。1991年4月发布了关于增加家庭用地面积的法令，这有助于将私营部门的耕地总面积从1990年的约5万公顷扩大到1995年的12.5万公顷，然后逐步扩大到2007年的13.5万公顷。相对而言，家庭用地在总耕地中所占的份额增加了1倍，从1990年的3%增加到1992年以后稳定的6%。

自1993年以来，除住户土地外，私营部门的另一个组成部分也开始形成，由企业家在集体土地使用框架之外建立的私有农场（daikhan farms）。农场的土地以赠款的形式免费分配，但这些土地大部分是非灌溉土地，不适合耕种地区。因此，农场被迫自费开发沙漠地区。农场土地质量较差可以通过将其与家庭土地进行比较来说明：如果是在1993—1995年，农场的耕地仅占土地面积的30%—40%，而在家庭耕地中，耕地占所有土地的80%。尽管存在种种障碍，分配给农场的土地质量极低，但是越来越多的人开始在集体土地利用框架之外申请自己的土地。

农场的数量从1992年的零增加到2000—2001年的7000个，提供给他们的土地面积从1992年的零增加到1995年的10万公顷，并在1998年达到11.61万公顷的峰值，当时私营部门（农场和家庭土地）几乎占土库曼斯坦总耕地的10%。自1998年以来，农场失去了80%的领土（2008年，仅剩下2450个农场，总面积为25300公顷），因为当局要求土地赠款的接受者遵守关于良好耕种的法律规定（根据他们的说法，土地的耕种不能超过两年）。结果，私营部门（家庭和农场）的份额从1998年的10%下降到2006年的7%。随后，由于增加了家庭用地的土地分配，该比例又上升到9%。

农民协会可支配土库曼斯坦几乎95%的耕地（播种面积加上葡萄园和果园下面的土地）。从1997年到2007年，这些协会发挥了三个主要作用。首先，它们是分配给租户的国家农业用地的"保管人"或

"管理人"。其次，它们成为市政当局，负责维护农村地区的基础设施。为了执行此功能，它们从租户处获得了金钱补偿（占收入的百分比）。最后，它们充当了将政府命令移交给租户并确保其履行的工具。此外还有农业企业，主要是农业股份公司以及政府各部委的农场。（见表5-5、表5-6）

表5-5 土库曼斯坦三类农业生产者的主要特征

	个体家庭	私有农场	农民协会
土地所有权	私有	国家所有，长期租赁	国家所有，长期租赁
土地质量	耕地	耕地，非灌溉土地，荒地	耕地
农场规模	0.5—1 公顷	20—50 公顷	3—10 公顷
主要农作物	蔬菜，水果，谷物	蔬菜，水果，谷物，棉花	蔬菜，水果，谷物，棉花
生产的性质	半自给	商业化	商业化
销售渠道	市场	州渠道，市场化销售	州渠道（农民，协会），市场化销售
供应生产资料和服务	市场	州渠道（直接），市场	州渠道（通过协会），市场

资料来源：Инвестиционный Центр ФАО Туркменистан Обзор Агропродовольственного Сектора, Отчет No. 7 – Ноябрь 2012, February 1, 2013, Стр. 5.

表5-6 截至各年底的农业生产者的数量

	2007 年	2008 年	2009 年	2010 年	2011 年
个体家庭	75.24	79.36	79.5	80.7	81.87
私有农场	1676	1714	1785	1827	1806
农民协会	585	593	604	604	604
集体企业	300	300	300	300	200
私有企业	2500	2500	2300	2300	2300

资料来源：State Committee of Statistics of Turkmenistan, *Statistical Yearbook of Turkmenista*, Ashgabat – 2012, p. 67.

农业就业从 1990 年的 60 万人大幅增加到近年来的近 100 万人，即增长了近 70%。自 20 世纪 90 年代后期以来，农业从业人员的比例保持稳定在 50% 左右（从 1980 年的 40% 逐渐增加）。（见表 5-7）

表 5-7　　　　　　　　土库曼斯坦农业就业人口　　　　（单位：万人）

	1990 年	2003 年	2004 年	2005 年	2006 年	2007 年
总就业人口	147.6	206.5	211	212	212.92	216.08
农业就业人口	61.71	101.6	102.55	103.46	103.27	104.58
农业就业人口占比	41.81%	49.20%	48.60%	48.80%	48.50%	48.40%
与 1990 年的比	100	164.6	166.1	167.6	167.3	169.4

资料来源：Инвестиционный Центр ФАО Туркменистан Обзор Агропродовольственного Сектора, Отчет No. 7 – Ноябрь 2012, February 1, 2013, Стр. 112.

五　农业发展战略及农业支持政策

土库曼斯坦 1996—1997 年的农业改革造成了管理权从农业部和集体农场系统转移到新的准国家服务和购买组织系统。此外，国家对农业生产的参与范围缩小到仅种植三种战略作物：棉花、小麦和水稻。2000 年，甜菜被添加到国家秩序系统的农作物清单中。政府取消了用于生产肉类和牛奶的命令，不属于政府命令的农作物私人贸易开始发展。

用于生产四种战略作物的中央国家计划系统（"国家命令"）的实质是，根据总统令和政府决议来进行生产计划，包括提供生产资料及服务、购买收获的农产品。农民协会或租户都不参与生产决策。制造商的生产和维护资料的供应委托给水利部，德坎银行（Daihanbank）和五个提供农业服务的半官方机构。这些组织是土库曼斯坦国家农业股份公司的一部分，该公司是根据总统令于 2004 年成立的。这些半官方机构负责为每位租户提供每公顷的生产资料，以及根据农产品标准产量确定收购价格。在土库曼斯坦，绝大多数土地资源都在国家秩序系统的框架内使用。2008 年，纳入国家计划的小麦和棉花的播种面积占该国播种面积的 89%，占耕种面积的 92%。

土库曼斯坦的预算系统包括中央预算和市政预算，但是，通常，农业完全由中央预算供资。除了由国家预算提供资金，农业部门还通过稳定基金、国家外汇储备、中央银行的资源以及国民经济其他部门的收入（通过交叉补贴）获得支持。

在农业投资方面，农业预算集中在三个主要领域：（1）修复和建设国家灌溉渠；（2）环境保护；（3）马匹繁殖。除了农业领域投资项目的预算融资，国家还从国家外汇储备中提供预算贷款和信贷。德坎银行（Daihanbank）（建立于苏联农业银行的基础上）向种植四种主要战略作物之一的农场和农业企业提供贷款，年利率5%（为期1—10年）。用于生产战略作物的季节性贷款利率甚至低至年利率。实际上，根据官方数据，近年来该国的通货膨胀率每年高达10%—12%，土库曼斯坦农业投资的实际利率甚至可能为负。

国家还以折扣价甚至免费提供生产资料。农业和食品工业免费使用水，仅象征性地支付电费，并获得化肥和服务的补贴。国家对农业的支持的一个重要领域是免除食物链中各个参与者的纳税义务，不仅包括生产者，也包括食品加工业。所以，土库曼斯坦的整个农业食品部门免税包括增值税（15%）。最近，土国总统宣布建立由预算盈余组成的稳定基金。该资金将用于以每年3%—4%的利率资助优先国家计划。它的规模大约为30亿马纳特，农业和食品加工有资格获得该基金的贷款。

表5-8　　土库曼斯坦全国及农业固定资产投资　　（单位：百万马纳特）

	2000年	2007年	2008年	2009年	2010年	2011年
全国	1814.4	4600.6	15518	27384.1	29130.9	36985
农业	159.2	308.4	628.5	888.9	857.8	824.6
占比	8.77%	6.70%	4.05%	3.25%	2.94%	2.23%

资料来源：State Committee of Statistics of Turkmenistan, *Statistical Yearbook of Turkmenista*, Ashgabat-2012, p.68.

第三节　土库曼斯坦的农业生产

一　土库曼斯坦的农业生产

在20世纪90年代初期，所有独联体国家的农业都有所下降。最初的下降是由于苏联生产体系的崩溃。但是，在 20 世纪 90 年代后期，当市场改革的累积效应显现时，过渡时期的衰退特征被复苏所取代。哈萨克斯坦、塔吉克斯坦和土库曼斯坦在 1998 年经历了从衰退到复苏的转变。在吉尔吉斯斯坦和乌兹别克斯坦，这是在 1995 年和 1996 年开始的。最显著的增长发生在乌兹别克斯坦和土库曼斯坦。（见表 5 – 9）

表 5 – 9　　　　　　土库曼斯坦的农业产值及比例　　　（单位：亿马纳特）

	2007 年	2008 年	2009 年	2010 年	2011 年
农业总产值	63.80	71.58	82.32	98.56	109.02
种植业	27.68	31.34	36.25	45.32	45.00
畜牧业	36.12	40.24	46.06	53.24	64.02
种植业比例	43.39%	43.78%	44.04%	45.98%	41.28%
畜牧业比例	56.61%	56.22%	55.95%	54.02%	58.72%

资料来源：State Committee of Statistics of Turkmenistan, *Statistical Yearbook of Turkmenista*, Ashgabat – 2012, p.68.

农业结构方面，直到 1990 年，乌兹别克斯坦、土库曼斯坦和塔吉克斯坦的特征是在农业生产结构中作物产量所占比例较高，而畜产品所占比例较低。在 20 世纪 80 年代，这三个国家的牲畜产品仅占农业总产值的 30% 以上，而在哈萨克斯坦和吉尔吉斯斯坦以及俄罗斯和乌克兰，牲畜生产平均占农业总产值的 55%—60%。1992 年之后，所有国家的农业生产结构都出现了明显的趋同（塔吉克斯坦除外）：从 1992 年到 2007 年，乌兹别克斯坦和土库曼斯坦的畜产品占农业总产量的 45%—50%，2007 年到 2011 年稳定在 55% 左右。

（一）种植业

在苏联时期，土库曼斯坦致力于发展棉花的单一栽培，在苏联的六个棉花共和国中，其产量在乌兹别克斯坦之后排名第二。棉花种植面积占耕地面积的 50% 以上，另有 30% 的耕地用于草料作物播种，这在作物轮作中发挥了重要作用，谷物（主要是小麦）的种植面积为 15%。

自 1990 年政府决定刺激小麦生产以实现谷物的高度自给自足以来，

情况开始迅速改变。作物（主要是小麦）的种植面积从1990年播种总面积的15%增加到1998年的50%，并在随后的几年中继续增长，到2008年达到60%。自1990年和2002年以来，谷物作物相对份额的增加伴随着棉花面积的相对减少，棉花份额从1990年的51%下降到2002年以后的不到40%。但是，主要因素是饲料作物的面积急剧下降，其份额从1990年的27%下降到2008年的不足1%。2007—2011年，作物（主要是小麦）的种植面积基本保持稳定，棉花的面积进一步减少，2011年的种植面积份额只有36%。

尽管棉花生产的相对重要性下降，土库曼斯坦仍然是该地区的主要生产国之一。在土库曼斯坦、乌兹别克斯坦和塔吉克斯坦，棉花占总耕种面积的30%—40%。至于谷物（主要是小麦），土库曼斯坦分配了超过50%的耕地用于生产，而乌兹别克斯坦和塔吉克斯坦则分配了40%。有趣的是，从棉花单一种植向多样化农业（强调种植小麦和棉花）的转变的结果是，尽管灌溉土地面积持续增加，但在过去十年中为稳定水消耗（和取水量）做出了贡献，因为小麦生产每公顷用水比棉花生产少40%。（见表5-10）

表5-10　　　　　所有农场的作物面积（按作物类型）　　（单位：万公顷）

	2007年	2008年	2009年	2010年	2011年
作物总面积	158.81	159.66	155.5	156.1	154.57
谷物和豆科植物	86.57	94.16	90.82	90.62	88.52
小麦	83.29	90.56	87.85	86.86	85.78
大麦	0.59	0.22	0.41	1.32	0.45
食用玉米	0.2	0.25	0.34	0.33	0.34
水稻	2.21	2.79	1.86	1.8	1.51
其他	0.28	0.34	0.36	0.31	0.44
经济作物	65.91	58.2	56.7	56.59	57.19
棉花	64.27	57.04	54.82	55.02	55.64
甜菜	1.59	1.11	1.83	1.5	1.49
葵花籽	0.03	0.04	0.04	0.04	0.04
马铃薯	1.11	1.28	1.39	1.45	1.51
蔬菜	2.18	2.23	2.71	2.65	2.93

续表

	2007 年	2008 年	2009 年	2010 年	2011 年
瓜类	0.89	1.11	1.44	1.31	1.56
饲料作物	2.15	2.68	2.44	3.48	2.86
永久草场	1.15	1.19	0.92	1.97	1.41
一年生草料	0.4	0.42	0.35	0.41	0.46
饲料玉米	0.6	1.07	1.17	1.1	0.99

资料来源：State Committee of Statistics of Turkmenistan, *Statistical Yearbook of Turkmenista*, Ashgabat－2012, p.72.

在农作物产量方面，在20世纪80年代，棉花和谷物的产量和种植面积保持相当稳定。棉花收成约120万吨，粮食收成约35万吨。但是在20世纪90年代初期，谷物产量急剧增加，从1989—1990年的40万吨增加到1994—1995年的110万吨。尽管有所波动，但其后几年仍继续增长，2006年达到350万吨。从1990年到2006年，谷物产量增长了7倍，而播种面积仅增长了5倍（从1990年的20万公顷增加到2006年的100万公顷）。事实证明，就谷物产量而言，土库曼斯坦已经超过了乌克兰。这引起对生产和产量数据的可靠性的严重怀疑。2007年之后，土库曼斯坦统计数据进行了大幅调整，2007年到2011年，谷物收成在100万—150万吨浮动。

棉花生产被认为比谷物生产稳定得多。它在1990年达到顶峰，当年收获了近150万吨棉花，单产为2.3吨/公顷。从1990年到1995年，由于该作物的收成减少，产量略有下降。持续六年的稳定性在1996年突然中断，当时棉花收成急剧下降至43.5万吨（前一年为130万吨）。2007年到2011年棉花产量稳定在100万吨左右。单位产量具有同样的趋势，直到1996年才恢复到2.3吨/公顷的水平，直到1996年才稳定，并且没有超过1.5吨/公顷。不过2008年到2011年，棉花的单位面积产量增加较快，2010年达到2.34吨/公顷。

尽管与苏联时期相比产量下降，土库曼斯坦、乌兹别克斯坦和塔吉克斯坦仍是该地区最大的棉花生产国之一。土库曼斯坦退出独联体前，独联体生产的棉花中乌兹别克斯坦占比64%，土库曼斯坦占15%，塔吉克斯坦占9%。在其他中亚国家，这种作物的产量很小。与棉花不同，土库曼斯坦在该地区谷物生产中的作用很小；吉尔吉斯斯坦、塔吉克斯坦和土库曼斯坦在中亚的谷物收成中所占比例不足20%，而哈萨克斯坦和乌兹别克斯坦分别占59%和23%。土库曼斯坦的谷物产量仅占国内消费量的约65%。（见表5-11、表5-12）

表5-11　　　　　　土库曼斯坦主要农作物产量　　　　（单位：万吨）

	2000年	2007年	2008年	2009年	2010年	2011年
谷物和豆科植物	175.86	108.59	100.01	141.11	157.7	131.07
原棉	103.1	94.98	100.18	96.62	128.63	109.65
蔬菜	34.66	63.4	62.02	65.34	67.45	69
瓜类	13.48	26	25.43	28.11	29.33	30.16
马铃薯	8.87	24.7	24.02	24.67	24.96	25.15
饲料玉米	8.05	8.2	9.38	10.67	10.03	10.07
一年生草料	1.64	2.5	2.41	1.92	1.44	1.3
多年生干草	6.7	3.1	2.3	2.07	3.65	3.53

资料来源：State Committee of Statistics of Turkmenistan, *Statistical Yearbook of Turkmenista*, Ashgabat-2012, p.74.

表5-12　　　　土库曼斯坦主要农作物单位面积产量　　　（单位：吨/公顷）

	2000年	2007年	2008年	2009年	2010年	2011年
谷物和豆科植物	2.31	1.25	1.06	1.55	1.74	1.48
原棉	1.67	1.48	1.76	1.76	2.34	1.97
蔬菜	20.63	29.11	27.81	24.11	25.45	23.55
瓜类	16.85	29.21	22.91	19.52	22.39	19.33
饲料玉米	6.68	14.99	9.18	9.07	9.54	10.28
多年生干草	2.57	3.67	2.13	3.6	4.41	3.75

资料来源：State Committee of Statistics of Turkmenistan, *Statistical Yearbook of Turkmenista*, Ashgabat-2012, p.76.

(二) 畜牧业

在土库曼斯坦，牲畜繁殖种群主要由绵羊、牛和家禽组成。这个伊斯兰国家历来只有很少的猪，近年来，当牲畜的生产已大量转移到私营部门时，它们的数量已下降到接近零。土库曼斯坦畜牧业在1980年到1990年这一时期的特点是牲畜数量稳定增长，所有动物和家禽物种的增长率都大致相同（从1980年至1990年，增长率从20%增至30%）。但是，在1990年至1997年，各个子行业的趋势存在差异：牛数量继续生长，绵羊数量保持平稳，而家禽却下降了50%。1997年至1998年发生了根本性变化，这三种物种的种群开始迅速增长。与1997年的最低水平600万相比，2007年的绵羊数量增加了2倍多，达到1800万。牛的生长加快，牛群数量从1997年的110万增加到2007年的220万。最大的惊喜来自家禽业，畜牧业其他牲畜数量的下降让其增长，而到了2002年，家禽的数量恢复到1990年的水平，到2007年已超过2倍。就常规头（一头牛等于十头羊或一百头家禽）而言，1997年至2007年期间牲畜数量的快速增长使其比1980年增加了近4倍，与1997年相比几乎增加了3倍。（见表5-13）

表5-13　　　　　　　各年年底主要牲畜存栏量　　　　　（单位：千头）

	2000年	2007年	2008年	2009年	2010年	2011年
牛	1601.5	2157.7	2153.9	2174.6	2196.3	2216.5
母牛	738.2	1043	1020	1049.7	1069.9	1064.6
山羊、绵羊	8834.8	18274.9	16361.2	16706.1	17042.1	17157.9
骆驼	115.1	125.7	122.1	122.4	123.5	124
马	27.3	26.4	24.7	24.6	24.9	25.5
猪	32	24.6	18.1	13.9	10.8	9.6
家禽	5451.3	15595.9	15073.3	15888.1	16396.5	16875.3

资料来源：State Committee of Statistics of Turkmenistan, *Statistical Yearbook of Turkmenista*, Ashgabat-2012, p.87.

自1990年以来，畜产品的增长令人印象深刻。牛奶产量增长了近5倍，从1990年的43.6万吨增加到2007年的206.9万吨，肉类产量同期增长了3倍（从10万吨增加到30万吨）。根据统计数字，实际生产量的增长并不总是与畜牧业资源基础的增长相吻合,而且乳制品和肉类部门的生产率存在显著差异。在1998年以前,牛奶实际生产量的增长通常与奶牛群的增长相对应,每头母牛的牛奶产量保持在1300千克。但是,自1998年以来,牛奶产量的增长速度超过了母牛的数量,这表明牛奶生产率显著增加。在1998年至2007年,牛奶产量增长了170%以上,而奶牛数量仅增长了60%。因此,牛奶产量从1998年前的每头奶牛1300千克增加到2007—2011年的2400千克以上。相反,在过去十年的大部分时间里,肉类产量的增长落后于牲畜数量的增长。不过近年来肉类生产的生产率稳步提高。(见表5-14、表5-15)

表5-14　　　　　　　　土库曼斯坦主要畜产品产量

	2000年	2007年	2008年	2009年	2010年	2011年
肉（千吨）	149.8	294	281	291.9	297.7	304.8
牛奶（千吨）	989.4	2069	2065	2145.9	2182.9	2221.4
鸡蛋（百万）	375.6	861	855.6	894.1	922.4	937.9
羊毛（千吨）	24.3	41	35.8	37.5	38.7	39.2
蜂蜜（吨）	692.3	889.3	766.7	772.4	781	792.2

资料来源：State Committee of Statistics of Turkmenistan, *Statistical Yearbook of Turkmenista*, Ashgabat-2012, p.89.

表5-15　　　　　　　　土库曼斯坦畜产品的生产率

	2000年	2007年	2008年	2009年	2010年	2011年
母牛的平均产奶量（千克）	1513	2412	2407	2419	2454	2460
一头绵羊的平均产毛量（千克）	3.8	2.5	2.3	2.7	2.7	2.7
一只母鸡的平均下单量（个）	133	130	129	142	145	146

资料来源：State Committee of Statistics of Turkmenistan, *Statistical Yearbook of Turkmenista*, Ashgabat-2012, p.88.

二　土库曼斯坦农业生产的州际分布

土库曼斯坦各地气候地形地势相似,除了西部巴尔坎州,农业资源也相似,因此就得到了各州相似的农业产出结果。

(一) 种植业

土库曼斯坦总的农作物种植面积大约为155万公顷,近几年有减少的趋势。各州除了巴尔坎州,农作物面积相当,并且2007年到2011年变化不大。土库曼斯坦的农作物主要有谷物和豆科植物、棉花、蔬菜、瓜果和马铃薯,其中谷物(以小麦为主)种植面积最大,棉花依然是重要的经济作物。谷物和棉花的分布与总的农作物面积的分布类似,各州都有相当数量的土地进行种植。谷物和豆科植物以阿哈尔州和马雷州为多,棉花种植以马雷州为最多,种植面积比其他州明显多。对于蔬菜、瓜类和马铃薯的种植,各州差别较大,蔬菜种植以列巴普州最多,瓜类种植以阿哈尔州最多,马铃薯种植以列巴普州最多。(见表5-16、表5-17)

表5-16　　　　土库曼斯坦各州农场的总农作物面积　　　(单位:万公顷)

	2007年	2008年	2009年	2010年	2011年
土库曼斯坦	158.81	159.66	155.5	156.1	154.57
阿哈尔州	38.71	38.98	39.48	38.29	37.64
巴尔坎州	8.67	9.98	9	9.08	8.85
达绍古兹州	34.79	36.37	32.44	35.41	35.19
列巴普州	34.65	34.4	33.41	33.73	33.62
马雷州	41.99	39.93	41.17	39.59	39.27

资料来源:State Committee of Statistics of Turkmenistan, *Statistical Yearbook of Turkmenista*, Ashgabat-2012, p.72.

表5-17　　　　各州2011年主要农作物的种植面积　　　(单位:万公顷)

	谷物和豆科植物	原棉	蔬菜	瓜类	马铃薯
土库曼斯坦	88.52	55.64	2.93	1.56	1.51
阿哈尔州	22.95	12.49	0.78	0.59	0.22
巴尔坎州	7.91	0.55	0.11	0.11	0.06
达绍古兹州	18.60	14.10	0.56	0.39	0.34
列巴普州	18.85	12.00	1.02	0.32	0.65
马雷州	20.21	16.50	0.46	0.15	0.23

资料来源:State Committee of Statistics of Turkmenistan, *Statistical Yearbook of Turkmenista*, Ashgabat-2012, p.79.

从各州的农作物产量来看,差别较大,说明各州的单产水平有很大的差异。对于谷物和豆科植物来说,列巴普州产量最高,说明其单产水平最高,其土地最适合谷物的生长。棉花的产量马雷州最高,并且远大于其他州,说明马雷州最适合种植棉花,面积最大也是充分利用了其资源。蔬菜的产量阿哈尔州最大,远大于其他州,其单产水平也是最高的,说明阿哈尔州适合蔬菜种植。瓜类和蔬菜类似,从数据上看,阿哈尔州适合蔬菜和瓜果的种植生产。马铃薯的产量达绍古兹州最高,其单产水平也较高,说明其适合种植马铃薯。(见表5-18)

表5-18　　　　　各州2011年主要农作物的产量　　　　(单位:吨)

	谷物和豆科植物	原棉	蔬菜	瓜类	马铃薯
土库曼斯坦	1310.7	1096.5	690	301.6	251.5
阿哈尔州	335.9	226.2	247.1	108.3	54.6
巴尔坎州	83.3	7	25.1	12.3	12.6
达绍古兹州	252.2	200.6	132.6	85.9	71.1
列巴普州	353	280.8	142.1	50.9	59.5
马雷州	286.3	381.9	143.1	44.2	53.7

资料来源:State Committee of Statistics of Turkmenistan, *Statistical Yearbook of Turkmenista*, Ashgabat -2012, p. 79.

(二) 畜牧业

畜牧业的州际分布与种植业的分布有较大差别,各州的畜牧业差别较大。从各州牲畜存栏量看,达绍古兹州在牛的饲养方面占比比较大的优势,其次是列巴普州和马雷州,而马雷州和阿哈尔州在山羊、绵羊的饲养方面占比较大的优势。牛羊的数量与人口的数量应该有比较大的关系,相对来说,列巴普州的畜牧业发展落后于其他三个州。骆驼的数量与骆驼的需求密切相关,巴尔坎州和阿哈尔州等沙漠地区存栏量较大,达绍古兹州在马的存栏量上数量最多,家禽数量以阿哈尔州、马雷州、达绍古兹州为多。(见表5-19)

表 5-19　　　　各州 2011 年年底主要牲畜的存栏量　　　（单位：千头）

	牛	母牛	山羊、绵羊	骆驼	马	家禽
土库曼斯坦	2216.5	1064.6	17157.9	124	25.5	16875.3
阿哈尔州	279	120	4513.2	43.7	6.2	4565.9
巴尔坎州	81.5	40.6	2859.9	41.4	4.3	1096.2
达绍古兹州	927	425.5	2842.3	14.6	8.4	3863.3
列巴普州	472	277.9	2145.2	5.3	2.4	3107.9
马雷州	457	200.6	4797.3	19	4.2	4242

资料来源：State Committee of Statistics of Turkmenistan, *Statistical Yearbook of Turkmenista*, Ashgabat-2012, p.90.

各州畜牧业产量与各州牲畜存栏量的数量密切相关，肉的产量以马雷州、阿哈尔州为多，而列巴普州的肉类产量也较大，多于达绍古兹州，这可能与牲畜的用途有关。牛奶的产量与母牛的存栏量密切相关，达绍古兹州的牛奶产量最高，远大于其他州，其次是列巴普州和马雷州。羊毛产量以马雷州和阿哈尔州等山羊绵羊较多的州为多，远大于其他州。鸡蛋的产量以阿哈尔州和马雷州为最多。（见表 5-20）

表 5-20　　　　各州 2011 年主要畜产品产量

	肉（吨）	牛奶（吨）	鸡蛋（千个）	羊毛（吨）
土库曼斯坦	560294	2221360	937949	39203
阿哈尔州	131484	242023	262067	9293
巴尔坎州	47756	42652	49812	6376
达绍古兹州	109586	876389	193532	5111
列巴普州	129417	544100	178206	5929
马雷州	142051	516196	254332	12494

资料来源：State Committee of Statistics of Turkmenistan, *Statistical Yearbook of Turkmenista*, Ashgabat-2012, p.92.

三 不同农业经营主体的农业生产

分配给私营部门的土地面积的增加首先是给私人家庭（1992年），然后是新兴的独立农场，这自然导致了私营部门在农业生产中所占份额的显著增加。私营部门作物生产总值从1996年农业总产值的10%增加到2007—2011年的70%。（见表5-21）

表5-21 不同农业经营主体的农业生产 （单位：百万马纳特）

		2007年	2008年	2009年	2010年	2011年
集体企业	农业产出	1538.8	1749.2	2551.2	3455.7	3492
	种植业	1146.4	1455.2	2234.5	2680.4	2448.2
	畜牧业	392.4	294	316.7	775.3	1043.8
私营家庭	农业产出	4841.2	5409.1	5680.5	6400.1	7409.5
	种植业	1621.8	1678.7	1390.9	1851.2	2051.5
	畜牧业	3219.4	3730.4	4289.6	4548.9	5358
私营家庭比列	农业产出	75.88%	75.56%	69.01%	64.94%	67.97%
	种植业	58.59%	53.57%	38.37%	40.85%	45.59%
	畜牧业	89.14%	92.69%	93.12%	85.44%	83.70%

资料来源：State Committee of Statistics of Turkmenistan, *Statistical Yearbook of Turkmenista*, Ashgabat-2012, p.68.

（一）种植业

在20世纪90年代中期建立农场导致私营部门谷物和棉花的产量增加。根据官方统计，在21世纪初，私营部门增长了土国小麦和棉花的约三分之一。然后，这些数字被大幅下调，如今，私营部门在这些作物的生产中所占的份额很小，而2001—2005年为40%。蔬菜和水果，包括马铃薯和葫芦，是苏联时期在家庭花园中种植的传统农作物。私营部门生产的蔬菜所占比例已从1990年的不到20%增加到最近的95%。私营部门的单位面积产量高于农民协会。私人农场的谷物，甜瓜和葡萄的平均产量是农民协会的2倍以上。（见表5-22、表5-23、表5-24）

表 5-22　　　　2011 年各农业生产主体的作物种植面积　　（单位：万公顷）

	作物总面积	谷物和豆科植物	经济作物	马铃薯、蔬菜、瓜类	饲料作物
作物总面积	154.57	88.52	57.19	6	2.86
集体企业	147.57	87.61	57.14	0.91	1.91
私营家庭	7	0.91	0.05	5.09	0.95

资料来源：State Committee of Statistics of Turkmenistan, *Statistical Yearbook of Turkmenista*, Ashgabat - 2012, p.74.

表 5-23　　　　土库曼斯坦不同类型农场主要农作物产量　　（单位：万吨）

		2000 年	2007 年	2008 年	2009 年	2010 年	2011 年
集体企业	谷物和豆科植物	127.6	105.01	92.36	139.16	155.74	128.9
	原棉	68.73	94.97	100.16	96.62	128.63	109.65
	蔬菜	8.83	5.9	4.51	5.04	5.61	5.57
	瓜类	2.6	2.4	2.26	3.44	3.32	3.45
	马铃薯	0.16	0.6	0.56	0.59	0.21	0.15
	饲料玉米	5.42	4.6	4.11	5.15	5.03	5.45
	一年生草料	1.13	0.6	0.68	0.28	0.38	0.23
	多年生干草	5.94	1.9	1.58	1.52	1.77	2.63
私营家庭	谷物和豆科植物	48.26	3.58	7.65	1.95	1.96	2.17
	原棉	34.37	0.01	0.02	0.001	—	—
	蔬菜	25.83	57.5	57.51	60.3	61.84	63.43
	瓜类	10.88	23.6	23.17	24.67	26.01	26.71
	马铃薯	8.71	24.1	23.46	24.08	24.75	25
	饲料玉米	2.63	3.6	5.27	5.52	5	4.62
	一年生草料	0.51	1.7	1.73	1.64	1.06	1.07
	多年生干草	0.76	1.2	0.72	0.55	1.88	0.9

资料来源：State Committee of Statistics of Turkmenistan, *Statistical Yearbook of Turkmenista*, Ashgabat - 2012, p.74.

表 5-24　土库曼斯坦不同类型农场主要农作物单位面积产量

（单位：吨/公顷）

		2000 年	2007 年	2008 年	2009 年	2010 年	2011 年
集体企业	谷物和豆科植物	2.05	1.23	1.01	4.54	1.73	1.47
	原棉	1.36	1.48	1.76	1.76	2.34	1.97
	蔬菜	22.64	16.03	12.13	8.8	12.75	13.26
	瓜类	17.33	10.48	8.53	5.73	7.22	7.19
	饲料玉米	7.01	12.67	7.92	7.09	8.07	9.9
	多年生干草	2.41	3.41	1.93	3.32	3.13	3.45
私营家庭	谷物和豆科植物	3.47	3.69	3.15	3	2.97	2.38
	原棉	3.05	1	0.87	2.28	0	0
	蔬菜	20	31.78	30.6	28.18	27.98	25.27
	瓜类	16.74	35.74	27.37	29.37	30.6	24.73
	饲料玉米	5.02	19.52	10.49	12.25	11.68	10.75
	多年生干草	5.42	4.2	2.71	4.71	7.18	5.07

资料来源：State Committee of Statistics of Turkmenistan, *Statistical Yearbook of Turkmenista*, Ashgabat - 2012, p. 76.

（二）畜牧业

土库曼斯坦 1997 年后牲畜的快速增长完全由私营部门推动。私人农场的牲畜数量增加了 1 倍以上，从 1997 年的 90 万头增加到 2007 年的 200 万头。在过去的十年中，在农民协会中观察到相反的趋势——集体拥有动物数量稳步下降。总体而言，从 1990 年到 2007 年，按常规牲畜头计算，私营部门的牲畜数量增加了 6 倍，而公共部门的牲畜数量则下降到 1990 年水平的 50%。直到 1990 年，集体农场和国有农场拥有 60% 的牲畜和家禽人口，而家庭土地则占 40%。1990 年之后，财产结构开始以加速的速度变化，1998 年，私营部门已经占该国牲畜总数的 80%。1998 年之后，私营部门的增长放慢了速度，但到 2007 年达到了 90%。显然，

1997 年以后畜牧业生产的急剧增长是由于两个政治因素造成的。首先，政府取消了对允许在私人附属土地上饲养的牲畜和家禽数量的限制。其次，政府免除了肉类和牛奶生产商的政府订单，并允许以市场价格免费出售畜产品。

直到 20 世纪 90 年代初，集体农场的牛奶产量是单个农场（当时是家庭农场）的 2 倍。集体农场的牛奶产量平均每年每头奶牛约 2000 千克，而家庭农场的牛奶产量为 1000 千克。这种状况在 1992—1993 年之后开始发生变化，当时家庭土地面积的增加导致牲畜的数量显著增加，尤其是农村农庄中饲养的母牛的数量。通过增加地块来改善饲料基础，导致牛奶生产力提高，从每头奶牛 1000 千克增加到 2007 年的约 2000 千克。在农民协会中，1994 年至 1998 年期间每头奶牛的牛奶产量不到 1000 千克，也就是说，它们下降了 50%。（见表 5-25、表 5-26）

表 5-25　　　　　各农业经营主体的主要牲畜存栏量　　　　（单位：千头）

		2000 年	2007 年	2008 年	2009 年	2010 年	2011 年
农业企业	牛	149.7	113	112.2	110.8	110.2	105.8
	母牛	42.6	35.4	35.8	35.7	36.2	35.6
	山羊、绵羊	2801	2931.4	2236.4	2226.6	2233	1654.9
	骆驼	42.4	28.2	29	28.1	29	26.9
	马	11.4	3.6	3.1	3	3.1	3.6
	猪	10	2.3	4	3.9	1.4	1.6
	家禽	577.6	62.3	62.6	49.2	145.7	132.4
私营家庭	牛	1451.8	2044.7	2041.7	2063.8	2086.1	2110.7
	母牛	695.6	1007.6	984.2	1014	1033.7	1029
	山羊、绵羊	6033.8	15343.5	14124.8	14479.5	14809.1	15503
	骆驼	72.7	97.5	93.1	94.3	94.5	97.1
	马	15.9	22.8	21.6	21.6	21.8	21.9
	猪	22	22.3	14.1	10	9.4	8
	家禽	4873.7	15533.6	15010.7	15838.9	16250.8	16742.9

资料来源：State Committee of Statistics of Turkmenistan, *Statistical Yearbook of Turkmenista*, Ashgabat-2012, p. 87.

表 5-26　　　　各农业经营主体的主要畜产品产量

		2000 年	2007 年	2008 年	2009 年	2010 年	2011 年
农业企业	肉（千吨）	16	23	19.4	19.7	21.4	21.9
	牛奶（千吨）	51.5	61	60.2	60.1	62.5	62.5
	鸡蛋（百万）	23	9	11.4	9	7	4
	羊毛（千吨）	5	6	4.7	4.9	5	4.6
	蜂蜜（吨）	8.8	21.4	14.6	8	11.3	12.6
私营家庭	肉（千吨）	133.8	271	261.6	272.2	276.3	282.9
	牛奶（千吨）	937.9	2008	2004.8	2085.8	2120.4	2158.9
	鸡蛋（百万）	352.6	852	844.2	885.1	915.4	933.9
	羊毛（千吨）	19.3	35	31.1	32.6	33.7	34.6
	蜂蜜（吨）	683.5	867.9	752.1	764.4	769.7	779.6

资料来源：State Committee of Statistics of Turkmenistan, *Statistical Yearbook of Turkmenista*, Ashgabat-2012, p. 89.

第四节　土库曼斯坦的农产品消费和贸易

一　土库曼斯坦的农产品消费

（一）土库曼斯坦人的生活水平

近几年土库曼斯坦的经济得到快速发展。由于在油气田的勘探和开发方面有大量外国企业投资，该国的生活水平正在逐步提高。土库曼斯坦的人均国内生产总值（8020 美元）居世界第 74 位。土库曼人用于教育的预算支出为 2%，预算资金的 3% 用于医疗保健。该国的医学和中学教育是免费的，土库曼斯坦的公民也可以接受高等教育。学校是每个人的必修课。

土库曼斯坦（首都）的月平均工资约为 170 美元，大约 200 美元被认为是高薪。因为计划经济的影响，该国工资水平没有特别高的，国有中型企业的董事、总工程师和总会计师的工资大概 500 多美元。阿什哈巴德（Ashgabat）有很多小型企业、杂货店和摊位。如果一个商人"保留"一个小生意，那几乎就是他的主要工作。土库曼斯坦企业的工作日受到《劳动法》的严格规定。它的运行时间是从上午 8 点到下午 5 点，有一个小时的午餐时间。所有人的假期等于 30 个日历日。奖金很少，加班也很少。一周有五个工作日。

男性在土库曼斯坦退休年龄为 62 岁，女性为 57 岁。自 2018 年 1 月 1 日起，该国的最低工资和退休金提高了 10%。经过调整，在土库曼斯坦最低养老金为 279 马纳特（79 美元），最低工资标准定为 715 马纳特（204 美元）。

土库曼斯坦的生活消费水平相对较低。在阿什哈巴德（Ashgabat）乘出租车一千米将花费大约 20 美分。白酒在一个伊斯兰国家并不受欢迎，很少有商店出售它，一瓶普通质量的伏特加酒的价格为 15—20 美元。一包香烟的价格为 5—6 美元，十二个鸡蛋将花费买方 1.5 美元，而一千克的煮香肠则为 3—6 美元，一条面包买家要价 60 美分，一千克鸡肉大约要花 4 美元。

在阿什哈巴德（Ashgabat）租一间公寓的租客将花费 170 美元左右，而在首都的正中心为 400 美元左右。不应忘记，该国实际上免费提供天然气、电力和水。房地产价格相对便宜，因此大多数行业的代表并非无法进入。国家已经制定并实施了针对其公民的几乎无息抵押贷款的制度，特别注重为年轻家庭提供住房。（见表 5 – 27、表 5 – 28）

表 5 – 27　　　　　　土库曼斯坦 2011 年家庭的收入结构　　　　（单位：美元）

	个人附属地块的收入	社会支付	其他收入
平均	85.6	11.4	3
城镇	86.9	9.8	3.3
农村	84.1	13.3	2.6

资料来源：State Committee of Statistics of Turkmenistan, *Statistical Yearbook of Turkmenista*, Ashgabat – 2012, p. 211.

表5-28　　　　　　土库曼斯坦2011年家庭的支出结构　　　　（单位：美元）

	食物支出	非食物支出	服务支出	税费支出	其他支出
平均	46.4	30.3	7.7	5.2	10.4
城镇	49.2	28.4	9	6.3	7.1
农村	43.3	32.4	6.3	4	14

资料来源：State Committee of Statistics of Turkmenistan, *Statistical Yearbook of Turkmenista*, Ashgabat-2012, p.211.

除了城市的工作，土库曼斯坦人的主要收入还是来自个人附属地块的收入，农业收入占比还是比较大，2011年占到了85.6%，其他收入只占到了3%，并且城镇和乡村差别不大。在家庭支出方面，食物支出最多，占比46.4%。根据恩格尔系数，土库曼斯坦的食物支出占比较大，说明其收入水平不高，经济状况并不是太好。从土库曼斯坦2011年家庭的食物支出结构看，肉类的支出最高，几乎达到了总食物支出的三分之一，说明该国肉类产量明显不足，价格较高。其次是面包制品，占比也比较高，然后是糖和糖果，其他的支出占比都较少。生活必需品占比较高，同样反映出该国的生活水平不高。从收入最高和收入最低的家庭的收入结构对比看，差别不是很大，同样反映出该国贫富差距不是很大。增强该国的农业生产能力，增加主要产品的供给量，是该国急需确定的农业发展方向。（见表5-29）

表5-29　　　　　　土库曼斯坦2011年家庭的食物支出结构　　　　（单位：美元）

	收入最低的20%的家庭			收入最高的20%的家庭		
	平均	城镇	农村	平均	城镇	农村
面包制品	20.8	18	22.2	11.9	11.1	15.7
马铃薯	3.7	5.2	3	3.1	3.2	2.9
蔬菜和瓜果	9.6	12.2	8.3	10.8	11	10.1
水果和浆果	4.2	4.1	4.3	8.2	8.4	7.2
糖和糖果	13.1	11.3	14	11.5	10.7	15.1
肉	32.1	29.7	33.3	33.2	33.3	32.7

续表

	收入最低的20%的家庭			收入最高的20%的家庭		
	平均	城镇	农村	平均	城镇	农村
鱼制品	0.8	0.7	0.8	1.6	1.7	1.2
牛奶及制品	3.2	6.2	1.6	9.4	10.5	4.1
鸡蛋	1.1	2.5	0.6	1.9	2.1	0.8
油脂	7.7	6.9	8	3.9	3.3	6.8
其他	3.7	3.2	3.9	4.5	3.5	4.5

资料来源：State Committee of Statistics of Turkmenistan, *Statistical Yearbook of Turkmenista*, Ashgabat-2012, p. 212.

（二）土库曼斯坦农产品消费量

公共部门控制四种战略作物的生产——棉花、小麦、甜菜和水稻，以及农民协会和其他农业企业中的一小部分牲畜生产（主要是通过垂直整合的国有牲畜组织土库曼马尔里 Туркменмаллары）。土库曼斯坦的其余农产品是在私营部门（家庭土地和农场）生产的。以货币计算，公共部门生产的产品所占份额相对较小——仅占农业总产值的24%，其中包括41%的农作物产量和11%的牲畜产量。

国家和私营部门都参与土库曼斯坦的农产品销售。但是，由于私营部门生产的大部分产品用于自我消费，因此无法准确确定其份额。公共部门的租户必须将其所有产品提供给半官方购买组织，因此公共部门出售的产品数量与生产的产品数量没有区别。

为了估算私营部门自己的消费，这里使用了苏联时期建立的农场消费标准和土库曼农业部（MSH）推荐的标准。这些标准的使用极有可能导致对农场实际消费指标的高估，从而导致对私营部门产品销售指标的低估。表5-30提供了私营部门销售产品的数量和份额的估计。在2006—2008年，市场平均收到私营部门种植的56%的蔬菜、45%的瓜类、43%的马铃薯和66%的葡萄，以及所生产的45%牛奶、13%的牛肉和36%的鸡蛋。

表 5-30　　2006—2008 年私人出售农产品的数量和份额

	每人年消费 标准：千克	生产量： 千吨	消费量	销售量	销售份额： %
蔬菜	86	573.2	253.8	319.4	56
瓜果	43	233	127	106	45
马铃薯	46	239.1	135.8	103.3	43
水果	52	134	153.5	0	0
葡萄	25.5	224.3	75.3	149	66
牛奶	370	1999	1092.2	906.8	45
牛肉	78	264.1	230.2	33.9	13
鸡蛋	183	847.6	540.2	307.4	36

资料来源：Инвестиционный Центр ФАО Туркменистан Обзор Агропродовольственного Сектора, Отчет No. 7 - Ноябрь 2012, February 1, 2013, Стр. 36.

二　土库曼斯坦的农产品贸易

多年来，土库曼斯坦一直保持对外贸易的积极平衡。自 21 世纪以来，其盈余已大大增加。2007—2011 年，进出口额都在不断增加，并保持着贸易盈余。2011 年总出口额 167.51 亿美元，总进口额 113.61 亿美元，盈余 53.9 亿美元。

土库曼斯坦的主要贸易伙伴是俄罗斯、中国、伊朗、土耳其、阿富汗等周边国家。在 2007—2011 年，俄罗斯、伊朗、意大利一直是土库曼斯坦的主要商品出口国，而且对中国的出口增长很快，2010—2011 年出口额突飞猛进。2011 年，土库曼斯坦对上面四个国家的出口占到其总出口额的 82.5%。在同一时期，土耳其、中国、俄罗斯、阿联酋和伊朗是土库曼斯坦产品的主要进口来源国。土库曼斯坦的进口额中有 61% 归这些贸易伙伴所有。总体而言，土库曼斯坦约有 50% 的产品出口到独联体国家，而 50% 的产品出口到世界其他地区。

矿物燃料（主要是天然气）是土库曼斯坦的主要出口商品和主要出口收入来源。棉纤维是第二大出口商品，不过占比逐渐减少，2011 年仅占出口收入的 2%。在土库曼斯坦，进口结构比出口结构更为多样化。机械、机械设备、贱金属产品和运输构成了土库曼斯坦进口的大部分。包

括烟酒在内的农产品和食品约占进口总额的9%。(见表5-31、表5-32)

表5-31　土库曼斯坦的出口额及主要出口目的国家　　（单位：百万美元）

	2000年	2007年	2008年	2009年	2010年	2011年
总出口额	2506	8932.1	11944.7	9322.9	9679.2	16751
俄罗斯	1029.3	4361.3	6018.5	4353	2454	3421.9
伊朗	242	1703	2738.5	2952.7	3184.3	4091.7
中国	8	21	27.7	14.6	979.5	4061.2
意大利	401.3	994.6	1414.1	400.7	517.6	2246.2
阿富汗	38	214.1	199.1	277.2	357.9	448.3
土耳其	186	501	222.5	224.1	452.1	302.5
格鲁吉亚	14.8	94.8	53.4	461.7	651.8	869.1

资料来源：State Committee of Statistics of Turkmenistan, *Statistical Yearbook of Turkmenista*, Ashgabat-2012, p.143.

表5-32　土库曼斯坦的进口额及主要进口来源国家　　（单位：百万美元）

	2000年	2007年	2008年	2009年	2010年	2011年
总进口额	1785	4442	5707.2	8992.4	8203.6	11360.8
俄罗斯	254.5	491.7	891.3	1196.2	766.4	894.4
阿联酋	146.6	446.9	577.8	665.3	735.3	868.5
伊朗	90.9	192.3	237	472.4	696.1	662.9
德国	52.6	180.2	201.2	225.7	326.6	420.5
中国	16.7	439.5	794.9	1637.6	943.4	1103.3
土耳其	253.2	795.5	632.7	2053.5	2469.1	3348.1
美国	62.8	317.2	130.9	339.8	51.7	413.6

资料来源：State Committee of Statistics of Turkmenistan, *Statistical Yearbook of Turkmenista*, Ashgabat-2012, p.143.

在农产品国际贸易中，土库曼斯坦起着微不足道的作用。在土库曼斯坦最重要的作物之一棉花方面，仅占世界产量的1%，占世界贸易的3%，此前该国在2005—2008年的份额有所增加。土库曼斯坦在其他农产品和食品贸易中的份额甚至更低。

在出口结构中，由于矿物燃料的出口供应显著增加，近年来农产品和食品的份额下降了。它们在总出口中所占的份额已从2004年的6%逐渐下降到2008年的3%，2011年更下降到了2%。相反，食品在该国总进口中所占的份额在同一时期从7%增加到9%。但是，这一增长可能主要是由于2007—2008年小麦进口量大和世界价格高的原因。

2007—2011年，土库曼斯坦保持了农产品和食品贸易的积极平衡。但是，由于这些商品的世界价格在不断上涨，该国在2008年变成了净进口国。

在进口农产品和食品方面，哈萨克斯坦、俄罗斯和乌克兰是向土库曼斯坦出口食品和农产品（主要是小麦、面粉、饮料、糖果、烟草和糖）的主要国家，2008年占出口的74%。这三个国家和其他独联体国家的统治地位可以通过地理位置、历史联系、自由贸易协定和政府间协定的存在来解释。在出口农产品和食品方面，过去五年来，土耳其一直是其最主要的棉花、皮革和羊毛出口目的地。其次是俄罗斯、巴基斯坦和中国，为其主要进口国。（见表5-33、表5-34）

表5-33　　　　　　土库曼斯坦出口的主要农产品　　　　（单位：百万美元）

	2000年			2011年		
	出口数量	金额	占比	出口数量	金额	占比
棉纤维（千吨）	213.2	223.5	8.9	88.3	260.9	1.6
棉织物（百万平方米）	19.6	29.5	1.2	63.9	44.6	0.3

资料来源：State Committee of Statistics of Turkmenistan, *Statistical Yearbook of Turkmenista*, Ashgabat-2012, p.146.

表 5-34　　　　　　　土库曼斯坦进口的主要农产品　　　（单位：百万美元）

	2000 年		2010 年		2011 年	
	金额	占比	金额	占比	金额	占比
动物食品	69.5	3.9	90.6	1.1	114.4	1
蔬菜食品	28.9	1.6	210.4	2.6	319.3	2.8
动植物油脂	8.1	0.5	42	0.5	43.8	0.4
现成的食物；饮料、醋、烟草及其替代品	112.6	6.3	256.5	3.1	341.1	3
纺织和纺织产品	49	2.7	138	1.7	153.6	1.4

资料来源：State Committee of Statistics of Turkmenistan, *Statistical Yearbook of Turkmenista*, Ashgabat-2012, p.146.

第六章

中国及西北五省份的农业发展

中国是世界上人口最多的国家,其在人口规模和农业发展的规模方面是中亚国家所不能比的。中国用世界7%的土地养活了世界22%的人口,中国的农业发展模式和制度是适合中国国情的,也是适合人多地少的国家学习借鉴的。不过在中国的西北省份,农业发展条件还比较落后,农业发展环境资源方面与中亚国家有很大相似性。鉴于中亚国家与中国西北省份接壤,相互间的经济合作联系较为密切,因此本章在研究中国农业发展的问题时重点介绍西北五省份的农业发展情况。

第一节 中国及西北五省份的发展概况

中国位于亚洲东部,幅员辽阔,国土面积居世界第三位,与14个国家接壤,其中西北部与哈萨克斯坦、吉尔吉斯斯坦和塔吉克斯坦接壤。中国人口众多,是世界人口最多的国家。中国自改革开放以来,经济获得了快速的发展,迅速成长为世界第二大经济体,2018年中国经济总量达到13.6万亿美元,占世界生产总值的16.04%。中国的经济发展和人口分布极不平衡。与中亚国家接壤的西北五省份面积占到全国的32.38%,人口仅占中国的7.37%。伴随着中国西部大开发战略的深入实施,中国西北五省份经济也获得了快速的发展,不过总体上依然明显落后于全国平均水平,2018年,西北五省份经济总量仅占中国的5.71%,人均生产总值、城镇化水平、居民人均可支配收入均低于全国平均水平。尤其是甘肃省,各方面的指标显示发展的差距较大。(见表6-1)

表6-1　　　　2018年中国及西北五省份主要经济指标

	全国	陕西	甘肃	青海	宁夏	新疆
地域面积（万平方千米）	960	20.56	45.44	72.23	6.64	166
人口（万人）	139538	3864	2637	603	688	2487
人口密度（人/平方千米）	145.35	187.94	58.03	8.35	103.61	14.98
GDP（万亿元）	90.03	2.44	0.82	0.29	0.37	1.22
GDP增长率（%）	6.6	8.3	6.3	7.2	7.0	6.1
人均生产总值（万元）	6.46	6.35	3.13	4.77	5.41	4.95
城镇化水平（%）	59.58	58.13	47.69	54.47	58.88	50.91
农林牧渔总产值（亿元）	113579.5	3240	1659.4	405.9	575.8	3637.8
耕地面积（万公顷）*	13488	398.29	537.7	59.01	128.99	523.96
农产品生产价格指数	99.1	100.9	101.7	100.3	105	106.3
居民人均可支配收入（万元）	2.82	2.25	1.75	2.08	2.24	2.15
城镇非私营单位就业人数（万人）	17258.2	493.2	246.7	62.7	68	305.2

数据来源：《中国统计年鉴2019》，农林牧渔总产值来源于《中国农业年鉴2019》。* 是2017年数据。

中国的农业在改革开放之后也获得了快速的发展，主要农产品产量获得成倍的增长，主要农产品的人均产量和消费量都大幅增加，中国的主要农产品基本实现自给自足，这是世界农业发展历史上的奇迹。同样地，西北五省份的农业鉴于气候等资源禀赋条件在中国的农业发展中具有特殊的地位，特色农业发展较好，2018年西北五省份的农林牧渔总产值占到全国的8.38%。不过西北地区发展农业的成本较高，农产品生产价格指数都明显高于全国水平。（见表6-2、表6-3）

表6-2　　　　中国某些年份的主要农产品人均产量　　　　（单位：千克）

年份	粮食	棉花	油料	糖料	猪、牛、羊肉	蛋类	奶类	水产品
1990	393.1	4	14.2	63.6		7.0	3.7	10.9
2000	366.0	3.5	23.4	60.5	37.6	17.3	6.6	29.4
2010	418	4.31	23.6	84.5	46.2	20.8	22.7	40.2

续表

年份	粮食	棉花	油料	糖料	猪、牛、羊肉	蛋类	奶类	水产品
2016	479.0	3.9	24.7	81.1	47.2	22.9	22.2	46.3
2017	477.2	4.1	25.1	82.1	47.3	22.3	21.9	46.5
2018	472.4	4.4	24.7	85.7	46.8	22.5	22.1	46.4

数据来源：《中国农业年鉴2019》。

表6-3　　　　　中国历年居民人均主要食品消费量　　　（单位：千克）

年份	粮食	蔬菜	食用油	猪肉	牛、羊肉	蛋类	水产品	食糖
2013	148.7	97.5	10.6	19.8	2.4	8.2	10.4	1.2
2014	141.0	96.9	10.4	20.0	2.5	8.6	10.8	1.3
2015	134.5	97.8	10.6	20.1	2.8	9.5	11.2	1.3
2016	132.8	100.1	10.6	19.6	3.3	9.7	11.4	1.3
2017	130.1	99.2	10.4	20.1	3.2	10	11.5	1.3
2018	127.2	96.1	9.6	22.8	3.3	9.7	11.4	1.3

数据来源：《中国统计年鉴2019》。

第二节　中国及西北五省份的农业生产要素

一　气候

中国幅员辽阔，气候复杂多样，跨纬度较广，距海远近差距较大，加之地势高低不同，地形类型及山脉走向多样，因而气温降水的组合多种多样，形成了多种多样的气候。从气候类型上看，东部属季风气候，西北部属温带大陆性气候，青藏高原属高寒气候。从温度带划分看，有热带、亚热带、暖温带、中温带、寒温带和青藏高原区。从干湿地区划分看，有湿润地区、半湿润地区、半干旱地区、干旱地区之分。而且同一个温度带内，可含有不同的干湿区；同一个干湿地区中又含有不同的温度带。因此在相同的气候类型中，也会有热量与干湿程度的差异。地形的复杂多样，也使气候更具复杂多样性。

中国西北地区深居内陆，距海遥远，再加上高原、山地地形较高对湿润气流的阻挡，导致本区降水稀少，气候干旱，形成沙漠广袤和戈壁沙滩的景观。西部地区仅东南部少数地区为温带季风气候，其他的大部分地区为温带大陆性气候和高寒气候，冬季严寒而干燥，夏季高温，降水稀少，自东向西呈递减趋势。由于气候干旱，气温的日较差和年较差都很大。（见表6-4）

表6-4　　　　　　　　2017年中国主要城市气候情况

城市	年平均气温（℃）	年极端最高气温（℃）	年极端最低气温（℃）	年平均相对湿度（%）	全年日照小时数	全年降水量（毫米）
北京	14.1	38.5	-10.1	49	2479.2	576.4
沈阳	9.3	37.5	-22.3	58	2437.8	463.3
南京	17.0	40.0	-4.6	72	1969.1	1254.5
郑州	16.8	38.8	-6.0	60	2056.3	597.6
武汉	17.2	39.7	-5.0	81	1601.2	1107.5
成都	16.6	36.5	-2.5	81	1158.6	967.0
西安	15.6	41.8	-5.4	59	—	640.3
兰州	11.2	38.6	-10.0	51	2132.7	347.9
西宁	6.3	34.6	-17.7	58	2463.7	451.3
银川	11.0	39.1	-15.2	47	2789.8	211.3
乌鲁木齐	3.5	30.4	-17.6	59	2406.5	475.7

数据来源：《中国环境统计年鉴2018》。

二　土地

中国地势西高东低，主要由山地、高原、丘陵构成，约占陆地面积的67%，平原和盆地约占陆地面积的33%。中国的陆地面积约960万平方千米，农用地面积644.86万平方千米，占比67.17%。在中国农用地结构中，林地和牧草地最大，占比分别达到39.2%和34%，耕地只占到20.9%，人均耕地面积1.46公顷。中国的耕地面积较少，中国是一个人多地少的国家，并且可开发的潜力不大。中国西北省份因为气候和地势的原因，农用地面积更少。中国西北省份面积占到全国的32.38%，农用地面积只占到全国的21.36%，耕地只有全国的12.22%。在西北五省份的农用地结构中，以牧草地为主，新疆和青海有广阔的草场，然后是林地和耕地。这和中亚国家的气候条件和农用地结构近似。在中国西北五省份的耕地中，又以旱地为主，其次是水浇地，水田的面积很少。新疆的水浇地占比达到了94.9%，对水的依赖更强。中国西部五省份的土地利用结构决定了其农业产业的结构。

2018年我国粮食的播种面积为1.17亿公顷，棉花播种面积为335.4万公顷，油料作物播种面积为1287.2万公顷，糖类作物播种面积为162.29万公顷。中国充分利用了不多的土地，保障了国内农产品产量，我国耕地所做的18亿亩红线很有必要。西北省份由于地形和水资源的限制并不是我国农业的主要产区，不过特色农业发展良好。新疆是我国重要的棉花产区，2018年棉花播种面积为249.1万公顷，占全国棉花播种面积的74.27%。新疆同时也是我国特色蔬菜瓜果的重要产区。（见表6-5、表6-6）

表6-5　　　　　中国及西北五省份农用地利用情况　　　（单位：万公顷）

地区	农用地	耕地	园地	林地	牧草地
全国	64486.36	13488.12	1421.42	25280.19	21932.03
陕西	1856.26	398.29	81.64	1116.68	216.94
甘肃	1854.79	537.70	25.58	609.63	591.86
青海	4508.80	59.01	0.60	353.96	4079.46
宁夏	380.69	128.99	5.00	76.62	149.17
新疆	5171.87	523.96	62.07	895.83	3571.48

数据来源：《中国环境统计年鉴2018》。

表6-6　　　　　2018年中国及西北五省份耕地结构　　　（单位：%）

	全国	陕西	甘肃	青海	宁夏	新疆
耕地	100	100	100	100	100	100
水田	24.63	3.94	0.12	0.03	14.38	1.08
水浇地	21.01	26.33	24.74	32.06	25.23	94.9
旱地	54.36	69.72	75.14	67.94	60.39	4.03

数据来源：《中国农业年鉴2019》。

三 水资源

中国水资源丰富，2017年水资源总量达到2.88万亿立方米，用水总量达到6043.3亿立方米，人均用水量为435.9立方米。不过中国水资源分布极不均衡，中国西北省份水资源匮乏，2017年水资源总量只占到全国的8.7%。尤其是宁夏，水资源总量和人均水资源量都远低于全国水平。在用水方面，除了青海，可以看到西北省份的用水量在水资源总量的比例都高于全国水平，尤其是宁夏，掠夺性用水的结果对于环境的影响非常严重，涸泽而渔的用水方式难以持续。这说明西北省份在人—地—水之间的矛盾还很突出。在用水结构中，农业用水量占据绝大部分，最大的是新疆，达到了85.78%，说明西北省份在农作物结构方面还需要调整。我国西北地区节水农业加快发展。2017年在西北地区大面积推广耐旱小麦、薯类、杂粮等，建设十多个高标准节水农业示范区，集中示范展示膜下滴灌、集水补灌和喷滴灌模式。（见表6-7、表6-8）

表6-7　中国及西北五省份2017年水资源情况　　　　　（单位：亿立方米）

地区	水资源总量	地表水资源量	地下水资源量	地表水与地下水资源重复量	降水量（毫米）	人均水资源量（立方米/人）
全国	28761.2	27746.3	8309.6	7294.7	664.8	2074.5
陕西	449.1	422.6	141.6	115.1	801.2	1174.5
甘肃	238.9	231.8	133.4	126.3	317.7	912.5
青海	785.7	764.3	355.7	334.3	338.9	13188.9
宁夏	10.8	8.7	19.3	17.2	331.6	159.2
新疆	1018.6	969.5	587.0	537.9	192.4	4206.4

数据来源：《中国环境统计年鉴2018》。

表 6-8　　　　中国及西北五省份 2017 年用水情况　（单位：亿立方米）

地区	用水总量	农业用水	工业用水	生活用水	生态环境补水	人均用水量（立方米）
全国	6043.4	3766.4	1277.0	838.1	161.9	435.9
陕西	93.0	58.2	14.3	17.0	3.5	243.2
甘肃	116.1	92.3	10.4	8.7	4.7	443.5
青海	25.8	19.2	2.5	2.9	1.2	433.1
宁夏	66.1	56.7	4.5	2.3	2.5	974.3
新疆	552.3	514.4	13.1	14.7	10.2	2280.8

数据来源：《中国环境统计年鉴 2018》。

四　农业生产主体

自 1978 年中国实施家庭联产承包责任制以来，中国主要的农业生产主体是农村的农户，亿万农户为中国的农业发展做出了重要的贡献。另外，中国保留了原有的农垦系统，农垦系统作为国家粮食安全的战略保障，在中国的农业发展中有着重要的作用。2018 年中国农垦系统国有农场 1759 个，耕地面积 641.97 万公顷，占全国耕地面积的 4.76%。其中新疆占据很大的比重，拥有 326 个国有农场。除了农业生产，新疆兵团农垦系统为保障国家边境地区的安全、民族地区的稳定做出了突出贡献，在今后与中亚农业合作中也会发挥重要的作用。随着中国城镇化的发展，大量农民进城成为城里人，他们的土地有着流转的需求。同时中国小农户的耕作方式的弊端也开始显现，土地规模化经营的趋势不断发展。原有的以家庭为单位的农业生产主体往家庭农场、种粮大户、农业合作社、农业企业等新型农业生产主体发展。这些新型农业生产主体是中国农业发展的方向，在农村经济结构调整中起带动作用，在中国实施农业产业化经营，大力发展农产品加工业，在农业产业化、农产品加工业中起到引领作用。中国处于家庭农户、家庭农场、种粮大户、农业合作社、农业企业、农垦系统等农业生产主体共存的时代。（见表 6-9）

表 6–9　2018 年中国及西北五省份农垦系统国有农场基本情况

地区	农场数（个）	职工人数（万人）	耕地面积（千公顷）	农业机械总动力（万千瓦）	大中型拖拉机（台）	农用运输车辆（辆）	化肥施用量（万吨）
全国	1759	192.1	6419.7	3062.3	228803	76030	273.8
陕西	12	0.4	10.8	4.0	237	138	0.7
甘肃	21	1.3	68.9	35.2	7392	809	3.6
青海	22	0.6	38.1	5.6	297	690	1.1
宁夏	14	1.1	41.2	32.4	2648	1799	3.4
新疆	326	8.8	1630	662.6	67764	19274	98.3

数据来源：《中国农业年鉴 2019》。

五　农业发展战略及农业支持政策

我国的农业支持政策是随着我国社会经济的不断发展和我国农地产权制度改革而不断演化的。中华人民共和国成立初期到改革开放前夕，相比较而言，工业是国民经济的短板，处于优先发展的地位，对农业是负补贴。国家借助一元化的计划经济体制，通过"统购统销"和提取农业税等方式，直接或间接地从农业部门抽取资源，为工业化提供原始积累。

进入 21 世纪以后，我国非农产业在国民经济中已占绝对主导地位，工业已具备自我发展的能力，工业反哺农业、城市支持农村的条件已基本成熟。与此同时，工业化和城镇化的快速发展，形成了对农业在能源、土地和劳动力等资源的争夺，造成农业生产成本快速上升以及城乡收入差距不断加大等问题。从 2004 年开始，我国实施了以粮食最低收购价、临时收储、粮食直补、农资综合补贴、良种补贴、农机具购置补贴为主要内容的农业补贴政策，由此意味着我国农业政策的全面转型。另外，我国农地产权制度改革也经历了"两权分离"不断加强的过程，通过不断收缩集体所有权权能和扩大农户承包经营权权能，土地承包经营权实现了从生产经营自主权向用益物权乃至"准所有权"的重大转变。[1]

---

[1] 叶兴庆：《集体所有制下农用地的产权重构》，《毛泽东邓小平理论研究》2015 年第 2 期。

中国特色社会主义进入新时代，我国经济发展进入新常态，经济增长速度放缓。同时，农村土地产权制度和农业经营体系不断发生着新的变化。一是土地产权制度由"两权分离"过渡到"三权分离"：工业化和城镇化的发展使得大量农村劳动力进城务工经商，有的是举家搬迁，这些农户承包的土地开始出租给其他农户经营，这就发生了承包权和经营权的分离。土地的流转形成了以专业大户和家庭农场为代表的新型农业经营主体。可以预见，随着城镇化和农村劳动力老龄化的不断发展，土地向中农、专业大户和家庭农场流转的趋势不会改变。二是随着市场分工的加快发展，农村社会化服务组织方兴未艾，这些服务组织既包括农业公益类服务组织，农业经营性服务组织，也包括个体农户、因共同利益形成的农民合作组织，以及涉农企业等。三是集体所有权权能的回归："两权分离"的制度下，因为存在着大量的个体农户，他们共同利益的分散一定程度上造成了集体所有权权能的虚置。不过随着土地的适度规模经营，农业经营主体共同利益的增多同样要求集体所有权权能的回归。以"三权分置"和农村集体产权制度改革为标志的农村新一轮结构变迁正在起步。

2017年党的十九大将乡村振兴战略作为今后三农工作的总战略总抓手。2020年中央农村工作会议指出，中国正处于向第二个百年奋斗目标迈进的历史关口，需要巩固和拓展脱贫攻坚成果，全面推进乡村振兴，加快农业农村现代化。全党全国都要坚持把解决好"三农"问题作为工作重中之重，举全党全社会之力推动乡村振兴，促进农业高质高效、乡村宜居宜业、农民富裕富足。中国对三农工作的投资支持也会越来越多，领域更加广泛，中国正式进入城市全方位反哺农村、工业反哺农业的时代。

六 农业技术水平

改革开放以来，中国的农业技术获得了长足的进步，中国已经建立起了完整的农业技术研发推广采用的系统体系。中国的各类农资投入量、农业机械拥有量、农业机械采用率都获得了大幅提升。中国建立起了农资和工业机械多主体市场供给机制，充分发挥市场机制作用，将小农户与现代农业有机结合起来。近几年，在绿色发展导向下，中国的化肥农药使用实现负增长，有机肥替代化肥初见成效。在国家西部大开发的背景下，西北省份的农业能源丰富，农业投资水平并不低于全国平均水平，尤其是农用塑料薄膜用量能占到全国的20.18%。2017年陕西省农业设施化率突破40%，主要农产品抽检合格率达到99.5%，甘肃省农作物综合机械化率达到53%，农业科技进步贡献率达到56%。宁夏科技进步贡献率达到59%，主要农作物耕种收综合机械化率达到73%，其中水稻耕种收综合机械化率达到95%以上，在全国率先实现全程机械化。（见表6-10、表6-11）

表6-10　　2018年中国及西北五省份主要农业投入消耗量　　（万吨）

地区	农村用电量（亿千瓦时）	农用化肥施用量（万吨）	农用塑料薄膜用量（吨）	农用柴油使用量（万吨）	农药使用量（吨）
全国	9358.54	5653.42	2466795	2003.39	150.38
陕西	133.6	229.64	44147	92.58	1.26
甘肃	59.08	83.17	161272	40.77	4.29
青海	6.55	8.32	7556	6.44	0.18
宁夏	15.05	38.37	14975	21.69	0.23
新疆	119.54	254.99	269839	95.54	2.37

数据来源：《中国农业年鉴2019》。

表6-11　　2018年中国及西北五省份农业机械年末拥有量

（单位：万台/部/套）

地区	大、中型拖拉机	小型拖拉机	农用水泵	联合收获机	机动脱粒机	节水灌溉类机械
全国	422.0	1818.3	2289.2	205.9	1039.5	240.2
陕西	9.8	22.0	34.1	4.2	49.3	6.1
甘肃	8.9	73.5	12.7	1.1	28.6	2.4
青海	1.2	25.8	0.2	0.3	4.4	0.2
宁夏	3.9	17.3	3.6	0.9	2.0	0.8
新疆	33.6	43.2	7.4	1.3	5.6	6.3

数据来源：《中国农业年鉴2019》。

中国农业技术水平的提高可以明显地体现在农业单产水平的提高方面。2018年中国的粮食单产达到了5621千克/公顷,是哈萨克斯坦每公顷1330千克的4.23倍。并且和中亚国家农业气候条件相似的新疆,粮食单产水平达到了每公顷6777千克,所以在农业技术方面,新疆与中亚国家有广阔的合作空间。2018年中国的棉花单产1819千克/公顷,哈萨克斯坦2590千克/公顷,哈萨克斯坦有着明显优势。油料单产达到2667千克/公顷,远高于哈萨克斯坦的970千克/公顷。在单产方面,西北五省份的发展条件差别很大,其中新疆在各项指标中都处于领先地位,青海的发展条件较差,甘肃、宁夏和陕西的单产水平基本都落后于全国水平。另外,新疆是我国重要的棉花产区,单产水平较高。(见表6-12)

表6-12　　　2018年中国及西北五省份粮棉油糖播种
面积及单位面积产量

(单位:千公顷,千克/公顷)

地区	粮食		棉花		油料		糖料	
	播种面积	单产	播种面积	单产	播种面积	单产	播种面积	单产
全国	117038.21	5621	3354.42	1819	12872.44	2667	1622.97	73553
陕西	3005.98	4079	6.92	1431	284	2147	0.09	14233
甘肃	2645.25	4353	21.53	1640	325.82	2161	3.77	66840
青海	281.26	3664	—	—	147.91	1925	0.02	18100
宁夏	735.68	5336	—	—	33.73	2161	—	—
新疆	2219.63	6777	2491.3	2052	224.13	3026	57.26	74175

数据来源:《中国农业年鉴2019》。

第三节　中国及西北五省份的农业生产

一　中国及西北五省份的农业生产

随着中国农业生产技术的不断进步和农业投入的增强,中国的农业生产获得了长足的进步。到2020年,中国的粮食生产已经实现了17连增,连续6年粮食产量保持在1.3万亿斤以上。2018年中国的农业总产值达到11.36万亿元,其中农业产值6.15万亿元,占比54.11%,其次是牧业 2.87 亿元，占比 25.27%，然后是渔业占比 10.68%，林业产值占比 4.78%。与全国农业产值结构不同的是，西北五省份由于水资源的限制，渔业产值占比都很小，几乎可以忽略，林业产值占比也远低于全国水平。不过西北省份的农业发展都有其特色。西北省份都是以种植业和畜牧业为主，两者的和的占比都达到了 90% 以上，这和中亚国家的农业结构非常相似。

陕西拥有丰富的农业资源，农业在陕西省国民经济中占据重要地位。随着农业现代化进程的不断推进，陕西省粮食综合生产能力不断提升，畜牧业、农产品加工业以及以苹果为代表的水果产业的发展规模不断壮大。（见表 6-13）

表 6-13　　　2018 年中国及西北五省份农林牧渔业总产值　　（单位：亿元）

地区	总产值	农业产值	林业产值	牧业产值	渔业产值
全国总计	113579.5	61452.6	5432.6	28697.4	12131.5
陕西	3240	2245	104.6	682.8	29.8
甘肃	1659.4	1166.1	33.1	318.9	2.0
青海	405.9	169.2	10.4	216.0	3.6
宁夏	575.8	344.6	9.2	176.1	19.7
新疆	3637.8	2541.2	62.7	796.4	28.1

数据来源：《中国农业年鉴 2019》。

青海位于青藏高原，自然环境比较恶劣，地处偏远，可用有效耕地比较少，但是青海无污染，环境清洁，比较适合发展绿色生态特色农业。从农业发展结构上可以看到，青海省牧业以及种植业占据主要地位。2018 年青海省种植业总产值 169.2 亿元，占农林牧副渔总产值的 41.68%。其中包括粮食作物、油料、蔬菜食用菌及园艺以及中药材等。2018 年青海省林业总产值 10.4 亿元，占农林牧副渔总产值的 2.56%，主要是林木的培育和养殖，其中育林、抚育管理的产值比重达到 80%。林业总产值在青海省农林牧副渔总产值中占比不大，且发展比较平稳。这与其独特的自然环境有关。2018 年青海省牧业总产值为 216 亿元，占农林牧副渔总产值的53.22%，主要包括牛、羊、猪等饲养以及奶制品和毛绒产品。2018年青海省渔业总产值为3.6亿元，占农林牧副渔总产值的0.89%。

甘肃省地形狭长，地理特征跨越性较大，生态类型多样，气候南北不同，农业自然资源丰富，在发展特色农业上具有明显的比较优势。以乡村振兴战略为契机，甘肃省以构建现代农业产业体系、生产体系、经营体系为主，抓好特色农业是当前农业发展的新思路。甘肃省农业产业以种植业、畜牧业为主。种植业主要是粮食作物、油料、甜菜和蔬菜。

宁夏素有"塞上江南"和"西部粮仓"的美誉。近年来，宁夏大力发展"一特三高"农业，主要发展特色农业，发展高品质、高端市场、高效益农业，农业农村经济快速发展，农民收入持续增加。宁夏农业以农林牧渔业为主。宁夏农作物主要是粮食作物和油料，粮食作物主要有稻谷、小麦和玉米。2000年农作物产值46.99亿元，占农业总产值的60%；2008年农作物产值130.1亿元，占农业总产值的57%；2015年农作物产值300.04亿元，占农业总产值的62%；2018年农作物产值344.6亿元，占农业总产值的59.85%。可见，宁夏地区农业发展仍以农作物生产为主。宁夏牧业以猪、牛、羊、家禽为主。1978年牧业总产值0.87亿元，占农业总产值的18%；2000年牧业总产值的25.74亿元，占农业总产值的33%；2008年牧业总产值74.65亿元，占农业总产值的33%；2017年牧业总产值176.4亿元，占农业总产值的30.58%。宁夏林业以及渔业所占比重较小。1978年林业产值0.15亿元、渔业产值0.002亿元，分别占农业总产值的3%、0.04%；2000年林业产值3.1亿元、渔业产值1.9亿元，分别占农业总产值的4%、2%；2017年林业产值9.69亿元、渔业产值18亿元，分别占农业总产值的1.9%、3.5%。由此可见，由于地理环境影响，宁夏牧业和渔业在农业总产值中所占比重一直比较稳定，但从产值体量上看也在不断扩大。

新疆的农业总产值在西北五省份中最高，是与中亚国家进行农业合作的桥头堡。新疆农作物产值1978年为14.246亿元，2000年为360.54亿元，2010年为1376.89亿元，2015年为2005.38亿元，增长速度迅猛，在农业总产值中占据重要地位。但同时，新疆农作物产值在农业总产值中的比重有所下降，由2000年的74%下降到了2015年的71.51%，2018

年进一步下降到69.86%,农业产业结构更加合理。新疆牧业仅次于农作物,2015年新疆畜牧业产值较2000年增长4.67倍,达到649.51亿元,2018年达到796.4亿元。畜牧肉类总产量从2000年的90万吨增长到2015年的153.2万吨,增幅70%,2018年达到162万吨。新疆作为我国五大牧区之一,产值逐年稳步增长,但与其他产业相比,增幅不大。新疆渔业不占优势,在农业总产值中所占比重较小,且呈现每年逐渐下滑态势。这与优化产业结构、突出优势资源密不可分。

(一)种植业

经过多年的快速发展,虽然中国的人口不断增长,但中国的农产品产量已经基本满足中国人民的需要。到2018年中国的粮食人均产量达到472.38千克,棉花人均产量4.38千克,油料人均产量24.65千克,糖料人均产量85.71千克,部分农产品还可以出口外国或者对国外进行援助。中国西北五省份主要农产品的人均产量也基本达到了国家平均水平,不过青海的人均粮食产量还远低于国家平均水平,需要加强,不过青海的油料作物人均产量远高于国家平均水平。在糖类生产方面,只有新疆远高于国家平均水平,其他四个省份都远低于国家平均水平。(见表6-14)

表6-14　　2018年中国及西北五省份粮棉油糖产量及人均产量

(单位:万吨,千克)

地区	粮食 产量	粮食 人均	棉花 产量	棉花 人均	油料 产量	油料 人均	糖料 产量	糖料 人均
全国	65789.22	472.38	610.28	4.38	3433.39	24.65	11937.41	85.71
陕西	1226	318.48	0.99	0.26	60.96	15.84	0.13	0.03
甘肃	1151.43	437.55	3.53	1.34	70.41	26.76	25.2	9.58
青海	103.06	171.62	—	—	28.47	47.41	0.04	0.06
宁夏	392.58	573.11	—	—	7.29	10.64	—	—
新疆	1504.23	609.99	511.09	207.25	67.81	27.5	424.73	172.23

数据来源:《中国农业年鉴2019》。

1. 陕西省种植业及特色农业

2018年，陕西省粮食总产量1226.31万吨，比上年增长2.7%，其中夏粮产量438.30万吨，下降0.9%，秋粮产量788.01万吨，增长4.8%。蔬菜及食用菌产量1808.79万吨，增长4.3%；园林水果1566.01万吨，下降5.7%；猪牛羊禽肉产量113.68万吨，增长0.9%；牛奶产量109.75万吨，增长2.3%；禽蛋产量61.58万吨，增长2.5%。加快发展现代农业，新建省级农业产业园11个，粮食总产增长2.7%，果业、畜牧业、设施农业、茶叶等特色产业蓬勃发展。2017年设施蔬菜占比提高到40%，全省蔬菜产量1734万吨，周年供应能力提高到70%；加快茶产业由出向秦岭挺进，茶叶产量达到6.66万吨，上年增长8.9%，陕西茶叶在全国异军突起，影响不断扩大。

陕西省农作物种植为夏秋两季。夏粮主要是小麦，2017年总播种面积为4286.3千公顷，夏粮播种面积3045.26千公顷，其中小麦播种面积1199.29千公顷，占全年总播种面积的28%。小麦产量482.49万吨，自1985年以来产量比较平稳。秋粮包括稻谷、玉米和大豆。2017年秋粮总播种面积1845.97千公顷，其中稻谷播种面积120.68千公顷，占全年总播种面积的3%，产量92.04万吨，历年产量基本稳定；玉米播种面积1148.31千公顷，占全年总播种面积的27%，产量528.78万吨，自1985年以来产量不断增加；大豆播种面积112.02千公顷，占全年总播种面积的2.5%，产量17.63万吨，相比2000年产量下降一半。由此可见，陕西省的主要农作物是小麦和玉米。其他农作物还有棉花、油料（油菜籽和花生）、麻类、糖料、烤烟、蔬菜以及瓜类。其中，2017年油料播种面积311.05千公顷，占全年播种面积的7%；蔬菜播种面积543.78千公顷，占全年播种面积的12.7%。在农作物种植中也居于重要地位。蔬菜和瓜果的播种面积和人均产量逐年增加。1985年蔬菜种植面积为78.67千公顷，2017年为543.78千公顷，增长近6倍；人均蔬菜产量1985年为99.6千克，2017年为516.4千克，增长4倍。1985年瓜果播种面积为30.6千公顷，2017年为83.93千公顷，增长1.74倍；瓜果人均产量1985年为11.2千克，2017年为471千克，增长41倍。

陕西省地形多变，有适宜种植的平原，也有大面积的黄土高原。陕西省在此地形条件下，发挥各地优势，形成县域经济特色农业体系，主要经济作物有茶、桑、果，陕西省人均水果产量在全国名列前茅。2017年茶园面积146.46千公顷，茶叶产量67652吨。桑园面积77.32千公顷。果园面积1324.86千公顷，水果产量1801.02万吨，主要水果品种包括梨、猕猴桃和苹果。2017年梨种植面积49367千公顷，比2016年增加1672千公顷；2017年梨产量1103748吨，比2016年增产9578吨，主要产地集中在礼泉县（184255吨）、蒲城县（166031吨）以及临渭区（68207吨）。2017年猕猴桃种植面积66669千公顷，比2016年增加3508千公顷；2017年猕猴桃产量1389726吨，比2016年增产77220吨，主要产地集中在眉县（475977吨）、周至县（395536吨）和灞桥区（27267吨）。2017年苹果725236千公顷，产量11539402吨，主要产地集中在礼泉县（1129778吨）、洛川县（888494吨）以及淳化县（877194吨）。（见表6-15）

表6-15　　　　2018年中国及西北五省份蔬菜和瓜果播种面积、产量和单产

地区	蔬菜 播种面积（千公顷）	蔬菜 总产量（万吨）	蔬菜 每公顷产量（千克）	瓜果 播种面积（千公顷）	瓜果 总产量（万吨）	瓜果 每公顷产量（千克）
全国	20438.93	70346.74	34418	2117.22	8123.08	38367
陕西	495.06	1808.44	36530	75.36	269.07	35704
甘肃	352.57	1292.57	36661	54.66	239.25	43770
青海	43.96	150.26	34181	1.07	2.12	19827
宁夏	121.77	550.81	45233	62.26	149.64	24036
新疆	273.26	1465.12	53615	111.35	438.85	39413

数据来源：《中国农业年鉴2019》。

2. 甘肃省种植业及特色农业

甘肃2017年总播种面积373.9万公顷，粮食作物播种面积占比70.79%，油料播种面积占比9.27%，甜菜播种面积占比0.11%，蔬菜播种面积占比9.01%，另外还有少量的棉花、瓜果以及中药材种植。全省

特色优势产业面积达到3217.4万亩，新增163万亩，其中：蔬菜新增60万亩（设施蔬菜10.6万亩），水果新增55万亩（苹果50万亩），中药材新增8万亩，马铃薯新增27万亩。2017年，甘肃省粮食总产量1128.3万吨，比上年下降1.1%，但粮食产量仍保持在1100万吨以上。油料产量71.6万吨，下降5.8%；蔬菜产量2106.5万吨，增长7.9%；园林水果产量557.0万吨，增长10.0%。2017年，甘肃省猪出栏733.3万头，比上年增长1.9%；牛出栏213.1万头，增长4.7%；羊出栏1551.4万只，增长8.0%；禽出栏3704.4万只，下降8.0%。从整体上看，甘肃省农业经济发展平稳。

甘肃省以乡村振兴战略为契机，甘肃省以构建现代农业产业体系、生产体系、经营体系为主，大力发展特色优势产业，分行业分产业召开了马铃薯、蔬菜、中药材等产业发展现场推进会，制定了全省百合扶持办法，全省特色优势产业面积、产量均实现稳步增长。全省特色优势产业面积3217.4万亩，其中：水果面积743.1万亩，产量498.7万吨（苹果面积492.1万亩、产量365.8万吨）；蔬菜面积850.8万亩（设施蔬菜166.6万亩），产量2000万吨；中药材种植411.6万亩。继续实施马铃薯脱毒种薯全覆盖工程，全年生产原原种9亿粒以上、原种12万吨、一级种67万吨。加快国家级制种基地基础设施建设，改造制种田16.67万亩。玉米制种面积达到162万亩，玉米制种产量5.96亿千克。继续实施旱作农业项目，推广全膜双垄沟播面积1530.7万亩，超计划30.7万亩。在12个粮食生产大县整建制开展粮食绿色高产高效创建，落实示范面积247万亩。

3. 青海省种植业及特色农业

青海省地处青藏高原，地理环境恶劣，发展农业无先天优势。但是青海省具有发展高原特色种植业和特色畜牧业的自然生态和冷凉型气候优势。从农业产业结构上也可以看出，青海省油料种植以及牛羊饲养有着巨大的优势。牦牛、本种绵羊等是青海农业发展的重点，以及由此产生的附加产品，如奶制品和羊绒制品也是未来发展的方向。但是由于长期以来粗犷式的发展模式，使得青海省的特色农业并没有得到充分的发展。首先，青海省有效耕地较少，农业劳动力人均可耕地少，同时农业劳动力素质普遍偏低，缺乏正确的引导。其次，制度设计不合理，农业集约化经营程度较低，农业合作组织少。最后，基础设施落后，公路建设水平有限，农业现代化水平较低。种种原因造成青海省特色农产品在国内有一定的影响力，但在国际上竞争力方面远远不足。在2016—2017年外商直接投资项目中，农业投资项目和投资金额均为0，也说明了青海省的特色农业发展不够。

青海2018年粮食总产量103.06万吨，主要粮食作物有小麦、青稞、玉米以及蚕豆、豌豆及薯类。其中薯类产量36.32万吨、小麦产量32.35万吨，在粮食作物中占据主要地位。油料产量28.47万吨，主要包括油菜籽和胡麻。青海其他农作物还包括甜菜、枸杞、蔬菜和食用菌、瓜果和水果，2017年蔬菜和食用菌产量达到170万吨。青海省有效耕地面积有限，2016年全省耕地面积589427.58公顷，主要集中在海东市和西宁市。

4. 宁夏回族自治区种植业及特色农业

宁夏的种植业在农业中占据重要位置。粮食产量上看，1978年粮食产量为116.98万吨，2000年粮食产量为252.74万吨，2018年粮食产量为392.58万吨，2018年产量较2000年增长55.33%。从粮食亩产量上看，2000年亩产量为0.31吨/公顷，2018年为0.53吨/公顷，可见劳动生产率逐年提升，粮食产量稳步增长。油料作物1978年产量为2.57万吨，2000年为6.2万吨，2008年为11.84万吨，2010年达到最高产量16.02万吨，之后逐年递减，至2018年油料产量为7.29万吨。这与宁夏农业经济发展战略调整密切相关。

根据宁夏特色现代农业发展现状，综合国内外农业经济发展的先进经验，宁夏将特色农业现代化分为高效循环型、资源节约型和环境友好型三种类型，同时按照"因地制宜、多元发展、分类指导"的原则确定相应的发展战略。第一是可持续发展战略，实现粮食安全可持续、农民增收可持续、资源环境可持续；第二是进行体制机制改革战略，改革土地制度、经营制度、产权制度，最终实现农民收入的增加；第三是创新驱动战略，抢占现代农业科技制高点，建设政府服务体系，培养现代农业领军人才；第四是建设风险防御战略，建设与现代农业相符的支持和保障体系、完善农业保险制度；第五是人才战略，建成一支"有文化、懂技术、会经营"的农业人才队伍。通过对农业经济进行分类并制定相对应的策略,实现特色农业现代化。2017 年,宁夏特色农业产值占农业总产值的 87%。宁夏地区特殊的地理环境和光照条件,先进的水利灌溉系统,使枸杞、酿酒葡萄和马铃薯等特色农产品能够在此地区集中种植,具有比较优势。2016 年,宁夏共生产葡萄酒 1.2 亿瓶,销售收入达到 50 亿元,葡萄产业综合产值达到 200 亿元。

5. 新疆维吾尔自治区种植业及特色农业

新疆农作物主要有粮食作物、杂豆、薯类、油料、花生、芝麻、向日葵、棉花、烟叶、蔬菜瓜果等,其中粮食作物主要有小麦、玉米、大豆等。从农作物种植面积上看,位于前三位的分别是粮食作物、棉花和蔬菜瓜果。粮食作物播种面积从 1998 年占总播种面积的 52.21% 下降到 2015 年的 38.61%;棉花播种面积从 1998 年占总播种面积的 24.35% 上升到 37.11%;蔬菜瓜果播种面积从 1998 年占总播种面积的 3.17% 上升到 7.94%。从农作物产量上看,粮食作物的产量从 1998 年的 830 万吨增长到 2018 年的 1504.23 万吨;棉花产量从 1998 年的 140 万吨增长到 2018 年的 511.09 万吨;蔬菜瓜果产量从 1998 年的 410 万吨增长到 2018 年的 1903.97 万吨。特色林果平稳发展,2017 年种植面积达 146.7 万公顷,总产量达 1143.8 万吨,全年增长 3.98%。从种植面积和产量上看,农作物结构更加合理,粮食作物的种植面积有所下降但产量增长迅速,而经济作物在扩大种植面积,产量也在不断增长。

新疆特色农产品为番茄、辣椒、枸杞、打瓜子及啤酒花。2015 年,番茄总产量为 910.88 万吨,产量位于前三名的地区为巴音郭楞蒙古自治州、昌吉回族自治州、伊犁哈萨克自治州,占新疆番茄总产量的 44.37%,这三个自治州的种植面积分别达到了 15.71 千公顷、12.96 千公顷、10.54 千公顷。辣椒总产量为 761.3 万吨,产量位于前三名的地区为巴音郭楞蒙古自治州(104.31 万吨)、伊犁哈萨克自治州(27.2 万吨)、塔城地区(19.13 万吨),占总产量的 20%。枸杞总产量为 5.2 万吨,产量最多的地区为博尔塔拉蒙古自治州(2.1 万吨),占总产量的 40%。打瓜子总产量为 21.3 万吨,产量位于前三名的地区为伊犁哈萨克自治州(8.68 万吨)、和布克赛尔蒙古自治县(5.63 万吨)、昌吉回族自治州（5.12万吨），占总产量的91.22%。啤酒花总产量为0.59万吨，主要集中在昌吉回族自治州（0.1万吨）、巴音郭楞蒙古自治州（0.05万吨）、伊犁哈萨克自治州（0.03万吨）。由此可见，新疆特色农产品种植地区比较集中，主要在昌吉回族自治州、巴音郭楞蒙古自治州、伊犁哈萨克自治州等几个地区，集中种植有利于资源优化配置、统一管理。

（二）畜牧业

畜牧业是中国农业发展中重要的组成部分，占到农业总产值的近四分之一。畜产品已经基本能够满足国内需求，2018年中国肉类人均产量达到61.9千克，禽蛋人均产量22.5千克，奶类22.1千克，水产品46.3千克。在西北五省份的畜产品生产中，新疆、青海在肉类生产中较为领先，宁夏在奶类生产中较为领先，在水产品生产中，宁夏比其他四个省份领先较多。新疆、青海、甘肃三省份拥有较大的牧场，牛、羊出栏量和年末存栏量都比较多。（见表6-16）

表6-16　2018年中国及西北五省份肉、蛋、奶、水产品产量及人均产量

（单位：万吨，千克）

地区	肉类 产量	肉类 人均	禽蛋 产量	禽蛋 人均	奶类 产量	奶类 人均	水产品 产量	水产品 人均
全国	8624.63	61.9	3128.28	22.5	3074.56	22.1	6457.66	46.3
陕西	114.45	29.7	61.58	16.0	109.75	28.5	16.3	4.2
甘肃	101.21	38.5	14.1	5.4	40.83	15.4	1.41	0.5
青海	36.53	60.8	2.33	3.9	32.57	54.2	1.71	2.8
宁夏	34.14	49.8	14.38	21.0	168.29	245.7	17.69	25.8
新疆	161.95	65.7	37.27	15.1	194.85	79.0	17.43	7.1

数据来源：《中国农业年鉴2019》。

陕西畜牧业转型发展。以标准化规模养殖为方向，以基地县和规模养殖场为抓手，以大企业为引领，带动生猪加快在渭北地区布局，打造关中奶山羊产业带和陕北肉羊板块，传统的散户养殖比重持续下降，规模化养殖水平同比提升3个百分点，肉蛋奶供给总体稳定，特别是奶山

羊存栏、羊奶产量和羊乳粉产能分别占全国的40%、50%和85%，均位居全国第一。果业实现增量提质。实施苹果"乔化北扩、矮砧西植"，加大渭北老果园改造，发展陕北山地苹果，扩大矮化栽培规模；推动猕猴桃沿秦岭"东扩南移"，新建秦岭浅山区规模化基地。陕西苹果、猕猴桃产量分别占世界总产量的1/7和1/3。（见表6-17）

表6-17　　2018年中国及西北五省份主要牲畜年内出栏和年末存栏量　　（单位：万只/头/匹/峰）

地区	猪	牛	羊	马	驴	骡	家禽	兔
出栏									
全国	69382.4	4397.5	31010.5	92.1	105.7	15.0	1308936	31670.9
陕西	1150.8	56.9	605.7		0.6	0.1	5791.5	138.8
甘肃	691.6	201.9	1462.8	1.8	6.7	1.4	3645	60.4
青海	116.5	135.6	748.1	0.7	0.2	0.1	494.1	17.6
宁夏	112.5	74.8	558.8	0.1	2.5	0.2	1848.7	14.5
新疆	526.7	253.5	3677.8	35.6	10.1	0.1	8566.3	25.7
年末存栏								骆驼
全国	42817.1	8915.3	29713.5	347.3	253.3	75.8	603738.7	33.8
陕西	839.0	149.9	866.8	0.2	2.7	0.4	7255	
甘肃	545.2	440.4	1885.9	11.7	34.5	15.0	4183.8	
青海	78.2	514.3	1336.1	11.6	0.4	0.1	3.05.7	1.1
宁夏	73.8	124.6	534.3	0.1	3.9	0.2	1143.1	
新疆	335.8	457.2	4159.7	73.0	14.8		5961.8	12.4

数据来源：《中国农业年鉴2019》。

甘肃省开展畜牧业全产业链建设，引导龙头企业与养殖农户、养殖基地建立联结紧密、互利共赢的运营机制，扶持建设屠宰加工企业23个、畜产品交易市场4个、品牌及市场营销体系项目4个。组织7个县开展了粮改饲试点工作，159个项目实施主体种植或收贮优质饲草面积33.6万亩，推动试点县粮经饲三元结构调整优化。推进草产业发展和秸秆饲料化利用，完成人工种草713万亩，苜蓿面积达到1035万亩。规模化种草基地面积超过 300 万亩，草产品加工量达到 310 万吨，全省秸秆饲料化利用量达到 1535 万吨。积极调控生猪生产，科学指导生猪养殖场户理性补栏、适时出栏，促进生猪生产持续健康发展。2017 年认真推进畜牧业结构调整，巩固牛羊产业优势，全省牛、羊、猪、禽出栏分别为 203.9 万头、1453.1 万只、771.2 万头和 3976.9 万只，分别增长 5.8%、8.5%、3.2% 和 4.2%；存栏分别为 536.7 万头、2132.4 万只、689.4 万头和 3987.8 万只，分别增长 3.7%、1.7%、3.5% 和 2.3%。全省肉蛋奶总量达到 182.3 万吨，增长 5.58%；实现畜牧业增加值 201.07 亿元，增长 8.2%。

2018 年青海省牧业总产值为 216 亿元，占农林牧副渔总产值的 53.22%，主要包括牛、羊、猪等饲养以及奶制品和毛绒产品。其中牛羊饲养产值 138.24 亿元，占牧业总产值的 64%；奶制品产值 32.4 亿元，占牧业总产值的 15%。青海省牧业经济是现代农业的主要支撑，符合地域环境特点，产值稳步提升，2013 年牧业总产值为 157.9 万元，至 2018 年增长了 36.8%。（见表 6-18）

表 6-18　　2018 年中国及西北五省份畜牧业主要产品产量　　（单位：万吨）

地区	肉类总产量	奶类	禽蛋	蜂蜜（吨）	山羊毛（吨）	绵羊毛（吨）	羊绒（吨）
全国	8624.6	3176.8	3128.3	446879	42403	356608	15438
陕西	114.5	159.7	61.6	5677	3226	3059	1478
甘肃	101.2	41.1	14.1	3922	1945	29293	324
青海	36.5	33.5	2.3	1640	1055	17600	355
宁夏	34.1	169.4	14.4	1149	1449	9746	663
新疆	162.0	201.7	37.3	19581	2765	76562	883

数据来源：《中国农业年鉴 2019》。

牧业在宁夏农业中占据重要地位。1980 年出栏猪为 32.7 万头，2000 年出栏猪 147.1 万头达到最高值，2008 年为 118.5 万头，2015 年为 102 万头，2017 年为 81 万头。出栏猪的养殖自 2000 以后呈现衰减，主要与其他地区猪饲养、人民生活习惯的变化以及近年来生猪经济效益有关。肉用牛的养殖数量在不断提升，从1980年0.5万头到2008年47.7万头，2017年肉用牛养殖量达到71万头，牛肉产量10.9万吨，牛奶产量达到160.1万吨。肉用羊的养殖数量最多，1980年为42.9万头，2008年为341.9万头，2017年为560万头，羊肉产量达到9.9万吨，山羊毛产量835吨，绵羊毛产量1.09万吨，羊绒产量609吨。可见，牛羊养殖的附加产品品类较多，所能带来的经济效益更大，因此牛羊养殖量不断提高，生猪养殖量不断下降。

新疆作为中国主要的畜牧业产区，畜牧业稳定发展。近几年，生态环境建设和保护力度加大。林业、草原等重点生态工程深入实施，2017年完成退耕还林面积9万公顷。草原生态奖励补助政策全面落实，对全区34万公顷水源涵养区山地草甸高品质草原实施补助，全区禁牧1000万公顷、草畜平衡3606万公顷。2018年畜牧业稳定发展，主要畜产品产量保持增长，全年肉类总产量162万吨，比上年增长1.31%；禽蛋产量37.3万吨，与上年基本持平；牛奶产量201.7万吨，增长5.11%。受畜产品价格上涨的影响，畜牧业效益明显提升。

二 农垦系统国有农场的农业生产

中国农垦系统国有农场是中国农业生产中的重要组成部分。国有农场实施农业产业化经营，大力发展农产品加工业，在农业产业化、农产品加工业中起到引领作用；可以发挥规模化效应，促进农业增效、农民增收；在农村经济结构调整起到带动作用；同时还可以增加就业岗位，促进再就业。新疆的国有农场基本上都是以生产建设兵团为单位存在的，生产建设兵团成立后，新疆屯垦事业由原军垦农场开始逐渐转变为正规化国有农场，正式纳入国家经济计划；企业化生产代替原军队自给性生产。如今，新疆生产建设兵团是新疆农业生产中的重要力量，除有着以上功能外，还起到促进民族团结、维护社会稳定的重要作用。

中国农垦系统国有农场是我国保障粮食安全的重要力量。国有农场拥有耕地面积641.97万公顷，占全国总量的4.76%。2018年，国有农场粮食产量3652.8万吨，占到全国总产量的5.55%。农垦系统国有农场是中国棉花产量的主要提供者，2018年棉花产量达到284.78万吨，占到全国产量46.66%。油料和糖料产量分别占到全国产量的2.32%，6.33%。同时，国有农场还是中国麻类、水果的重要生产者。新疆农垦是中国农垦的重要部分，在农业生产中占据重要的地位。2018年新疆农垦的棉花产量276.51万吨，占到全国农垦系统的97.1%，占到新疆棉花产量的54.1%，占全国棉花产量的45.3%。在棉花产业方面，新疆与中亚国家拥有很大的合作空间。另外，新疆农垦的油料、糖料、水果、苹果和梨的产量分别占到全国农垦系统产量的33.06%、24.99%、58.71%、85.13%和83.52%。甘肃的农垦在一些重要的农产品生产中也有重要的地位。新疆农垦系统借助地理优势，在与中亚国家的农业合作中起到应有的重要作用。（见表6-19）

表6-19 中国及西北五省份农垦系统国有农场农作物主要产品产量（单位：吨）

地区	粮食（万吨）	棉花	油料	糖料	麻类	水果	苹果	梨
全国	3652.8	2847821	797274	7557945	81563	7452729	1011758	623839
陕西	11.3		1116			9116	46	691
甘肃	32.8	6434	13373	69815		20635	5589	12112
青海	8.3		20836	750		120		
宁夏	33.1		2147			50105	12464	1088
新疆	350.5	2765079	263602	1888896	2780	4375329	861283	521024

数据来源：《中国农业年鉴2019》。

在畜牧业方面，中国农垦系统国有农场的重要性不如种植业。2018年肉类总产量220.38万吨，占全国肉类总产量的2.55%，奶类产量389.80万吨，占全国奶类总产量的12.27%。在主要牲畜的存栏量方面，牛、羊、猪、家禽的存栏量分别占到全国存栏量的2.68%、4.16%、2.74%和1.84%，肉猪出栏量占到2.26%。新疆农垦在畜牧业方面同样在农垦系统占据重要的地位，肉类总产量和奶类总产量占到农垦系统的25.30%和22.71%。在主要牲畜的存栏量方面，牛、羊、猪、家禽的存栏量分别占到农垦系统存栏量的 39.1%、65.64%、15.63% 和 13.58%，肉猪出栏量占到 20.33%。畜牧业在宁夏和青海都有相当程度的发展。总之，农垦系统在西部五省的农业发展中具有重要的地位，应该发挥其农业发展的引领作用，借助中国"一带一路"倡议，积极与中亚国家开展农业合作。（见表 6-20）

表 6-20　　　　2018 年农垦系统国有农场主要牲畜年末
　　　　　　　存栏量及畜牧产品产量　　（单位：万只/头，吨）

地区	牛	奶牛	猪	羊	家禽	肉猪出栏	肉类总产量	奶类产量
全国	238.6	128.8	1173.1	1236.5	11115.1	1570.3	2203808	3897985
陕西	1.1	0.7	1.2	3.5	5.8	0.7	962	15499
甘肃	1.5	1.1	1.0	15.6	18.4	1.7	4998	43099
青海	4.6	2.8	0.6	23.7		0.6	3197	432
宁夏	6.2	5.0	3.1	7.7	53.0	5.1	10727	240825
新疆	93.3	42.6	183.3	810.4	1509.9	319.2	557528	885250

数据来源：《中国农业年鉴 2019》。

第四节　中国及西北五省份的农产品消费和贸易

一　中国及西北五省份的农产品消费

随着中国经济快速发展，中国居民的人均可支配收入也增长较快，从而带来购买力的提升和农产品消费的升级。2018 年中国居民人均可支配收入为 28228 元，比 2013 年的 18310.8 元增长了 54.16%。相对应地，城镇居民人均可支配收入增长了 48.3%，农村居民人均可支配收入增长了 55.01%。从支出收入比来看，全国支出收入大概是 70%，农村的支出收入比大于城镇居民，说明农民居民的收入增长较快的消费效应更强。从西北五省份的收入水平看，西北五省份的收入水平还较低，尤其是甘肃，比全国水平低的还有点多。而且从各省份农民居民的收入与城镇居民的收入的比例看，西北五省份的比例低于全国水平，说明西北五省份

的城乡收入的差距较大，需要快速提升农民居民的收入水平。（见表6-21）

表6-21　　2018年中国及西北五省份居民人均可支配收入　　（单位：元）

地区	全国 收入	全国 支出	城镇居民 收入	城镇居民 支出	农村居民 收入	农村居民 支出
全国	28228.0	19853.1	39250.8	26112.3	14617.0	12124.3
陕西	22528.3	16159.7	33319.3	21966.4	11212.8	10070.8
甘肃	17488.4	14624.0	29957.0	22606.0	8804.1	9046.6
青海	20757.3	16557.2	31514.5	22997.5	10393.3	10352.4
宁夏	22400.4	16715.1	31895.2	21976.7	11707.6	10789.6
新疆	21500.2	16189.1	32763.5	24191.4	11974.5	9421.3

数据来源：《中国统计年鉴2019》。

衡量居民收入水平的更好的指标是家庭拥有的主要耐用消费品的数量。2018年年末全国平均每百户汽车拥有量33台，比2013年年末的16.9台汽车增长了95.27%；手机拥有量249.1部比2013年年末的203.2部增长了22.59%；热水器拥有量85台比2013年年末的64.2台增长了32.40%，这都充分说明了中国居民可支配收入的大幅度增加。2018年年底，城镇居民平均每百户年汽车拥有量41辆，农村居民22.3辆，差距还较大。从西北五省份平均每百户2018年年末主要耐用消费品拥有量看，没有收入的差距那么大，陕西、甘肃和新疆家用汽车数量低于全国平均水平，不过青海和宁夏是高于全国水平的。其他耐用消费品也有这样的特点。从城镇和农村汽车拥有量的比较看，西北省份的城乡差距低于全国水平，尤其是青海和宁夏，其汽车拥有量高于全国水平主要是因为农村的汽车拥有量高于全国水平。西北省份的空调拥有量低是基于气候原因，这个指标不准确。这些指标说明了西北省份在收入水平上虽然低于全国水平，不过家用耐用消费品购买力方面差距没有那么大。随着中国全民建设小康社会的顺利完成，中国居民的消费水平都达到了小康水平，中国居民的消费处于一个转型升级的阶段。（见表6-22）

表 6-22　　2018 年中国及西北五省份平均每百户年末主要耐用消费品拥有量

年份	家用汽车	摩托车	电动助力车	洗衣机	电冰箱	空调	热水器	手机
全国	33.0	35.7	59.2	93.8	98.8	109.3	85	249.1
陕西	27.7	37.8	36.7	94.3	89.9	80.6	69.8	247
甘肃	25.1	37.9	37.6	98.3	90.5	7.4	57.3	275.3
青海	38.8	40.1	10.8	95.3	97.8	1.2	55.9	254.6
宁夏	38.3	34.7	58.2	101.4	98.8	12.6	98.3	265.5
新疆	29.7	33.0	51.5	97.5	102.5	17.5	70.2	212.5

数据来源：《中国统计年鉴 2019》。

中国居民的收入水平也体现在中国居民的农产品消费结构上。2018 年，全国人均粮食消费量 127.2 千克，比 2013 年的 148.7 千克减少了 14.46%，并且从 2013 年到 2018 年逐年减少。与主食消费量减少相对应，主要的辅食产品的消费量不断提升，比如牛肉的消费量，从 2013 年的 1.5 千克逐渐增加到 2018 年的 2.0 千克；奶类的消费量从 2013 年的 11.77 千克增加到 2018 年的 12.2 千克；水产品从 2013 年的 10.4 千克增加到 2018 年的 11.4 千克。这都反映出中国居民消费水平的提升。从西北五省份的家庭人均主要食品消费量来看，主要食品消费量一方面受到消费水平的影响，另一方面受到当地传统的饮食习惯的影响。比如甘肃的粮食消费量较高，青海、宁夏和新疆的牛羊肉消费量较高，而猪肉消费量较低，西北五省份的奶类消费量都高于全国平均水平。从中国及西北五省份的人均消费量和人均产量的对比看，中国粮食、肉类、水产品的自给率很高，奶类和禽蛋也都满足自给率的要求。从西北五省份的主要食品的自给率看，青海的粮食禽蛋自给率较低，不过肉类的自给率较高，甘肃的禽蛋和水产品还不能完全自给，需要其他省份的调剂。其他省份的主要食品的自给率都较高。这些都说明了中国农业发展的巨大成就，有力地支持了中国农业的转型发展。（见表 6-23）

表6-23 2018年中国及西北五省份家庭人均主要食品消费量　　（单位：千克）

年份	粮食	蔬菜及食用菌	奶类	猪肉	牛羊肉	蛋类	水产品	食糖
全国	127.2	96.1	12.2	22.8	3.3	9.7	11.4	1.3
陕西	131.7	83.5	13.8	11.8	2.1	7.8	2.8	1.0
甘肃	151.8	79.9	13.6	14.3	3.6	8.7	2.4	1.9
青海	113.2	52.3	17.6	9.8	16.0	3.7	1.7	1.4
宁夏	112.1	87.5	13.5	7.0	8.2	5.9	2.5	1.4
新疆	156.2	91.8	19.9	3.7	19.1	5.6	2.9	1.2

数据来源：《中国统计年鉴2019》。

二　中国及西北五省份的农产品贸易

（一）中国的农产品贸易

开展对外贸易是中国利用两个市场、两种资源的重要方式，农产品对外贸易可以有效调节余缺，实现资源的高效利用。目前，中国已经成为世界上第一大农产品进口国以及世界第四大农产品出口国。中国农产品的贸易伙伴国日益增多，主要的进出口市场包括日本、美国、韩国、欧洲等国家和地区，并且农产品贸易的种类繁多。2018年中国农产品进出口金额为2164.7亿美元，同比增长8.3%，其中，出口金额为793.2亿美元，同比增长5.6%，进口金额为1371.5亿美元，同比增长10.0%。

因为中国农业发展的丰硕成果，中国出口的农产品种类较多，金额较大的农产品包括水海产品、蔬菜、橘、橙和苹果等水果、茶叶、谷物等，这些农产品是中国优势农产品，符合中国农产品的生产消费结构，同时多属于劳动密集型产品，符合中国在国际上的比较优势。中国进口的主要农产品集中在大豆、谷物及谷物粉、原木、纸浆、橡胶、食用植物油、棉花、羊毛及毛条、食糖等。中国大豆的进口量较大，因为其是土地密集型农产品，而中国土地数量有限。谷物和谷物粉的进口主要是玉米的进口量较大，小麦和稻谷的进口主要是满足居民多样化和高质量的要求。原木、纸浆、橡胶是中国需要大量进口的产品，原木和纸浆主要来自美国、俄罗斯和加拿大等纬度较高地区，或者巴西等热带地区，而橡胶主要来自东南亚等热带地区。中国棉花的进口量较大，2018年进口量为157万吨，占中国棉花产量的25.73%。羊毛和毛条等畜产品进口量也较大，同时食糖和植物油都是需要进口的产品。

2018年中国农产品出口主要集中在亚洲地区，占比65.53%，其次是欧洲（14.47%）和北美洲（11.89%），主要出口到日本、中国香港、韩国、越南、俄罗斯等国家和地区。中国农产品出口主要集中在南美洲（31.81%）、亚洲（18.83%）和北美洲（17.77%），主要进口来源国是巴西、美国、澳大利亚、加拿大、新西兰、泰国等国家。（见表6-24）

表6-24　　　　中国进出口的主要农产品及金额　　　（单位：亿美元）

	2014年	2015年	2016年	2017年	2018年
出口
水海产品	208.64	195.68	199.96	204.07	220.01
谷物及谷物粉	5.56	3.95	4.89	7.57	10.66
蔬菜	98.00	107.08	122.95	131.52	126.15
橘、橙	10.28	10.62	10.37	8.36	9.73
苹果	10.28	10.31	14.66	14.56	12.99
茶叶	12.73	13.82	14.85	16.10	17.78
进口
谷物及谷物粉	62.17	93.91	57.05	64.85	59.12
小麦	9.79	9.02	8.16	10.83	8.58
稻谷和大米	12.54	14.98	16.14	18.60	16.39
大豆	402.62	347.69	339.81	396.38	380.87
食用植物油	59.32	50.11	41.64	45.31	47.28
食糖	14.94	17.74	11.71	10.78	10.29
羊毛及毛条	25.08	25.74	23.87	27.99	32.78
棉花	49.91	25.72	15.70	21.90	31.72

数据来源：相对应年份的《中国统计年鉴》。

(二) 中国西北五省份的农产品贸易

中国西北五省份地处中国内陆，并且农业并不是其优势产业，所以其农产品对外贸易相对不发达。不过随着"一带一路"倡议的推进，中国东西双向开放格局的形成，并且西北省份农业特色产业发展较快，购买力水平不断提升，其农产品对外贸易也发展较快，已经成为各省份农业发展的重要组成部分。

陕西省幅员辽阔，资源丰富，是中国中西部的重要农业大省。但由于地处内陆深处，与外交流较少，虽然有大量特色农产品，但很少走出去。在"一带一路"政策背景下，陕西省大力发展"走出去"战略，加强区域合作、国际交流，进一步深化省内县域经济特色产业，加快产业发展速度，调整产业结构，实现经济跨越式发展。目前，"走出去"战略已初见成效，农产品出口数量不断增加。2018年出口谷物及谷物粉1200万元，蔬菜4457万元，干豆12848万元，鲜、干水果及坚果60849万元，食用油籽63万元，食用植物油183万元，天然蜂蜜113万元，茶叶3782万元，蘑菇罐头1311万元，药材3173万元，烤烟6317万元，纸烟766万元，山羊绒5796万元。由此可见，陕西省农业出口产品种类繁多，出口量较大。2018年主要进口商品有大豆150373万元、食用植物油692万元，合成橡胶2836万元，原木1207万元，锯材1679万元，纸浆321万元。

在甘肃省大力发展特色农业背景下，苹果、蔬菜种子成为农产品出口的主力军。甘肃省是中国三大种业基地之一，近年来，甘肃省立足现有制种产业优势，加大具有自主知识产权的优良新品种选育培育，围绕打造国家级种业基地目标，配套高标准农田建设项目，优先建设一批规模化机械化标准化的玉米、马铃薯、瓜果花卉、道地药材良种繁育基地和现代种业产业园，成为中国重要蔬菜种子出口基地。2017年，甘肃省出口苹果共6.6亿元，出口蔬菜种子4.59亿元。2018年甘肃省出口鲜苹果55140万元，出口蔬菜种子29055万元。在外商投资方面，2017年甘肃省农林牧副渔业共有48家外商投资企业，投资总金额达到201.97亿美元。

青海主打高原特色农产品"高原牌、有机牌、绿色牌"，走出一条符合省情实际的特色农产品发展之路，并取得显著成效。近年来，西宁海关把促进青海高原特色农产品出口作为一项重点工作来抓，全力支持青海打造"中国有机枸杞之乡""中国冷水鱼养殖繁育之库"等高原特色生态有机品牌。特别是 2018 年机构改革以来，西宁海关狠抓关检业务深度融合，积极发挥新海关职能优势，着力提升青海省高原特色农产品品质，努力扩大特色农产品出口。全年青海省农产品出口 1.29 亿元，藜麦、鲜切花、白喉乌头等 8 种农产品实现了首次出口，有机枸杞产量排名居全国首位，并已出口到欧洲、美国、澳大利亚等 20 多个国家和地区，枸杞成为青海发展对外贸易的"优势产品"和"亮丽名片"。[①]

宁夏聚焦特色农产品优势区建设，葡萄酒、奶产业、肉牛和滩羊、绿色食品产业较快发展，2018 年特色产业产值占农业总产值的比重达到了 86.7%，加快"葡萄酒之都""高端奶之乡""高端肉牛生产基地""中国滩羊之乡"和"全国重要的绿色食品加工优势区"建设，让宁夏更多特色农产品走向国际市场。2018 年，宁夏一般贸易进出口 214.1 亿元，占全区外贸总值的 85.9%；其中出口 162.6 亿元，进口 51.5 亿元。进出口产品方面，宁夏锰矿、农产品进口大幅增长，农产品进口 3.4 亿元，增长 42.1%。宁夏农业产品对外出口主要有果蔬汁（出口额 12033 万元）、枸杞（出口额 21428 万元）、天然蜂蜜（出口额 2248 万元）以及山羊绒（出口额 5435 万元）、羊绒纱线（出口额 2522 万元）、羊绒衫（出口额 8211 万元）等。

新疆农业发展态势稳定，对外农产品贸易逐年增长。从 2007 年到 2015 年，新疆与中亚国家贸易额逐年增长，达到 29.14 亿美元，但也不得不注意到，最近几年有下降趋势。新疆与中亚国家农产品贸易品种比较单一，主要是非食用原料进出口，占农业贸易总额的 50%；动植物及油脂以及食物及活动物贸易额不断增长，占比达到 15.82% 和 28.3%；饮料及酒类贸易占比较小。同时，新疆与中亚国家农产品贸易市场比较集中，以哈萨克斯坦为主，占总贸易额的一半以上，其次是吉尔吉斯斯坦，占总贸易额的 30% 左右；占比较小的是塔吉克斯坦、土库曼斯坦等国。

---

① 《今年前十月青海省农产品出口 1.25 亿》，2019 年 12 月 12 日，农业农村部网站，http://www.moa.gov.cn/xw/qg/201912/t20191212_6333142.htm。

第 七 章

"丝绸之路经济带"倡议的内涵、进展及其带来的机遇

"丝绸之路经济带"建设为中国与中亚国家间的农业合作模式创新提供了不可或缺的有利条件,带来了难得的发展机遇。同时,农业合作本身也是"丝绸之路经济带"建设的重点内容。2017年5月,《共同推进"一带一路"建设农业合作的愿景与行动》发布,文件中提出了在"一带一路"倡议下,国际农业合作的背景、原则、思路、重点及机制等。因此研究推进中国与中亚国家间的农业合作模式创新需要深刻把握"丝绸之路经济带"建设的进展。

"丝绸之路经济带"和"21世纪海上丝绸之路"合称为"一带一路"倡议,是由习近平主席于2013年9月和10月相继提出来的。"一带一路"倡议是一个有机整体,适用于同样的理念和推进方式,所以"丝绸之路经济带"建设的进展可以先从"一带一路"倡议的进展来了解。

第一节 "一带一路"倡议的内涵

习近平主席2013年提出了"一带一路"倡议,此后在多个国际重要场合不断阐释和完善"一带一路"倡议的丰富内涵。

2013年9月,习近平主席在纳扎尔巴耶夫大学的演讲,提出共同建设"丝绸之路经济带"倡议并提出"五通"理念,期望"以点带面,从

线到片,逐步形成区域大合作"。①

2013年10月,习近平主席在印度尼西亚国会发表题为《携手建设中国—东盟命运共同体》的重要演讲时提出,发展好海洋合作伙伴关系,共同建设"21世纪海上丝绸之路"。②

2015年3月,习近平主席在海南博鳌出席博鳌亚洲论坛2015年年会开幕式时强调:"一带一路建设秉持的是共商、共建、共享原则,不是封闭的,而是开放包容的;不是中国一家的独奏,而是沿线国家的合唱。'一带一路'建设不是要替代现有地区合作机制和倡议,而是要在已有基础上,推动沿线国家实现发展战略相互对接、优势互补。"③这是对"一带一路"倡议比较系统的阐释。

2016年6月,习近平主席在塔什干乌兹别克斯坦最高会议立法院发表题为《携手共创丝绸之路新辉煌》的重要演讲,提出构建"一带一路"互利合作网络,共创"一带一路"新型合作模式,打造"一带一路"多元合作平台,推进"一带一路"重点领域项目,推动"一带一路"建设向更高水平、更广空间迈进。并且首次提出打造"绿色丝绸之路""健康丝绸之路""智力丝绸之路""和平丝绸之路"等倡议。④

2017年5月,习近平主席在第一届"一带一路"国际合作高峰论坛开幕式上的演讲上提出,要将"一带一路"建成和平之路、繁荣之路、开放之路、创新之路、文明之路、廉洁之路。⑤

2018年8月,习近平主席在推进"一带一路"建设工作5周年座谈会上强调,共建"一带一路"顺应了全球治理体系变革的内在要求,彰

---

① 《习近平在哈萨克斯坦纳扎尔巴耶夫大学发表重要演讲 弘扬人民友谊 共同建设"丝绸之路经济带"》,《光明日报》2013年9月8日。
② 《习近平在印度尼西亚国会发表重要演讲时强调 共同谱写中印尼关系新篇章 携手开创中国—东盟命运共同体美好未来》,《光明日报》2013年10月4日。
③ 《习近平出席博鳌亚洲论坛2015年年会开幕式并发表主旨演讲 迈向命运共同体 开创亚洲新未来》,《光明日报》2015年3月29日。
④ 《习近平在乌兹别克斯坦最高会议立法院发表重要演讲 携手共创丝绸之路新辉煌》,《光明日报》2016年6月23日。
⑤ 《习近平出席"一带一路"国际合作高峰论坛开幕式并发表主旨演讲》,《光明日报》2017年5月15日。

显了同舟共济、权责共担的命运共同体意识,为完善全球治理体系变革提供了新思路新方案;共建"一带一路"正在成为中国参与全球开放合作、改善全球经济治理体系、促进全球共同发展繁荣、推动构建人类命运共同体的中国方案;共建"一带一路"是经济合作倡议,不是搞地缘政治联盟或军事同盟;是开放包容进程,不是要关起门来搞小圈子或者"中国俱乐部";是不以意识形态划界,不搞零和游戏,只要各国有意愿,我们都欢迎。①

2019年4月1日,习近平主席在北京人民大会堂会见"元老会"代表团时强调,中国提出"一带一路"倡议,是对多边主义和国际合作的重要贡献。5年多来,中国同各国秉持共商共建共享理念,探索合作思路,创新合作模式,丰富了新形势下多边主义的实践。②

从以上阐述可以看出,把握"一带一路"倡议的内涵需要把握以下几个方面。

一 共建"一带一路"是构建人类命运共同体和建设新型国际关系的重要实践平台

共建"一带一路"坚持相互尊重、平等协商、开放包容、互利共赢,坚持"五通"理念以及共商共建共享的原则都是根植于构建人类命运共同体的理念,体现了构建人类命运共同体和建设新型国际关系的具体要求。21世纪以来,世界多极化、经济全球化、文化多样化、社会信息化深入发展,世界处于百年未有之大变局,和平、发展、合作、共赢成为世界各国政府和人民的共同追求和必然选择。不过世界范围内的治理赤字、信任赤字、和平赤字和发展赤字依然严重,鉴于此,以习近平同志为核心的党中央站在全局和战略高度鲜明提出构建人类命运共同体的崭新命题和时代使命。构建人类命运共同体,需要各国人民同心协力,共同建设持久和平、普遍安全、共同繁荣、开放包容、清洁美丽的世界;

---

① 《习近平在推进"一带一路"建设工作5周年座谈会上强调 坚持对话协商共建共享合作共赢交流互鉴推动共建"一带一路"走深走实造福人民》,《光明日报》2018年8月28日。
② 《习近平会见"元老会"代表团》,《光明日报》2019年4月2日。

需要各国之间建设相互尊重、公平正义、合作共赢的新型国际关系。

共建"一带一路"秉持了构建人类命运共同体的历史使命和建设理念，是针对"二战"之后国际治理体系难以适应新的历史发展潮流，难以应对新的发展难题而提出的新的解决路径，是全球治理体系改革的中国方案。共建"一带一路"摒弃了原有治理体系中的霸权主义、单边主义、干涉主义、保护主义等陈旧范式，继承和发扬和平合作、开放包容、互学互鉴、互利共赢的丝路精神，倡导一条和平、发展、开放、合作、共赢的人类共同发展之路。

二 共建"一带一路"以经济合作为主，延展到全方位合作

共建"一带一路"以经济合作为主，首先是设施联通，致力于欧亚大陆乃至全世界的基础设施建设，将全球化软硬件基础设施提升到一个新的水平。支撑全球化的软硬基础设施已经出现明显老化，基础设施的落后制约了发展，也制约着世界经济可持续增长。"设施联通"带动"贸易畅通"和"资金融通"，力求通过贸易投资便利化促进经济更加包容性发展。"政策沟通"和"民心相通"也是以经济合作方面为先导的。共建"一带一路"目标是世界各国经济发展、国家繁荣、人民富裕。任何以政治企图来理解甚至曲解"一带一路"的言行都是错误的。

经济合作容易实现互利共赢，也是沿线国家最希望通过参加"一带一路"倡议实现的部分。不过，共建"一带一路"不限于经济合作，还包括和平稳定、安全防务、医疗卫生、文化交流、气候环境等方面的合作，这是构建人类命运共同体的必然要求，同时也会进一步推进经济合作的顺利进行。随着共建"一带一路"的不断推进，不同国家不同民族的共同利益不断增多，面临的共同挑战也会越来越多，需要合作的领域以及合作的深度必然会不断发展，以此来共同建设和维护好人类共同的美好家园。

三 不是中国一家的独奏，而是沿线国家的合唱

"一带一路"源于中国，属于世界。共建"一带一路"的本质是倡议，是全球治理理念和合作方式的创新，"和平而非战争，发展而非贫

穷，开放而非封闭，合作而非对抗，共赢而非独占"。这些理念源自中国5000年中华文明的精髓，与"天人合一的宇宙观""协和万邦的国际观""和而不同的社会观""人心和善的道德观"的中国和平发展观念是一脉相承的。

不过这些理念一经提出，因其集中反映了世界各国人民对建设和平安宁、快乐幸福家园的深切渴望，揭示了全人类拥有的共同价值、共同利益和共同前程，必将得到越来越多国家政府和人民的认可和接受，成为以后各国开展对外交往、处理国际事务、促进全球和平进步事业发展的核心价值理念和最高行动原则。2016年11月，共建"一带一路"倡议的理念写入了联合国决议，并且纳入二十国集团、亚太经合组织、上合组织等重要国际机制成果文件。截至2022年3月，中国已同149个国家和32个国际组织签署200余份共建"一带一路"合作文件。这充分说明了"一带一路"理念得到了广泛的认同，被全世界所共享。

第二节 "一带一路"倡议的进展

"一带一路"倡议提出以来，认同此倡议并与中国签署合作文件的国家和国际组织越来越多，"一带一路"朋友圈越来越大；众多合作共赢的项目不断实施，项目示范效应凸显；新的合作领域和合作机制不断开拓；"一带一路"倡议国际合作论坛为其发展注入强大动力，五年来，"一带一路"倡议获得重大进展，成绩斐然。

一 双边及多边文件的签署

截至2022年3月23日，中国已经同149个国家和32个国际组织签署200余份共建"一带一路"合作文件。

自2014年6月，科威特与中国签署第一份"一带一路"合作文件以来，与中国签署"一带一路"合作文件的国家发展到126个，遍布六大洲，其中非洲国家最多，有52个，其次是亚洲38个，欧洲27个，北美洲12个，大洋洲11个，南美洲9个。从国家数量占该地区国家总数的比例来看，"一带一路"倡议虽起源于亚欧，但是已经成为全世界国家和人

民的共识,"一带一路"倡议已经完全具有全球影响力,成为重要的国际公共产品。(见表7-1)

表 7-1　与中国签署"一带一路"合作文件的国家洲别分布

洲别	亚洲	欧洲	非洲	大洋洲	南美洲	北美洲
国家数量	38	27	52	11	9	12
占该地区国家总数的比例	79%	63%	96%	79%	75%	52%

注：数据截至2019年4月。

从签署的时间来看,签约国家数量逐年发展情况反映了国际社会对"一带一路"倡议的逐渐接受认同的过程,经过了2014年到2017年的缓慢增长,签约国家数量在2018年得到了爆发式增长,这说明国际社会对"一带一路"倡议逐渐由疑虑、犹豫发展到接受的过程,同时也说明这几年"一带一路"合作的效果有目共睹,得到了国际社会的认可。

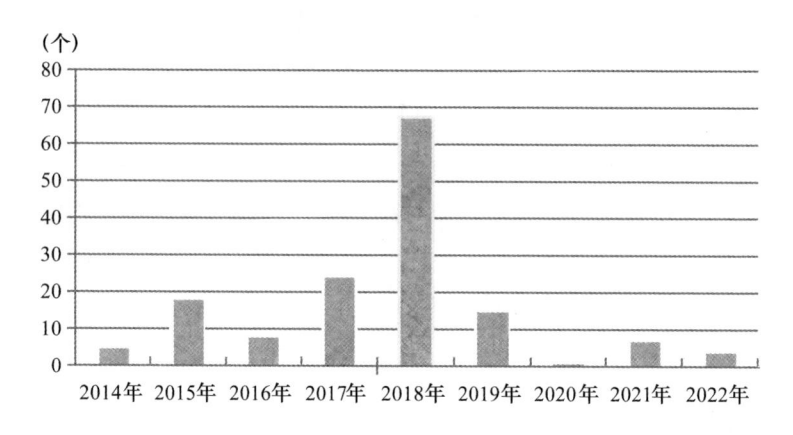

图 7-1　2014—2022 年与中国签署"一带一路"合作文件的国家数量

从签约方式来看,多边国际合作交流平台是国际社会与中国签署"一带一路"合作文件的重要契机。比如2017年第一届"一带一路"国家合作高峰论坛期间,有9个国家与中国签署了"一带一路"合作文件,2018年中非合作论坛北京峰会期间,共有28个非洲国家与中国签署了"一带一路"合作文件,2015年和2017年中国—中东欧国家领导人会晤期间，共有9个国家与中国签署了"一带一路"合作文件，并在2017年"一带一路"倡议实现对中东欧全覆盖。

二 重大项目的推进建设

合作项目的建设实施是共建"一带一路"的重要抓手，是实践"共商共建共享"理念的重要载体，也是吸引合作伙伴并回击反对质疑的最有效手段。共建"一带一路"倡议提出五年多来，合作项目的建设持续扎实推进，这些项目遍布"一带一路"沿线国家及非洲、美洲等广大地区，由点及面，不断提升广大发展中国家的经济发展动力，持续增强不同国家间的经济联系，逐渐呈现出你中有我，我中有你，构建人类命运共同体的生动局面。

根据中国"一带一路"网上的项目案例，截至2020年7月，共有项目311个。项目遍布亚洲、欧洲、非洲、南美洲、北美洲和大洋洲，其中亚洲172个项目，占比55%，欧洲55个项目，占比18%，非洲68个项目，占比22%，南美洲10个项目，占比3%，北美洲和大洋洲各占比2%。项目类型多为基础设施项目，比如路桥项目86个，占比28%，电力项目73个，占比23%，两者占到一半以上。项目的选取和建设体现了共商共建共赢的精神，大都是在"一带一路"倡议与当地的发展战略对接中产生的，项目采取了多种合作方式，项目建设为当地创造了就业，有效促进了当地的经济发展。（见表7-2）

表7-2　　　"一带一路"倡议下重大项目及合作模式

项目名称	所在国家	合作模式
同江中俄铁路大桥	中俄跨境	贷款建桥、同步建设、共同运营、收费还贷
佩列沙茨大桥项目	克罗地亚	中国、克罗地亚、欧盟开展三方市场合作，工程造价的85%由欧盟基金承担
纳拉扬加特—布德沃尔高速公路路段扩建	尼泊尔	中方承包建设，亚洲开发银行将承担85%费用
巴瑞巴贝引水隧道	尼泊尔	项目实施的是中国方案，使用的是美国设备，监理公司来自意大利

续表

项目名称	所在国家	合作模式
库库塘巴水电站	几内亚	后期运营开发、人才培训由法方负责
卡洛特水电站	巴基斯坦	以建设—运营—移交为投资模式
桑河二级水电站	柬埔寨	三国合资公司投资建设，商业贷款，特许经营
海阳燃煤电厂	越南	建设—运营—转让
越南高岭桥项目	越南	由亚洲开发银行和澳大利亚共同出资，由中国路桥与越南企业组成的联营体联合中标并组织实施
仁安羌油田和稍埠油田	缅甸	"振华石油"出资收购法国 Geopetrol 公司 100% 股权，获得仁安羌和稍埠油田提高石油采收率合同 40% 的权益，进行勘探、开发、生产作业
太阳能电站	乌克兰	中方将筹集约 1.7 亿欧元，其余部分由顿巴斯燃料和能源公司出资
乌干达伊辛巴水电站	乌干达	中国进出口银行为工程提供了 85% 的融资支持，其余由乌干达承担
胡努特鲁电厂	土耳其	由中国国家电力投资集团公司子公司上海电力、中航国际成套设备有限公司和土耳其当地股东方共同开发建设
坦桑尼亚快速公交项目二期工程	坦桑尼亚	非洲开发银行集团、非洲共同成长基金（AGTF）及坦桑尼亚政府三方共同出资建设
亚马尔液化天然气项目	俄罗斯	由俄罗斯诺瓦泰克公司、中国石油天然气集团公司、法国道达尔公司和中国丝路基金共同合作开发，分别占股 50.1%、20%、20%、9.9%。项目建设中，中国企业承揽了全部模块建造的 85%
仰光达盖达天然气联合循环电厂	缅甸	中国和缅甸合资投建
黑山莫祖拉风电项目	马耳他	中国国家电力投资集团所属上海电力（马耳他）控股有限公司与马耳他政府合资投建
内罗毕快速路项目	肯尼亚	中国公司与肯尼亚政府合作开发
佩列沙茨跨海大桥	克罗地亚	中国路桥公司牵头的中国企业联合体承建，欧盟基金的支持
里海沥青厂	哈萨克斯坦	中国中信集团和哈萨克斯坦国家石油天然气公司共同投资

续表

项目名称	所在国家	合作模式
哥伦比亚首都波哥大首条地铁线路项目	哥伦比亚	由中国港湾工程有限公司和西安市轨道交通集团有限公司组成的中国企业联合体承建，项目还得到世界银行、欧洲投资银行等国际机构支持
国家一号公路	刚果共和国	由中国进出口银行提供优惠贷款、中国建筑集团承建
柴油发动机厂	白俄罗斯	中国潍柴集团与白俄罗斯马兹集团合资建设
巴基斯坦海尔—鲁巴经济区	巴基斯坦	中国家电品牌海尔集团和巴基斯坦鲁巴公司共同出资
胡布燃煤电站	巴基斯坦	国家电投集团中国电力国际有限公司控股投资，采用中国银团融资，由国家电力投资集团公司子公司中电国际和巴基斯坦胡布电力有限公司分别按74％、26％的股比进行开发和建设
中电胡布项目	巴基斯坦	国家电投集团旗下中国电力国际有限公司（简称"中电国际"）与巴基斯坦HUBCO公司共同投资建设
天然气发电厂	缅甸	中国云南能投联合外经股份有限公司（UREC）和缅甸电力与能源部（MOEE）共同投资
沙特延布炼厂	沙特阿拉伯	中国石化与沙特阿美签订合资协议，持股比例分别为37.5％及62.5％
永新燃煤电厂	越南	该项目由中国南方电网有限责任公司、中国电力国际有限公司和越煤电力有限责任公司按照55％、40％和5％的股比投资。广东电力设计院与广东火电组成的联合体进行承建
欣克利角C核电项目	英国	布拉德维尔B项目由中广核主导、法电集团参与，双方在项目开发阶段的投资将分别占66.5％、33.5％
中哈里海沥青合资公司	哈萨克斯坦	由中国中信集团与哈国家石油天然气公司共同投资

数据来源：《中国"一带一路"网项目案例》，https：//www.yidaiyilu.gov.cn/qyfc.htm。

三 "五通"建设持续推进

政策沟通，凝聚共识。通过高层互访和多边合作平台，中国与众多国家及国家组织建立了多层次、多领域、多主体的政策沟通机制。中国与摩洛哥、阿曼、吉布提等国家建立战略伙伴关系，与西班牙、阿根廷、智利、墨西哥、波兰等国家关系提升为全面战略伙伴关系。除了以上中国与125个国家和29个国家组织签署的"一带一路"合作协议，中国与其他国家和国家组织在各个专业领域也建立了对接合作机制。产能合作、数字经济合作、标准联通、税收协定合作、知识产权合作、法治合作、能源合作、农业合作、海上合作等领域的对接合作也都在持续推进。共建"一带一路"已逐渐成为全世界人民的共识。

设施联通，优先发展。基础设施落后严重制约了很多国家的经济发展，改善基础设施，实现互联互通是共建"一带一路"的优先方向，也是很多国家迫切需要合作的方向。以路桥、海运、港口、空运、管道、通信为重点的大项目不断落地，扎实推进，这些项目以点及面，逐渐形成覆盖全球的全方位、多层次、复合型互联互通网络。六大国际经济合作走廊和通道建设初现雏形，效应显现，区域间物流、信息交易成本大大降低，大大提升了区域经济发展动力，有效促进了区域间资源优化配置，实现共赢发展。

贸易畅通，重点内容。政策沟通与基础设施互联互通大大降低了贸易的成本，不过贸易投资便利化还需要贸易双方进行海关、检验检疫、关税、外资准入、知识产权等方面的沟通协作。首届"一带一路"国际合作高峰论坛上，中国发起《推进"一带一路"贸易畅通合作倡议》，海关检验检疫合作不断深化，自此，中国与沿线国家签署100多项合作文件，实现了50多种农产品食品检疫准入。中国设立了11个自由贸易试验区，举办国际进口博览会，通过《中华人民共和国外商投资法》，贸易投资便利化水平大大提高。在此基础上，中国与"一带一路"沿线国家间的贸易规模持续扩大，五年间，中国与"一带一路"沿线国家货物贸易进出口总额超过6万亿美元，年均增长率高于同期中国对外贸易增速。另外，跨境电子商务等新业态、新模式发展迅速。

资金融通，重要支撑。建设"一带一路"倡议视野宏大，范围广泛，领域全，资金需求量极大，不是一个国家或者组织能够承担的，同样需要共商共建共享。由中国发起设立了亚洲基础设施银行和丝路基金，积极投入"一带一路"建设。积极拓展海外资金来源。发挥各国主权基金和投资基金发挥越来越重要的作用，丝路基金联合欧洲投资基金共同投资于共建"一带一路"倡议与欧洲投资计划的对接。加强与世界银行等多边金融机构的合作。金融市场体系建设日趋完善,拓宽共建"一带一路"的融资渠道,熊猫债、"债券通"绿色金融债券等发行规模不断扩大。另外,世界各国间金融互联互通不断深化。

民心相通,人文基础。民心相通建设主要包含文化交流、教育培训、旅游合作、医疗卫生合作、救助与扶贫等方面。文化年、旅游年、艺术节、博物馆、电影节、文物展等形式丰富多样。中国设立"丝绸之路"中国政府奖学金项目,资助沿线国家留学生来华深造,大大提升来华留学生数量。中国在海外设有153个孔子学院,带动中国文化走出去。通过签订互免签证协定等方式大大促进了中外旅游发展。医疗卫生合作、救助与扶贫持续推进,通过中国优质医疗资源走出去,在救灾扶贫中进行必要的人道主义援助,有效加深了中国与"一带一路"国家间的人民感情。

四 新的合作领域的开拓

共建"一带一路"除了政策沟通、设施联通、贸易畅通、资金融通、民心相通"五通",合作领域还进一步扩展到反腐合作、创新合作、绿色合作、数字合作、标准合作、法律合作、农业合作等领域,形成全方位合作的局面,努力开创"一带一路"新型合作模式,构建人类命运共同体。(见表7-3)

表7-3　　　　　"一带一路"倡议一些合作领域文件及目标

时间	部门	文件	主要的目标
2015年1月	国家发展改革委、外交部、商务部	标准联通"一带一路"行动计划(2015—2017)	中国标准与国际和各国标准体系兼容水平不断提高
2016年12月	国家中医药管理局、国家发展和改革委员会	中医药"一带一路"发展规划(2016—2020年)	到2020年,中医药"一带一路"全方位合作新格局基本形成

续表

时间	部门	文件	主要的目标
2017年3月	文化部	"一带一路"文化发展行动计划（2016—2020年）	构建文化交融的命运共同体
2017年5月	环境保护部、外交部、发展改革委、商务部	关于推进绿色"一带一路"建设的指导意见	推进绿色"一带一路"建设
2017年5月	环境保护部	"一带一路"生态环境保护合作规划	共同建设绿色丝绸之路
2017年5月	中华人民共和国农业部、中华人民共和国国家发展改革委员会、中华人民共和国商务部、中华人民共和国外交部	共同推进"一带一路"建设农业合作的愿景与行动	创建"一带一路"陆海联动、双向开放的农业国际合作新格局
2017年6月	国家发展和改革委员会、国家海洋局	"一带一路"建设海上合作设想	"一带一路"建设海上合作
2018年1月	国家发展改革委、外交部、商务部	标准联通共建"一带一路"行动计划（2018—2020年）	中国标准与国际和各国标准体系兼容水平不断提高
2019年4月	科学技术部	"创新之路"合作倡议	将"一带一路"打造成"创新之路"
2019年4月	中国与有关国家、国际组织以及工商界学术界代表	廉洁丝绸之路北京倡议	携手共商、共建、共享廉洁丝绸之路

数据来源：中国"一带一路"网权威发布。

2017年5月发布的《共同推进"一带一路"建设农业合作的愿景与行动》是专门就农业领域合作发布的文件，这也是产业领域合作的第一个文件，显示了农业合作对于各国发展的普遍重要性、各国加强农业合作的必要性及急迫性。文件中提出的农业合作的原则、思路、重点、机制等内容为本研究中提出中国与中亚国家间农业合作模式创新提供了基本的遵循。第二届"一带一路"国际合作高峰论坛圆桌峰会联合公报也专门就农业合作提出了发展节水技术和开展农业创新。

五　重要合作机制的建立

推进"一带一路"倡议除了建设重大项目、拓展合作领域，也需要建立新的合作机制和模式。

建立第三方市场合作机制，国际合作新模式。第三方市场合作主要是指中国企业（含金融企业）与有关国家企业共同在第三方市场开展经济合作。2015年6月，中法两国政府正式发表《中法关于第三方市场合作的联合声明》，标志着第三方市场合作机制正式确立并进入具体实施阶段。为了实现"一带一路"倡议提出的各项发展预想和目标，仅仅依靠一个国家或者几个国家的力量是远远不够的，而是需要国际社会各个国家共同合作，实现优势互补，达到 $1+1+1>3$ 的效果。第三方市场合作机制为企业间的合作提供了新的平台，实现了国际优势资源的合作配置，取长补短，互利共赢，是国际合作模式的新形式。截至2019年6月，中国已与澳大利亚、奥地利、法国、比利时、加拿大、日本、意大利、荷兰、新加坡、韩国、西班牙、瑞士、英国、葡萄牙14个国家建立了第三方市场合作机制并取得了积极成效，并且与有关国家推动设立了第三方市场合作的基金。

推进境外经贸合作园区，经贸合作新模式。境外经贸合作园区是中国将国内各类园区开发建设经验推广到国际上的一种尝试，园区以完善的基础设施、明确的产业导向和功能齐全的公共服务吸引企业入驻，有效克服了单个企业投资"一带一路"国家产业链不健全、市场不完善的弊端，大大降低了企业国际化的成本和门槛，快速地实现了资源聚集和规模经济，是中国企业走出去尤其是中小企业抱团出海的重要平台。境外经贸合作园区带动了中国的对外投资和贸易，成为中国开展对外经济贸易合作的重要载体和共建"一带一路"的重要平台。同时境外经贸合作园区也是促进"一带一路"沿线国家可持续发展的重要载体，与共商共建共享、合作共赢理念以及联合国2030年议程相吻合。境外经贸合作园区以其显著的优势和优异的表现得到了越来越多的国际社会的认可和所在东道国的欢迎，势必会成为共建"一带一路"倡议的重要方式，是中国商务部力推的"一带一路"建设重要承接点。

设立亚洲基础设施银行和丝路基金等各类发展基金,与以上两种新模式相对应,亚洲基础设施投资银行是由中国倡议建立的,旨在推动亚洲基础设施建设和互联互通的多边金融机构,成员国已由成立时期的57个发展到2020年7月底的103个,基金规模也由100亿美元提升到130亿美元,已向12个成员提供了约60亿美元的资金支持。同时,亚投行也与国际上其他金融机构比如亚洲开放银行、世界银行、伊斯兰开发银行等加强合作,共同为亚洲基础设施建设项目进行投融资。丝路基金是中国倡议设立的中长期开放投资基金,首期资本金100亿美元,2017年中国又增资1000亿元人民币,将为"一带一路"沿线国家基础设施建设、资源开发、产业合作等有关项目提供投融资支持。2015年,丝路基金建立中国与哈萨克斯坦产能合作专项基金,将会极大地促进中哈产能合作的规模和进程。另外,中国—欧亚经济合作基金是深入推进国家"一带一路"倡议的重要股权投资平台之一,首期10亿美元,逐步扩大到50亿美元。这些投融资平台的设立,扩大了企业项目的资金来源,降低了融资成本,将为"一带一路"建设插上腾飞的翅膀,也为一些大项目的实施提供了可能。

六 "一带一路"国际合作高峰论坛等重要平台的建立

在中国的倡议主导下,在中国举办了第一届和第二届"一带一路"国际合作高峰论坛,这两个论坛都取得了丰硕的成果,获得了国际社会的广泛赞誉,成为各国共同协商、携手推进"一带一路"倡议发展的重要平台。以此论坛为代表,推进"一带一路"倡议发展形成了各种综合性或者专业性的国际合作平台。正像习近平主席在第一届高峰论坛上提出的那样,中国将设立"一带一路"国际合作高峰论坛后续联络机制。[①]（见表7-4）

[①] 《习近平出席"一带一路"国际合作高峰论坛开幕式并发表主旨演讲》,《光明日报》2017年5月15日。

表7-4　第二届"一带一路"国际合作高峰论坛建立的多边合作平台

中方合作结构	"一带一路"国际平台	国际合作者
中国生态环境部	"一带一路"环境技术交流与转移中心	—
中国海关总署	"一带一路"海关信息交换和共享平台	智利、巴基斯坦、新加坡、格鲁吉亚
中国国家标准化管理委员会	"一带一路"共建国家标准信息平台	加强与有关国家间的标准信息交换和共享
中国相关机构	海上"一带一路"港口合作机制	13个国家33个来自政府交通和海关等机构，重要港口企业、港务管理局码头运营商
中国财政部	多边开发融资合作中心	亚洲基础设施投资银行、亚洲开发银行、拉美开发银行、欧洲复兴开发银行、欧洲投资银行、泛美开发银行、国际农业发展基金、世界银行集团
中国国家发展改革委	"一带一路"创新发展平台建设项目	联合国开发计划署
中国国家会计准则制定机构	"一带一路"会计准则合作机制	相关国家会计准则制定机构
中国国家税务总局	"一带一路"税收征管合作论坛	哈萨克斯坦财政部国家收入委员会等有关国家（地区）税务主管当局
中国生态环境部	"一带一路"绿色发展国际联盟	25个国家环境部门，以及联合国环境署、联合国工业发展组织、联合国欧洲经济委员会等国际组织，研究机构和企业
中国国家知识产权局	关于进一步推进"一带一路"国家知识产权务实合作的联合声明	49个国家的知识产权机构
中国	"一带一路"能源合作伙伴关系	28个国家

续表

中方合作结构	"一带一路"国际平台	国际合作者
中国国家发展改革委（城市与小城镇中心）	"一带一路"可持续城市联盟	联合国人居署、世界卫生组织、世界城市和地方政府组织亚太区、欧洲城市联盟、能源基金会等
中国国际贸易促进委员会、中国国际商会与欧盟	国际商事争端预防与解决组织	30多个国家和地区的商协会、法律服务机构
中国地震局	"一带一路"地震减灾合作机制	13个国家和国际组织
中国国家开发银行	中国—拉美开发性金融合作机制	—
中国联合国教科文组织全国委员会	"一带一路"青年创意与遗产论坛	联合国教科文组织
中国科学院	"一带一路"国际科学组织联盟	37家国家的科研机构和国际组织
中国国家博物馆	丝绸之路国际博物馆联盟	33个国家和地区的157家博物馆或研究所
中国国家图书馆	丝绸之路国际图书馆联盟	26个国家和地区的图书馆
中国上海国际艺术节	丝绸之路国际艺术节联盟	40个国家和地区的159个艺术节和机构
中国对外文化集团有限公司	丝绸之路国际剧院联盟	37个国家和地区的106家剧院、文化机构
中国美术馆	丝绸之路国际美术馆联盟	18个国家的21家美术馆和重点美术机构
中国有关智库	"一带一路"国际智库合作委员会	有关国际智库
中国相关机构	"一带一路"共建国家出版合作体	出版商、学术机构和专业团体
中国相关机构	"一带一路"纪录片学术共同体	出版商、学术机构和专业团体
人民日报社	"一带一路"新闻合作联盟	有关国家媒体
新华社	"一带一路"经济信息网络	32家机构
中国人民银行	中国基金组织联合能力建设中心	国际货币基金组织

资料来源：第二届"一带一路"国际合作高峰论坛成果清单。

这些平台成为"一带一路"国家互联互通"软联通"的重要途径和方式，构建全方位互联互通的必要环节。通过这些平台各国学习和交流经验、增进了解和信任，共同酝酿和推进一些合作项目的提出和实现，增进各国人民的福祉。建立沟通平台往往会成为后期实施重要合作项目的先导，在推进"一带一路"倡议发展中会发挥越来越重要的作用。

第三节 陆上"丝绸之路经济带"建设的重要进展

第二节是对整个共建"一带一路"倡议的进展介绍，鉴于中国与中亚国家间的农业合作主要涉及陆上丝绸之路经济带的建设，因此本节对陆上丝绸之路经济带建设的特色部分做一介绍。

一 "一带一路"倡议与中亚国家双边及多边战略的对接

中亚地区所属的国际组织有上海合作组织、欧亚经济联盟和中亚区域经济合作组织。这些组织都和"一带一路"倡议进行了积极对接，对接之后的合作重点不尽相同。上海合作组织成立于2001年，各方面的合作机制都已经比较成熟，其成立主要是为了加强边境安全方面的合作，后面逐渐延伸到经贸、投资等各领域的合作，农业合作也是其重要的合作领域。"一带一路"倡议与光明之路的对接主要是加强中哈间产能合作，与欧亚经济联盟的对接主要是加强经贸合作，与中亚区域经济合作机制的对接主要是加强基础设施投资方面的合作。（见表7-5）

表7-5　　　中亚所属国际组织与"一带一路"倡议对接情况

国际组织	成员国	对接文件或者对接活动进程
上海合作组织	中国、俄罗斯、巴基斯坦、印度、哈萨克斯坦、吉尔吉斯斯坦、塔吉克斯坦、乌兹别克斯坦	上合组织成员国政府间农业合作协定

续表

国际组织	成员国	对接文件或者对接活动进程
光明之路	哈萨克斯坦	中华人民共和国政府和哈萨克斯坦共和国政府关于"丝绸之路经济带"建设与"光明之路"新经济政策对接合作规划
欧亚经济联盟	俄罗斯、哈萨克斯坦、白俄罗斯、吉尔吉斯斯坦和亚美尼亚	中华人民共和国与俄罗斯联邦关于丝绸之路经济带建设和欧亚经济联盟建设对接合作的联合声明；中华人民共和国与欧亚经济联盟经贸合作协定
中亚区域经济合作机制	中国、阿富汗、阿塞拜疆、巴基斯坦、蒙古国、哈萨克斯坦、吉尔吉斯斯坦、塔吉克斯坦、土库曼斯坦、乌兹别克斯坦、格鲁吉亚	2018年5月亚行理事会年会期间，亚行专门举办中亚区域经济合作机制和"一带一路"倡议对接的专题研讨会
经济合作组织	巴基斯坦、伊朗、土耳其、阿富汗、阿塞拜疆、土库曼斯坦、乌兹别克斯坦、塔吉克斯坦、吉尔吉斯斯坦、哈萨克斯坦	—

数据来源：中国"一带一路"网。

经济合作组织是有10个中亚、西亚、南亚国家成员的国际组织，成立的主要目的是促进地区的基础设施建设和相互间的贸易往来。虽然目前看，经济合作组织和"一带一路"倡议还没有获得对接的成果，不过就它们成立的目的来看有很多共同的地方，而且经济合作组织的地域与"一带一路"倡议倡导的中国—中亚—西亚和中巴经济走廊等两个经济走廊相重叠，合作的基础和潜力都存在，2017年经济合作组织（ECO）第十三届首脑峰会表示欢迎中巴经济走廊建设，相信在对接方面未来会有实质的进展。

二 中欧班列的蓬勃发展

中欧班列泛指由中国铁路总公司组织的，运行于中国与"一带一路"沿线国家间铁路国际联运列车，不仅连通欧洲及沿线国家，也连通东亚、东南亚及其他地区；不仅是铁路通道，也是多式联运走廊。自2011年3月首次开通由重庆开往德国杜伊斯堡的中欧班列以来，中欧班列这几年得到了快速的发展，从2011年开行17列增长到2019年的8225列，增长了483.82倍。2020年上半年，在新冠肺炎疫情影响下，中欧班列共计开行5122列，同比增长36%，保持高速增长。2020年6月，推进"一带一路"建设工作领导小组办公室提出要开展中欧班列集结中心示范工程建设，促进中欧班列开行由"点对点"向"枢纽对枢纽"转变，这意味着中欧班列发展再一次升级，促进其发展数量和质量的双提升。中欧班列发展已经成为推进"一带一路"倡议发展的重要抓手，对开展中国与中亚国家间的农业合作模式创新提供重要载体。

不过中欧班列的发展在路线上还存在很不平衡的现象，大多数中欧班列的路线都是通过俄罗斯或者哈萨克斯坦和俄罗斯进入欧洲，经过其他中亚国家的路线并不多。根据中欧班列建设发展规划（2016—2020年），经中亚、西亚然后进入欧洲的路线也是需要重点建设发展的。中亚班列通过哈萨克斯坦阿拉木图和乌兹别克斯坦塔什干的路线已经实现常态化运营，通过哈萨克斯坦和乌兹别克斯坦在进一步辐射到其他三个中亚国家。这是与所经过国家的通道建设能力是相关的，不过目前这些方面也已经有了大的改观。2020年6月，经伊尔克什坦口岸出境，经过吉尔吉斯斯坦最终到达乌兹别克斯坦塔什干的"中吉乌"公铁联运国际货运班列正式开通，中欧班列西通道增加新路线。同年同月，从广州出发的"穗新乌"中欧班列经霍尔果斯出境、途经哈萨克斯坦，到达乌兹别克斯坦塔什干的中欧班列开通。这样中欧班列到达塔什干已有两条路线可以选择，会对中国与乌兹别克斯坦及其他中亚国家间的经贸合作起到很大的推动作用。

三　边境口岸综合性发展

中国外贸的快速发展离不开对外开放口岸的迅速发展，中国的对外开放口岸已由 1978 年的 51 个增加到 2019 年 10 月的 307 个，形成了水运口岸、航空口岸和陆路口岸等各类口岸合理布局的全方位、立体化口岸开放格局。口岸的开放带动了中国对外贸易的迅速发展，同时也给口岸的发展带来了压力和挑战。口岸的发展一方面要优化通关服务，提升通关数字化水平，与铁路、海关共享信息，提高通关效率，另一方面口岸发展要结合综合保税区等海关特殊监管区域发展口岸经济。2018 年 10 月 19 日，国务院印发《优化口岸营商环境促进跨境贸易便利化工作方案》，提出到 2020 年年底，国际贸易"单一窗口"主要业务应用率要达到 100%，到 2021 年年底，整体通关时间比 2017 年压缩一半。

中国与中亚国家相通的口岸主要有阿拉山口、霍尔果斯和伊尔克什坦口岸。阿拉山口口岸是中国西部地区唯一铁路、公路和输油管道并举的国家一类口岸，同时是我国距离欧盟最近的铁路口岸，中欧班列通行数量居全国首位。另外，2020 年 1 月后，阿拉山口口岸开展出口跨境电商零售业务，不过几个月发展到单月发送上千万个包裹。跨境电商的快速发展吸引国际知名电商企业落地口岸综保区，通道经济和口岸经济双向发力，欧亚物流枢纽港地位不断巩固。霍尔果斯除了和阿拉山口一起构成通往中亚、欧洲的双通道，所建立的中哈霍尔果斯国际边境合作中心是世界上唯一一个跨境的自由贸易区，成为集品牌展示、文化荟萃、贸易投资、商务旅游和文化交流等于一体的综合商贸区。伊尔克什坦口岸与以上两个口岸不同的是，它是公路口岸，也是与吉尔吉斯斯坦边境的口岸，口岸的使用得益于中吉乌跨境公路运输的发展。中吉乌国际公路 2018 年 2 月开通以来，并成为中欧班列公铁联运的一部分，成为新疆向西的另一条通道，有效地缓解了阿拉山口、霍尔果斯通道的压力。随着乌兹别克斯坦、吉尔吉斯斯坦通往塔吉克、土库曼以及阿富汗、伊朗的通道的不断完善，中国—中亚—西亚国际运输走廊会成功贯通，中欧班列的西向通道会进一步完善，实现常态化运营，这条通道会为中国与中亚间的经贸合作发挥更大的作用。

第四节 "丝绸之路经济带"建设为中国与中亚国家农业合作带来的机遇

"一带一路"倡议的发展为中国与中亚国家间农业合作模式创新提供了更多的机遇和可能。

一 推动了农业政策的多主体、深层次沟通

中国和中亚各国都非常重视本国农业的发展,有着通过加强农业合作保障本国粮食安全的强烈需求,不过鉴于相互间了解不足、沟通不畅、信任不够、标准不统一等原因,阻碍了农业的合作发展。"一带一路"倡议的平台以及各种综合性专业性沟通平台的建立,预示着未来完全有可能建立农业政策的沟通合作平台。这些沟通合作平台不仅是国家层面建立的,也可能是地方政府或者企事业单位间建立的,形成多主体全方位的农业政策合作沟通体系。比如 2020 年 7 月,河南省与乌兹别克斯坦撒马尔罕州签署了建立友好省州关系协议书及建立综合全面交往合作机制备忘录,河南省和撒马尔罕州都是本国农业强省(州),强强联合会带动两省的农业合作进一步发展。合作平台的政策沟通会进一步带动有关农业合作协议的签署,中国与中亚国家间的双边及多边协议中,都将农业合作作为重要的一个合作领域,不过尚缺乏专门的农业合作协议。目前中国与中亚国家间的农业合作协议依然是 2010 年在上合组织框架下签署的农业合作协定,2018 年 6 月上海合作组织成员国元首理事会会议提出了《上合组织成员国粮食安全合作纲要》草案,这将是结合"一带一路"倡议发展而签署的新的农业合作协议,将进一步发推动农业合作的展。农业政策的沟通可以相互凝聚共识、增加信任、消除误解,为其他方面合作的顺利开展打下良好的基础。

二 为实施重大农业合作项目创造了条件

项目带动是推动农业合作突破的重要抓手和有效手段,农业合作模式的创新需要重大项目的示范和榜样作用。"一带一路"倡议的发展为实

施重大农业合作项目提供了资本、人力和技术条件，比如中哈产能合作基金的设立也可以为农业领域的产能合作提供资金支持。实施重大农业合作项目要瞄准合作方的实际需求，能带动全产业链的发展，具有很强的示范效应。实施重大农业合作项目的环节首选是种植环节，因为与中国相比，中亚国家种植效率普遍还比较低，另外种植环节对于农资领域的合作、水土保持技术以及病虫害防治等方面的合作具有很强的带动作用。所以种植环节的项目可以带动农业机械、化肥、种子、农药等方面的产能合作。实施重大农业合作项目的首选农作物是小麦或者马铃薯，因为小麦面粉和马铃薯是中亚地区人们的主食，市场有销路，民众有意愿。鉴于中亚国家畜牧业的小农户发展趋势，实施畜牧业的规模化养殖以及牛奶的规模化生产也很有必要。畜牧业的发展与人民的生活密切相关，中亚国家的畜牧业发展几乎都没有恢复到独立前的水平，主要原因就在于小农化。以大项目的实施带动中亚畜牧业发展模式的转变很有意义。

三 为创建新的合作机制提供了可能

创建境外经贸合作园区是中国对外开放的新模式，是推进"一带一路"倡议建设的重要平台。同样地，创建境外农业合作示范区也是推进国际农业合作的重要载体，在"一带一路"倡议建设中会获得更多的政策和资金支持，将会获得更多的发展机遇，发挥更大的作用。比如洛阳万邦优选供应链管理有限公司在乌兹别克斯坦承建的"布哈拉农业合作示范区"被认定为省级"境外农业合作示范区"，获得了省级层面更多的支持。境外农业合作示范区是集资源开发、实验实训、技术示范、人员培训、商品物流、产品贸易等功能于一体的综合体，也是引导国内企业走出去的重要平台。已建成的境外农业合作示范区要积极争取更大的支持，纳入省级或者国家级示范区，准确把握自身的定位，架起两国农业合作的桥梁，在实现自身发展的同时，带动更多的企业走出去，为两国农业合作做出更大贡献。另外在还没有建立示范区的国家，建议统筹建立示范区，实现中亚国家全覆盖。示范区的选址既要接近农业资源丰富地区，又要接近人口较多的城市，接近市场，为以后的农业生产、技术传递和商品销售提供保障。

四　让农产品贸易更加快捷、便利

农产品贸易是中国与中亚国家开展农业合作的主要方式之一，往往是其他农业合作的先导，也是容易受到政策和形式影响的合作方式。在"一带一路"倡议带来的贸易便利化以及交通运输条件大幅改善的影响下，中国与中亚国家间的农产品贸易得到了快速的发展，尤其是中国与哈萨克斯坦农产品贸易额增长很快。2017年中哈农产品贸易额达到5.2亿美元，比2016年增长40%。2018年哈国总统访问我国时发布的中哈联合声明上也指出，中哈农产品贸易取得了积极成果，在此基础上继续加强农业其他方面的合作，不断拓展现代农业合作产业链。鉴于农产品贸易对检验检疫和运输时间的要求较高，借助"一带一路"的发展，中国与中亚国家间农产品贸易的发展有以下几个方向：一是要加强与欧亚经济联盟的对接，进一步降低关税水平，加强农产品标准的对接。二是加强中吉乌公铁联运的发展，积极开通中吉乌通道到土库曼斯坦和塔吉克斯坦的公路或铁路运输，开辟口岸农副产品快速通关"绿色通道"，缩短通关时间；在伊尔克什坦口岸申报中亚蔬菜水果的进境口岸，开辟中亚水果的东进通道。三是依托在各国建立的境外农业合作示范区，大力发展冷链物流，将各个国家充分连接起来。

五　促进多边农业合作的发展

多边农业合作是开展国际农业合作的重要方式，与加深双边农业合作相辅相成、相互促进。中亚国家参加了多个国际和地区组织，"一带一路"倡议与这些地区和国家组织的积极对接之后，这些都会成为加强多边农业合作的平台。中亚地区一向是俄罗斯的势力范围，中亚国家与俄罗斯关系更加密切、文化更加相近、经贸更加频繁、标准更加统一，中国要积极寻求和俄罗斯在中亚开展第三方市场合作的机会，联合俄罗斯在中亚共同开展农业合作，尽早建立合作机制，共同规划实施一些重大项目。在"一带一路"倡议与欧亚经济联盟不断对接的情况下，可以在欧亚经济联盟的框架下，开展多边农业合作，这对于消除民众疑虑、增强互信、保障合作的顺利进行有着重要作用。另外,随着中国—中亚—西亚经济廊道的建设,中国通过中亚通往西亚的通道必将会更加畅通,中国与经济合作组织的对接和合作势在必行。要加强"一带一路"倡议与经济合作组织的战略对接,在此框架下开展多边农业合作,实现资源聚集,会将地区农业合作水平大幅度提升。最后,在中欧班列西通道的南线和北线都不断贯通的情况下,中国与欧洲强国共同在中亚开展农业合作也就更加具备了条件。

第八章

中国与中亚国家间农业政策沟通的发展及模式创新

顺畅的沟通是一切合作顺利进行的前提。在社会中生存的人，每个个体都有着自己不同于他人的思想和对同一事物的看法，因此当他们意见不一致时就可能会产生冲突与摩擦，这时沟通就显得尤为重要，沟通是避免冲突的金钥匙。上升到国家层面，每个国家的历史背景、现行政策以及未来发展规划都有很大差异，这些都可能导致国家之间产生冲突。另外随着国际分工的不断深化，国际合作更加频繁，但国家间的"信任赤字"也随之产生，所以无论是从避免国家冲突，破解"信任赤字"的角度，还是为了国家自身更健康、更全面、更快速的发展，国家之间进行沟通都是解决这些问题的一个良策。国家间沟通包括政策沟通、企业合作、人文交流等，其中国家间政策沟通又是其他沟通交流方式的决定性因素。中国与中亚国家间已经有了良好的沟通体系，"一带一路"倡议的发展又为新的沟通平台和沟通机制的建立创造了良好的条件和机遇，中国与中亚国家间要借此机遇建立起多主体、多层次的立体化沟通体系，以保障中国与中亚国家间各方面农业合作的顺利进行。

第一节 中国与中亚国家农业政策沟通的发展

中国与中亚国家间农业沟通有着良好的基础，尤其是"一带一路"倡议提出之后，中国与中亚国家农业政策的沟通节奏明显加快，其沟通的深度和广度都得到了较快发展。

一 中国与哈萨克斯坦农业政策沟通

（一）中国与哈萨克斯坦领导人互访频繁，农业合作范围不断扩大

1992 年中哈建交，二十多年来，中哈关系不断升级，2002 年两国签署中哈睦邻友好合作条约，三年后建立了战略伙伴关系，2011 年开始发展全面战略伙伴关系，到 2019 年宣布发展永久全面战略伙伴关系。近几年两国领导人互访越来越频繁，基本上每年互访一次，双方合作范围也越来越广泛，在农业上的合作内容和形式也在不断深化。（见表 8-1）

表 8-1　　　　中哈两国政府签署的文件及农业沟通内容

日期	文件	农业政策沟通内容
2004 年 5 月	中哈签署联合声明（全文）	双方签署了农业领域合作协定
2008 年 10 月	中华人民共和国政府和哈萨克斯坦共和国政府联合公报	双方表示将继续农业合作，认真落实《中哈政府间非资源经济领域合作规划》
2011 年 2 月	中华人民共和国和哈萨克斯坦共和国联合公报	双方责成两国相关部门在农业领域开展人员培训、专家互访等方面的合作。双方愿就哈萨克斯坦向中国出口及通过中国向第三国转运粮食开展合作
2011 年 6 月	中哈关于发展全面战略伙伴关系的联合声明	双方支持两国企业就落实双边农业项目加强合作，继续开展哈萨克斯坦粮食对华出口并经中国转口合作，支持两国企业开展磷肥生产合作
2013 年 9 月	中华人民共和国和哈萨克斯坦共和国关于进一步深化全面战略伙伴关系的联合宣言	双方将扩大农业、良种繁育、种子及其加工产品贸易、农产品加工运输、检验检疫等领域的合作，将根据出口国动植物疫情状况，建立中哈农产品快速通关"绿色通道"

续表

日期	文件	农业政策沟通内容
2014年5月	中华人民共和国和哈萨克斯坦共和国联合宣言	双方将采取切实有效措施为双边农产品贸易创造有利条件，加强农作物种植、畜牧养殖、动植物疫病防控、农业机械、农产品加工等领域的技术经验交流
2015年8月	中华人民共和国和哈萨克斯坦共和国关于全面战略伙伴关系新阶段的联合宣言	拓展农业和林业合作，改善农产品贸易和农工综合体、林业、木材加工工业的投资条件，支持两国农业和木材加工企业开展合作。进一步加强粮食贸易合作
2015年12月	中华人民共和国政府和哈萨克斯坦共和国政府联合公报	双方同意进一步加强农业合作以及畜牧业和种植业产品相互市场准入，深化粮食贸易合作。双方鼓励和支持两国科研机构和企业建立直接合作关系，共同探讨开展农业科技、农业种植、畜牧业、动物疫病防控等领域合作。双方将不断改善两国农业投资和农产品贸易合作环境。积极参加双方举办的农业论坛、研讨会、博览会和研修班等农业交流活动
2017年6月	中华人民共和国和哈萨克斯坦共和国联合声明	拓展农业和林业合作，改善农产品贸易和农工综合体、林业、木材加工工业的投资条件，支持两国农业和木材加工企业开展合作，加强粮食贸易合作
2018年6月	中华人民共和国和哈萨克斯坦共和国联合声明	加强农业合作，双方将在农产品贸易取得积极成果的基础上，继续加强农产品准入、农业投资、"种养加"、畜牧兽医和技术交流合作，不断拓展现代农业合作产业链

续表

日期	文件	农业政策沟通内容
2019年9月	中华人民共和国和哈萨克斯坦共和国联合声明	加强农业合作，双方将在农产品贸易取得积极成果的基础上，继续加强农产品准入、农业投资、"种养加"全产业链、畜牧兽医、植物检疫和农业创新科技交流合作

数据来源：中华人民共和国外交部。

（二）中央和地方与哈萨克斯坦交流成果斐然

中哈两国领导人日益密切的互访与交流为农业发展提供了契机，从农产品贸易到农业投资到农业科技示范园等，中国农业"走出去"正在不断扩大。随着合作范围的扩大，中哈两国农业高层官员之间的互动也是愈加频繁，中国海关发布了各种有关农产品进入中国市场的要求或是禁令，国家质检总局也与哈工贸部、农业部签署了一系列文件，为促进中哈两国在质检领域的交流与沟通提供了支撑，除此之外，农业部与哈国也是交流频繁，合作紧密。在2010年10月，上海合作组织首届农业部长会议上，中国农业部部长明确指出未来中哈将在小麦和大豆的生产及加工上面加强合作；2014年7月21日，哈农业科学院和农业创新集团与中科院达成签署科技合作备忘录的意愿，并于25日完成签约；2016年3月，中哈两国农业部部长希望双方能够建立双边农业合作工作组，并进一步推动"中哈人民苹果友谊园"的建设；2017年3月，农业部部长提出要在中哈农业合作工作组机制、农业科技、农业贸易与投资、畜牧业领域方面加强合作的建议，并得到哈方的赞同。4月在第二届峰会期间，中哈质量监督检验检疫部门签署了检验检疫合作协议。7月在中哈农业投资论坛上，双方签署《中华人民共和国农业部和哈萨克斯坦共和国农业部关于共建农业合作示范园的谅解备忘录》，并签订6份农业项目合作文件。

中国多个省份与哈萨克斯坦在农业方面也有不同程度的合作。其中陕西省最为突出，2015年1月，陕西省科技厅与哈国江布尔州共同创建

"中哈国际农业科技示范园",开展像农作物耕作技术、果树栽培等农业新技术的示范推行。10月26日,陕西省人民政府宣布第二十二届农高会将于杨凌举办,陕西农业将走出国门,到哈国建农业示范园。11月6日,在杨凌举行了中哈现代农业推介洽谈会暨合作项目签约仪式;2016年12月,中哈爱菊农产品加工园区正式启动,这是"中哈51个产能合作项目清单"中唯一正在进行且已实施的农业产能项目,同时也是西安市2016年重点工程;2018年5月,中哈(陕西·韩城)国际农业合作产业项目2018年第二期种植启动仪式在哈首都举办。此外,其他一些省份也与哈有所交流合作,比如:新疆的中粮糖业与哈共建"红色产业",到哈国种植番茄;海南省寻求与哈扩大旅游农业等领域合作;在首届中国—哈萨克斯坦地方合作论坛上,湖北省副省长童道驰指出,湖北省与哈国农业合作发展互补性强、潜力大,加上双方在教育、科技、经贸、投资等方面合作已有一定根基,就此提出了增强农业科技合作、促进农产品贸易发展、深入农业投资合作三点建议。

从地方与哈国的合作形式来看,按照其功能可以分为种植技术交流合作、国家间新型农业合作模式探索、农产品推广三种主要形式。种植技术交流合作,不仅促进了农业新技术的相互传播,提高了两国农业现代化水平,也在一定程度上增强了两国间的政治互信。两国间新型农业合作模式的探索,一方面为加大农产品的经济效益提供了可能,另一方面也能促使两国在农业种植、加工、出售等方面的交流更加密切,增进两国友谊。农产品的相互推广,扩大了农产品选择的选择范围,有利于两国农产品市场的劣势联合互补,降低特定种类农产品价格,造福两国人民。

(三)中企与哈萨克斯坦合作频繁

在"一带一路"提出以后,中国与中亚五国的贸易额在逐步上升,中国政府和企业对外投资的力度也在不断扩大,其中哈国又是中国重要的贸易伙伴和投资对象。中国与哈国在农业上的合作往来也随着"一带一路"的不断推进而更加频繁。2014年5月,中粮与哈萨克斯坦农业集团签订了《中哈小麦贸易与合作框架协议》;2015年9月,庆阳汇丰实业有限公司与哈萨克斯坦新丝绸之路国际文化经济交流科学院,成功签订了中哈农业科技示范园建设项目合作协定，该项目总投资 10 亿元；2016 年 5 月，中国企业计划对哈国 19 个农业项目进行投资，数额达 19 亿美元；2017 年 7 月，中哈表示拟签署 1.6 亿美元农业领域合作协议，此外，还拟签署若干关于科技创新转移的协议；2018 年 6 月，中信建设董事长与哈国副总理举行会谈并见证签署肉牛养殖及农业灌溉项目合作备忘录；2019 年 4 月，借助"一带一路"国际合作高峰论坛的契机，中国西部现代农业投资集团与哈在北京进行了"一带一路"合作交流会。11 月，在进博会上，寒地黑土农业集团与哈萨克斯坦国家粮食集团举行了签约仪式，协议内容包括陆续开展进出口粮食产品，以及在土地流转、种植技术、秸秆循环使用等方面增强交流与合作。

（四）中哈两国高校合作形式多样

中国与哈国的农业合作不仅仅在高层官员、地方、企业之间，中国多所高校与哈萨克斯坦也交流频繁，比如：甘肃农业大学专家赴哈考察访问，新疆农业大学为哈培养专业技术人员，杨凌职业技术学院哈萨克斯坦现代农业技术培训中心在哈国阿拉木图州挂牌成立等。西北农林科技大学（以下简称"西农"）作为中国农林水学科最为齐备的高等农业院校，在农学发展方面独具特色，与哈国在农业上的交流甚多，形式多样化。2016 年 4 月，西农副校长会见了哈国农业部副部长代表团一行，双方希望未来可以优先在农作物和果蔬生产、动物养殖、节水灌溉等领域展开合作。5 月，"哈萨克斯坦赛福林农业技术大学副校长与西农副校长代表两校签署了合作谅解备忘录，双方将在农业及相关领域进行合作与交流，包括在学生、教师、科研及教育管理人员之间展开交流，通过联合申报项目、开展合作科研进行学术交流"。11 月，西农成立"丝绸之路农业教育科技创新联盟"。2017 年 7 月 2 日，由西农主办，在哈国成功举办了第二届丝绸之路农业教育科技合作论坛。7 月 11 日，西农作为中国唯一的高校应邀参加了中国—哈萨克斯坦农业投资论坛，在此期间，该校和哈萨克斯坦赛福林农业技术大学共同签订了"共建农业示范园区协议"。7 月 13 日，哈萨克斯坦国立农业大学校长访问西农，与该校校长座谈并签署合作协议。2018 年 5 月，哈国农业科学院院士一行访问该校，双方会见座谈，希望共同努力，多方筹措开展联合科研、推动中哈农作物品种示范园建设，进一步推动在园艺、畜牧等更多领域的合作。9月9日，该校党委书记率团访问了哈国三所高校及有关农业科研机构和企业，先后参加了多场座谈交流、参观考察和实地调研活动，签订了多项合作协议，硕果累累。2019年，为了更好地服务国家"一带一路"倡议，加快实现中国农业"走出去"战略，西农副校长与塞福林农业技术大学校长座谈，达成了多项具体合作方案，并且访问了西安爱菊粮油集团哈萨克斯坦农庄。中国高校与哈国在农业上的合作主要集中于联合科研、农业示范园等方面，高校作为国家间的桥梁，在促进农业交流与合作、提高农业合作效率等方面起着重要作用。

二 中国与乌兹别克斯坦农业政策沟通

（一）中国与乌兹别克斯坦领导人合作不断，但农业专项沟通较少

中乌从1992年建交后，两国关系不断升级，双方领导人互访次数增多，签署一系列文件，多次提到要加强双方在农业上的合作，只是对于具体合作事项交谈的偏少。（见表8-2）

表8-2　　　　　　　中乌两国领导人签署的文件及政策沟通

日期	文件	政策沟通
2004年6月	中华人民共和国和乌兹别克斯坦共和国关于进一步发展与加深两国友好合作伙伴关系的联合声明	双方表示在平等互利的基础上拓展能源、交通、农业、水利、纺织、科技和信息技术领域的合作，并鼓励企业之间相互开展合作
2007年11月	中华人民共和国政府和乌兹别克斯坦共和国政府联合公报	双方表示进一步扩大在能源、交通、电信、农业、化工、采矿、基础设施建设等传统领域的合作
2010年6月	中国和乌兹别克斯坦关于全面深化和发展两国友好合作伙伴关系的联合声明（全文）	双方将在2009年6月8日签署的《中华人民共和国农业部与乌兹别克斯坦共和国农业和水利部关于农业领域合作谅解备忘录》基础上积极推进两国在农业领域的合作

续表

日期	文件	政策沟通
2011年4月	中华人民共和国和乌兹别克斯坦共和国联合声明	双方决定继续加强人文、教育及农业、卫生、环保领域的合作
2013年9月	中华人民共和国和乌兹别克斯坦共和国关于进一步发展和深化战略伙伴关系的联合宣言	双方决定加强农业领域合作,推动农业机械制造、农产品深加工、土壤改造、农村基础设施等领域具体合作项目
2016年6月	中华人民共和国和乌兹别克斯坦共和国联合声明	双方将在经贸、投资、能源、交通、农业、金融、科技领域深化互利合作
2017年5月	中华人民共和国和乌兹别克斯坦共和国关于进一步深化全面战略伙伴关系的联合声明	在共建"一带一路"框架内扩大贸易、投资、经济技术和交通、通信、农业、园区等优先领域合作

数据来源:中华人民共和国外交部。

(二)中央和地方与乌兹别克斯坦在农业领域合作广泛

乌国的自然资源丰富,但是同其他中亚国家一样,由于工业发展起步较晚,工业不是特别发达。乌国虽然属于干旱型大陆性气候,但是在苏联时期农业灌溉基础就已很完善,所以乌国农业发展总体稳步上升。中国与乌国地理位置相邻,双方农业合作关系一直稳中向好发展,近年来,双边农业合作交往也越加频繁。2012年9月,两国农业部门签署了《中乌两国农业合作计划》,双方农业主管部门将加强在农业信息交换、动植物检疫、农产品加工、农业机械和人员培训等方面的合作;2013年12月,在中乌政府间合作委员会农业分委会首次会议上,双方深入交谈了畜牧、兽医、植物检疫与保护、农机和人力资源开发等诸多合作问题,相互交换了意见,并表示未来愿意进一步加强在上述领域的交流合作,会后双方签署了会议纪要和《中乌2014—2015年农业合作计划》;2016年5月,中国参加了乌国第11届农业技术展览会和第5届农业机械展览会；2017年4月，国务院副总理会见了乌国副总理兼农业水利部部长一行，双方积极评价了建交以来所取得的合作成果，并表示双方愿共同努力，加强农业合作，进一步提升合作水平和成效，促进中乌农业发展更上一层楼。7月，农业部部长会见乌国总理，双方说明要在原有基础上进一步扩大双边农业投资贸易，共同促进农业产业园区建设，探索一起建设国际现代畜牧产业示范区，加强农业科技合作和人文交流，为双方农业共同繁荣发展提供技术上的支撑和市场上的需要；2018年4月9日，"一带一路"写入乌国外交法令，据此法令，乌国将同中国在落实"一带一路"倡议、基础设施现代化、农业现代化、吸引中国资金和技术建设工业园区等方面增强合作；2019年8月，乌国农业部部长希望在建设国家作物种质库和抗寒、抗旱肉牛品种的培育方面与中国农业科学院建立密切合作关系，开展人员与技术上的合作；2020年3月，"中国—乌兹别克斯坦高效节水农业灌溉技术培训班"项目获科技部批准立项。

在中央的牵头领导下，中国多个省份也陆续与乌国在农业领域展开合作。2014年6月，上海市农委一行人参加了在乌召开的"乌兹别克斯坦最重要的食品项目储备会议"，重点围绕蔬菜、水果产品的生产与加工议题展开研讨；2016年12月，乌国考察团访问了新疆生地所，双方重点围绕水资源高效利用进行了交流；2017年5月，在双方领导人的共同见证下，洛阳市和布哈拉市双方代表人在北京人民大会堂签署了缔结友好城市备录；2018年4月，乌国塔什干市与重庆市达成互建商贸中心协议，商贸中心成立后将展销乌纺织、农业产品等，塔什干市建立的重庆商贸中心将展销重庆特色产品，10月，在"中乌水资源管理能力建设座谈会"上，新疆生地所与乌国分享了在防止土地退化和水资源管理领域积累的经验和技术；2019年7月，山东省副长于国安会见了乌国农业代表团一行，并表示希望今后在对接政府发展战略、加强企业间的经贸合作、推进农业优势互补等方面增强合作，实现更高层次的发展，乌方回应，希望经过访问推动双方在农业种植、农业科技和人才培训上的交流合作，10月，在第26届中国杨凌农高会上，乌方介绍了无害化、绿色生物防病虫害的技术，并表示希望与中方深化农业务实合作，加强交流，多来往，实现更高层次的互利共赢。

(三) 中企与乌兹别克斯坦之间农业合作往来频繁

乌国是最早支持并参与"一带一路"建设的国家，中乌双方充分利用"一带一路"倡议创造出的有利条件，在农业中合作往来频繁，不但促进了双方的互利共赢，而且推动了沿途国家现代化农业建设。2010年3月，中国企业参加"2010乌兹别克斯坦农业展"，展会上各种农业产品应有尽有，包括农机设备、粮食和果蔬加工设备、滴灌设备等；2011年9月，中元国际工程公司与乌国农业水利部签署乌国两个泵站的改造合同；2015年11月，徐工集团针对乌国当地气候和地形研发的加长臂挖掘机投入水利建设，帮助当地农业发展；2017年11月，乌国农业部副部长率团调研洛阳鑫洛农牧集团，举行了"一带一路"中乌农业项目交流会，穆斯塔法耶夫表示乌国可以提供大量的土地资源及配套政策支持，希望鑫洛农牧集团能够到乌国进行调研并发展农业，12月，河南万邦国际农产品物流股份有限公司与乌国农业部签署了投资5亿美元在乌建设国家级"洛阳—布哈拉农业合作示范区项目"的意向书；2018年3月，万邦国际集团与乌国对上一年签署的合作意向书进行了深入的沟通，最后计划在布哈拉州投资建设100平方千米的境外农业示范区，11月，雷沃重工在乌国际农业博览会上展出一款专门针对乌国市场开发的适合当地农艺作业环境及用户需求的第三代拖拉机新产品；2019年7月3日，苏州市食行生鲜电子商务有限公司与乌国龙头企业进行了深刻交流，双方在分别引入两国优质农产品等方面达成了初步合作共识，7月17日，乌国农业代表团到访京蓝科技，双方达成了初步合作意向，将会共同努力促进友好交往和科学创新联系，交流灌溉技术经验，实现地区农业、经济、投资和科学、技术的交流与合作。中国企业与乌国在农业领域合作涉及范围广，覆盖农业生产、技术交流与研发、农产品贸易等多方面，并取得了积极的成果。

(四) 中国多所高校与乌高校建立合作伙伴关系

中国高校与乌国签署多份协议，双方就农业生产经营多方面展开交流，分享经验。2016年1月，河西学院有关领导和部门负责人与乌兹别克斯坦塔什干国立农业大学正式签署交流合作备忘录，4月，新疆农业大学和塔什干国立经济大学共同创办的中国—乌兹别克斯坦教育与科学研究中心宣告落成；2017年5月，新疆农业科学院与塔什干国立农业大学签订合作备忘录，双方决定在农作物新型栽培管理技术展开交流与探索，11月，湖北生物科技职业学院承办了"2017年乌兹别克斯坦农业技术培训班"，20名乌国农业部门官员和技术人员全面系统地学习了中国农业生产领域的各项技术，到一些地方实地考察了当地农业科研单位、种养殖基地、农牧业产品加工及经营企业，参加了武汉农业嘉年华、武汉农业博览会两次大型活动；2018年9月，乌兹别克斯坦塔什干水利及农业机械大学与河海大学签署了合作备忘录，11月，农业农村部管理干部学院举办了"2018年乌兹别克斯坦农业现代化研修班"，内容涉及畜牧、农业机械、蔬菜储藏、种业等领域；2019年10月，西农校长与乌兹别克斯坦塔什干水利与农业机械化工程大学校长签署了"中乌节水农业技术科技示范园建设协议"，12月，该校又与塔什干国立农业大学校长签署了谅解备忘录。

三 中国与吉尔吉斯斯坦农业政策沟通

（一）中国与吉尔吉斯斯坦、土库曼斯坦领导人的互访

"一带一路"倡议提出之后，中国与吉尔吉斯斯坦国家领导人互动频繁，将中吉关系的等级不断提升，在发布的联合公报中，都将农业合作作为重要的合作领域。从公布的合作内容可以看出，中吉两国农业合作的领域广泛，基本涵盖了农业合作的各个方面，反映出中吉对于加强农业合作的强烈意愿，形成了广泛的共识。（见表8-3）

表8-3　　　　　　　　中吉两国领导人签署的文件及政策沟通

日期	文件	政策沟通
2004年9月	《中华人民共和国政府和吉尔吉斯共和国政府联合公报》	双方表示在平等互利基础上拓展农业、食品加工等领域的合作
2012年6月	中华人民共和国和吉尔吉斯共和国联合宣言	双方认为应加强农业和其他领域的合作

续表

日期	文件	政策沟通
2013 年 9 月	中华人民共和国和吉尔吉斯共和国关于建立战略伙伴关系的联合宣言	双方将加强农业领域合作，鼓励和支持两国企业在农业机械、无机肥料厂和农产品加工企业建设，以及在吉尔吉斯斯坦创建农业示范科技中心领域开展合作
2014 年 5 月	中华人民共和国和吉尔吉斯共和国关于进一步深化战略伙伴关系的联合宣言	双方将加强农业领域合作，重点在农作物育种、畜牧与兽医、农业机械、农产品加工与贸易、灌溉等方面开展合作
2015 年 12 月	中华人民共和国政府和吉尔吉斯共和国政府联合公报	双方同意进一步加强农业合作，鼓励和支持双方企业建立农业示范种植合作中心，探讨共同建立农场，加强兽医和动物检疫、良种资源交换、先进农业技术研究、农业机械等方面合作，积极参加双方举办的农业论坛、研讨会、博览会和研修班等交流活动。双方将加强在吉方对华农产品出口问题上的合作，并就吉国肉类和肉类产品输华的准入问题进行磋商
2016 年 11 月	中华人民共和国政府和吉尔吉斯共和国政府联合公报	双方鼓励和引导双方企业，采取先进、节能及环保技术，共同开展矿产、建材、工业、农业等领域的产能与投资合作
2018 年 6 月	中华人民共和国和吉尔吉斯共和国关于建立全面战略伙伴关系联合声明	双方将重点加强在出入境动植物检验检疫、动植物疫病防控、食品加工、灌溉、土壤改良、清洁饮用水保障、污水处理、畜牧养殖、农业机械和人员培训等领域合作。中方欢迎吉优质、绿色农产品对华出口，愿与吉方共同推进相关准入工作。双方将鼓励发展农业领域相互投资项目，推动主管部门签署加强农业领域合作的协议

续表

日期	文件	政策沟通
2019年6月	中华人民共和国和吉尔吉斯共和国关于进一步深化全面战略伙伴关系的联合声明	双方将加强农业领域合作并共同推动建立双边农业合作平台。扩大在种质资源交换、农业技术示范、兽医和动物检疫、农业机械以及人员培训等方面的合作。双方将鼓励和支持两国企业开展育种、农产品加工、发展节水技术、农业投入品领域的合作。中方欢迎吉尔吉斯斯坦优质、绿色农产品对华出口，愿与吉方共同开展相关准入工作

数据来源：中华人民共和国外交部。

（二）中央和地方与吉尔吉斯斯坦农业互补性强，发展潜力大

中吉两国在农业上存在很强的互补性，从上海合作组织的早期合作到"一带一路"与"吉尔吉斯斯坦2018—2040年国家发展战略"的对接，中吉双方在国家发展战略上有着长远合作规划。中国与吉国一直保持着共同的发展理念，双方都有着携手同行的良好愿景，因此两国合作往来频繁。在2009年6月，为了不断扩大两国农业方面的合作，实现农产品贸易的快速发展，双方一致表示同意建立一个农业合作机制；2011年河南贵友食品有限公司投资并重建吉尔吉斯斯坦"亚洲之星"农业产业合作区；2014年8月，新疆生产建设兵团首个现代农业展示中心在吉尔吉斯斯坦比什凯克市建成；2017年5月，吉国开始出口新鲜水果到中国，同时根据农业部文件，吉国将会更加重视芸豆和棉花出口；2018年5月，中国援助吉尔吉斯斯坦灌溉系统改造工程项目，9月8日，吉国农业部考察组到佳木斯进行考察调研，双方表示愿进一步加强交流沟通，加快推进农资产业方面的合作，通过优势互补拓宽合作领域，最终达到双赢的效果，9月9日，佳木斯市政府与吉国正式签署农业领域全面合作意向书，吉方表示愿意通过紧密合作，加强农业政策沟通，迈向双方合作的崭新前景，9月20日，在吉尔吉斯斯坦召开的上海合作组织第四次农业部长会提出了巩固农业合作机制、加强能力建设合作、强化粮食安全

合作和促进投资贸易合作等合作建议。中国把标准和技术带到吉国,改善了其农业基础设施,增加了农民的收入。两国若能充分挖掘合作潜力,进一步加强合作,将会进一步提高农业生产力,促进两国农业贸易发展。

四 中国与塔吉克斯坦农业政策沟通

（一）中国与塔吉克斯坦领导人交往密切,来往不断

中塔1992年建交后就完全解决了以前遗留的边界问题,双方关系积极、健康、稳步向前发展,两国领导人在互访时签署了一系列文件,农业合作领域不断扩大。（见表8-4）

表8-4 中塔两国领导人签署的文件及政策沟通

日期	文件	农业政策沟通
2006年9月	中国和塔吉克斯坦发表联合公报	将加强两国在农业等领域的合作
2007年1月	中华人民共和国和塔吉克斯坦共和国睦邻友好合作条约	双方愿扩大和深化农业等领域的合作,促进边境和地方经贸合作
2010年11月	中华人民共和国政府和塔吉克斯坦共和国政府联合公报	双方强调,将充分发挥地理毗邻、经济互补优势,在平等互利基础上推进双方在农业等领域合作
2012年6月	中华人民共和国和塔吉克斯坦共和国联合宣言	双方将进一步发挥两国农业合作委员会的作用,在农作物种植和良种推广、灌溉技术、农业机械、农业技术交流等方面开展合作
2013年5月	中华人民共和国和塔吉克斯坦共和国关于建立战略伙伴关系的联合宣言	双方将积极推进中方在塔吉克斯坦开展农业技术合作项目的探讨和实施,扩大在农业机械、农产品加工、土壤改良、良种技术、渔业和农业技术人员交流等方面的合作

续表

日期	文件	农业政策沟通
2014年9月	中华人民共和国和塔吉克斯坦共和国关于进一步发展和深化战略伙伴关系的联合宣言	双方将扩大两国在农作物示范种植、蔬菜栽培、畜牧育种和养殖、兽医、淡水养殖、农业机械、农产品加工与贸易，以及农业技术人员交流与培训等方面的务实合作。双方将推进合作共建农业科技示范园，加大农业技术的推广与应用，推动两国企业加强在农产品生产、加工与销售各环节的合作
2017年8月	中华人民共和国和塔吉克斯坦共和国关于建立全面战略伙伴关系的联合声明	双方将扩大蔬菜栽培、畜牧育种和灌溉技术、农业机械、共建农业科技示范园，以及农业科研院所交流等方面合作。双方将继续推动在质检领域的合作。两国质检部门正在推动塔柠檬输华检验检疫准入工作，双方将继续加强农产品检验检疫合作
2019年6月	中华人民共和国和塔吉克斯坦共和国关于进一步深化全面战略伙伴关系的联合声明	双方将在确保安全的基础上推动塔农产品对华准入。双方将继续加强农产品检验检疫合作，扩大农作物、蔬菜栽培、畜牧育种和养殖、兽医、淡水养殖、农业机械，以及农业技术人员交流与培训等方面的务实合作。双方将推进农业科技示范园建设，加大农业技术的推广与应用，推动两国企业加强在农产品生产、加工、存储、运输和贸易等环节的合作

数据来源：中华人民共和国外交部。

(二)中央和地方与塔吉克斯坦农业合作持续推进

中国在塔国独立后次年便与之建交,中国与塔方一直保持着亲密合作关系,由于早期塔农业欠发达,中国对塔国属于农业援助国,所以两国农业合作更为密切。尤其进入21世纪以后,两国高层官员间农业交流颇为频繁。2011年8月,双方签署了《中塔两国农业合作谅解备忘录》,并成立了农业合作委员会,在该机制下,双方在人员培训、种植业和农业机械等方面展开了良好的合作;2012年12月,双方希望继续在农业机械、人员培训加上鲟鱼养殖等方面开展互利互惠合作;2014年5月,中方希望塔国能够为中国企业到其国家进行农业投资制定更优惠的政策,同时为企业在当地活动提供更加便利的服务,塔方表示希望进一步加强与中方在种植、农机和渔业等领域的合作以便于提高塔粮食安全水平;2016年,塔国从第23届杨凌农高会上带回的节水灌溉、温室栽培技术解决了当地农作物耐寒耐旱、提高产量的问题;2018年7月,中方代表团考察了农业农村部首批境外农业技术示范园,与塔国农科院首次正式签署合作协议,就共建棉花、果树和畜牧兽医合作平台,举办学术研讨会以及人才培养等领域合作达成共识,10月,中塔探索农业合作新模式——巍峨雪山下的绿色樱桃园;2019年8月,塔方希望借助北京世园会加强与中国在农产品互换、加工包装、国际标准以及建立合资企业等领域的合作,10月,在第26届杨凌农高会全球推介大会上,塔国与杨凌示范区签订了现代农业技术交流试验示范合作协议,并表示会紧抓上海合作组织农业技术交流培训示范基地建设这个重要的历史机遇,促进农业技术创新、产业革新。现在,塔国与中国已经在农作物的生产和加工、农产品相互供应、农业机械和设备进口等领域建立了合作并取得了很好的成绩,为两国的经济社会发展做出了巨大贡献。

中国多地与塔吉克斯坦在农业方面也有联系,比如新疆、甘肃等地,尤其是河南利用其在农业方面的优势,持续加快支持农业企业"走出去"步伐,与塔方在农业上合作频繁。2014年7月,河南省农业厅厅长一行与塔国哈特隆州州长进行了关于"中塔农业产业加工园区"建设的会谈,11月,河南省政府与塔国农业部举行了加强农业项目合作谅解备忘录签字仪式;2015年8月,河南省黄泛区实业集团有限公司在塔国成立的农业开发公司进行的小麦—玉米"一年两熟"种植试验取得了成功，改变了塔"一年一熟"的农业种植模式，9月，河南省政府办公厅印发《河南省与塔吉克斯坦经济合作协调推进工作方案》（以下简称"方案"）；2016年9月，《方案》出台，构建双方全方位合作新格局，共建"一带一路"国际区域经济合作新高地；2017年5月，河南省培育的"银山2号"棉花种子被塔总统命名为"友谊1号"；2018年6月，塔国总统考察河南省农科院现代农业科技试验示范基地；2019年4月，中方探访中塔农业大棚合作项目——河南省经研银海塔吉克冬季蔬菜种植基地，河南农业企业踊跃"走出去"到塔国，为其带去了农业技术和经验，有利于提高塔国的粮食产量、提升其粮食品质，满足当地的市场需求。

（三）中企与塔吉克斯坦在棉业合作不断深化

塔吉克斯坦是世界上驰名的棉花产区，在"一带一路"倡议下，中国企业走出国门，把棉花种植和纺织技术带到了塔国，为其植棉业注入一股新的活力。中塔合作缘于2011年8月，当时中方属于塔方的农业技术援助国，并且确定要建设中塔农业科技园；2013年10月，"塔吉克斯坦现代农业科技示范园区建设"顺利进入示范推广阶段，同时也进一步拓展到了育种、加工、设施农业等方面；为了响应国家建设"新丝绸之路经济带"的号召，2014年8月，新疆利华（集团）股份有限公司对塔国完成了一期投资1.7亿元，建成了世界最先进的第一棉花加工厂并已投产，12月，在塔国举行了中泰新丝路塔吉克斯坦农业纺织产业园项目奠基仪式，该项目不仅给塔国带来了世界上最好的设备和最优秀的管理经营者，而且能创造大量的就业机会，同时进一步提升塔国棉花生产水平；2015年，二师二十九团天诚农机具制造有限公司向塔发送86台棉花精量播种机，为农业增产、农民增收做出了巨大贡献；2016年，中泰新丝路塔吉克农业纺织产业园6万纱锭项目试车成功；2017年塔国提供超过5000公顷的农田给中国投资者用于种植农作物；2018年11月，中泰新丝路纺织产业有限公司举行二期8.64万锭气流纺生产启动仪式暨三期织布项目奠基仪式；2019年3月，中泰新丝路塔吉克斯坦农业纺织产业园三、四期织布、印染和成衣项目开工。

(四) 中塔两国高校农业科研与学术交流日益加强

随着中国与塔吉克斯坦高校之间合作的宽度和深度不断拓展，两国高校间农业方面的科学研究与学术交流合作也在日益加强。新疆农业大学不仅是新疆现代农业科技与教育的开拓者，也是中塔科教文化交流的先行者，更是探索建设"丝绸之路经济带"的拓荒者。2008年7月，新疆农业大学与塔吉克斯坦农业大学签署了正式的校际交流协议书；2012年6月，这两个学校又签署了《中国新疆农业大学与塔吉克斯坦农业大学科学研究合作协议书》，10月，塔国农业科技与农业发展考察团重点考察了甘肃农业大学在草食畜牧业、旱作农业等方面的研究进展，并就学校与塔国农业部门开展国际交流与合作进行了讨论与交流；2013年6月，新疆农业大学与塔吉克斯坦国立农业大学签订了科技合作协议，10月，为进一步提升学校办学能力，扩大学校在农业领域的影响力，新疆农业大学成立了"新疆中亚现代农业科技创新与交流中心"；"2015年8月，兰州大学草地农业科技学院联合甘肃省农机局举行的'草地放牧管理和保护性农业'培训班为来自塔农业部、农业大学、草地利用者联合会和村庄组织代表进行了为期6天的培训"；"2016年10月，新疆维吾尔自治区科技厅副巡视员一行6人与塔吉克斯坦科技大学通过座谈交流达成共识，将在'上海合作组织'框架下，根据自身的优势，加强在技术研发、科技人才培养和专业技术培训等方面的合作"；2018年9月，西农党委书记和代表团访问了塔吉克斯坦国立农业大学，就吸收该校加入丝绸之路农业教育科技创新联盟、选派留学生、教师交流学习、举办夏令营活动、共建汉语教育中心，以及联合开展棉花、兽医、农机、农产品贮藏保鲜与加工等方面的研究工作达成了合作意向，并签署了"校际合作协议"；2019年9月，湖北生物科技职业学院承办的"2019年塔吉克斯坦棉花生产技术培训班"开班，该期培训旨在促进中塔两国棉花行业专家的交流，推动两国农业领域的务实合作，不断充实中塔友好合作关系的内涵。从2008年至今，中塔双方立足于农业发展实际，加强科研联合攻关和成果转化，两国高校在多领域深层次的农业交流合作中，双方农业学术研究和科学技术都取得了令人满意的长足进步，造福了两国人民。

五 中国与土库曼斯坦农业政策沟通

中土自建交以来一直保持着友好往来，双方在长期发展战略部署上一直保持着高度默契，土国总统提出的"复兴古丝绸之路"与中国"一带一路"完美契合，以此为契机，双方关系近年来发展尤为迅速。2014年1月，土库曼斯坦外交部副部长访华，中国农业部副部长牛盾进行接见，中方表示将积极与土方沟通，共同组织筹备世界汗血马协会特别大会各项工作，并借此机会促进中土两国在马业的更深入合作；2018年7月，土库曼斯坦代表团访华，中方与土方就落实土总统关于加强双方农业合作的指示进行了深入讨论，并达成了农产品生产相关先进技术相互引进的合作协议；2019年11月，商务部援外人力资源开发合作项目"2019年土库曼斯坦规模化现代化农业开发与管理研修班"正式开班，通过援外培训项目，不仅促进了中国与受援国之间的文化交流，也加深了彼此之间的友谊，有效推动了双边经贸合作。（见表8-5）

表8-5　　　　中土两国领导人签署的文件及政策沟通

日期	文件	政策沟通
1998年8月	中华人民共和国和土库曼斯坦关于进一步发展和加强两国友好合作关系的联合声明	双方将积极推动两国在经贸领域合作的不断扩大，并认为双方在农业及农产品加工等领域的合作具有巨大潜力和广阔的前景
2011年11月	中华人民共和国和土库曼斯坦关于全面深化中土友好合作关系的联合声明	双方将进一步加强农业等领域的合作
2013年9月	中华人民共和国和土库曼斯坦关于建立战略伙伴关系的联合宣言	双方将全面扩大农业等领域合作，确立并实施新的互利合作项目
2014年5月	中华人民共和国和土库曼斯坦关于发展和深化战略伙伴关系的联合宣言	双方愿在农业科技、农机、棉花和小麦等农作物育种、试验示范和种植方面加强合作，鼓励和支持两国科技及相关机构在马业，以及牛羊育种、养殖、加工和贸易等方面开展交流与合作

数据来源：中华人民共和国外交部。

第二节　中国与中亚国家间农业政策沟通的模式创新

中亚国家与中国相邻，自独立之后就和中国建立起了各种农业合作沟通机制，尤其是"一带一路"倡议提出之后，中国与中亚国家的沟通频率明显加快，不断提升国家间关系层级。相应地，农业合作沟通也获得了前所未有的发展机会，各层级沟通机制不断建立，国家、企业和科研院所间的农业沟通也不断深入，获得了重要的进展。《共同推进"一带一路"建设农业合作的愿景与行动》也提出要构建农业政策对话平台，各项举措也在不断落实中。不过就目前来看，中国与中亚国家间的农业政策沟通机制还存在一些不足，与"一带一路"倡议的发展进程还不太一致。这些不足有：一是中国与中亚国家间专业的多边农业合作平台还没有，虽然在"一带一路"框架下，在世界粮农组织的推动下，多边农业沟通平台在不断探索完善中，但是专门针对中国与中亚农业合作的平台还没有。二是农业政策沟通的平台还不够完全，主要是政府推动的一些平台，如中哈合作委员会，中哈产能合作委员会，中哈地方合作论坛等，还缺乏各级地方政府的沟通平台以及企业、科研院所间的沟通平台，国家政府、科研机构、企业"三位一体"的政策对话平台还需要不断构建。三是中国与中亚国家间的农业政策沟通机制存在很大的不平衡性，农业政策的沟通平台已中哈为主，中国与其他国家间的沟通机制普遍缺乏，尤其是中国与吉尔吉斯斯坦、土库曼斯坦间的农业合作沟通机制。实际上这也符合发展的规律，鉴于中哈农业合作在中国与中亚国家间农业合作中具有重要的地位，以前是以重点突破为主，今后需要往全面、均衡的方向发展。鉴于以上问题，中国与中亚国家在农业政策沟通方面需要不断创新，创造更多更好的模式机制，为相互农业合作的顺利进行做出新的贡献。

一　创建新的多边农业合作机制

建立涵盖中国与中亚国家的多边农业合作平台。中国与中亚国家分属于不同的文化群体，在语言、文化、标准等方面有较大的差异，推动双方的合作需要发挥多边农业合作机制的作用，尤其是在合作的初期。多边农业合作机制有利于增进相互了解，增加相互的信任，为推动双边更加深入的农业合作打下良好的基础。比如上合组织的成立，虽然主要是为了边境的安全，不过也间接地推动了中国与中亚国家间的农业合作，还专门建立了农业合作的体制机制。在"一带一路"倡议的推动下，在各种专业性沟通平台不断建立并成功运行的基础上，中国与中亚国家间农业合作平台建立的条件也不断成熟。建议在第三届"一带一路"峰会上，由中国农业部委牵头，成立涵盖中亚国家的农业政策沟通平台，并且依托"一带一路"网站建立农业资源、产业、技术、政策等信息共享平台。平台的建立将极大地方便国家间农业政策的交流，对于深入了解对方的农业政策，做好农业政策的对接，实施好农业合作项目具有重要的意义。

要做好与联合国粮食及农业组织等国际农业多边组织的合作。联合国粮食及农业组织作为一个国际上成熟的运行多年的专业性组织，在世界各国拥有很高的知名度。在致力于粮食安全、减贫和农村发展上，联合国粮食及农业组织与"一带一路"倡议拥有高度的一致性，因此双方合作的领域广泛、潜力巨大。在双方合作中，中方拥有农业资本和技术的优势，联合国粮农组织拥有较强的组织号召能力以及农村发展目标制定上的技术专长。与联合作粮农组织的合作，有利于增加合作方对"一带一路"倡议真实内涵的认知，消除误解与猜忌。正如联合国粮农组织驻中国代表马文森在2018年1月举行的"一带一路"框架下农业合作研讨会上所说的，"联合国粮农组织期待多方合作能够最大限度地扩大'一带一路'倡议对减贫和农村发展的影响"。因此，"一带一路"倡议与联合国粮农组织强强联合，并带动其他国家的广泛参与，就会带来更有效率的沟通平台和更加顺利的合作。

要加强"一带一路"倡议与欧亚经济联盟、中亚区域经济合作机制、经济合作组织的对接。目前来看，"一带一路"倡议与欧亚经济联盟的对接比较顺利，与中亚区域经济合作机制的对接还缺乏实质性的内容，与经济合作组织的对接还比较缓慢。"一带一路"倡议与欧亚经济联盟的对接主要是加强经贸合作，与中亚区域经济合作机制的对接主要是加强基础设施投资方面的合作。要充分利用好这些合作平台，增加其叠加效应，促进中国与中亚国家间的农产品贸易和农业基础设施投资。经济合作组织作为中亚西亚国家的区域性组织，对组织内各国拥有较强的约束性，而且"一带一路"倡议与经济合作组织对于促进区域内互联互通和贸易畅通的目标是一致的，双方的对接要寻求突破，尽快建立起沟通机制，为中国与中亚国家间的农业政策沟通提供一个新的平台。

二　积极推动签署双边农业合作协议

签署双边农业合作协议是推动双方农业合作的有力举措，也是推动农业合作的顶层设计。针对中亚各国农业的不同情况，中国与其农业合作的重点会不同。中哈农业合作的重点在农产品贸易尤其是粮食贸易、农业产能合作、机械化肥良种等农资合作、动植物检验检疫、林业合作、"种养加"全产业链发展、农业合作示范园建设等方面，合作领域越来越广泛。2017年7月，在中哈农业投资论坛上，中国农业部与哈国农业部签署了共建农业合作示范园的谅解备忘录。中乌两国作为人多地少国家的代表，农业发展在其国家发展中都极其重要，双方在农业合作协议签署方面已有了不少成果，1992年中国农业部与乌国农业部就签署了合作协议，2009年双方又签署了关于农业领域合作谅解备忘录，2017年4月，在中乌农业合作分委会第二次会议上，双方签署了2018—2020年农业合作交流计划。中乌农业合作协议的合作重点在棉花种植、节水灌溉技术、农产品储藏加工、蔬菜和水果生产等方面。中国与塔吉克斯坦农业合作协议的签署也较早，2011年8月中国农业部与塔国农业部在塔吉克杜尚别签署了农业合作谅解备忘录，为两国农业合作顺利开展奠定了基础，双方农业合作取得了不错的进展。中吉和中土还没签署类似的协议，双方的农业政策对话平台和机制还没建立，在"一带一路"倡议的推动下，需要重点推动。

推动签署农业单项合作协议。鉴于中国与中亚国家农业合作开展的历史还不够长，深度有限，推动签署全面的农业合作协议尚有难度，本着先易后难、逐步推进的原则，双方可以签署单项农业合作协议，然后带动其他方面的合作。比如1993年中国动植物检疫总所和哈国农业部兽医总局签署了有关动物检疫的谅解备忘录，2004年中哈签署了关于动物检疫及动物卫生的合作协定，2017年中哈关于共建农业合作示范园的协议也属于单项协议。2012年中塔签署了关于植物检验检疫合作谅解备忘录，2013年签署了关于塔吉克斯坦鲜食樱桃输往中国植物检疫要求议定书，带动塔国樱桃进口中国，这是中亚水果首次输入中国。2017年8月，中国科学技术部与塔国科学院签署了关于成立中塔科技合作委员会的谅解备忘录。在今后的发展中，中哈小麦种植合作和中乌的棉花种植合作需要进一步推动。中吉和中土也要推动单项协议的签署，借此带动整个农业合作的发展。比如对于吉国和土国的葡萄对华出口，中吉间粮食贸易合作以及中土间棉花种植加工贸易合作等方面都可以优先作为合作选项。另外，鉴于中亚国家畜牧业在其农业中占比都比较大，而且畜牧业发展规模化发展不足，生产效率低下，中国可以在畜牧业规模化养殖、牛羊肉加工贸易等方面与中亚国家加强合作交流，推动相关合作协议的签署，前景广阔，意义重大。

三 实施好友好省份，友好城市对接机制

友好省份合作对接机制已取得积极进展。国家及国家部委间的沟通主要着眼于顶层设计，为两国农业合作规划蓝图，指明方向。省份之间的对接沟通平台更能针对省份的不同特点，实施更加有效的合作，实现优势互补，对企业合作中遇到的困难也能及时的考察解决。目前中国已有多个省份与中亚国家省份建立起了沟通合作平台，有效推动了农业合作的发展。比如河南省作为中国的农业大省，积极与中亚国家建立起了合作关系。2014年11月在北京，河南省与塔国农业部等部委签署了关于加强农业项目合作谅解备忘录，为河南省在塔国开展农业合作开辟了道路，河南省黄泛区实业集团联合经研银海种业公司在塔国投资建立的农业科技公司和农业开发公司，已经成为中塔农业合作的典范。2017年5月，洛阳市与乌国布哈拉市缔结友好城市。2017年7月，河南省与乌兹别克斯坦撒马尔罕州签署了建立友好城市协议书。2020年7月，河南省与乌兹别克斯坦撒马尔罕州举行了务实关系视频会议，"云"签署了建立友好省州关系协议书及建立综合全面交往合作机制备忘录，同时，鹤壁

市与撒马尔罕市云签署了建立友好城市关系协议书,这些协议的签订,为河南省与乌兹别克斯坦的农业合作开辟了道路。

西北五省份都与中亚国家建立有友好省份和友好城市。比如哈萨克斯坦的阿拉木图市、塔吉克斯坦的杜尚别市、吉国比什凯克市都是乌鲁木齐的友好城市。2008 年陕西与哈萨克斯坦江布尔州建立了友好省份关系,并在 2009 年签署了关于矿产开发和农业技术合作备忘录。2014 年 5 月陕西省与吉尔吉斯斯坦楚河州正式缔结友好省州关系。2017 年在阿斯塔纳举办的陕西省优势产业国际合作推介会上,陕西省与阿拉木图州签署了发展友好省州关系备忘录。2013 年 12 月,陕西省与乌兹别克斯坦撒马尔罕州建立友好关系,2018 年 4 月,陕西省与乌兹别克斯坦撒马尔罕州在西安签署友好合作备忘录。2017 年 8 月,陕西省与塔吉克斯坦哈特隆州签署建立友好省州关系协议书。2013 年 9 月,陕西省西安市与土库曼斯坦马雷市签署了发展友好合作关系协议书。2004 年 9 月,甘肃省与哈国科斯塔奈州签署了关于建立友好省州关系的协议书。2013 年 6 月,甘肃省与吉尔吉斯斯坦奥什州正式建立友好省州关系。2019 年 7 月,甘肃省与乌兹别克斯坦苏尔汉河州签署了友好省州关系意向书。2000 年银川与吉国比什凯克市正式建立国际友好城市关系。2016 年 9 月,宁夏与哈国克孜勒奥尔达州签署了建立友好区州关系协议书。其他省份如山东、山西、河北等也都与中亚国家建立了友好省份和友好城市关系。

友好省份和友好城市关系要不断优化。一方面已经签署的友好省份和友好城市关系要积极落实合作项目,开展各项交流合作。另一方面要积极寻求签署新的友好省份和友好城市关系,此关系以农业大省(州)、省会城市先导,强强联合,比如哈萨克斯坦的北哈州、东哈州以及图尔克斯坦州等农业主产州,乌兹别克斯坦的首都塔什干市以及农业主产州安集延州、费尔干纳州等,要积极寻求建立友好关系。另外要由农业大省、省会城市逐渐演化到非省会城市,形成由点及面、由局部到整体的合作态势。比如河南省鹤壁市与撒马尔罕市、洛阳市与布哈拉、新疆伊宁与塔尔迪库尔干市的关系建立就是很好的开端。

四 积极发挥各类博览会、发展论坛、企业商会的作用

发挥好新疆各类农业合作论坛的作用。新疆作为中国陆上丝绸之路向西开放的桥头堡，与中亚各国开展农业合作具有天然的优势。新疆已经建立起了多个国际论坛的平台，比如中国—亚欧博览会、丝绸之路经济带城市合作发展论坛等，在这些平台的基础上，要积极设立农业合作发展分论坛，比如中国—亚欧博览会设立"农业合作发展论坛"分论坛为中国与中亚国家间开展农业合作交流提供了重要平台。另外，2014年，新疆举办了亚欧国际农业合作论坛，来自哈乌吉塔等国农业主管官员参与了次论坛。2014年，在乌鲁木齐举办了亚欧国际农业技术装备洽谈会。2015年，第二届亚欧国际农业技术、装备洽谈会暨首届农副产品跨国采购会（简称"农洽会"）在新疆国际会展中心举办，有力地促进了区域国家间农业交流合作。新疆要将农洽会打造成高端的国际农业合作盛会。

发挥好其他省份的合作交流平台的作用。除新疆以外，陕西的丝绸之路国际博览会暨中国东西部合作与投资贸易洽谈会、甘肃的中国兰州投资贸易洽谈会、宁夏的中国—阿拉伯国家博览会农业合作论坛、宁洽会以及青海的青洽会、河南的豫洽会等合作平台，要积极设立农业合作分论坛，推动农业政策的沟通交流。陕西是古代陆上丝绸之路的起点，在向西对外农业合作的扮演者重要的角色，国际性的高端平台也较多，比如欧亚经济论坛和杨凌现代农业高端论坛等，要充分发挥好这些平台的作用，将中国优势的农业技术、农业装备推介出去。其他省份也要将自己的平台打造得更加完善，成为向西开放的窗口。

积极参加中亚国家举办的国际农业合作论坛。中亚国家会独自举办或者与中国联合举办一些合作论坛，比如2017年在哈萨克斯坦举办的阿斯塔纳世博会也是展示中国农业成就的很好机会。中国与哈萨克斯坦联合举办过中国—哈萨克斯坦地方合作论坛以及与乌国联合举办多次中国—乌兹别克斯坦经贸合作论坛。同时要发挥好行业协会的协调沟通作用。比如2014年，中国贸促会与乌国家工商会联合举办了中乌丝绸之路经贸合作论坛，并签署了合作谅解备忘录。2018年，哈萨克斯坦中国贸易促进协会与哈萨克斯坦纳扎尔巴耶夫大学共同主办了以"友好·合

作·共赢"为主题的丝路论坛。由以上可以看出，中哈与中乌之间已经建立起了比较稳定的沟通机制，除了多边的还有双边的，中国与其他三个中亚国家间的沟通平台还相对较少。要在利用上面建立友好省份及友好城市的基础上，建立双边的沟通平台，比如河南省组织举办中塔国际农业合作论坛，陕西组织举办中土国际农业合作论坛，宁夏组织举办中吉国际农业合作论坛，将中国与中亚国家间的沟通平台建立得更加完善。

五 创建高校、科研院所合作联盟

已成立了丝绸之路农业教育科技创新联盟。丝绸之路倡议的建设离不开高校和科研院所的广泛参与，因为科学技术交流本身就是农业技术合作的重要方式，同时也是产学研一体化、不断推进产业高质量发展的要求。2016年，西北农林科技大学响应国家"一带一路"倡议，发起并在中国杨凌成立了丝绸之路农业教育科技创新联盟，成员单位来自12个国家59个科研院所，并在当年11月召开了首届丝绸之路农业教育科技合作论坛，国内外29所高校和科研机构的专家在论坛上作报告。丝绸之路农业教育科技创新联盟经过多年的发展，先后在哈萨克斯坦、塞尔维亚、波兰举行了三次论坛，并成立了丝绸之路葡萄酒科技创新联盟、中俄农业教育科技创新联盟、丝绸之路多功能循环农业与生物资源循环科技创新联盟、丝绸之路生物健康农业产业联盟4个子联盟，2019年成员单位已经增加到17个国家的85家单位，2020年10月将举行第五次论坛。

联盟在丝绸之路农业科技教育合作方面做出了重要贡献。先后获批农业部第一批农业对外合作科技支撑与人才培训基地，开设各类国际化培训班，年培养各类人才200多人，选派了50余名专家前往哈萨克斯坦等国进行技术援助与合作。以联盟为平台，合作成立了哈萨克斯坦研究中心、非洲研究中心、中俄农业科技发展政策研究中心3个国别研究中心，围绕区域农业发展、国际贸易、科教合作等开展合作研究，已取得了一批研究成果。在联盟框架下，在哈吉两国建成了多个现代农业科技示范园，与西安爱菊集团合作在北哈萨克斯坦州建立粮油产业创新基地，成为中亚最大的粮油生产加工基地，建立了海外人才培养基地，同时，在中亚引进来自中国的农作物共计13大类115个品种。

顺应形势发展，完善联盟机制。随着联盟成员单位的不断增多，成员的国别也越来越多，伴随着的是成员单位间沟通协调的难度在增加。如何更高效地共享成果而又避免产权争议，如何准确地把握各成员单位的需求而确定论坛的主题，如何协调一致引导推动各国农业企业间的合作，都是摆在联盟面前的重要问题。因此今后联盟有必要做好几件事。一是建立其多语种的联盟网站，用于发布联盟重要信息及成员研究成果；二是联盟由各国科研院所轮流举办，最大限度提高成员参与的积极性；三是建立起联盟与政府和企业间的沟通机制，与企业协会等组织加强合作和信息沟通，实现校企对接，促进成果转化；四是要注重引导中国农业企业走出去，联盟以及联盟框架建立的农业科技示范园要成为中国农业企业走出去的平台，与企业的合作也会成为联盟运行经费的重要来源。

第九章

中国与中亚国家农产品贸易畅通及模式创新

农产品贸易是中国与中亚国家农业合作的重要内容，是开展农业合作的重要抓手和手段，也是优先发展的方向。相对于其他农业合作模式来说，农产品贸易成本低、见效快，并且对于其他农业合作的开展具有较强的推动作用。比如中哈间农业合作就是在农产品贸易取得显著成效之后，不断拓展到其他领域合作的。

中国与中亚国家的农业合作起始于20世纪90年代中亚国家的独立，独立之后的中亚国家面临着发展转型的重要任务，也得到中国学者的关注和研究。随着中国加入了世界贸易组织以及上海合作组织的成立，中国与中亚国际农业合作不断深化，中国与中亚国家间的农产品贸易得到广泛的研究。这些研究的主题包括中国与中亚国家农产品贸易的影响因素（龚新蜀，张晓倩，2014）、农产品贸易的模式（陈俭，布娲鹣·阿布拉，陈彤，2014）、农产品的互补性和竞争力研究（朱新鑫，李豫新，2011）、贸易成本和效率（侯丽芳，2015）等。

共建"一带一路"倡议提出之后，关于中国与中亚国家农产品贸易的研究呈现出两个重要变化，一是结合共建"一带一路"倡议持续推进，研究其对于中国与中亚国家农产品贸易的影响、发展潜力及前景（朱立萍，2018；郑国富，2019）；二是结合最新的三元边际、随机前沿引力模型等研究方法对其进行进一步研究（朱晶，2017；杨逢珉，2017），共建"一带一路"倡议可以通过贸易便利化实现"贸易畅通"

（刘宏曼，王梦醒，2018，周跃雪，2018），具体措施主要有：一是通过构建各层级政府间的沟通机制、搭建企业交流平台实现贸易便利化，比如通过签订政府间自由贸易协定，通过各国海关、检验检疫以及税务等部门的合作，举办中国国际进口博览会、中国（西部）"一带一路"跨境投资与贸易对接会等企业合作交流平台；二是通过航空陆路口岸、跨境铁路公路、经济合作园区、物流园区等基层设施的建设，有效减低贸易成本；三是通过跨境电商等国际贸易新模式促进贸易提升。对于中国与中亚国家间的农产品贸易来说，"一带一路"倡议带来的有利影响有：一是保持密切的政策沟通，共建"一带一路"倡议提出以来，中国与中亚国家普遍提升全面战略伙伴关系，通过"一带一路"国际合作高峰论坛、上海合作组织等平台保持密切沟通合作，农业领域都是沟通和合作的重要方面；二是基础设施建设的加快推进，丝路基金专设中哈产能合作基金，中欧班列、中哈连云港物流合作基地、霍尔果斯边境经济区等发展迅速，这都会对中国与中亚国家间的农产品贸易起到提升作用。

本章就"一带一路"倡议提出前后，中国与中亚国家农产品贸易的发展情况进行了分析，其中包括农产品贸易的规模和结构，然后评估"一带一路"倡议对于中国与中亚国家农产品贸易的影响，最后针对"一带一路"倡议的最近进展，对于中国与中亚国家农产品贸易的模式创新提出建议和意见。

第一节　中国与中亚国家间农产品贸易额的变化

一　农产品范围界定

通用的贸易产品分类编码为国际贸易标准分类（SITC）以及商品名称及编码协调制度（HS）两种，为了便于进行分析，本部分采用国际贸易标准分类（SITC）分类方法（万金，祁春节，2012）。WTO 根据 SITC，Rev. 3 编码定义农产品的范围，具体包括 SITC，Rev. 3 编码 0、1、4 类以及 2 类中的 21，22，23，24，25，26，29 章。0 类下分为 00—09 共 10 章，1 类下分为 11—12 共 2 章，4 类下分为 41—43 共 3

章，所以农产品按章算是共 22 章。本部分农产品的种类是按章分类，共 22 个种类。

二 中国与中亚国家间农产品贸易额的变化

2008 年国际金融危机之后，2009 年到 2013 年中国与中亚国家间的农产品贸易额快速增加，尤其是 2010 年比 2009 年增加 1 倍以上，2010 年到 2013 年贸易额在曲折中增加，2013 年之后的四年，农产品贸易额有减少的趋势。从中国与中亚间农产品贸易额在总贸易额中的比例来看，农产品贸易额在总的贸易额中所占的比例不高，最高的 2010 年也只有 3.76%，而且与贸易额变化趋势不同的是，百分比在 2013 年之后的并没有特别明显的减少趋势。（见表 9-1）

表 9-1　　2009—2017 年中国与中亚国家间农产品的贸易额及在总贸易额中的比例

年份	2009	2010	2011	2012	2013	2014	2015	2016	2017
贸易额	523.85	1133.12	974.31	1268.24	1167.47	1110.42	1005.25	826.84	899.00
百分比	2.22%	3.76%	2.46%	2.76%	2.32%	2.47%	3.08%	2.75%	2.51%

分国家来看（见图 9-1），中国与中亚国家的农产品贸易额主要集中在乌兹别克斯坦、哈萨克斯坦和吉尔吉斯斯坦三个国家。在 2013 年以前，中国与乌兹别克斯坦农产品贸易的优势明显，能占到与所有中亚国家的一半以上，其对中国与中亚国家的农产品贸易的影响较大。2010 年贸易额的急速增加主要来源于中国与乌兹别克斯坦间贸易额的急速增加，不过 2013 年之后，中国与乌兹别克斯坦农产品贸易额下滑严重，也带动了中国与中亚国家的农产品贸易额的回落。中国与哈萨克斯坦的贸易额平稳较快增长，近两年已经超越了乌兹别克斯坦。从变化趋势看，中国与哈萨克斯坦的农产品贸易额平稳较快增长，中国与乌兹别克斯坦和吉尔吉斯斯坦的农产品贸易额呈现出先增长后回落的趋势。

第九章　中国与中亚国家农产品贸易畅通及模式创新　285

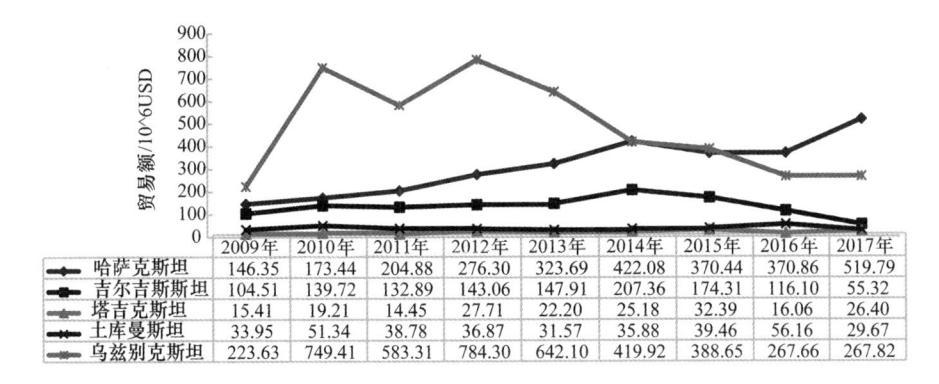

	2009年	2010年	2011年	2012年	2013年	2014年	2015年	2016年	2017年
哈萨克斯坦	146.35	173.44	204.88	276.30	323.69	422.08	370.44	370.86	519.79
吉尔吉斯斯坦	104.51	139.72	132.89	143.06	147.91	207.36	174.31	116.10	55.32
塔吉克斯坦	15.41	19.21	14.45	27.71	22.20	25.18	32.39	16.06	26.40
土库曼斯坦	33.95	51.34	38.78	36.87	31.57	35.88	39.46	56.16	29.67
乌兹别克斯坦	223.63	749.41	583.31	784.30	642.10	419.92	388.65	267.66	267.82

图 9 – 1　2009—2017 年中国与中亚国家农产品贸易额

三　中国与中亚国家农产品的进出口额的变化

表 9 – 2 给出了 2009 年到 2017 年中国与中亚国家间农产品的进出口额，及两者之比。从中可以看出，中国的出口额保持着稳定增加的趋势，而进口额变动幅度较大，2010 年贸易额的急速增加主要来自进口额的急速增加。随后进口额不断回落，使得进出口额逐渐趋于相等。

表 9 – 2　　2009—2017 年中国与中亚国家间农产品进出口额及两者之比

单位：百万美元

年份	2009	2010	2011	2012	2013	2014	2015	2016	2017
出口额	273.35	318.17	366.22	413.41	459.01	512.24	498.14	401.44	462.72
进口额	250.5	814.96	608.1	854.81	708.47	598.19	507.11	425.39	436.28
之比	1.09	0.39	0.60	0.48	0.65	0.86	0.98	0.94	1.06

分国家来看（见图 9 – 2 和图 9 – 3），中国的农产品主要出口于哈萨克斯坦、吉尔吉斯斯坦和乌兹别克斯坦斯坦三个国家，对哈萨克斯坦的出口额增加较快，在中亚国家中逐渐占有主导地位，对吉尔吉斯斯坦的出口额先增加后减少，与总体贸易额变化趋势保持一致，对乌兹别克斯坦的出口额缓慢增加。中国从中亚进口的农产品主要来源于乌兹别克斯坦和哈萨克斯坦两个国家，2013 年以前，乌兹别克斯坦对于中国的农产品出口占有绝对领先的地位，不过 2014 年之后，随着哈萨克斯坦对中国

农产品出口额的不断增加，乌兹别克斯坦对中国农产品出口额的不断回落，两者近两年趋于相等。

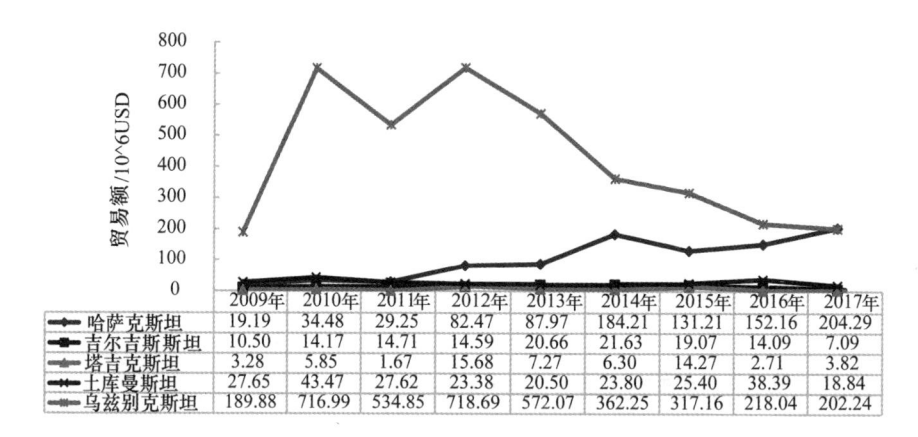

	2009年	2010年	2011年	2012年	2013年	2014年	2015年	2016年	2017年
哈萨克斯坦	19.19	34.48	29.25	82.47	87.97	184.21	131.21	152.16	204.29
吉尔吉斯斯坦	10.50	14.17	14.71	14.59	20.66	21.63	19.07	14.09	7.09
塔吉克斯坦	3.28	5.85	1.67	15.68	7.27	6.30	14.27	2.71	3.82
土库曼斯坦	27.65	43.47	27.62	23.38	20.50	23.80	25.40	38.39	18.84
乌兹别克斯坦	189.88	716.99	534.85	718.69	572.07	362.25	317.16	218.04	202.24

图 9-2　2009—2017 年中国对中亚的农产品出口额

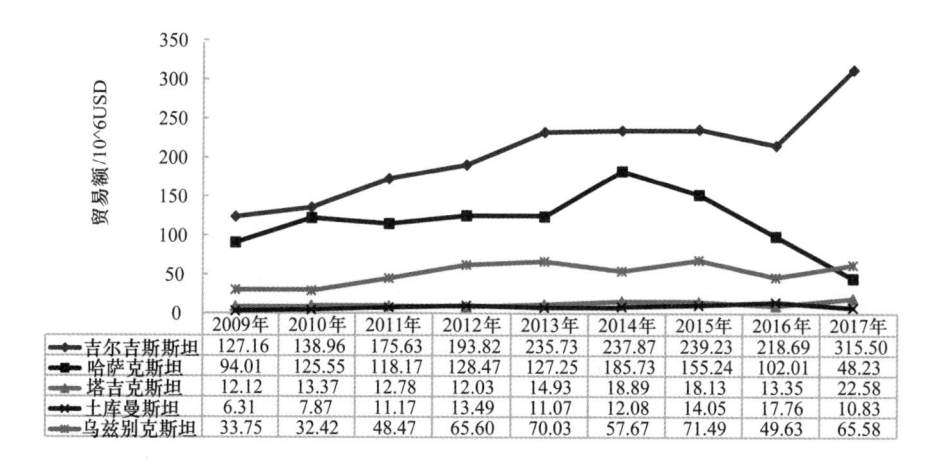

	2009年	2010年	2011年	2012年	2013年	2014年	2015年	2016年	2017年
吉尔吉斯斯坦	127.16	138.96	175.63	193.82	235.73	237.87	239.23	218.69	315.50
哈萨克斯坦	94.01	125.55	118.17	128.47	127.25	185.73	155.24	102.01	48.23
塔吉克斯坦	12.12	13.37	12.78	12.03	14.93	18.89	18.13	13.35	22.58
土库曼斯坦	6.31	7.87	11.17	13.49	11.07	12.08	14.05	17.76	10.83
乌兹别克斯坦	33.75	32.42	48.47	65.60	70.03	57.67	71.49	49.63	65.58

图 9-3　2009—2017 年中国从中亚国家农产品进口额

通过以上分析可以看出，中国与中亚国家间的农产品贸易主要集中于哈萨克斯坦和乌兹别克斯坦两个国家，不过两者的贸易模式差别很大。中国与哈萨克斯坦的农产品进出口额都增加较快，中国的出口额大于进口额。而中国与乌兹别克斯坦间的农产品贸易主要是中国从乌兹别克斯坦进口，出口额不大，不过进口额从 2012 年开始回落明显。另外，吉尔吉斯斯坦是中国的主要出口目的国，中国与土库曼斯坦和塔吉克斯坦的农产品贸易额很小。

第二节 中国与中亚国家间农产品贸易的结构变化

一 整体上中国与中亚国家间农产品贸易的结构变化

中国与中亚国家间的农产品贸易的提升不仅体现在贸易额的增长上，而且体现在贸易结构的优化上。表9-3和表9-4分别给出了2009年和2017年中国与中亚国家农产品进出口贸易的主要种类及其在相应贸易额中的百分比。

表9-3　　　　2009年中国从中亚国家进口的主要农产品
及其在进口额中的百分比

农产多样性类	纺织纤维	未加工动物和植物材料	皮、表皮和毛皮、原料	蔬菜和水果	总计
百分比（%）	85.71	8.51	4.87	0.41	99.49

表9-4　　　　2017年中国从中亚国家进口的主要农产品
及其在进口额中的百分比

农产多样性类	纺织纤维	固定植物油脂	谷物和谷物制品	油籽、含油果实	蔬菜和水果	总计
百分比（%）	49.68	10.31	13.68	12.62	7.46	97.03

从中国从中亚国家进口的农产品结构看，2009年主要种类为纺织纤维，未加工的动物和植物材料，皮、表皮和毛皮、原料以及蔬菜和水果，四个种类的进口额已经占到了农产品总进口额的99.49%，集中度非常高，其中以纺织纤维为最高，达到了85.71%。与2019年相比，2017年中国进口的农产品中，五个种类的进口额占到了农产品总进口额的97.03%，集中度依然很高，不过在主要农产品中，集中度已经相当分化，纺织纤维的比重大幅下降，其他四个种类的占比都有了较大幅度的增加。（见表9-5、表9-6）

表 9-5　　　　2009 年中国向中亚国家出口的主要农产品及其在出口额的百分比

农产多样性类	蔬菜和水果	肉及肉制品	谷物和谷物制品	咖啡、茶、可可、香料	总计
百分比（%）	48.17	18.69	8.16	12.85	87.88

表 9-6　　　　2017 年中国向中亚国家出口的主要农产品及其在出口额的百分比

农产多样性类	蔬菜和水果	咖啡、茶、可可、香料	杂项食品产品	肉及肉制品	总计
百分比（%）	68.37	13.72	5.95	2.91	90.95

从中国向中亚国家出口的农产品结构看，中国出口的优势农产品是蔬菜和水果，肉及肉制品，谷物和谷物制品及咖啡、茶、可可、香料，四个种类占比达到了 87.88%，集中度很高。2017 年与 2009 年相比，集中度没有明显变化，中国的优势农产品蔬菜和水果和咖啡、茶、可可、香料的占比进一步提高，肉及肉制品明显下降，谷物和谷物制品反而成为了进口品，这也充分显示了双方的相对比较优势。

总体上看，除了蔬菜和水果，中国与中亚国家间的农产品贸易主要是农业产业间贸易，主要贸易多样性的优势来自各自的资源禀赋，农产品贸易的互补性大。相对于 2009 年，2017 年中国从中亚进口农产品的结构有了明显优化，面对中国市场旺盛的农产品消费需求，中亚国家对中国的农产品出口更有潜力可挖。

二　分国家看中国与中亚国家间农产品贸易的结构变化

表 9-7 和表 9-8 分别给出了 2009 年和 2017 年中国与五个中亚国家农产品贸易的主要多样性。2009 年各国与中国进出口的农产品集中度都很高，单一主要种类占比基本上都达到了 50% 以上，最高的是乌兹别克斯的纺织纤维占比达到了 99.5%。国家间相比，集中度最高的国家当属乌兹别克斯坦，较低的是吉尔吉斯斯坦。

表9-7　　　2009年中国与中亚国家农产品贸易的主要多样性

国家	进出口	主要贸易多样性	占比（%）
哈萨克斯坦	向中国出口	纺织纤维	68.5
	从中国进口	蔬菜和水果	79.4
吉尔吉斯斯坦	向中国出口	皮、表皮和毛皮、原料	67.3
		纺织纤维	22.9
	从中国进口	肉及肉制品	53.9
		蔬菜和水果	30.2
塔吉克斯坦	向中国出口	皮、表皮和毛皮、原料	82.3
	从中国进口	谷物和谷物制品	47.3
		杂项食品产品	17.9
土库曼斯坦	向中国出口	原油、动物和植物材料	65.2
	从中国进口	咖啡、茶、可可、香料	53.4
		纺织纤维	13.5
乌兹别克斯坦	向中国出口	纺织纤维	99.5
	从中国进口	咖啡、茶、可可、香料	80.9

表9-8　　　2017年中国与中亚国家农产品贸易的主要多样性

国家	进出口	主要贸易多样性	占比（%）
哈萨克斯坦	向中国出口	谷物和谷物制品	29.1
		石油、种子和含油果实	27.0
		固定油脂	22.0
	从中国进口	蔬菜和水果	85.8
吉尔吉斯斯坦	向中国出口	纺织纤维	32.2
		蔬菜和水果	28.7
		活动物	21.0
	从中国进口	蔬菜和水果	81.0
塔吉克斯坦	向中国出口	纺织纤维	90.4
	从中国进口	肉及肉制品	51.1
		咖啡、茶、可可、香料	26.7

续表

国家	进出口	主要贸易多样性	占比（%）
土库曼斯坦	向中国出口	纺织纤维	48.6
		原油、动物和植物材料	45.5
	从中国进口	石油、种子和含油果实	38.6
		咖啡、茶、可可、香料	34.9
乌兹别克斯坦	向中国出口	纺织纤维	88.1
	从中国进口	咖啡、茶、可可、香料	65.7

2017年与2019年相比，哈萨克斯坦、吉尔吉斯斯坦、土库曼斯坦向中国出口的产多样性类在增加，集中度降低，塔吉克斯坦和乌兹别克斯坦产多样性类虽没有增加，不过集中度也在降低，总体上集中度已经明显降低。不过各国从中国进口的农产品的集中度有增加的趋势，这和上面整体上的分析是一致的。

图9-4和图9-5分别给出了2009年到2017年中国与中亚国家农产品贸易中贸易额最高的农产多样性类在总的贸易额中所占百分比的逐年变化。从中国进口农产品贸易额较大的国家哈萨克斯坦、乌兹别克斯坦和吉尔吉斯斯坦进口农产品集中度都较高，都达到了50%以上。哈萨克斯坦主要进口的种类是蔬菜和水果，占比达到了85%左右，乌兹别克斯坦主要进口的种类是咖啡、茶、可可、香料，而吉尔吉斯斯坦主要是肉及肉制品，土库曼斯坦主要是为咖啡、茶、可可、香料，并且这四个国家进口额占比最高的多样性保持稳定。只有塔吉克斯坦进口额占比最高的农产品多样性不断更换，并且占比也较低，显示出塔吉克斯坦从中国进口农产品的多元化。

与进口相比，中亚国家向中国出口的农产品的优势多样性也基本保持稳定，乌兹别克斯坦、土库曼斯坦和塔吉克斯坦都是纺织纤维，占比都很高，尤其是乌兹别克斯坦占比达到了90%左右，吉尔吉斯斯坦为皮、表皮和毛皮、原料。唯一例外是哈萨克斯坦，贸易额最高的农产多样性类的占比不断下降，而且贸易额占比最高的农产品的多样性也在不断变化，显示出哈萨克斯坦向中国出口农产品的多元化发展。

第九章　中国与中亚国家农产品贸易畅通及模式创新　291

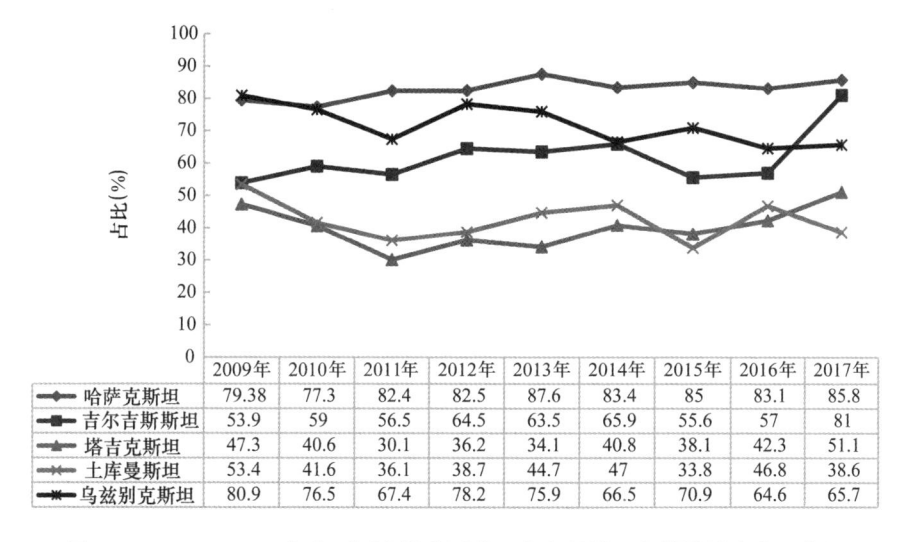

	2009年	2010年	2011年	2012年	2013年	2014年	2015年	2016年	2017年
哈萨克斯坦	79.38	77.3	82.4	82.5	87.6	83.4	85	83.1	85.8
吉尔吉斯斯坦	53.9	59	56.5	64.5	63.5	65.9	55.6	57	81
塔吉克斯坦	47.3	40.6	30.1	36.2	34.1	40.8	38.1	42.3	51.1
土库曼斯坦	53.4	41.6	36.1	38.7	44.7	47	33.8	46.8	38.6
乌兹别克斯坦	80.9	76.5	67.4	78.2	75.9	66.5	70.9	64.6	65.7

图 9-4　2009—2017 年中亚国家从中国进口农产品单一多样性最高占比变化

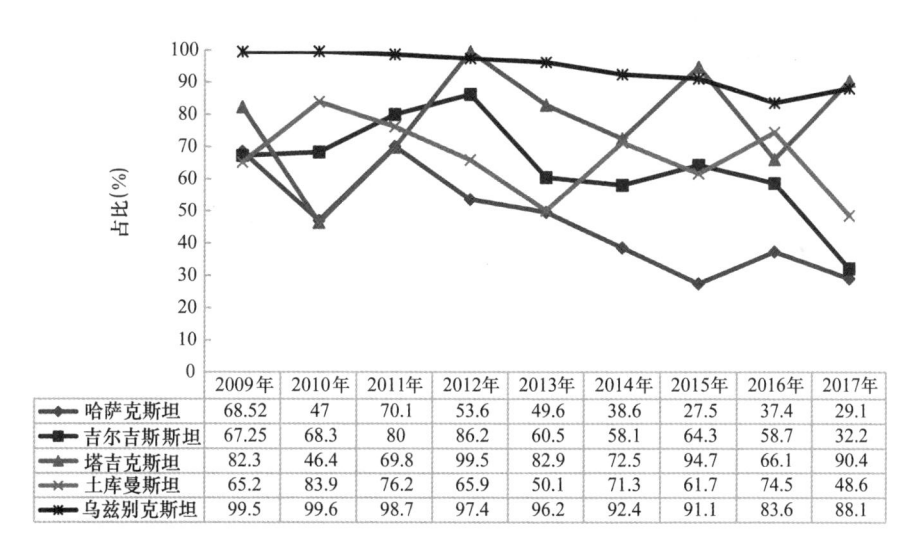

	2009年	2010年	2011年	2012年	2013年	2014年	2015年	2016年	2017年
哈萨克斯坦	68.52	47	70.1	53.6	49.6	38.6	27.5	37.4	29.1
吉尔吉斯斯坦	67.25	68.3	80	86.2	60.5	58.1	64.3	58.7	32.2
塔吉克斯坦	82.3	46.4	69.8	99.5	82.9	72.5	94.7	66.1	90.4
土库曼斯坦	65.2	83.9	76.2	65.9	50.1	71.3	61.7	74.5	48.6
乌兹别克斯坦	99.5	99.6	98.7	97.4	96.2	92.4	91.1	83.6	88.1

图 9-5　2009—2017 年中亚国家向中国出口农产品单一多样性最高占比变化

三　中国与中亚国家农产品贸易的多样性指标

（一）多样性指标的类型及计算

多样性可以分为同部门内的相关多样性和不同部门间的不相关多样性，相关多样性衡量的是进口产品的相关领域的多样性，不相关多样性衡量的是进口产品的不相关领域的多样性。要使国家的多样性扩张，需要注意相关多样性和不相关多样性的区别。相关多样性要求类似的生产能力，而不相关多样性则注重不同能力的生产。

与相关多样性相比，不相关多样性更利于抵御经济冲击，因为不相关产品之间没有很强的关联性，但是伴随的投资风险也不可忽略，由于是不相关产品的投资生产，就意味着新的认知领域和未知的挑战。

如果一个经济体在某些种类产品的进口总额或出口总额比例相似，则贸易结构多样化。本部分采用国际贸易标准分类（SITC）Rev.3 分类方法，不相关多样性衡量的是两位数农产品进口的分布情况，相关多样性衡量的是三位数农产品进口的分布情况，与两位数编码的农产品相比，三位数编码的农产品之间关系更密切。

此部分指标计算采用 1998—2017 年 UN Comtrade 数据库农产品贸易数据，主要选取了中国和中亚五国的农产品贸易额，本部分根据国际贸易标准分类（SITC Rev.3），有 22 章，66 组，包括相同两位数水平的行业和相同三位数水平的行业。借鉴相关文献采用泰尔熵标准，以 SITC 分类水平计算了多样性指数，如表 9 - 9 所示。

表 9 - 9　　　　　　　　多样性指数的计算公式

指数	计算公式
整体多样性指数	$OV = \sum_{i=1}^{I} P_i \log_2 \left(\frac{1}{P_i} \right)$
相关多样性指数	$P_g = \sum_{i \in S_g} P_i$ $H_g = \sum_{i \in S_g} \frac{P_i}{P_g} \log_2 \left(\frac{1}{P_i/P_g} \right)$ $RV = \sum_{g=1}^{G} P_g H_g$
不相关多样性指数	$UV = \sum_{g=1}^{G} P_g \log_2 \left(\frac{1}{P_g} \right)$

指数计算公式中，I 表示三位数编码农产品的上界，i 表示三位数编码农产品的下界，G 表示二位数编码农产品的上界，g 表示二位数编码农产品的下界，S_g 表示所有二位数编码农产品，P_i 表示三位数编码农产品在总进口中所占份额，P_g 表示二位数编码农产品在总进口中所占份额。

（二）中国与中亚国家农产品贸易多样性指数的变化趋势

中国向中亚出口农产品的多样性是不断增加的，最近几年有下降的趋势，不过下降幅度有限。中国出口的多样性以不相关多样性为主，说明中国的出口的种类还不够丰富，在细分领域差别不大。中国向中亚出口农产品的总多样性（OV），相关多样性（RV），不相关多样性（UV）随着时间的变化而变化。在 1998 年到 2017 年，每个时间步长 OV、UV 和 RV 变化趋势部分相似。从 1998 年到 2002 年，OV、UV 和 RV 均呈上升趋势，在 2002 年之后，OV 和 UV 整体均呈先下降后上升趋势，且上升趋势较明显，OV 和 UV 最低点均在 2012 年。但 RV 在 2002 年之后整体呈现下降趋势，在 2017 年有微弱上升。（见图 9-6）

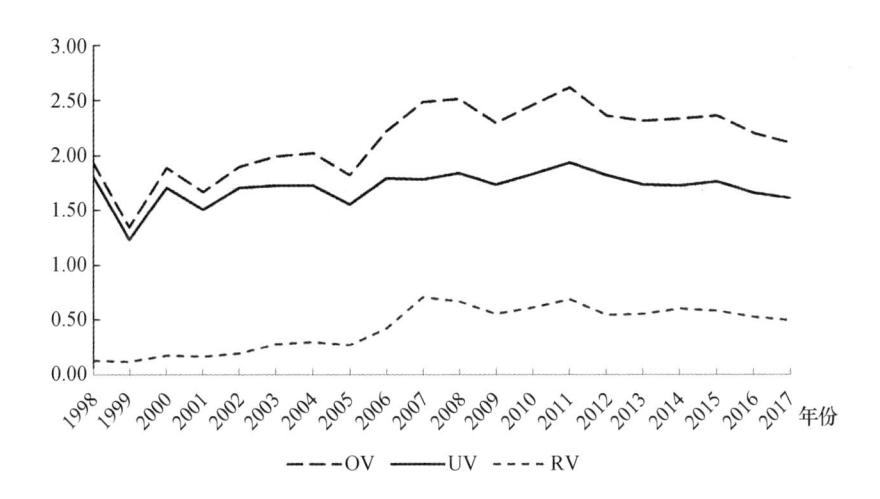

图 9-6 中国向中亚出口农产品的多样性指数

注：图中 OV、UV 和 RV 在每个时间步长的值为中亚五国的平均值。

中国从中亚进口的多样性一直处于波动之中，不相关多样性在增加，相关多样性在下降，不过从 2013 年之后，多样性指数增长迅速，增长主要以不相关多样性指数为主,相关多样性增加不大,不过最近几年有明显改善的迹象。说明"一带一路"倡议对于中亚向中国的农产品出口的多样性有着显著的影响,对于不相关多样性指数和相关多样性指数都有明显的影响,不过影响以不相关多样性指数为主,说明中亚对中国的农产品出口不断开拓出新领域,新种类。进出扣多样性指标相比较,中国出口的多样性指数低于中国进口的多样性指数,而且"一带一路"倡议对于中国进口的多样性指数影响更大,说明"一带一路"倡议首先释放了中亚国家对于中国的农产品出口的潜力,中亚国家从该倡议的实施中获益。(见图9-7)

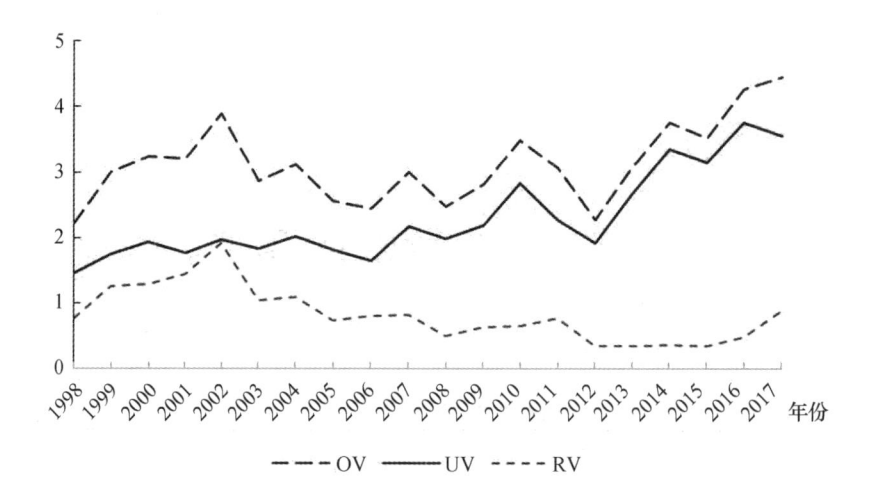

图9-7 中国从中亚进口农产品的多样性指数

第三节 "一带一路"倡议对农产品贸易额影响的实证分析

一 实证方法

为了分析"一带一路"倡议对于中国与中亚国家间农产品贸易的影响,本部分采用广泛应用于贸易影响因素研究的引力模型。引力模型认为两国或两地区之间的双边贸易总量与两国之间的国内生产总值成正向

关系，与两国之间的空间距离成反向关系。模型的基本形式为

$$Y_{ij} = A(G_i G_j)/D_{ij} \tag{1}$$

其中 Y_{ij} 表示 i 国与 j 国间的总的贸易额，G_i，G_j 分别表示 i 国与 j 国的国内生产总值，D_{ij} 表示两国间的距离，一般用两国首都间距离来表示。对基本模型两边去对数，得到引力模型的对数回归模型为：

$$\ln Y_{ij} = \beta_0 + \beta_1 \ln G_i + \beta_2 \ln G_j + \beta_3 \ln D_{ij} + \mu_{ij} \tag{2}$$

因为本部分研究的是农产品贸易，与引力模型研究的总贸易额还会有些差别，一个国家农产品的进口额取决于购买能力，可以用本国的 GDP 来表示，而与出口额更加相关是本国农产品的总产值。基于此考虑，本部分将贸易额分为进出口，同样采用对数模型，不过含义有所变化，Y_{ij} 表示 i 国从 j 国的农产品进口额，G_i 表示 i 国国内生产总值，AG_j 表示 j 国的农产品的总产值。为了研究"一带一路"倡议对于农产品贸易额的影响，在模型中加入变量 BR，得到修正的引力模型为

$$\ln Y_{ij} = \beta_0 + \beta_1 \ln G_i + \beta_2 \ln G_j + \beta_3 \ln D_{ij} + + \beta_4 BR + \mu_{ij} \tag{3}$$

"一带一路"倡议是 2013 年 9 月和 10 月提出来的，为了比较得更加有效，取 2013 年前后 4 年的数据进行研究，也就是 2009 年到 2017 年的数据。Y_{ij} 表示中国与中亚国家 2009 年到 2017 年每年的农产品进出口数据，总的数据个数为 5×9×2=90。BR 在 2009 年到 2013 年取值为 0，2014—2017 年取值为 1。

本模型中各数据的来源分别是：

农产品贸易额数据来源于联合国商品贸易统计数据库，https：//comtrade. un. org/data；GDP 和农业产值数据来自世界银行数据，https：//data. worldbank. org. cn/；中国与中亚国家首都间的距离来自网站，http：//www. geobytes. com/citydistancetool/。

二 中国与中亚国家间农产品进出口贸易的回归结果

为进一步定量分析一带一路倡议对中国与中亚国家间农产品贸易的提升作用，利用上文的模型（3）进行回归分析，并且可以分国家进行回归分析，由此可以预测中国与中亚国家农产品贸易的发展趋势。

表9-10给出了中国与中亚国家农产品进出口额模型（3）的回归结

果，又针对中国农产品进出口分别进行了回归。回归结果显示，中国与中亚国家间的农产品贸易额与进口国的 GDP 和出口国的农业产值的显著正相关，与中国和中亚国家间的距离显著负相关，这符合理论结果。具体来看，中国向中亚国家出口与中亚国家 GDP 显著正相关，与距离显著负相关；中国从中亚国家进口与中亚国家的农业总产值显著正相关。由此可以得出，中国与中亚国家间的农产品贸易额重要收到重要国家 GDP 和农业产值的影响，与中国的 GDP 和中国的农业产值关系不显著。中国与中亚国家间的距离只是显著影响中国从中亚国家的农产品进口额。

表9-10　　　中国与中亚国家农产品贸易额引力模型回归结果

解释变量	被解释变量 ln（Y_{ij}）		
	中国进出口	中国出口	中国进口
C	3.1037	48.6535***	-13.2172
Ln（G_i）	0.7130***	0.4271***	-0.0557
Ln（AG_j）	0.8318***	0.4301	1.4311***
Ln（D_{ij}）	-4.7077***	-8.0715***	-1.5508
BR	-0.2059	0.0102	-0.0132
调整后的 R^2	0.4988	0.8582	0.6370

我们比较关心的"一带一路"倡议 BR 的影响不显著，而且对中国的农产品进口额还是负影响，带动对整个中国农产品进出口额产生负影响。这主要是因为中国从乌兹别克斯坦棉花进口额的大幅减少（见图9-8）。中国从乌兹别克斯坦棉花进口额的大幅减少主要因为国际棉价2011年的大幅回落（见图9-8）以及由此产生的乌兹别克斯坦农业结构的调整。据乌兹别克斯坦经济部数据，2015年棉花播种面积为129.8万公顷，占乌耕地面积的35.1%，2016年乌棉花播种面积将减少3.05万公顷，到2020年棉花播种面积将减少17.05万公顷，释放出来的土地用来种植粮食、果蔬和其他经济作物，以冲抵棉花价格降低带来的损失。农业种植结构调整后，2020年乌粮食产量将由2015年的817.66万吨增加到850万吨。

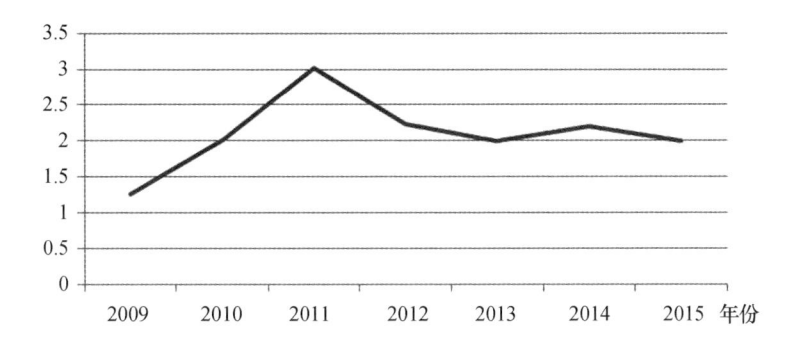

图 9-8　中国从乌兹别克斯坦进口未梳的棉花的单价（单位：美元/千克）

数据来源：《中国海关统计年鉴》（2009—2015），根据进口额与进口量的测算。

为了减少中国从乌兹别克斯坦进口棉花额的大幅减少对于模型结果的影响，进口模型中加入价格变量 wp，用于表示棉花价格的变化，wp 在价格较高的 2010—2013 年取值为 1，此后取值为 0。修正后的模型的回归结果如表 9-11 所示。经过调整后的模型的拟合优度都有提升，并且"一带一路"倡议呈现出正向影响，显著度也有提升。

表 9-11　修正后的中国与中亚国家农产品贸易额引力模型回归结果

解释变量	被解释变量 ln（Y_{ij}）		
	中国进出口	中国出口	中国进口
C	6.8079	48.6535***	-0.0939
Ln（G_i）	0.6026***	0.4271***	-0.4188
Ln（AG_j）	0.7451***	0.4301	1.2050***
Ln（D_{ij}）	-4.5656***	-8.0715***	-1.2809
BR	0.0497	0.0102	0.5001
wp	2.5001***	—	2.0238***
调整后的 R^2	0.6204	0.8582	0.7460

三　分国家看农产品贸易额的回归结果

表 9-12 给出了中国分别与中亚五个国家间的农产品贸易额的回归结果，中国与乌兹别克斯坦的农产品贸易额利用价格变量 wp 修正后的模型

回归结果记成了乌兹别克斯坦（2）。从结果可以看出，只有哈萨克斯坦和乌兹别克斯坦这两个与中国农产品贸易额较大的国家能显著体现出国际贸易经济的规律，而其他三个中亚国家与中国的农产品贸易额较小，贸易额呈现出不稳定、偶发性的特点，所选三个解释变量的影响都不显著。对于哈萨克斯坦，三个解释变量都显著，变量符号符合预期，显示出中国与哈萨克斯坦间农产品贸易的稳定性和持续性，并且"一带一路"倡议对于中哈间农产品贸易额有着显著的促进作用。对于乌兹别克斯坦，不同的是"一带一路"倡议对于农产品贸易额间的影响方向，呈现出是负向作用。利用价格变量 wp 进行修正之后，"一带一路"倡议的影响虽然还是负值，已经很不显著，绝对值明显下降，模型的拟合优度也有所提升。

表9-12　　　　中国与中亚五国农产品进出口贸易额回归结果

解释变量	被解释变量 ln（Y_{ij}）					
	哈萨克斯坦	吉尔吉斯斯坦	塔吉克斯坦	土库曼斯坦	乌兹别克斯坦	乌兹别克斯坦（2）
C	-36.3371	-10.0738	-19.0646	-2.3801	-33.9414**	-16.7938
Ln（G_i）	0.7266**	0.1238	0.3197	0.1746	0.8950***	0.5354**
Ln（AG_j）	0.8231***	0.4410	0.5310	0.0198	0.5894**	0.2770
BR	0.6049**	-0.1613	-0.0565	0.0614	-0.7019**	-0.0702
wp	—	—	—	—	—	1.0087***
调整后 R^2	0.7410	0.8852	0.4715	0.6719	0.8756	0.9533

第四节　中国与中亚国家农产品贸易的发展趋势分析

利用表9-10中的中国农产品出口模型和表9-11中的修正的中国农产品进口模型对中国与中亚国家间的农产品贸易额进行理论测算，然后与实际贸易额进行相比，得到中国农产品进出口贸易额的贸易潜力指数（见表9-13）。

表9-13 中国与中亚国家农产品进出口贸易潜力指数（2009，2017）

贸易类别	年份	哈萨克斯坦	吉尔吉斯斯坦	塔吉克斯坦	土库曼斯坦	乌兹别克斯坦
中国出口	2009	0.94	1.80	0.67	1.11	0.77
	2017	1.49	0.56	0.80	1.09	0.95
中国进口	2009	0.22	1.38	0.48	1.98	2.75
	2017	2.03	0.76	0.23	0.66	1.79

从时间发展的纵向看，2017年与2009年相比，哈萨克斯坦与中国的农产品进出口贸易的潜力得到了很大的释放，进出口贸易潜力指数都得到了较大的提高，尤其是对中国的出口，潜力指数由0.22提高到了2.03。相反地，吉尔吉斯斯坦和土库曼斯坦与中国的农产品进出口贸易的潜力受到了压制，进出口贸易潜力指数都减少了，尤其是吉尔吉斯斯坦减少得相当严重，土库曼斯坦对中国的出口贸易潜力指数下降较大。塔吉克斯坦和乌兹别克斯坦从中国农产品进口的贸易潜力指数提高了，而对中国农产品出口的贸易潜力指数减少了。

从横向进行比较，在2017年哈萨克斯坦与中国农产品贸易潜力指数都超过了其他国家，虽然按照贸易潜力指数理论，贸易潜力指数大于1.2是属于潜力再造型，不过这不能说明中国与哈萨克斯坦的未来农产品贸易潜力不大，实际上在"一带一路"倡议下，中国与哈萨克斯坦间农产品贸易潜力才刚刚开始释放，还有相当大的发展潜力，贸易潜力指数大于1.2更多地可以说明哈萨克斯坦与其他中亚国家间发展的不平衡，中国与中亚国家间农产品贸易的不均衡性在增加。中国需要扩大从塔吉克斯坦和土库曼斯坦的农产品进口，扩大对吉尔吉斯斯坦的农产品出口。

另外，从中国与中亚国家间农产品进出口贸易潜力指数比较来看，中国从各国进口的贸易潜力指数间的差异（0.23—2.03）大于中国对各国出口的贸易潜力指数间的差异（0.56—1.49），这说明中国从中亚各国农产品进口的不均衡性更大。

第五节 中国与中亚国家间农产品贸易的分析结论及存在的问题

（1）"一带一路"倡议对中国与中亚国家间的农产品贸易的提升是存在的，不过目前还处于重点发展的阶段。模型结果显示，"一带一路"倡议对中国与哈萨克斯坦的农产品贸易额有显著的提升作用，对其他中亚国家影响不显著，再加上乌兹别克斯坦的棉业结构调整，使得其棉花对中国出口的大幅度减少，致使整体来看"一带一路"倡议对中国与中亚国家间的农产品贸易的提升作用并不显著。今后在"一带一路"倡议的推动下，中国与哈萨克斯坦的农产品贸易会继续保持良好的发展势头，得到更大的发展，起到发展龙头的作用，不过如何"以点带面"，带动其他国家与中国农产品贸易的快速发展也是非常值得研究和思考的问题。

（2）中国与中亚国家间的农产品贸易以哈萨克斯坦与乌兹别克斯坦两国为主，与两国间的农产品贸易额占到整体贸易额的75%以上。不同的是，中国与哈萨克斯坦间农产品贸易额的占比在提高，而与乌兹别克斯坦间的农产品贸易额的占比在下降，中国与哈萨克斯坦农产品贸易额的占比从2010年最低的15%提高到了2017年的58%，而与乌兹别克斯坦农产品贸易额的占比从2010年最高的66%下降到了2017年的30%。中国与其他三个国家的农产品贸易额变化不大，不过有点需要注意的是，中国对吉尔吉斯斯坦的农产品出口近几年有下降的趋势。

（3）2009—2017年，中国与中亚国家间的农产品贸易的结构虽然有了些优化，不过单一品种集中度依然很高。中国主要从中亚国家进口纺织纤维、谷物等农产品，对中亚国家出口蔬菜和水果、肉类、茶叶等农产品。分国家来看，从中国进口农产品单一种类占比最高的国家是哈萨克斯坦，对中国出口农产品单一种类占比最高的国家是乌兹别克斯坦。不管是进口和出口，中国与中亚国家都需要积极拓展优势农产品贸易的种类，实现更深程度和更广范围的优势互补。从农产品贸易的多样性指数看，中国农产品出口的多样性指数变化不大，而中国从中亚进口农产品的多样性指数增加较快，反映出中亚国家对中国农产品贸易潜力的释放。

（4）中国与中亚国家间农产品进出口贸易的驱动因素是不同的。对进出口分别回归的结果显示，中国对中亚国家农产品出口显著受到中亚国家国内生产总值的正面影响以及距离的负面影响。有效扩大中国的农产品出口一方面需要提高中亚国家的购买水平，另一方面需要消除因为距离造成的各项成本。加强政策沟通以及基础设施建设，实现贸易畅通，消除贸易成本，正是"一带一路"倡议的重要内涵。另外，中国从中亚国家的农产品进口显著受到中亚国家农业产值的正面影响。所以扩大中国从中亚国家的农产品进口需要不断增强中亚国家的农业生产水平，提高中亚国家农产品出口能力。这可以通过加强中国与中亚间农业技术合作以及农业直接投资来实现。

（5）中国与中亚国家间的农产品贸易的不平衡性在增加。通过模型结果测算出的贸易潜力指数显示，中国与哈萨克斯坦的贸易潜力指数不断提高，与其他国家的贸易潜力指数的差距在扩大。这说明在"一带一路"倡议下，中国与哈萨克斯坦的农产品贸易得到了较大的发展，贸易潜力得到了释放，而中国与其他国家间的农产品贸易却停滞不前。在"一带一路"倡议发展的新阶段，中国与中亚国家间的合作需要更多地聚焦农业领域，有针对性地采取措施，从而实现双方农业更加均衡、包容、普惠地发展。

第六节　中国与中亚国家间农产品贸易的模式创新

"一带一路"倡议提出以来，由于基础设施的改善以及贸易投资便利化的推进，中国与中亚国家间的农产品贸易获得了加快的发展，尤其是中国与哈萨克斯坦的农产品贸易取得了较快的发展，贸易规模不断迅速增大，贸易结构也不断改善。不过总体来说，中国与中亚的农产品贸易发展还有很大的潜力，贸易规模还有待提升、贸易结构还有待优化、贸易的不平衡还客观存在，需要对目前的贸易模式进行优化，并积极进行模式创新，将中国与中亚间的农产品贸易提高到新的水平，并推动其他领域的合作。

一 签订自贸协定，降低关税水平

适时推进中哈、中乌自贸协定可行性研究。签订自贸协定是中国推进全面开放的重要手段，是大幅增加双方商品贸易、增强经贸关系的有效方式，尤其是目前中美贸易摩擦，逆全球化趋势愈演愈烈的时候。截至 2018 年 3 月，中国已经和 24 个国家和地区签署了 16 个自由贸易协定，2019 年 10 月中国与毛里求斯签订了自贸协定，这是中非第一个自贸协定。这些签署了自贸协定的国家主要集中在东亚、东南亚、南美地区，中国往西的国家很少，欧洲国家也较少，这与中国力求的全方位开放并不相符，与欧亚大陆一体化发展趋势不符，因此有必要在中亚地区开展自贸协定谈判。在中亚国家中，中哈、中乌间的贸易额较大，中国已经成为哈、乌两国的最重要的贸易伙伴之一。率先开展中哈、中乌自贸协定可行性研究具备良好的条件。也有人提议要建立中亚自贸区，这个难度比较大，基本上还不具备条件。签署中哈、中乌自贸协定将会对中国与该地区的农产品贸易的发展具有里程碑的作用。

做好中哈、中吉间农产品贸易与欧亚经济联盟的对接。哈萨克斯坦与吉尔吉斯斯坦是欧亚经济联盟的成员国，在该联盟里面享受关税优惠。可以利用此制度安排，以中国在哈吉两国建立的境外农业产业园区为基地，收购当地的农产品或者进口中国的农产品或者农业半成品进行农产品的加工，然后以非常优惠的关税出口到联盟其他国家。中国与白俄罗斯产业园发展进展顺利，已经有很多的中国企业进驻，同时白国也是欧亚联盟成员国，利用此产业园，中国的很多农产品出口到白国，经过加工再销售到中亚哈、吉两国。在此影响下，有可能会促使欧亚经济联盟降低中国农产品的关税水平。同样地，可以利用经济合作组织间的关税优惠，增加中国与中亚国家以及西亚国家间的农产品贸易。

给予中亚国家特定农产品关税优惠。鉴于运输设施的缺乏以及市场的不足，中亚的农产品生产普遍产业化不足，目前中亚在国际上拥有较强竞争力的农产品依然是苏联时期的出口产品，比如哈国的小麦以及乌国的棉花。独立之后，各国农业多元化发展都取得了进步，有些优势农产品开始展现国际竞争力，比如哈国的葵花籽、塔国的葡萄和乌国的蔬菜。不过这些农产品产业的发展缺乏市场的支撑，严重制约了各国农业的规模发展，也制约了国际资本的投资。为了进入中国市场，有些中亚农产品借由中巴自贸协定由巴基斯坦进入中国。在此情况下，中国与中亚国家有必要进行合理的贸易关税安排，中方可以对中亚国家某些优势农产品实行关税优惠，同时也可以借此扩大中亚国家对于中国农产品的市场准入。

二 完善农产品物流设施和体系

借助"一带一路"倡议带来的物流畅通。"一带一路"倡议带来的中欧班列等中国与中亚间交通设施的蓬勃发展为中国与中亚间的农产品物流畅通创造了条件。"一带一路"倡议的深远影响仍在继续。比如新疆提出2030年要形成服务丝绸之路经济带沿线现代物流体系，甘肃将加快推进兰州、武威、天水三大国际陆港和兰州、敦煌、嘉峪关三大国际空港建设，青海将建设格尔木昆仑物流园，着力打"辐射青藏疆，贯通中亚"的"一带一路"现代物流集散地。在"一带一路"倡议引领下，中国将打造贯通欧亚的大物流体系，中国西部与中亚间的物流体系会越来越畅通。同时，中国与中亚的专用物流通道也在不断建设中，比如中哈连云港物流合作基发出的亚欧跨境货物班列已覆盖中亚五国200多个站点，已成为中亚五国仓储物流、过境运输、往来贸易的国际经济平台，哈国的小麦经由此通道远销东南亚地区，今后乌国和其他国家的农产品也可以借此通道直达国际市场。不过，目前来看，中国与中亚间的物流建设主要是铁路和公路建设，空运还有待发展。在乌鲁木齐、兰州、西安和西宁要发展面向中亚的空中运输。

利用跨境农业产业园区，形成重要物流节点。随着跨境农业产业园在中亚国家不断建立，其将成为中国与中亚间物流的重要节点。比如位于西安的爱菊粮油工业集团有限公司，在国家"一带一路"倡议提出后，便开始着手建设以西安、阿拉山口、北哈州三地为根据地的跨国农业产业链。目前爱菊粮油工业集团不仅在西北地区形成了具有最大规模的集粮油生产、销售、配送于一体的连锁网络体系，还建成了北哈州，阿拉山口综合保税区，西安国际港务区三大有重要影响力和国际竞争力的农业相关园区。除此之外，还有位于哈国阿拉木图的中哈现代农业产业创新示范园、吉尔吉斯斯坦的"亚洲之星"农业产业合作区、塔吉克斯坦的中国农业科技示范园、乌兹别克斯坦的布哈拉农业示范境外农业示范区等，这些都可以成为农产品物流的节点，将中国与中亚间的农产品物流联通起来，并且创造构建冷链物流的优越条件。

加强南疆口岸建设，促进多通道物流体系。中欧班列的西行通道主要是经过阿拉山口和霍尔果斯，阿拉山口和霍尔果斯的通行能力和口岸经济建设都得到了很大的发展，不过随着中欧班列在2020年的迅猛发展，在阿拉山口和霍尔果斯口岸出现了严重的拥堵现象。因此从长远看，除了提升两口岸的通行能力，还要发展南疆口岸，增加西向通道，缓解量口岸的通行压力。同时发展南疆口岸也是发展中国与中亚西亚经济走廊和中巴经济走廊的迫切需要。中国与吉尔吉斯斯坦边境的伊尔克什坦口岸和吐尔尕特、与塔吉克斯坦边境的卡拉苏口岸、与巴基斯坦通行的红其拉甫口岸都需要重点建设。随着中吉乌国际铁路联运以及相应中欧班列的通行，为伊尔克什坦口岸发展带来了契机。加强口岸设施建设、增强通行能力、发展口岸经济是这些口岸今后的重点工作。与口岸建设相对应，在南疆发展国际物流园区的条件和时机不断成熟。比如库尔勒"一带一路"国际物流园就是重要物流建设环节。南疆口岸和物流园区的建设完善形成了中国西向多通道物流体系，对于全方位的向西开放，以及发展南疆经济具有重要意义。

及时发展冷链物流。发展冷链物流是扩大农产品贸易的有效手段。目前在"一带一路"倡议的推进过程中，跨境冷链物流在一些中欧班列已经开始实施。比如2016年由大连港始发的全国首列全冷藏集装箱过境班列顺利抵达莫斯科，各项标准符合要求，2020年由哈尔滨出发的装有中国新鲜蔬菜的集装箱出口冷链班列顺利抵达俄罗斯后贝加尔斯克。总体看，国际冷链物流还处于发展初期，市场潜力巨大。要积极扶持有实力的冷链物流企业，为中国与中亚间新鲜的农产品运输提供服务。依托各国建立的境外农业科技园区，建立冷链物流中心，并在边境口岸建立冷链物流中心，形成联通中国与中亚的冷链物流网络。

三 进一步推进贸易便利化水平

推动中国与中亚国家签署贸易便利化协定等国际公约，降低贸易成本。《贸易便利化协定》是中国加入世贸组织后参与并达成的首个多边货物贸易协定，其将简化各国边境的海关程序，对贸易增长有积极的促进作用，该协定被认为是多哈回合谈判启动以来取得的最重要突破，对世界经济具有重要意义。《亚太跨境无纸贸易便利化框架协定》为各国规范单一窗口制式、建立统一电子贸易文件接口及实现跨境质商检互认等提供了共同的行动框架，为各国间的贸易便利化提供了行动指南。另外，积极签署《国际公路运输公约》，实施国际公路运输系统（TIR 系统），打造中欧第四物流通道。中吉乌跨境公路上已经实行了 TIR 系统，今后要进一步扩大实施范围，拓展到中国与中亚西亚经济走廊上去。

推进海关、口岸和检验检疫一体化建设。为了推进贸易便利化，中国海关以及口岸管理部分连续推出了多项贸易便利化措施，将通关的程序大幅压缩、将通关流程大幅优化、实现单一窗口、无纸化操作、将通关时间大幅缩减、将口岸的营商环境大幅改善。据统计，至 2018 年年底，全国进出口整体通关时间比 2017 年压缩了一半以上。中国的检验检疫部分也在积极推进区域一体化进程，推进结果互认。哈萨克斯坦东哈州及阿拉木图州正在建设符合中国国家质量监督检验检疫总局相关标准的农产品检测和认证中心，今后不仅哈萨克斯坦本国农业企业的产品，甚至整个中亚农产品都可通过哈萨克斯坦检验中心获得进入中国市场的出口认证。另外，中国积极推进各国标准化合作，与有关国家标准化机构加强发展战略对接，深化标准化领域务实合作，减少和消除贸易壁垒，发挥标准化在促进经济贸易发展中的作用。

推进外汇收支便利化试点。资金融通是"一带一路"建设的重要内容，也是实现贸易便利化的重要方面。中国与中亚国家相邻，对人民币的认可度较高，随着双方贸易额的不断增加，对于利用人民币进行结算有着坚实的基础，同时中外企业的期望也越来越高。不过利用人民币进行结算还存在审核流程较多、汇款不及时、缺乏对冲人民币汇率波动风险的工具、汇率风险对冲操作成本偏高等问题。为此，中国监管部门需要在简化流程方面做出更大努力,并且推进更丰富的跨境人民币业务金融产品创新,满足企业进出口贸易、跨境投资与风险对冲等需求。同时建立进出口企业双向管理机制,人民币外汇收入可以用于与其他中国企业的贸易付款结算,从而盘活资金使用效率。

开通农产品绿色通道。农产品尤其是新鲜农产品要求的实效性很强,在通关时间上有更高的要求,开通农产品绿色通道是实现贸易便利化的有效措施。目前,中哈巴克图—巴克特口岸绿色通道,中哈霍尔果斯口岸,中塔卡拉苏口岸,中吉两个陆路口岸都已开通了农产品绿色通道。绿色通道的开通,便于口岸区域农产品快速报关报检通行,缩短农产品在口岸停留的时间,将促进中国与中亚国家的经贸合作,大大提升双边贸易水平和效率。今后绿色通道要拓展到中吉乌和中塔土一线,构建区域性"绿色通道"。

四 大力发展跨境电商新模式

跨境电商作为国际贸易新业态不断升级。跨境电商作为"网上丝绸之路"与线下丝绸之路结合的产物,具有巨大的发展潜力,显示出越来越明显的相对于传统贸易模式的颠覆性。跨境电商的蓬勃发展迫使海关、口岸等各项监管也逐渐线上化,是贸易便利化的重要推动力量,对于全球贸易发展具有重要意义。在中国海关的推动下,2018 年世界海关跨境电商大会就进一步完善《世界海关组织跨境电商标准框架》原则赞同并达成基本共识。跨境电商作为贸易新业态不断升级,已由最初的个人海淘(C2C)1.0 时代、商业零售(B2C)2.0 时代之后,正式迈入了企业对企业(B2B)3.0 时代,展现出对原有的一般贸易模式的强替代性。

发展跨境电商是中国推进外贸发展的重要举措。从 2015 年起,中国开始设立第一个跨境电子商务综合试验区,然后逐渐增多,设立的速度也越来越快,2020 年又设立了 47 个跨境电子商务综合试验区,设立总数达到了 105 个,实现了跨境电子商务综合试验区对主要城市的覆盖。中国跨境电商业务保持了高速的增长,最近三年每年增长 50% 以上,2020 年上半年在新冠肺炎疫情影响下,中国跨境电商进出口增长 26.2%,对中国稳外贸做出了贡献。

中国与中亚的农产品贸易要大力发展跨境电商贸易模式。跨境电商的发展表明中国与中亚的农产品贸易同样需要跨境电商的推动,不然将会远远落后于中国与其他国家地区的农产品贸易。2018年中国与哈国签署了关于电子商务合作的谅解备忘录,为两国的跨境电商合作规划了方向,将成为中国与中亚国家开展电商合作的先行者。中国与其他中亚国家可以探索跨境电商省市对接模式,比如甘肃省、河南省、新疆与阿拉木图、撒马尔罕、比什凯克等省市的对接,通过开展网上农产品展示云平台,带动双方省市农产品贸易,从而带动两个国家的农产品跨境电商发展。

五 带动农业产业链其他商品及服务的贸易

带动中国农资出口中亚。中国优质农产品出口中亚国家,尤其是中国在中亚国家建立农业产业园区,会带动中国的良种、机械、化肥、农药、农田设施、灌溉设施等农资的出口。中亚国家的农资生产水平普遍较低,很多需要进口,影响了其农业生产力的提高。中国农产品及农业技术在中亚的推广,会带来中亚国家及民众的认可,对中国农资的需求也将会提升。中国的农资企业要针对中亚国家农业发展特点,研发出当地适合种植的品种,适合当地土壤的化肥、开发出适合当地使用的农业物资,比如针对山区,小型拖拉机就更加适用。

带动双方农业服务贸易发展。中国与中亚间的农业合作会带来中亚国家对中国农业技术的需求。中国的农业技术服务、机械维护服务、农资生产服务等服务贸易将会出现贸易机会。同时,中国对中亚国家的技术培训也会需求较大,境外农业科技园同时也会承担当地人员技术培训业务。中国的农资供给企业要在中亚当地建立售后服务网点,对售出的产品进行跟踪服务,培养当地的售后服务商,建立起当地的销售售后网络,提高中国产品的接受度。

第十章

中国与中亚国家农业合作园区建设及模式创新

建立境外经贸合作园区是中国对外经贸合作中经实践证明了的行之有效的方式。《共同推进"一带一路"建设农业合作的愿景与行动》将共建境外农业合作园区作为"一带一路"农业合作的推进机制。因此，中国与中亚的农业合作中，建立境外经贸合作园区也同样必不可少，发挥其多功能的作用，将中国与中亚国家的农业合作不断推向前进。

境外合作园区是指在境外建立农业合作园区，是一种创新性的农业发展方式，通常是由中外两国政府推动，我国各级政府或企业在境外与其他外国各级政府或企业合作发展建设的。一般来说，中国在中亚国家建设农业合作园区，主要依赖国内大型企业的资金和技术的投入，形成园区优势，以吸引更多的企业进入这个优势行业进行投资，促进合作园区的进一步发展，扩大园区的国际影响力。合作园区包含经济特区、农业产业园区、开发区、经济合作区、加工区、科技产业区、自由贸易区、商贸物流区等各类园区。境外合作园区也可被认为是一种在我国各级政府的主导作用之下，利用国内具有比较优势的产业"走出去"，与他国进行优势互补，来完善产业园区，拓展市场并转移国内富余产能的一种新型对外投资模式。

国内外学者对境外农业合作园区已经进行了较多研究。K. 托卡耶夫（2006）通过介绍哈萨克斯坦国内的资源状况和国内形势来说明中亚合作的意义。乌国的 Э. Т. 阿里波夫（2019）从推动"智能"农业、加大农业科技投入力度等对乌国参与"一带一路"的机遇进行分析,要推动"智能"农业发展,建立农业创新联合中心,提出应当关注中国那些积极发展农业高新技术的省区,未来这些地区可成为乌兹别克斯坦的农业合作伙伴。塔吉克斯坦外长阿斯洛夫在接受新华社专访时论述了丝绸之路经济带与塔发展存在着战略上的契合,并且积极地寻求合作的机遇。国内学者原帼力、麦迪娜·依布拉音(2019)重点研究了新疆与哈萨克斯坦的中哈农业园区合作发展模式,通过介绍哈萨克斯坦的基本情况,探讨了中哈农业园区合作的主要原因;分析了农业园区经济发展建设过程中可能存在的一些问题,并提出了解决当前问题的具体方法和建议。师维军(2015)通过运用文献分析、调查等多种科学方法,对新疆与哈萨克斯坦农业科技合作的原因进行了说明。为了有效促进农业现代化发展,就要不断加强和提高农业科技合作水平。梁娟(2016)通过研究跨境农业科技示范园区,并且以中塔经研银海农业科技示范园为例,分析了跨境农业科技示范园建设中存在的问题及其形成问题的原因,以建立科技含量较高、机械化水平较高的科技园,加大国际的影响力为目的。吴航、王玉玲、李安锴(2019)主要研究了陕西与中亚在"一带一路"经济带的发展背景下的农业产业链合作,并且合理利用陕西和中亚地区的不同战略区位产业优势,推进产业合作方之间的产业优势互补和推动产业转型升级。何韶华(2019)主要探究了中国与中亚国家棉花产业合作和模式。通过对中国棉花产业发展现状与中亚国家的棉花产业资源优势进行分析,根据两国的现有情况和优势去发展新的棉花合作的方式,建立更加完善的农业产业园区,提高农业发展水平。

第一节 中国在中亚国家建立农业合作园区的发展

中国在中亚国家建立农业合作园区有着良好的物质基础。中国与中亚地区自古以来农业合作频繁,双方农业资源互补性强。中亚地区拥有相对广阔的土地,但是相对缺乏资金和技术,而中国人多地少,精耕细作,发展出来优良的农业技术,并且资金储备相对充足。中亚地区气候是典型的大陆性气候,光照资源充足,昼夜温差较大,与中国的新疆相似,是很多水果的主产地。中亚国家是世界上重要的棉花主产区和出口地区,棉质在全世界名列前茅,但是其加工能力不足,这也是中国在中亚建立农业合作园区的重要机遇。中亚畜牧业发达,畜牧业对民众生活也至关重要,但是独立之后畜牧业发展逐渐个体化,规模化养殖缺乏,效率低下,双方在畜牧业方面的合作潜力巨大。

中国在中亚国家建立农业合作园区有着良好的政策条件。中国与中亚地区自古以来农业合作交流不断,双方农业政策保持着良好沟通。在"一带一路"倡议提出以来,双方的沟通交流明显加快,国家间不断提升双方合作关系的等级,农业大省及重要地区积极寻求农业交流合作,双方农业企业也在不断紧抓机遇、积极合作,科研院所同样积极参与、加强交流,中国与中亚国家间民意相通发展顺利,双方合作意愿强烈。这些条件都为中国在中亚建立农业合作园区,推进双方农业合作提供了机遇和条件。

一 中国在中亚国家建立农业合作园区的发展概况

截至 2018 年年底,笔者根据公开资料整理,中国在中亚国家共建立了 12 个农业合作园区,其中吉尔吉斯斯坦 1 个,哈萨克斯坦 3 个,塔吉克斯坦和乌兹别克斯坦都是 4 个,土库曼斯坦还没有。土库曼斯坦虽然还没有农业合作园区,不过青海省绒业(集团)有限公司已经在土库曼斯坦建设了地毯纱生产线,并将依托其建立中国撒拉尔纺织产业园区,将土国及青海的世界上最好的羊绒产品奉献给消费者。这些建立的合作园区发展比较早的是河南贵友实业集团在吉尔吉斯斯坦北部楚河州伊斯克拉镇全资收购当地废弃企业园,建立的"亚洲之星"农业产业合作区,该产业园 2016 年被中国商务部和财政部认定为国家级境外经济贸易合作区。同样在 2011 年,河南省经研银海种业有限公司在外交部和农业部的协调下在塔建设中国农业科技示范园,将中国的优良种子带到了塔吉克斯坦,经研银海在当地示范园的作物产量已经达到塔吉克斯坦当地作物产量的 2 倍以上,新品种推广面积不断扩大,受到了当地政府和民众的广泛赞誉。(见表 10-1)

表 10-1　　　　中国在中亚国家建立的农业合作园区

	项目名称	建立时间	国家	组织实施企业
1	亚洲之星农业产业合作区	2011	吉尔吉斯斯坦	河南贵友实业集团有限公司
2	中哈现代农业产业创新示范园	2015	哈萨克斯坦	陕西省杨凌农业高新技术产业示范区与哈萨克斯坦国际一体化基金会
3	中哈爱菊农产品加工园区	2016	哈萨克斯坦	陕西西安爱菊集团
4	中哈（陕西·韩城）农业合作园区	2017	哈萨克斯坦	韩城国际农业投资有限公司
5	中塔经研银海农业科技示范园	2011	塔吉克斯坦	河南省经研银海种业有限公司
6	塔吉克斯坦—中国农业合作示范区	2014	塔吉克斯坦	新疆利华棉业有限公司
7	中塔（河南）农业产业科技示范园	2015	塔吉克斯坦	河南省黄泛区实业集团有限公司
8	中泰新丝路塔吉克斯坦农业纺织产业园	2015	塔吉克斯坦	新疆中泰新丝路农业投资有限公司
9	利泰纺织国际乌兹别克园区	2015	乌兹别克斯坦	利泰醒狮（太仓）控股有限公司
10	安集延纺织园区	2015	乌兹别克斯坦	南阳木兰花实业有限公司
11	洛阳—布哈拉农业综合示范区	2018	乌兹别克斯坦	洛阳万邦优选供应链管理有限公司
12	乌兹别克斯坦农林科技农业产业园	2018	乌兹别克斯坦	金盛贸易有限公司

数据来源：笔者根据公开资料整理。

共建"一带一路"倡议提出来之后，中国在中亚建立农业合作园区的速度明显加快，从 2014 年到 2018 年每年都有合作园区建立，其中仅 2015 年就有 5 个合作园区建立，这些园区有些是在"一带一路"倡议下直接由政府推动的，比如中哈现代农业产业创新示范园、中哈（陕西·韩城）农业合作园区、中塔（河南）农业产业科技示范园等，有些是企业寻求计划投资的，比如塔吉克斯坦—中国农业合作示范区、安集延纺织园区、乌兹别克斯坦农林科技农业产业园等，也有的是政府和企业联合推动的，比如中哈爱菊农产品加工园区和洛阳—布哈拉农业综合示范区。这些园区的定位有科技示范型、有种植加工型、有加工贸易型等类型，不过这些合作园区的定位也在不断变化，很多都在朝着兼具各功能的综合性一体化的方向发展。在加工类型中，有三个专业纺织产业园区，同时新疆利华棉业有限公司建设的塔吉克斯坦—中国农业合作示范区、金盛贸易有限公司建设的农林科技农业产业园也主要是以棉花种植加工为主要业务的示范园，这5个合作园区有3个在乌兹别克，2个在塔吉克，主要是针对棉花加工领域的合作机会。

从合作园区中方公司所在省份看，河南的居多，有5个来自河南，陕西3个，新疆2个，山东和浙江各1个。河南省最多，这是与河南省农业大省地位以及积极的对外开放举措分不开的。河南省有着优异的种植技术和良种资源，并且在"一带一路"下积极推动农业企业走出去。河南省的主要举措有：（1）主动出击，积极促进和"一带一路"沿线国家的经贸往来，推动农业企业走出去。（2）利用和搭建平台。不仅在推动政银企融合发展上发力，还加强同商务部、国家开发银行、中国进出口银行等部门单位对接，把全省越来越多走出去企业（项目）列入亚投行、丝路基金专项贷款，使河南省"走出去"的水平和效益大大提高。（3）河南省还专门研究制定了河南企业走出去专项规划；建设公共服务平台，发布对外投资合作政策、境外安全风险评估和安全预警信息；健全完善服务保障机制，研究推出便利化措施；探索建立对外经济合作突发事件应急处置机制。陕西三个合作园区都分布在哈萨克斯坦，主要利用哈国较为广阔的土地，在小麦和油菜种植和生产上的优势，同时陕西杨凌农业高新技术产业示范区农业科技较为发达。新疆、山东和浙江的合作园区主要是针对棉业合作。

二　中国在中亚国家建立农业合作园区的发展效益

中国在中亚建立的农业合作园区规模不断扩大，产业链不断延伸。亚洲之星农业产业合作区将产业一体化发展作为自己的发展宗旨，通过内引外联发展了农业种植、畜禽养殖、屠宰加工、饲料加工、物流仓储、农机配件加工、农业自贸保税区、国际贸易中心等产业链条，已成为中亚地区产业链条最完整、基础设施最完善的农业产业合作区。中塔（河南）农业产业科技示范园区集小麦、棉花、玉米等农作物种植、种子研发、生产、销售于一体的产业链已形成。乌兹别克斯坦农林科技农业产业园形成棉花示范种植面积124公顷，2019年扩大种植1万公顷，并向乌兹其他产棉区推广种植10万公顷。2017年中哈爱菊农产品加工园区农产品加工园区一期建成投产，年处理菜籽30万吨，产油脂16万吨，是哈国境内最大的油脂加工项目。中泰新丝路塔吉克斯坦农业纺织产业园一期2座轧花厂、6万纱锭项目于2016年8月投产运行，2017年8月，二期5760头气流纺生产线项目开工，将增加折标16支纱万余吨年产量。利泰纺织国际乌国一期工程12万锭精梳紧密纺纱项目2017年7月建成并实现运营投产，年产量达2.2万吨棉纱，大部分成品销往国外，出口量营业收入超过7000万美元。洛阳—布哈拉农业综合示范区前期主要是以收购当地的农产品运往国内的业务为主，后期将在布哈拉市建设集农产品种植、食品加工、蔬菜水果分拣包装、粮油加工、农机生产、冷链仓储、兽药研发生产、国际农业技术培训交流中心等功能于一体的农业综合示范区，打造中国农业全产业链"走出去"新模式。

中国在中亚建立的农业合作园区对当地的农业发展做出了重要贡献。合作区提高了当地的农业发展水平。中哈现代农业产业创新示范园根据哈国气候和土壤特点，对中国的小麦、玉米和马铃薯种子进行改良创新，在保证品质的前提下大幅提高了单产，这些种子在当地的推广将大大促进哈国粮食的产量。中塔（河南）农业产业科技示范园区繁育推广小麦、棉花、玉米新品种13个，种植的农作物单产是当地农户的2倍以上，并且成功实现了小麦、玉米"一年两熟"种植模式。中泰新丝路配置全球最优资源，引进美国约翰迪尔数字化、智能化农业机械，并全套引进瑞士立达世界尖端的纺织设备，为当地面纺织品进入国际市场上进行贸易提供了质量保证。合作区对当地人进行技术培训，提高了当地人的技术水平。河南经研银海种业有限公司建立了塔吉克斯坦唯一的种子实验室和种子生产线，将河南优良的种子引进到了塔国。经研银海参与建设的中国农业科技示范园每年为当地培训农业技术人才5000多人次，培养农机手3000多人次，培养蔬菜种植技术人员3000多人次。乌兹别克斯坦农林科技农业产业园2018年年底，已累计派遣4名中方专家，12名技术人员，培训58名乌方人员，有效推进了两国在农业领域的技术合作与交流。利泰纺织国际乌兹别克园区还将当地员工安排到中国新疆库尔勒园区进行培训，已有60多人通过培训。合作区创造了新的就业，提高了当地人的收入水平。由"亚洲之星"育种的玉米已成为当地农户主要经济来源，通过种植玉米再返销"亚洲之星"，他们有了更加稳定的经济收入。利泰纺织国际乌兹别克园区一期工程拥有当地员工逾700人就业。塔吉克斯坦—中国农业合作示范区项目实现了中国与塔吉克斯坦在农业领域的深度合作，带动当地就业4000余人，年缴纳税费1000万美元以上。中泰新丝路塔吉克斯坦农业纺织产业园项目带动当地3000多人就业。

中国在中亚建立的农业合作园区成为中国与中亚农业合作深入发展的桥梁。亚洲之星农业产业合作区建立后，为更多企业提供了境外集群式发展平台，吸引了众多国内企业、政府相关部门和组织来合作区考察，截至2016年年底已有8家企业入驻，并顺利投产运营。中塔（河南）农业产业科技示范园区内已有4家中资成分的塔吉克斯坦公司开工建设，另有2家国内公司签订了入园协议。塔吉克斯坦—中国农业合作示范区2018年底引进了7家企业入驻。星星之火可以燎原，"一带一路"倡议就像催化剂一样推动着中国企业来中亚寻觅合作机会，而合作区将会承担更重要的平台角色。

三 中国在中亚国家建立农业合作园区的发展模式

中国在中亚国家投资的农业合作园区基本上都是属于对中亚国家投资比较早的项目，属于前期开拓者，而且中亚国家并不是我国传统的农业主要投资地区，面临的风险和不确定性比较大。因此选择合适的投资模式有效规避风险对于合作园区的发展至关重要。目前来看，我国企业在中亚投资建设农业合作园区的模式主要包括政府引导、企业主导；投资收购或与当地企业合资；强强联合、优势互补等模式，并且农业合作园区也积极融入国家及省市发展战略，争取更好的发展平台。

政府引导，企业主导的模式。这种合作模式主要是为了落实政府间的合作协议而进行的合作项目，这种项目有着非常坚实的政治保证，有着较强的政策支持，投资风险较低，并且往往能争取到政府资金的支持。中哈现代农业产业创新示范园的建设就是为了落实两国元首共识、造福两国民众而进行的项目。该项目由陕西省杨凌农业高新技术产业示范区与哈萨克斯坦国际一体化基金会共同开发建设，建设单位级别较高，政策和资金都有保障。中哈（陕西·韩城）农业合作园区是陕西韩城政府为了积极响应国家"一带一路"倡议与哈方签订协议而正式在哈实施的互惠农业合作项目，建设单位韩城国际农业投资有限公司是韩城市农业局的下属公司。洛阳—布哈拉农业综合示范区是借助洛阳市与布哈拉市缔结友好城市的契机，由洛阳市自贸区牵线，洛阳万邦在乌国注册成立厚疆国际农业发展有限责任公司，正式开始建设示范区。

投资收购或与当地企业合资。这种合作模式是通过投资收购当地企业创建合作区或者与当地企业合资组成联合体进行投资农业合作区，并且都有控股权，这种模式的好处在于能使合作区一开始就含有当地元素，本地化水平较高，能有效规避土地征用、企业用工、水电保障等方面的风险，企业投产速度较快或者多个资金来源，减轻资金压力。亚洲之星农业产业合作区是河南贵友集团通过百分之百收购当地废弃的企业园建成的。新疆中泰新丝路农业投资有限公司联合与当地农业合作社合作分期建设棉花种植加工项目。塔吉克斯坦—中国农业合作示范区是新疆利华与当地企业组成合资公司投资的，中方占据70%的股份。安集延纺织园区是南阳木兰花实业有限公司并购乌兹别克斯坦乌华南阳红棉天使纺织有限公司棉纺项目发展而来。经过对原有的正常运行的厂房及年产棉纱7200吨的生产线进行升级、改造，迅速恢复生产，一年可实现利润1800万元，三年半可收回投资。

强强联合，优势互补。这种合作模式是中方两个或两个以上企业共同出资进行合作区投资，这种合作模式的好处是能实现企业间的优势互补，对于合作区延长产业链非常有好处，资金压力也较小，合作区成功的概率大增。在塔吉克斯坦，河南省黄泛区实业集团与河南省经研银海种业公司实现了强强联合，在塔吉克组建了农业科技公司和农业开发公司。农业科技公司主要经营优良种质资源开放，具体负责中塔（河南）农业产业科技示范园的日常运营与管理工作，农业开发公司主要负责合作区的产业化开发。新疆利华投资之前就与新疆农业科学院、塔吉克斯坦农业大学、技术大学、农科院等国内外多家科研单位签订了相关的《科技合作协议》，提供技术保障，投资之后又与中泰集团共同投资建设了中泰新丝路塔吉克斯坦农业纺织产业园，实现了强强联合。

积极融入国家或者省级战略。融入国家或者省级战略，积极争取政策和资金支持，是农业合作示范区在发展过程中必不可少的重要环节，省级或者国家级平台能给合作区带来更多的发展空间。"亚洲之星"农业产业合作区是国家级"境外经济贸易合作区"，同时是首批"境外农业合作示范区"建设试点单位。塔吉克斯坦—中国农业合作示范区是首批"境外农业合作示范区"建设试点单位。乌兹别克斯坦农林科技农业产业园是省级境外经贸合作区。中哈爱菊农产品加工园区项目纳入国家"中哈51个产能合作项目清单"，是其中唯一的粮油加工类产能项目，同时也是西安市2016年重点工程，这将极大地增强园区的发展动力。

四　中国在中亚国家建立农业合作园区典型案例介绍

（一）"亚洲之星"农业产业合作区

亚洲之星是2011年河南贵友集团通过投资收购当地废弃的企业园而建成的，合作区位于位于吉尔吉斯斯坦楚河州楚河区伊斯克拉镇，距吉国首都比什凯克东70千米，距托克马克市东约10千米，距吉哈卡拉苏边境口岸3千米。合作区总占地5.67平方千米，建筑面积19万平方米。

合作区建成之后，发展了种植、养殖、屠宰加工、食品深加工等产业，并且入驻了8家企业，到2016年合作区基本建成了完善的基础设施和完整的产业链条，极大地丰富了当地民众的菜篮子，其生产的禽蛋制品在比什凯克几个大型农产品批发市场已占市场份额一半左右，"亚洲之星"已被吉方认定为第一家规模化养殖加工企业。2016年合作区成为首批商务部、财政部确定的国家级"境外经济贸易合作区"，2017年又成为农业部首批"境外农业合作示范区"建设试点单位。到了2017年，为了更好发展和完善我国企业的农业产业链，河南贵友实业集团有限公司继续进行投资分析和建设,已拥有蔬菜大棚种植基地、种子繁育基地、屠宰加工及肉类深加工等园区。2019年企业继续完善和开发了多条生产线,加强物品包装项目和物流发展建设,厂房面积达到了21万平方米,拥有哈萨克斯坦150万亩粮食牧草种植基地。合作区将充分利用吉尔吉斯良好的农牧资源以及我国技术资金优势,计划通过6年时间,经过三期的建设,吸引更多企业入驻,构建覆盖畜禽养殖屠宰加工、食品深加工、国际贸易物流的全产业链,打造集良种繁育、规模化养殖、屠宰加工、农畜产品深加工、仓储物流、国际贸易于一体的综合性农业产业合作区,把合作区打造成"3个国际化的基地""4条完整产业链"和"5大体系平台"。

"亚洲之星"农业产业合作区的成功一是得益于发展时间较早,有着先发优势,借助"一带一路"倡议发展的东风,国际级合作区的认定为其发展提供了坚强的政治保障和民意基础;二是得益于自己准确的发展定位,虽然合作区要打造产业一体化,不过其前期依然将禽蛋制品作为自己的主导产品,这有效结合了当地的资源禀赋和消费市场,今后合作区仍然需要将畜牧养殖和加工作为自己的主要发展方向,为中亚地区畜牧业规模化发展提供样板;三是得益于欧亚经济联盟的经济一体化,吉国是欧亚经济联盟的成员国,这样方便合作区进行产业链的国际化布局,比如在哈萨克斯坦建立了粮食牧草种植基地,其畜牧产品也可以远销欧亚经济联盟其他国家。

(二)塔吉克斯坦—中国农业合作示范区

塔吉克斯坦—中国农业合作示范区是新疆利华棉业股份有限公司在2014年投资成立的。新疆利华棉业股份有限公司在塔吉克斯坦成立金谷农业联合体有限公司作为投资主体,金谷公司是合资公司,其中新疆利华占股七成,塔方占股三成。截至2018年年底,金谷公司投资6亿多元进行塔中农业合作示范区的基础设施建设,获得36万亩土地开发权并已经垦荒开发18万亩,配套修建了渠道、大型扬水站等水利设施、农产品储藏及加工基地、大型喷灌设施、道路交通设施、电力设施、职工生活基地等,并且通过引进金谷农业、中泰(丹加拉)新丝路纺织产业有限公司、中泰(哈特隆)新丝路农业产业有限公司、金丰面粉加工有限公司、泰康油脂有限公司、吉峰农机、塔中农业7家企业，构建了完整的棉花产业链条，建成集棉花种植、原棉加工、油脂加工、纺织、仓储、物流、销售、技术服务于一体的现代化农业产业园区。2017年塔中农业合作示范区被中国农业部认定为首批境外农业合作示范区建设试点。

塔吉克斯坦—中国农业合作示范区的成功发展经验有以下几条。一是合资投资，获取塔方支持。塔吉克斯坦国内社会不够稳定，法律体系不完善，投资风险大，中国企业往往不被当地政府和市场充分接受，合资投资形成利益共同体，容易获取当地政府、企业和民众的支持，在税费征收、土地使用、企业用工、水电保障等方面提供便利，减少交易费用。二是强强联合，抱团出海。塔中农业合作区作为平台吸引了多个企业入驻，并且与中泰集团合资成立了新疆中泰新丝路农业投资有限公司，投资建设中泰新丝路塔吉克斯坦农业纺织产业园，实现了强强联合，大大提升了塔国棉业发展水平，形成了较大影响，为合作区今后的发展提供了强大动力。三是聚焦棉花产业，定位准确。塔吉克斯坦是国际上重要的棉花产区，其独特的气候条件给予了该国丰富的农作物种质资源，这与公司棉花新品种选育、高产优质高效节水栽培等的技术优势相结合，有着广阔的合作开发空间。

五　中国在中亚国家建立农业合作园区存在的问题

随着"一带一路"倡议的推动发展，虽然中国在中亚国家投资建设的农业合作园区取得了可喜的成绩，星星之火已经点燃，不过依然存在着一些问题需要完善。

农业产业园区发展数量少，国家分布也不够合理。农业合作园区建设的数量虽然处于增长中，但是相对于中国与中亚农业合作的巨大潜力，总体上明显数量偏少、规模不足。农业合作园区的合理分布要根据五个国家的现有资源、农业的发展状况来决定。哈萨克斯坦和乌兹别克斯坦的农业基础较好，适宜种植农作物，拥有的土地面积较大，有利于农业的充分发展；乌兹别克斯坦和塔吉克斯坦的棉花产量较多，能够弥补中国棉花产业发展中土地面积不足的问题；吉尔吉斯斯坦的畜牧业较为发达。通过研究发现，中国与中亚国家合作建设的农业产业园区在五个国家都有分布（土库曼斯坦的合作区在积极推进中），但整体来说，每个国家拥有的农业园区的数量不同，并不是均匀分布在各个国家，相对来说，塔吉克斯坦、乌兹别克斯坦的农业产业园区的数量较多，其余三个中亚国家与中国合作建设的农业产业园区较少。尤其是中国与哈萨克斯坦的农业合作园区较少，这与其哈国农业在中亚的地位并不相符。这也意味着，中国可以积极推动与其他三个国家的农业合作，尤其是要积极推动中哈间农业合作园区的建设。

合作园区的类别还很单一。从目前建设的农业合作园区来看，其类别主要是种植业及其加工业，畜牧业、林业及渔业方面的合作园区还很少。种植业及其加工业也主要以小麦和棉花为主，尤其是乌兹别克斯坦建立的几个示范区，基本上都是以棉花种植及加工为主，多元化发展不足。在种植业方面，除了小麦和棉花，也可以拓展到油料种植和加工，糖类种植和加工，蔬菜水果种植及其加工。中亚国家普遍油料作物及其加工、糖类作物及其加工很缺乏，油料作物及糖类产品需要大量进口，这方面当地的市场潜力比较大。畜牧业也是中亚国家的重要产业，拥有发展畜牧业的良好条件，目前只有亚洲之星以畜牧业发展为主，畜牧业合作园区的发展潜力也比较大。

合作区发展还相对缓慢，产业链不够完整。一般来说，境外农业产业园区的建设需要进行国家之间的沟通和交流，以便减少园区建设过程中的阻碍，如建设产业园区所需要的土地是需要政府批准的。园区建设前期需要制订一份详细的计划，对建设的园区项目和资金投入以及园区发展的目标进行详细的说明。另外，产业园区要进行相应的基础设施建设，但基础设施的完善还需要一段时间，就会相应地影响园区的发展速度。这样，一个合作园区要形成产业链完整的综合性园区需要几十年的时间，这对于企业资金循环回收会有比较大的压力。要想促进农业产业园区的建设、保障园区发展的速度和质量，它不仅需要大型企业资金和技术投资，也需要政策的支持和帮助，并提供必要的农业技术服务。通过大型企业的带动，使产业园区不断得到完善，吸引更多企业加入其中。如此一来，当地产业园区发展规模就会不断扩大，能够充分地利用当地的资源来形成自己的产业特色，并且扩大市场影响力，带动经济的不断发展。

合作区相互间缺乏沟通协调，平台作用发挥不够。农业合作区基本上都是单打独斗，相互间的协同作用没有发挥。由一个合作区构建完整的产业链往往需要较长时间的投资，资金压力比较大，多个合作区可以联合形成上下游产业链，这样就能大大增加农业合作区的效率，缩短投资时间，比如可以建立农资产业园区作为上游产业链。除此之外，农业合作区之间在仓储物流方面的合作潜力也很大，相互间可以构成仓储物流节点，尤其是对于冷链仓储物流的合作非常必要。合作区尤其是国际级省级示范区将来会承担更多的企业走出去的平台职能，这方面作用还没有得到很好的发挥，合作区的入驻企业数量较少，投资的规模也较小。就像前面介绍的河南的做法一样，国内陆上丝绸之路沿线省份都要积极推动企业走出去。

第二节　中国在中亚国家建立农业合作园区的模式创新

中国在中亚建立农业合作园区对于促进中国农业向西开放、推动农业企业走出去、加强双方农业合作有着重要的作用，是新阶段推进双方农业合作的重要手段和抓手。针对目前农业合作园区的发展态势，结合其发展中存在的问题，仍然需要积极进行模式创新，推动合作园区的快速发展。

一　推动更多企业在中亚建立农业合作园区

利用国家力量推动建设农业合作园区。借鉴中国在非洲国家建立农业技术示范区的经验，利用国家出资、企业运营的方式在中亚建立多个农业合作园区，合作园区一方面要承担示范和推广中国农业技术，对当地人员进行技术培训等公益责任；另一方面要做好技术储备，引导中国企业走出去，拓展当地市场，实现可持续发展。经过几年的过渡期后，该农业合作园区完全交由企业运营，自负盈亏。可以考虑在中亚每个国家都设立一个这样的农业合作园区，合作园区要设立在该国农业主产区并且人口较多的地区，比如哈萨克斯坦的图尔克斯坦州、乌兹别克斯坦的撒马尔罕州等，尤其是在土库曼斯坦，利用这种方式实现农业合作园区零的突破。

利用省市力量推动建设农业合作园区。从目前农业合作园区的建立看，中国省份与中亚国家的密切友好关系对于农业合作园区的建立有非常大的积极作用，比如河南与塔吉克斯坦的友好关系推动了河南企业在塔国投资合作园区，陕西与哈萨克的友好关系推动了陕西企业与哈国的农业合作。可以采用省份与中亚国家缔结友好关系的方式推动该省份与该国家的农业合作，共建农业合作示范区。乌鲁木齐与哈萨克斯坦、甘肃与吉尔吉斯斯坦、宁夏与土库曼斯坦可以建立合作关系，将共建农业合作园区作为加强农业合作的突破口。

利用已有的农业园区带动建立更多的合作园区。新疆利华建设的塔中农业合作示范区作为平台引进了新疆中泰集团，后又联合中泰集团建设了中泰新建新丝路农业纺织产业园，两产业园的协作关系得以体现。金盛贸易有限公司在乌兹别克建立的农林科技农业产业园也借助了其建立的鹏盛工业园区的平台作用，鹏盛工业园区已获评国家级境外经贸园区。已有的农业合作园区要与入驻的企业形成上下游产业链，并在此基础上积极设立新的产业园，两个产业园可以互补发展。已有的每个合作园区都有这个机遇和机会，做好宣传，加大招商引资的力度。

中国农业投资企业条件成熟时可以建设合作园区。中国尤其是新疆已经有不少企业在中亚国家有投资，这些投资企业往往只做产业链中的一环，这样企业受市场的影响就较大，尤其是在中亚国家的市场体系并不健全的情况下。不过如果要构建完整的产业链，这对于任何一个企业来说都是严峻的考验。所以有实力的企业可以在一定规模的时候建立产业园区，通过引进更多的企业构成上下游产业链，分担风险，将产业做大做强。

二 促进中亚农业合作园区多元化发展

做好优秀产业园区的经验复制。中国在中亚建立的农业合作园区类型较少，具体到每个国家类型更少，而中亚国家的农业结构非常相似，基本上都是以种植业和畜牧业为主，并且种植业和畜牧业产值相当。因此可以考虑将某个国家表现优秀的产业园区复制到其他国家，增加各个国家农业合作园区的类型。比如"亚洲之星"农业产业合作区发展较好，产业链完整，并且以畜牧业为主，这是在其他国家没有的，而畜牧业的发展同样是其他国家急需的，因此可以将"亚洲之星"农业产业合作区的发展模式推广到其他四个国家，在其他国家采用相同的模式建立类似的产业园区。中哈爱菊农产品加工园区也是少有的以农产品加工为主的园区，其他四个国家同样面临着加工业发展严重不足的问题，因此可以将此加工园区的发展模式推广复制到其他四个国家。复制的方法可以采用原企业建立分公司的方法进行，也可以采用联合其他企业进行战略合作的方式进行，在资金的压力下，采用联合的方式进行更为可行。通过推广复制，使得中国在中亚建立的农业合作园区涵盖种植、畜牧及加工等领域，农业园区多样化发展大为改善。

发展各类农资产业园区。除种植、畜牧及加工类型的产业园区之外，还有农业发展产业链的上游产业即农资产业发展的合作园区。农资产业发展包括种子、化肥、农药、机械等产业。对于种子产业发展，建议利用目前已经建立的农业科技园区，建立集种子培育、种子实验及示范及种子产业化生产于一体的合作园区，将更多的中国优良种子引进到中亚。对于化肥、农药和农业机械产业发展，可以利用中国企业投资的工厂，建立合作园区。比如2017年，河北百斗嘉肥料有限公司与吉尔吉斯共和国国家农业部、中国核工业二三建设有限公司合作，将在吉国奥什市建立国家化肥厂，项目预计投资2亿美元，将极大地满足吉国的化肥需求并可以出口到其他国家。以此工厂为依托，除建立化肥产业园区，做好自身化肥生产、展示、实验及销售外，同时做好中国产化肥的进口、展示、实验和销售。如果在中亚实现农资生产本地化有困难，可以从中国进口，在中亚建立的化肥、农药、机械等合作园区只做好仓储、试验示范以及售后配套服务即可，这些农资既可以供应中方企业，也可以满足当地需求。

发展好农业物流产业园区。农业的发展离不开农业物流的发展，随着中亚国家交通设施的完善，以及中欧班列的快速发展，有必要在中亚国家建立农业物流园区，当然农业物流园区可以依托其他综合性的物流园区。不过冷链物流的发展依然不足，中欧班列已开通冷链物流专列，因此有必要建立冷链物流园区，与中欧班列冷链物流专列相匹配，形成冷链物流体系。建议在阿拉木图和塔什干建立冷链物流园区，与各个其他农业合作园区合作，进而辐射到整个中亚地区，冷链物流园区的建立可以依托已有的物流园区建设，这样成本会小一点。

三 建立农业合作园区定期评估机制

建立农业合作园区定期评估机制。投资建设农业合作园区与一般的农业投资项目不同，因为其除了有私营企业的盈利功能，还有实验示范、培训推广等公益功能。农业合作园区的多功能性有时候会使企业顾此失彼，难以实现各功能的协调发展。因此有必要对农业合作园区进行评估，从评估中发现问题，及时纠正不良的发展倾向。农业合作园区的功能主要包括技术培训推广、技术实验储备、"走出去"平台以及自身的可持续发展四大功能。这四大功能是互相促进、协调统一的，一个功能的缺失就会影响其他功能的实现。中国相关部门应该建立农业合作园区定期评估机制，对合作园区的四个功能的实现进行评估，评估周期建议一年一次。将评估结果划分为不同的等级，这些都可以作为评选国际级或者省级农业合作园区的重要依据。

将评估结果作为获得国内金融支持的重要依据。因为农业合作园区承担了一些公益功能，因此对合作园区需要进行必要的资金支持。这些用于支持的资金可以来自国家专用资金、省级资金、丝路基金等专项资金、金融机构或者其他企业的投资资金。国家或者省级政府需要建立专项资金对其进行资助，将合作园区的项目纳入国家或者省级投资计划，可以建立资助项目库，对优秀合作园区的项目进行资助，资助的额度可以分为不同的等级，资助的数量尽量覆盖大多数合作园区。对农业合作园区的评估结果可以作为项目库的遴选的重要依据，也可以作为确定资助等级的依据。在合作园区申请金融机构或者其他企业的投资资金时，评估结果可以作为重要的参考指标。通过资助可以帮助企业克服困难，实现更快发展，同时这样可以有效提高企业的积极性，努力实现自身的高质量发展。

制定后进合作园区帮扶办法。对于一些评估靠后的合作园区，可能无法获得资助，也有可能是一些刚开始投资的合作园区，前期投资较大，面临的困难较多，园区的功能还没有得以体现，评估结果也比较靠后，对这些合作园区也要制定一些帮扶办法。这些帮扶办法主要是政府做好政策沟通协调，与评估靠后的合作园区找到问题所在，做好项目短中长期规划，商议解决的办法，解决与项目所在国沟通协调中出现的困难。在资金支持方面，主要是通过市场的手段，做好项目宣传，以吸引更多的企业加入或者金融机构加入为主。

四 建立中亚农业合作园区信息平台

建立中亚农业合作园区信息平台。农业合作园区的成功一方面靠正确的运营，另一方面也要靠积极的宣传，积极的宣传可以增强了解，获得更多的认可和支持，给自己营造一个好的经营环境。积极的宣传需要建立自己的宣传信息平台。目前来看，中亚农业合作园区的信息平台建设还很缺乏，只有"亚洲之星"农业产业合作区建立了自己的网站，里面列有详细的发展规划和招商信息，其他合作园区的信息网站还都没有。因此有必要建立统一的中亚农业合作园区信息平台，及时发布合作园区的发展动态。中亚农业合作园区信息平台的建立最好由各合作园区共同完成，所以需要成立中亚农业合作园区联合会，由联合会负责平台的建立及信息的搜集发布。信息的发布最好使用双语（中文和俄语），这样中亚国家的政府人民也都能及时了解到合作园的发展状况。

定期召开经验交流会议，促进合作园区相互联合。除了建立农业合作园区信息平台，还需要各合作园区定期召开经验交流会议。目前召开经验交流会议的平台还较少，在第二届"一带一路"发展高峰论坛上，专门设置了境外经贸合作区分论坛，这是属于中亚农业合作园区的论坛，不过这个分论坛级别层次高，包括的园区类型也多。所以，有必要成立专门的小型的中亚农业合作园区论坛，这个论坛可以由中亚农业合作园区联合会组织和协调。论坛的召开一方面可以交流经验，相互学习，促进共同进步；另一方面可以加强合作，优势互补，实现强强联合。这种合作比引进新的企业进行合作来得更加有效，因为相互间对于中亚国家都有了较为深刻的理解，对于合作园区有了很多成功的经验。这种联合对于合作园区扩展产业链实现协同发展具有重要意义。

专题召开合作园区招商大会。招商引资是合作园区的重要工作，对于实现农业企业走出去以及实现自身发展壮大具有重要意义。可以说招商引资的好坏直接关系到合作园区发展的好坏。鉴于招商引资的双重意义，招商引资既是合作园区的任务，也是各级政府的重点工作。因此除了合作园区通过自己的努力招商引资，要积极联合各级政府做好此项工作。比如省级政府可以召开本省的招商引资会议，推动本省农业企业通过合作园区的平台走出去。中亚农业合作园区联合会可以联合国家部委，召开全国性的招商大会，吸引更多企业对中亚农业进行投资。

第十一章

中国对中亚国家农业直接投资及模式创新

对外农业直接投资是国与国之间农业合作的重要模式，对于改善被投资国的农业基础设施、提高农业技术水平具有重要意义，同时对于投资宗主国企业获取农业资源、扩大销售市场、延长产业链具有重要作用。在"一带一路"倡议的推动下，中国企业对中亚国家农业直接投资会成为越来越重要的合作模式，也会在实践中不断创新发展。

第一节 中国对中亚国家农业直接投资的概况

根据农业部对外经济合作中心亚洲合作处的统计资料，截至2019年年底，国内共有28个企业对中亚国家有投资，在中亚国家注册有新公司，总注册资本75.7亿元，2019年年底总资产225.3亿元（见表11-1）。

表11-1 截至2019年年底中国对中亚国家农业投资的主要企业

投资企业名称	所在国家	产业类别	产业环节
武威金苹果农业股份有限公司	哈萨克斯坦	经济作物、农资	生产
甘肃天源阳光农业发展有限公司	哈萨克斯坦	粮食作物、经济作物	加工、贸易
西安爱菊粮油工业集团有限公司	哈萨克斯坦	粮食作物	生产
阿勒泰新吉国际贸易有限公司	哈萨克斯坦	经济作物	生产
河南九圣禾新科种业有限公司	哈萨克斯坦	农资	科技研发
甘肃亚兰药业有限公司	哈萨克斯坦	粮食作物	生产、加工、仓储物流、贸易

续表

投资企业名称	所在国家	产业类别	产业环节
乌鲁木齐博瑞宏达贸易有限公司	哈萨克斯坦	其他	加工、贸易
新疆皆美通农牧产业有限公司	哈萨克斯坦	其他	服务
新疆伊犁杰宇边贸有限责任公司	哈萨克斯坦	粮食作物	生产、加工
河南贵友实业集团有限公司	吉尔吉斯斯坦	畜牧业	科技研发、生产、加工、仓储物流、贸易、服务
陕西亚美农林科技开发有限公司	吉尔吉斯斯坦	粮食作物、林业	生产、仓储物流
江西核工业金品生物科技有限公司	吉尔吉斯斯坦	其他	科技研发、生产
宁夏神马工贸有限公司	吉尔吉斯斯坦	经济作物	生产
河南省黄泛区实业集团有限公司	塔吉克斯坦	粮食作物、农资、其他	科技研发、生产、加工、仓储物流、贸易、服务、其他
吉林粮食集团	塔吉克斯坦	粮食作物、畜牧业、林业、其他	生产、加工、仓储物流、贸易、其他
中新建国际农业合作有限责任公司	塔吉克斯坦	其他	其他
新疆中泰新建新丝路农业投资有限公司	塔吉克斯坦	经济作物	生产、加工、仓储物流、贸易
新疆兵团勘测设计院（集团）有限责任公司	塔吉克斯坦	其他	其他
新疆利华棉业股份有限公司	塔吉克斯坦	粮食作物、经济作物	生产、加工、仓储物流、贸易、其他
河南省经研银海种业有限公司	塔吉克斯坦	其他	生产、加工
河南天邦农产品开发有限公司	塔吉克斯坦	其他	生产、贸易
玖久丝绸股份有限公司	乌兹别克斯坦	其他	科技研发、生产、加工、服务、其他
南阳木兰花家纺股份有限公司	乌兹别克斯坦	经济作物	生产、加工
洛阳万邦优选供应链管理有限公司	乌兹别克斯坦	粮食作物、经济作物、畜牧业、渔业、林业、农资、其他	科技研发、生产、加工、仓储物流、贸易、服务、其他
南阳木兰花实业有限公司	乌兹别克斯坦	经济作物	生产、加工

续表

投资企业名称	所在国家	产业类别	产业环节
山东省友发水产有限公司	乌兹别克斯坦	渔业	生产、仓储物流
温州市金盛贸易有限公司	乌兹别克斯坦	经济作物	生产
郓城宏远肠衣有限公司	乌兹别克斯坦	其他	加工

数据来源：笔者根据公开资料整理。

一　中国企业对中亚国家农业直接投资的国别分布

在28家农业投资企业中，有9家投资于哈萨克斯坦，占比32.14%，其次是塔吉克斯坦（8家）、乌兹别克斯坦（7家）和吉尔吉斯斯坦（4家），没有企业投资于土库曼斯坦。（见图11-1）

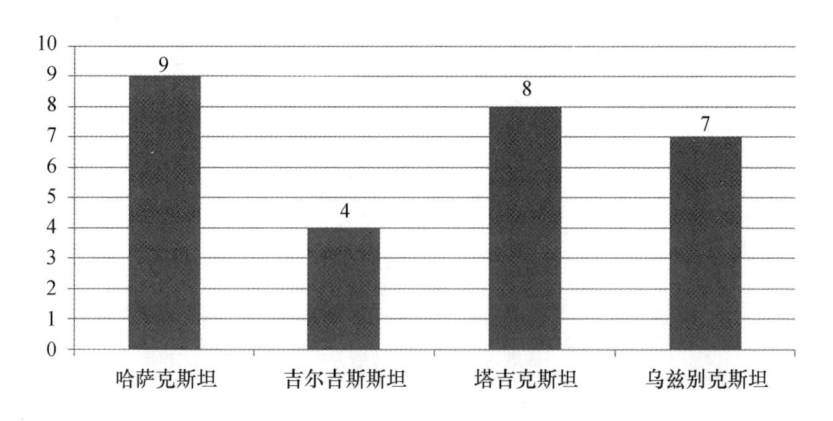

图11-1　中国对中亚各国农业投资企业数量（单位：个）

投资于哈萨克斯坦的农业企业最多，主要原因是哈萨克斯坦与中国毗邻，在地形和气候等条件下都比较适合种植小麦、蔬菜、葵花籽、苹果、菜籽、甘草等作物。另外哈萨克斯坦地广人稀，农业资源较为丰富，农作物种类多样，对于农资的需求较大，农产品加工和贸易的潜力很大，因此中哈间有些广阔的农业合作的空间，而且中国与哈国有着较长的边境线，口岸通行能力强，国家间交通运输发达，为双发开展贸易提供了优良条件。乌兹别克斯坦是中亚人口最多的国家，农业较为发达，棉花种植加工、蔬菜种植、桑蚕业发达，而且有渔业发展潜力，乌兹别克斯坦与中国开展农业合作较早，非常欢迎中国农业企业的投资。中国与塔吉克斯坦间的农业合作走在了前列，主要原因是塔吉克斯坦与中国的关系较好，沟通顺畅，对于与中国开展农业合作有着非常积极的姿态。塔吉克斯坦需要中国的农业技术提高其国家农业生产技术水平。中国对吉尔吉斯斯坦的农业投资较少，主要原因是中吉间农业沟通还不够，吉国是欧亚经济联盟的成员，与俄罗斯哈萨克斯坦等国家关系较为密切。中国对土库曼斯坦的农业投资最少，基本上还没有，主要原因是土国是世界上少有的中立国，与其他国家经济往来都不怎么密切。

从中国投资企业的国内来源省份看，来源省份包括新疆、河南、甘肃、陕西、宁夏、山东、江苏、浙江、江西等，来源较为广泛，其中新疆的企业最多有9家，占比32%，其次是河南有7家，占比25%，然后是甘肃3家，陕西、山东2家，其余省份各1家。新疆开展与中亚的农业合作得天独厚，是中国向西开放的桥头堡，新疆对于企业向中亚投资也积极支持。新疆兵团也积极组织企业对中亚投资，比如新疆伊犁杰宇边贸有限责任公司、中新建国际农业合作有限责任公司、兵团勘测设计院（集团）有限责任公司都属于兵团企业。新疆金融机构也积极支持企业对中亚投资，比如农行兵团分行为中泰（哈特隆）新丝路和金谷农业的产业园项目分别融资上亿元。

二　中国企业对中亚国家农业直接投资的产业分布

中国对中亚农业投资的领域涵盖种植业、畜牧业、林业、渔业、农资等，基本包含了农业的各领域。其中种植业最多，包含经济作物和粮食作物，经济作物主要是棉花、葵花籽、蔬菜、水果以及干草等中草药的种植加工，粮食作物主要是小麦、玉米和水稻，林业主要是花卉种植与培育，渔业是山东省友发水产有限公司在乌兹别克斯坦咸海水域开发丰年虫卵项目，农资包括种子的研发培育推广、节水灌溉设备及材料、温室保温设备的供应及服务。其他类别包括猪羊肠衣加工、蚕丝加工、研发及销售兽药和中草药种植及加工等。（见图11-2）

中国企业对中亚国家农业投资产业类型中经济作物类居多。中亚地区主要以大陆性气候为主，湿度和温度以及土地肥沃程度等更符合大多

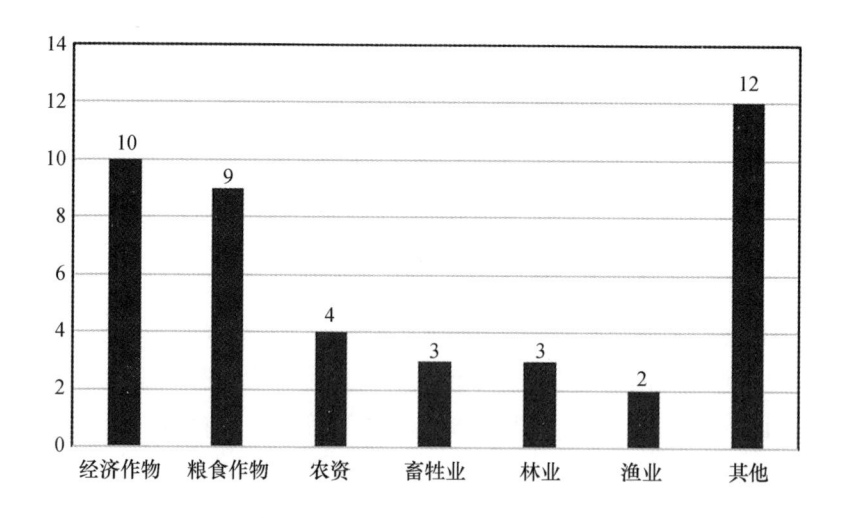

图11-2 中国对中亚各国农业投资产业类型数量（单位：个）

经济、粮食作物的生产环境。缺少畜牧业发展所需要的牧草的生产条件致使畜牧业不发达。受各国本身森林树木的影响，林业发展较困难。中亚地区离海洋较远，渔业发展也较为困难。农资运用于农业生产，必须采用先进的农业技术，才能使其发挥更大的作用。中亚地区现在的农业发展水平和技术还需要提高才能使农资发挥更好的作用。以市场为导向，根据被投资国本身的农业发展：哈萨克斯坦的农作物包括大麦、棉花、甜菜、向日葵、亚麻和大米，饲养的动物包括牛、鸡、羊、猪、马和山羊。羊毛、牛奶和鸡蛋是该国的其他主要动物产品。吉境内生长着3786种植物，其中草本植物3175种，约1600种具有经济价值，包括具有药用价值的甘草、麻黄、沙棘等，并拥有世界上最大的野生核桃林和野苹果林。塔吉克斯坦种植业占农业总产值的70%，40%的可耕面积用于种植棉花，养蚕业较发达。此外，还种植柠檬、甜柿、红石榴等水果和少量的水稻、玉米、小麦等。乌兹别克斯坦农业特点是灌溉农业的水利基础设施非常发达，灌溉地面积达425万公顷。农业支柱产业是棉花种植业，桑蚕业、畜牧业、蔬菜瓜果种植业也占重要地位。在中亚国家本身的农业产业类型中经济作物与粮食作物居多，鲜少出现农资、畜牧业、林业、渔业等其他产业，这些奠定了中国企业对中亚国家农业直接投资产业类型。

在28家企业中在中亚国家的农业产业环节包括7种，其中生产占28.76%，加工占20.54%，贸易占13.69%，科技研发占8.21%，仓储物流占12.32%，服务占6.84%，其他占9.58%。中亚国家往往产业链不完整、市场机制不健全，因此在中亚国家投资的中国企业往往自己要不断拓展上下产业链，因此很多投资企业都不是从事单一产业环节，而是通过自己努力构建完整的产业链。我们也看到这些投资企业从事的都是多个环节，种植加工贸易是最常见的产业链模式。最简单的单一产业环节是贸易环节，比如洛阳万邦优选供应链管理有限公司最开始只是从事农产品贸易，还有乌鲁木齐博瑞宏达贸易有限公司只是在中亚开拓市场机会。由贸易可以向上延展产业链，形成种植加工贸易一体化的产业发展模式，这是中国投资企业最普遍采用的产业链模式。有实力的企业继续将产业链延伸到科技研发、仓储物流、技术服务等环节，比如河南贵友实业集团有限公司和河南省黄泛区实业集团有限公司都构建了比较完整的产业链，这也是上一章说的产业园区的发展模式。由此可以看出，产业园区的发展和单个企业的投资的发展模式还是不尽相同，产业链发展模式不一样，产业园区的平台作用是单个企业投资所不具备的。

由数据明显可得，中国对中亚国家直接投资产业环节中生产和加工占大比例。像哈萨克斯坦地广人稀，全国可耕地面积超过2000万公顷。这对人口众多、土地资源逐渐紧缺的中国而言是一个耕种"宝地"，完全可以利用哈国大量的耕地来实现农业生产。又如塔吉克斯坦出产优质细纤维棉花闻名于世，棉花单位面积产量在原苏联各共和国中居首位。乌兹别克斯坦棉花年产量占苏联棉花产量的三分之二，居世界第四位。这样优质的棉花质量和产量是棉业不可多得的优质加工原料，同时它低廉的价格又占足了优势。这些国家的农业技术和设备还稍显落后，所以在科技研发上还有一些难度。（见图11-3）

三 中国企业对中亚国家农业直接投资的主要模式

投资农业合作园区也是中国对中亚国家农业直接投资的一部分，其

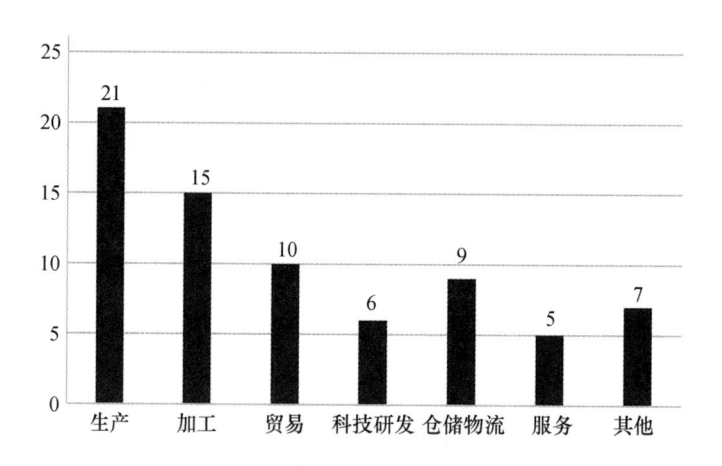

图 11-3 中国对中亚国家直接投资产业环节（单位：个）

生产 21　加工 15　贸易 10　科技研发 6　仓储物流 9　服务 5　其他 7

和一般的企业产业投资有很多相似之处，不过也有不同的地方，比如说农业产业园区往往需要承担一些公益职能，而一般的企业投资没有这方面的要求。不过在投资模式方面上一章所总结的模式在一般企业投资中依然适用。比如政府引导，企业主导的模式，阿勒泰新吉国际贸易有限公司在哈国的投资就利用了这种模式。比如投资收购或与当地企业合资的模式，陕西亚美农林科技开发有限公司就采用了这种模式，由陕西亚美农林科技有限公司出资出技术、吉尔吉斯斯坦美亚有限公司提供土地和劳务资源，共同建设了苹果树自根砧337种苗繁育与种植示范基地；九圣禾种业股份有限公司与哈萨克斯坦种植业与农作物生产研究所设立合资种业公司，双方将共同开发哈萨克斯坦乃至中亚国家种子市场。还有强强联合、优势互补的模式，甘肃亚兰有限责任公司在哈萨克斯坦分公司是由甘肃省农垦集团公司和甘肃农垦亚兰药业集团共同出资建立的。除此之外，在一般的农业企业投资中还存在两种明显的发展模式。

寻求原料基地，构建中国—中亚跨境产业链。这种发展模式是利用中亚国家丰富的农业资源进行生产，再将原材料运回国内或者初加工后运回国内，然后深加工后销往中国各地，供应庞大的中国市场。比如西安爱菊粮油工业集团有限公司将在哈萨克斯坦建立小麦、油脂种植基地和加工基地，利用长安号中欧班列运回中国，在国内分装销售，形成粮油产品从种植到销售的跨国产业链，预计每年可为西安市提供 10 多亿斤优质粮油。甘肃亚兰药业有限公司面临国内原材料日益严重的枯竭情况，将种植、收购、加工基地建在了哈萨克斯坦，形成了种植加工销售的跨国产业链，每年可为中国市场提供甘草酸粉 600 吨，预计可实现年销售收入 1.2 亿元，净利润 3000 万元。这种模式主要利用了中亚的原料基地和中国的市场需求，随着中亚国家经济的发展，当地人民购买力的不断提升以及市场机制的不断成熟，中国企业的产业也会越来越多地满足中亚国家的市场需求。

依托建立的农业合作园区走出去。这种模式就是中国的农业企业依托建立的合作园区实现对中亚的投资，体现了合作园区的平台功能。比如河南天邦农产品开发有限公司利用了中塔经研银海农业科技示范园平台作用，和示范园合作建有蔬菜基地 2500 亩，其中建有温室大棚 400 座，配套设施齐全，并且建了一个 5000 吨的蔬菜冷冻库。郓城宏远肠衣有限公司入驻乌兹别克斯坦鹏盛工业园，实现了对中亚的投资。合作园区的建立实现了企业的集聚发展，对降低企业投资成本、构建产业链具有重要的作用，未来会成为农业企业走出去的重要方式。

西安爱菊集团开创了订单农业的合作模式。哈萨克斯坦对于外国人租用土地有着严苛的规定，而且由于当地人对于中国人租用土地心有疑虑，因此爱菊集团难以获得稳定的土地使用权以保障原材料的稳定供应。鉴于此，企业牵头成立了新型订单农业合作社，采用订单农业，订单收购的方式，与农户签订协议，实现企业＋农户的合作模式。企业提供原材料和技术服务，指导农户种什么，种多少，并以协议价格收购，这样就保证了原料的稳定来源，同时解决了当地农户卖粮难的问题。正确的合作模式、企业的合作诚意以及收益的可预期让农户纷纷加入订单农业，再加上当地政府的支持，订单农业得以广泛推广。订单农业的成功实践为解决哈萨克斯坦的土地租赁问题提供了宝贵的经验，为中哈间共同开发哈国广袤的土地资源排除了障碍。

四 中国企业对中亚国家农业直接投资取得的成就

中国企业对中亚国家农业直接投资大大拓展了企业的发展空间，取得了较好的收益。在中国与被投资国的优惠政策下，企业利用被投资国的原料、生产、销售等多方面的成本、质量优势给企业创造了丰富的财富。企业在创造财富的同时又展开了创新，延长了产业链，开拓了销售市场。例如甘肃亚兰药业有限公司中亚项目的建设完成，将有利于公司进一步掌控野生甘草资源市场的话语权，形成甘草原料、精制甘草饮片、甘草酸、甘草酸单铵盐、甘草浸膏等完整的产业链，在国内甘草产业中处于领先地位，公司每年总体销售收入已达到了 2.5 亿元，上缴利税约 3000 万元。南阳木兰花家纺股份有限公司利用乌兹别克斯坦物美价廉的棉花原材料以及低廉的用工成本，在国内外经济下行、中美贸易摩擦等环境下，成功实现转型升级，先后在中亚地区投资建立两家子公司，随着二期项目的继续投产，2019 年收入突破 4.5 亿元，同比增长高达 50%。西安爱菊集团通过哈萨克斯坦加工园区项目建设，将实现粮油原料国外种植、国外初加工、国内精深加工销售的"种植—加工—销售"全产业链运作模式，绿色无污染、质量可靠、品质优良、性价比高的粮油生产基地的建设为企业高质量发展、提高市场竞争力提供了保障。

  中国企业对中亚国家农业直接投资给当地人民带来了实实在在的好处。中国企业给国内人民带来了先进的农业技术同时又丰富了当地人民的菜篮子，不仅提高了农业生产技术水平，而且创造了就业岗位，带动当地民众致富。玖久丝绸股份有限公司在乌兹别克斯坦培育桑树新品种，进行桑树更新，传授科学的养蚕技术和丝绸工艺，提升养蚕技术，大大提高了蚕茧产量，带动了当地蚕农工艺技术进步，更实现了增收致富。新疆设计院在塔吉克斯坦的公司种植水稻喜获丰收，单产水平大大高于当地水平，为进一步的技术推广奠定了基础。九圣禾种业股份有限公司与哈萨克斯坦国家种植业与农作物生产研究所签订了种业合作协议，将在新品种选育、生产、技术交流、人才培训等方面，实现转型升级，为哈萨克斯坦乃至中亚地区的种业发展做出贡献，提高中亚的农作物科技水平。亚兰药业在哈国的分公司为当地人提供了 50 多个就业岗位，同时收购野生甘草也给当地农民带来了赚钱的机会。

  中国企业对中亚国家农业直接投资提升了中国与中亚国家农业合作的水平。农业直接投资不仅有丰厚的经济效益，还有很大的社会效益和文化价值。中国的投资不仅带来了先进的农业技术和设施，还有先进的管理理念以及对待工作生活的积极态度。中国企业通过员工本地化，为当地人创造了就业岗位，改善了生活，而且通过一起工作生活，相互间能学习到先进的管理理念和生活信念，对于双方人民相互增进了解，增强互信，消除疑虑，凝聚共识有着非常积极的作用。可以说农产品贸易是农业合作的初级阶段，而农业直接投资就是高一级的阶段，农业直接投资是农产品贸易的进一步的延伸和深化，并且对双方贸易有着促进作用。随着中亚国家农业技术水平的提高，人民生活水平的不断提高、购买力不断提升，中国与中亚的农业合作将会越来越紧密，投资贸易相互交织，相互促进。

第二节　中国企业对中亚国家农业直接投资典型案例介绍

一　西安爱菊粮油工业集团有限公司

爱菊集团是西安老牌的粮油企业，是西安市粮油供应的骨干企业。鉴于优质原料的来源不足，西安市的粮油供需一直处于紧平衡的状态，每年的小麦、大米、油脂需求需要从外地调入。2014年之后，集团积极响应"一带一路"倡议，瞄准哈萨克斯坦丰富的农业资源以及粮油的高品质，集团将产业源头前移，在哈萨克斯坦建立粮油种植和加工基地。2016年占地5000亩年加工16万吨油脂的农产品加工园区一期工程建成投产，通过在当地收购原材料和加工，当年就从哈国进口了2000吨油脂（菜籽油和葵花籽油）、1600吨优质面粉以及120吨休闲小食品。为保证原料供应，集团开创订单农业模式，与哈萨克斯坦曙光公司签订了150万亩的订单农业种植。通过农产品加工园区的建设，集团将形成哈萨克斯坦—新疆阿拉山口—西安国际港务区"三位一体"体系，实现了从"种子"到"筷子"，从"田间"到"餐桌"的全产业链运营。除了自身基地种植，集团将进一步增加粮油收购的规模和范围，2019年在第二届进博会上，集团与哈萨克斯坦特爱公司签订了价值5.3亿元的小麦和食用油采购合同，并且集团将把采购的范围进一步扩大到俄罗斯和乌克兰等农业主产国家,这将会大大改善西安优质粮油供应不足的情况。同时,集团在哈国的加工园区进一步将主营的粮油品种扩大到牛羊肉、蜂蜜、乳制品以及各类小食品,构建一个综合性的农产品加工园区。在哈萨克斯坦经营期间,集团与哈国很多政府机关、企业机构建立了良好的合作关系,比如哈国农业部、哈萨克斯坦共和国投资和发展部、哈萨克斯坦粮食出口公司、哈萨克斯坦 Forte 银行、哈国立大学、有机小品种油脂(红花、亚麻油)供应商等,这些都为集团进一步的发展提供了良好的基础。

爱菊集团在哈国投资的成功经验主要有三个方面:一是得益于"一带一路"倡议的东风,中哈形成了加强合作的强烈共识,"一带一路"倡议和光明之路计划积极对接,集团项目被列入中哈 51 个产能合作项目清单,这些为集团投资项目的成功奠定了坚实的政治基础;二是得益于中哈农业合作的巨大潜力,中哈间农业合作互补性强,哈国土地面积广阔,人口稀少,资源丰富,粮油品质优良,而中国拥有较为充裕的资本以及先进的加工设备和技术;三是得益于准确的产业定位,小麦和油脂是哈国的主要农产品,也是出口创汇的主打产品,哈国对于提高小麦和油脂产量和增强加工能力、扩大出口有着强烈的意愿,同时西安粮油产量却不足,进出口互补。

二 甘肃亚兰药业有限公司

甘肃亚兰药业有限公司以甘草的深加工为发展重点,是甘肃农垦第一个走出去的项目,也是全国农垦实施"走出去"战略重点建设项目。面临着我国野生甘草资源逐渐枯竭、价格上涨的困境,而哈萨克斯坦拥有丰富的野生甘草资源,利用率不高且价格低廉,企业决定到哈萨克斯坦建立加工厂。2010 年,由甘肃农垦亚兰药业集团和甘肃省农垦集团公司共同出资在阿拉木图成立了哈萨克斯坦国甘肃亚兰有限责任公司,用于甘草酸原料生产。该车间主要对哈国工厂生产的部分甘草酸再继续精加工制成甘草酸单胺盐,剩余部分销往国内其他所需厂家,同时向国内进口质优价廉的野生甘草原料。2014 年项目完成全部建设内容,年产甘草酸粉 600 吨,公司每年总体销售收入已达到了 2.5 亿元,上缴利税约 3000 万元,2019 年年底,哈萨克斯坦公司总资产达到 1.9 亿元人民币。

甘肃亚兰药业有限公司的成功主要得益于中哈间农业资源的互补，哈国甘草资源丰富，并且品质优良，价格低廉。加工的甘草酸和甘草酸单铵盐在中国已经很短缺，而且这些物质都必须用含量高的野生甘草来提取加工，如果用含量低的加工甘草，就会"豆腐做成肉价钱"，企业会亏损，哈国的优质甘草资源能够满足企业的要求。其次得益于企业的深刻考察、周密准备和耐心坚持，企业在中亚几国考察过4次，最终选定了哈萨克斯坦的阿拉木图塔州，距离阿拉木图、阿拉山口、霍尔果斯口岸都为300多千米，交通便利，同时及时掌握当地的政府管理文件，熟悉当地人的风俗习惯、办事程序和风格。

第三节　中国企业对中亚国家农业直接投资的问题

中国企业对中亚国家的农业投资虽然取得了很大的成就，尤其是"一带一路"倡议提出以来，中国投资企业的数量加快增长，企业投资的规模不断扩大，投资的领域不断拓展，为两国的农业合作做出了应有的贡献，不过仍然存在不少的问题，落后于中国与中亚其他领域的合作。

投资企业的数量还很不够，有些企业投资后难以获得持续发展。中国对中亚农业投资的企业数量还太少，尤其是吉尔吉斯斯坦和土库曼斯坦，实际上相对于巨大的农业合作的潜力来说，对于哈萨克斯坦和乌兹别克斯坦的投资数量还很少。主要原因还是投资的风险较大，很多企业有畏难情绪，也有些企业投资后难以持续。农业投资周期长、投入大、收效慢、风险大。比如农业发展容易受到气候的影响。塔吉克斯坦优秀的棉花生产量是我们值得去进行农业直接投资的，2018年塔吉克斯坦又遭受自然灾害影响，全国棉花产量只有30万吨。另外农业投资还会受到当地的技术水平、市场发展、政府管理、法律制度、国际汇率、贸易成本等因素的影响。比如中亚普遍技术落后，市场发展落后，企业发展需要自己去构建完整的产业链，如果失败，企业发展难以为继。

很多投资的企业仍然处在投资的初期，投资的规模还不够。中国对中亚国家农业直接投资的企业数量较少，已经投资企业的发展基本还处于初期，离目标规划还有不小差距，投资的规模还不够。比如爱菊集团的发展计划分为四个阶段，目前还只是处于第二个阶段，种植基地还只有150万亩，离目标500万亩还有不小差距，粮油加工的产能也还没有达到预期计划。河南贵友集团的亚洲之星产业园区离目标规划同样有很大差距。有些企业的投资还只是刚刚起步，比如河南天邦农产品开发有限公司、宁夏神马工贸有限公司、宁夏神马工贸有限公司等。总体上看，企业投资的时间较短，实力还比较弱，在当地还没有完全站稳脚跟，与当地社会经济的融合还有待加深，对当地经济的影响还没有显现，企业的示范性带动性效应还比较弱。

投资的领域和环节还需要进一步拓展。中国对中亚农业直接投资的领域覆盖种植业、畜牧业、林业、渔业、农资等领域，遍及科技研发、生产、加工、仓储物流、贸易、服务等多个环节，不过在很多细分领域和环节上还很不够。种植业方面，小麦、棉花、蔬菜和水果等领域都有投资，发展较为充分，畜牧业与之相比就很差，只有亚洲之星在重点发展畜牧业，林业和渔业只有一个企业在投资，农资方面也只是兽药、温室灌溉设施以及种子研发和培育。畜牧业方面还有很大的投资潜力和机会，哈萨克斯坦、吉尔吉斯斯坦和塔吉克斯坦都拥有广阔的牧场，牛羊品质优良，尤其是中亚国家特产的卡拉库尔羊，价值较高。农资的投资也还有广阔的投资空间，化肥、农药、机械都是可以选择投资的领域。在投资的环节上，以种植加工为主，其他环节比较少，即使有也是出于试运行阶段，实际上在服务领域有着很大潜力，服务可以作为农业合作的先导。中亚国家农业服务业的发展还很匮乏，在农业产值中的占比还很低，在农业生产中需要大量的农业服务。因此可以把农业服务业发展作为一个重要的投资环节，通过服务增强中亚民众对中国产品的认识，让中亚的生产与中国的服务形成利益共同体，继而引导中国服务产品的出售，然后可以继续将产业链从服务延展到生产加工。

企业投资集聚性发展的态势还没有形成。中国对中亚国家农业直接投资的企业数量较少，实力还比较弱，投资的产业链还不健全，尤其是具体到某个国家来说，投资的规模以及产业链的缺口还比较大。企业间基本上处于独自作战的状态，企业相互联系较少，企业集聚发展的态势还没有形成。中亚国家对中国企业投资的优惠政策和欢迎程度还没有得到确认，它们政策的稳定性对中国企业的影响会比较大。已投资企业对国内企业的引导作用还没有充分发挥出来。只有企业形成集聚发展，经济实力较强，对当地经济带动效应显著，拥有较大的谈判沟通权利，才能形成较好的投资环境；中国的农业企业对中亚农业投资的门槛降低，中国企业更多地"走出去"，形成更大的集聚发展，才能形成相互促进的良性循环。

第四节　中国企业对中亚农业直接投资的模式创新

一　对于单个企业做好投资的全周期管理，提高可持续发展能力

前期做好调研工作。首先要看投资环境，包括国家关系、当地政局、产业政策、产业许可、签证等各个方面的问题。两国企业合作需要在两国友好的关系基础下展开，而且要考虑到当地政局是否稳定，在相对稳定的政局下企业发展才能更加稳定和迅速。科学谋划，认真考察，比照不同国度的资源、政策、民俗、人脉关系，谨慎把握进入机会。在企业合作区的选址上不仅要考虑到位置，还要考虑到日后的交通。在合适生产、存储等地区建立厂房的同时满足物流需求，最大限度地满足企业多元化需求。然后选择投资路线，企业境外投资是为了让回报率达到一个满意的值，使得企业获得更多的利润。企业需要增强风险忧患意识，做好可行性研究，在合资、独资、并购等方式中选择合适的路径进行投资。河南黄泛区实业集团有限公司王华建议纺企走并购或共建的投资路线，以增强竞争力。这样可以降低投资风险，快速收回成本，与当地产业发展实现共享。另外找好专业的翻译：一个准确专业的翻译也不容忽视。一个企业在国外进行投资运作，所需要的翻译人员不能够只是会简单的语言交流，而是需要一个专业的翻译人员，懂得政策以及专业的词语。最后完善好手续，只有合法企业才能寻求到国家保护和支持。需要在国内办好各种手续备案，在国外也要和当地的领事馆、政府交流沟通。因为是在国外办厂，所以要熟悉当地的风俗习惯、办事程序和风格，了解当地的各方面政策法律环境。

后期做好发展管理。要抓住发展机遇，充分利用所在国的政策、资

源、市场、贸易便利化等优势,抓住所在国对农业生产发展方面的优惠政策以及"一带一路"对企业发展的助力之处。扛得住困难,真正开始投资办厂可能会遇到各种各样的困难,除了前期的准备工序,后期遇到问题时也需要极大的抗压能力。在境外投资建厂的过程中会遇到"租地买地、设备维修"等问题。这些问题需要对当地的其他企业进行调研了解,在保证企业成本利益的情况下完成。做好思想准备,解放思想、创新理念,大胆"走出去"转轨变型,在利用境外资源和产业链的延伸中实现效益最大化。建立精品团队,境外办厂难度很大,语言不通,条件艰苦,远离祖国。建立精干的专业团队,在专业团队的带领下其他员工的工作效率和奉献精神也会受其影响提高。诚信经营,企业可以制定一系列管理制度,无论是管理人员还是普通员工都必须严格遵守。据统计,从 2000 年到现在的这十几年间,中资企业"走出去"很多都失败了,其中 67% 的企业是因为对当地的法律常识和诚信经营意识不了解。诚信是一个企业的无形资产,一个企业想要走得久远,就一定要诚信经营。

二 为已投资企业做好服务,及时解决遇到的困难,营造优良的发展环境

帮助企业克服疫情影响,恢复正常生产生活秩序。2020 年的新冠肺炎疫情来势汹汹,迅速席卷了世界各国,给中国对外的投资企业造成了很大困难,项目被迫延期,员工难以及时到位,疫情防控需要接受当地国家的管理,防疫物资和医疗条件都与国内有差别。为保障企业及时克服疫情影响,恢复正常的生产生活秩序,国际或者省级政府需要及时帮助企业解决面临的困难。比如洛阳万邦优选供应链管理有限公司在新冠肺炎疫情期间就遇到了人员出境难、境外项目成本增加、大量商品滞留港口费用增大、推动乌兹别克斯坦牛肉准入暂缓等问题。鉴于企业面临的问题急需解决,河南省相关部委迅速行动,及时为企业解决了商务签证推迟的问题,积极帮助企业争取政策资金支持,并联系相关金融机构进行金融合作,同时经过协调,企业滞留在天津港、上海港的商品已经全部顺利提货出关,并获得港口费用减免 6 万余元。就乌兹别克斯坦牛肉准入问题与郑州海关进行了积极协商,郑州海关围绕中亚国家牛肉进

口需要签订的双边《贸易协议书》《兽医卫生议定书》及前期需要开展的疫情调查、企业资质认定等工作,对企业进行了专题辅导。

帮助企业协调解决签证等问题。中国对中亚国家的投资就需要人员广泛而频繁地出入境,而中亚国家针对中国的签证政策严重制约了双方人员的正常流动。哈萨克斯坦签证经常被中国企业吐槽为史上最难签证。中方申请赴哈签证手续复杂、耗时长以及限制入境人员数量等问题与中哈间产能合作迅速发展的要求严重相悖,为解决此掣肘,双方在2015年底签订了中哈关于在产能与投资合作框架内便利双方人员办理商务签证的协定,并在此后进行了多次高级别论坛,最终在2019年10月哈方终于简化了签证申请程序,签证便利化水平大为提高。不过这只是在中哈产能投资合作合作机制下的特殊安排,没有纳入中哈产能合作的投资估计享受不到类似优惠待遇,在科技文化交流中也存在类似问题。中方需要在此基础上,继续为中国投资企业的签证便利化进行沟通协调,为中哈间农业合作的快速发展扫清不必要的障碍。

做好企业的资金扶持工作。企业投资周期长,需要的资金量大,面对各类意料不到的风险也需要资金支持。企业资金的来源一方面需要自己通过经营获得收益进行再投资,也可以通过合资的方式吸引其他企业的资金,不过在扩大投资中,企业要把握好扩大投资与现期收益的平衡,需要预留部分风险资金,以保障企业的可持续性发展,做好风险防控,也可以购买一些国际保险;另一方面也需要政府提供一些政策性扶持资金,或者通过政府协调利用政策性银行的资金,比如农行兵团支行就在新疆利华集团和新丝路公司在中亚国家投资中发挥了重要的推动作用,或者积极申请和利用投资所在地政府的扶持资金,实现与当地政府或者企业合资的方式进行投资。

三 引导推动更多的企业对中亚进行投资,拓展投资领域和产业链

充分利用中亚合作园区"引进来"的平台作用。中国在中亚国家已建立多个农业合作区(见上一章),这些合作区具有很强的"引进来"作用。首先合作区自身需要与企业进行合作,构建产业链,实现自己的持续发展。比如河南省经研银海种业有限公司为了构建中亚农业科技示范

园区完整的产业链,带去了洛阳一拖的拖拉机、郑州中联收获的收割机、许昌的播种机、长葛的小三轮等河南的农机具,并且积极和荥阳一家有机肥厂商谈在塔吉克斯坦组建有机肥厂,和郑州中联收获机械有限公司商量改进增加收割机的集草功能,同时联系了河南亿诺航空科技有限公司的喷防,还要和河南省农科院植保所对接联合在塔吉克斯坦生产农药和叶面肥料。另外,合作区可以单独作为考察基地,为中国企业考察提供协助和帮助,减少企业前期投资成本,节约投资准备时间。为了进一步发挥合作园区的平台作用,各省份要积极组织省内有意向投资的企业到中亚进行考察,与合作区进行对接,挖掘合作潜力。

充分利用农业对外开放合作试验区"走出去"的平台作用。为了推动中国农业企业"走出去",除了需要境外合作园区的"拉",还需要国内农业对外开放合作试验区的"推"。农业对外开放合作试验区是培育国内"走出去"企业的平台,为企业走出去提供技术、政策、人才、资金等方面的准备。在首批农业部认定的农业对外开放合作试验区中,有吉木乃农业对外开放合作试验区,这是距离中亚最近的试验区。吉木乃试验区要积极开展与中亚国家的农业合作交流活动,与中亚每个国家都积极开展交流合作,另外,积极吸引国内企业入驻试验区,对入驻企业提供各项优惠政策,将自身打造成企业"走出去"的"翘板",最后,试验区要积极与国际知名农业投资企业进行合作,担负其国内外农业企业交流的基地作用。

做好已投资企业的经验宣传,吸引更多企业走出去。中国对中亚的农业投资企业中,有些已经取得了不小的成就,社会反响强烈,取得了良好的经济效益和社会效应。这些企业的成功经验通过分享可以吸引更多企业到中亚寻找投资机会。因此可以在国内省份定期召开中亚投资企业经验交流会,并且发布合作项目计划,让先投资的企业带动有意向有实力的企业进行投资。实际上,中亚的农业投资机会还很大,很多领域和环节还缺少投资。

为中国与当地企业及国际企业合作搭建平台。除了推动中国的农业企业走出去,已投资企业还可以寻找当地企业或者国际企业进行合作,构建产业链。比如玖久丝绸股份有限公司就与乌兹别克斯坦当地的合作社及政府进行了合作。西方发达国家也有很多企业对中亚的农业进行了投资，比如欧盟和日韩企业对中亚农业投资较多，他们的投资有些较早，投资模式也会更成熟，对中亚的投资环境更了解，与当地政府和民众建立起了正常的沟通机制。中国的农业企业可以寻求与国外投资企业的合作机会，采取各式各样的合作模式，做到强强联合，优势互补，实现自己更快更好地发展。

四 规划建设几个标志性大项目

扶持已有的优质项目做成样板项目。中国对中亚国家的农业投资需要大项目的带动，标志性大项目的带动作用不容忽视。标志性项目的建设可以通过扶持已有的优质项目来实现。这些优质项目需要前期有良好的基础，后期有详细的规划，发展潜力巨大，对投资所在国的农业发展具有较大的推动作用，对双方农业合作的带动作用大。就目前项目来看，哈萨克斯坦爱菊集团的小麦种植加工项目，吉尔吉斯斯坦的亚洲之星农业合作园区项目以及乌兹别克斯坦的新丝路纺织产业园项目符合这些特点，可以作为标志性大项目来扶持。扶持的领域包括政策、资金、人才、技术等方面，扶持的目标首先是实现项目的发展规划，然后利用中亚国家间相似的农业生产资源，以及不断发展的交通运输体系，将项目继续推广到其他国家，构建横跨中国与中亚国家的国际性大项目。比如小麦是中亚国家民众的主食，对每个国家的农业发展和粮食安全都有重要意义。爱菊集团可以将哈萨克斯坦的项目继续推广到其他中亚国家，构建研发基地、种植基地、加工基地、物流基地等跨国境的产业链完整的体系。亚洲之星农业合作园区项目对于中亚国家畜牧业发展以及新丝路纺织产业园对于棉花种植及加工的发展拥有相同的意义。

新投资建设几个有发展潜力的项目。中国对中亚的农业投资除了以上几个大项目的带动，在目前没有投资或者投资了规模也很小的其他领域和环节也可以规划建设几个有发展潜力的大项目。这些大项目的选择中首选是农业服务业。中亚国家农业服务业的发展非常滞后，严重制约了中亚国家的农业发展水平，农业服务业发展潜力大，发展前景广阔。中国目前对中亚农业服务业没有大规模投资的原因是中亚的农业体系还是基本上按照苏联的模式，中国的农业服务体系与之并不匹配。因此中国对中亚农业服务业的投资适合采用第三方市场合作的方式进行，由中国企业与俄罗斯的企业组成联合体进行项目投资，共同开发出适合中亚农业发展体系的服务业供给方式。或者由已经在俄罗斯投资农业服务业的中国企业实施。这个大项目的酝酿和执行先期需要政府做好顶层设计，做好相关协议文件的签署。具体实施方式可以先由中俄在哈萨克斯坦进行试点，然后推广到其他国家。另外中亚国家的蔬菜水果产业及农产品的加工贸易也是很好的投资领域和环节，在这方面可以规划建设一些跨国项目。

开拓土库曼斯坦的农业投资机会。土库曼斯坦是世界上少数的几个中立国之一，与其他国家的经济交流较少。中国对土库曼斯坦的农业投资较少，是中国与中亚国家农业合作的短板。不过土库曼斯坦是连接中国与西亚国家的必由之路，中国需要加强对于土库曼斯坦的农业投资。中国对土库曼斯坦的农业直接投资可能会比较困难，限制比较多，可以采用在土库曼斯坦周边国家先进行投资，然后再在土国以建立企业分部的形式进行投资。比如中国在塔吉克斯坦、乌兹别克斯坦，阿富汗、巴基斯坦等国家的投资。上面提到的大项目建立以后都可以通过建立分部的形式拓展到土库曼斯坦。土库曼斯坦的农业结构和气候条件和其他中亚国家相似，投资的领域和环节也基本相似，这些都为项目拓展提供了条件。

第十二章

"丝绸之路经济带"背景下中国与中亚国家劳务合作研究

在国家形成之前，人类有迁徙的自由，人口的流动带来了商品的交换和文化的交融，可以说人口的流动是先于并且带动了贸易和投资的产生。现代国家形成之后，虽然人口流动受到了诸多限制，不过人口劳动力跨国流动与国际贸易、对外非金融类直接投资活动存在一致性。在陆上丝绸之路经济带建设中，中国中西部地区尤其是新疆地区成为了中国向西开放的桥头堡，而向西开放的首要地区就是其接壤的中亚地区。加强中国与中亚国家的经贸合作，使其真正成为连接西欧和东亚两大经济体的经济中枢，而不仅仅是跨境运输的交通枢纽，是推进陆上丝绸之路经济带建设向更高水平发展的必然要求。从劳动力流动、贸易和投资间的关系可以看出，要推进中国与中亚国家的经贸合作，就有必要采取措施来加强中国与中亚国家间的劳务合作。

劳动力的流动作为一种生产要素的配置方式，具有丰富的社会学内涵，国内外有大量学者对其开展。关于劳动力流动的研究主要集中在劳动力流动的动因及其带来了经济学和社会效应方面。国外关于劳动力流动的动因方面的研究已经有了丰富的成果，相继产生了以唐纳德·博格（D. J. Bague）为代表的推力—拉力理论、以刘易斯（Arthur Lewis）和托达罗（Michael Todaro）为代表的新古典迁移模型、以奥迪·斯塔克（Oded Stark）为代表的新经济迁移理论、二元劳动力市场理论以及世界系统理论等。这些研究表明促使劳动力流动的动因不仅有工资差距、资本流动、产业结构、经济危机等经济因素，还有流动成本、社会流动网络、制度政策因素、文化观念变化等社会因素。国内学者结合中国劳动力流动的实践对劳动力流动的动因也进行了丰富的实证研究。另外，劳动力流动的经济效应和社会效应也是重要的研究热点。劳动力流动对于经济发展、劳动力市场结构、收入贫富差距、知识外溢以及文化融合方面都具有重要的影响。劳动力流动跨过了国境成了国际劳务合作，以上理论研究成果同样适用于国际劳务合作，不过国际劳务合作又具有显著的特殊性。特殊性主要体现在：一是流动成本明显增加，国家对于劳务合作的政策以及相互的合作意向起着更加显著的作用；二是劳动力流动和投资贸易联系的会更加紧密，劳动力的流动更加需要商品流动、资本流动的带动，跨国企业在劳动力流动的纽带作用明显；三是社会文化差异对劳动力的跨国流动作用凸显。

2013年习近平主席在哈萨克斯坦提出了共建"丝绸之路经济带"倡议，也得到了中亚国家的积极响应。自此中国与中亚国家间的经贸合作取得了长足的进步，不过基于历史文化的原因，中国与中亚国家间的劳务合作明显落后于双方经贸合作的发展，势必会对以后的经贸合作的持续稳定发展产生制约作用。"一带一路"倡议下，在中国与中亚合作中，学者们的研究集中于产业合作、贸易合作等方面。在劳务合作研究中，张原（2018）从"一带一路"总体的角度分析了中国国际劳务合作的机遇和挑战。郑晓明（2018）分析了中国对外劳务合作的总体分布情况，以及劳务合作与中国对外投资的联系。目前依然缺少关于中国与中亚劳务合作方面的专门研究。

第一节　加强中国与中亚国家劳务合作的重要意义

加强中国与中亚国家间的劳务合作有利于相互间的文化融合和区域间的人力资源配置，对丝绸之路经济带建设向更高水平发展具有重要意义。

一 有利于中国与中亚国家间的文化融合

文化认同是经贸合作顺利长期开展的必要条件。传统上，中亚国家是苏联的加盟国，其文化和制度设计是一体的，所以中亚国家在寻求对外经贸合作时，更倾向于与俄罗斯等原苏联国家寻求合作，而与中国的合作，往往会存在怀疑抵触的心理。文化差异是推进中国与中亚国家经贸合作中的不可忽视的因素。加强中国与中亚国家间的劳务合作有利于加深中国与中亚国家的相互理解，增强共识，消除隔阂，增强相互间文化认同和文化融合。同时，加强中国与中亚国家劳务合作也是丝绸之路经济带建设中"民心相通"建设的重要内容。劳动中建立起来的民心相通是最真实最可靠的。

二 有利于中国与中亚国家间人力资源有效配置

劳动力流动是人力资源有效配置的方式。中国新疆与中亚国家相邻，有着相似的气候条件和产业结构，但是鉴于不同的资源禀赋和不同的经济发展水平，各方对劳动力有着不同的需求。目前来看，哈萨克斯坦和中国新疆地广人稀，经济发展水平较高，是劳务的主要输入方，而吉尔吉斯共和国和坦吉克斯坦经济发展水平较低，是劳务的主要输出方。基于历史文化的原因，吉尔吉斯共和国和塔吉克斯坦的劳务大都输出到了哈萨克斯坦和俄罗斯，中国新疆对其劳务的吸收不够。加强中国与中亚国家间的劳务合作，一方面吸引吉尔吉斯共和国和塔吉克斯坦的剩余劳动力更多的来中国新疆务工，能为吉塔两国的劳动力提供更多的务工选择；另一方面吸收更多的中国劳工到中亚国家工作，实现人力资源更有效的配置。

三 有利于中国与中亚国家间深化各领域合作

中国与中亚国家是地域上近邻国家，共同利益广泛，合作潜力巨大。对于中亚国家来说，中国的富裕产能有利于其完善基础设施，提高技术水平，改善民生。深化与中国的各领域合作有利于提高其国际经济开放水平，摆脱其对西方国家与俄罗斯等大国的战略依赖。对中国来说，与中亚国家各领域合作有利于打通中国与西亚，南亚，俄罗斯和欧洲的市场，从真正意义上实现中国的向西开放战略。不过中国与中亚国家各领域合作受到了双方文化不同，信任不足的严重阻碍。加强中国与中亚国家的劳务合作是促进双方文化交融，增强互信的重要突破口，从而推动中国与中亚国家间各领域的深入合作。

第二节　中国与中亚国家都不是对方主要的劳务合作国

中国与中亚国家开展劳务合作拥有有利的天然和人文条件。中国新疆与中亚国家具有绵长的国界线，具有良好的交通基础设施，乌鲁木齐与中亚国家首都距离相比于国际上其他大城市都不算远。新疆与中亚国家具有相似的人文地理条件，历史上也出现过民族大融合。不过就目前来看，中国与中亚国家都不是对方主要的劳务合作国，处于合作的边缘。

一　从中国劳务输出来看，中亚国家不是中国劳务的主要输出地，民间劳务合作很弱

从周边国家吸引中国劳务的对比中，可以看出中国与中亚国家的劳务合作的发展状况（见表12-1）。在中国的周边国家中，东盟国家和东亚日韩吸引了中国的大批劳工，不过它们吸引的方式迥异。日韩发达国家以吸引中国的灵活务工人员为主，以承包工程带动的劳务输出占比很小，而东盟等发展中国家则以吸引承包工程带动的劳务为主，中亚国家，蒙俄和南亚国家也呈现出同样的特点。这是由周边国家不同的经济发展阶段造成的。另外，同样是发展中国家，东盟，中亚，蒙俄和南亚吸引中国劳工的方式也有很大差别，东盟和蒙俄吸引中国劳务合作的劳工也占有相当的比例，这与中国东南地区和东北地区分别与东盟和蒙俄开展合作历史较早，并且与文化交融有关。中亚和南亚地区主要是承包工程带动的劳务输出，劳务合作的劳务输出占比很小，这说明中国与这两个地区的劳务合作还主要是以项目推动为主，民间交流很少，文化相对隔阂。所以在丝绸之路经济带建设的背景下，加强中国与中亚国家间的劳务合作以推动民间交流、文化交融，促进双方经济发展显得尤为重要。

表 12-1　　2015 年中国劳务输出在亚洲各周边地区的分布　　（单位:%）

国别（地区）	承包工程			劳务合作	
	完成营业额	派出人数	年末在外人数	派出人数	年末在外人数
东盟十国	38.66	36.64	36.48	19.73	22.95
日韩朝三国	1.07	0.34	0.79	20.97	34.40
中亚五国	7.01	14.67	12.00	0.67	0.33
蒙俄	3.84	5.67	6.26	2.42	2.76
南亚三国	13.88	7.21	8.25	0.14	0.15

注：比例来自各地区数值与亚洲数值的比，南亚三国是巴基斯坦、印度和孟加拉国。

数据来源：2016 年《中国统计年鉴》。

从纵向来看，表 12-2 给出了 2011 年到 2015 年中国输出到中亚地区劳务的情况。从中可以看出，除承包工程带动的劳务输出和年末在外人数的比例在逐年增长以外，通过劳务合作的劳务派出人数和年末在外人数还没有明显的发展趋势，2013 年丝绸之路经济带建设以来，劳务合作的人数明显增加，不过占比依然很低。同时由于哈萨克斯坦较高的经济发展水平，哈萨克斯坦吸收中国劳务较多，占到中国输出到中亚劳务数量的一半以上。其他国家吸引中国劳务数量少，呈现出偶发性的特点。

表 12-2　　2011—2015 年中国劳务输出到中亚地区
与整个亚洲地区的比例　　（单位:%）

年份	承包工程			劳务合作	
	完成营业额	派出人数	年末在外人数	派出人数	年末在外人数
2011	5.86	5.64	4.66	0.23	0.28
2012	7.41	8.04	5.96	0.35	0.41
2013	10.68	11.64	8.15	0.05	0.10
2014	7.85	13.20	9.81	0.29	0.18
2015	7.01	14.67	12.00	0.67	0.33

数据来源：各年份对应的《中国统计年鉴》。

二 从国内看，中国与中亚国家的劳务合作以新疆为主

在中国与中亚国家的劳务合作中，新疆具有得天独厚的地理和历史文化的优势。新疆与中亚的哈萨克斯坦、吉尔吉斯斯坦和塔吉克斯坦有绵长的国界线，乌鲁木齐距离哈萨克斯坦的重要城市阿拉木图、吉尔吉斯斯坦的首都比什凯克、塔吉克斯坦的首都杜尚别、乌兹别克斯坦的首都塔什干比距离国内一些重要城市都要近。历史上新疆就与中亚国家交往密切，互通有无，是古丝绸之路上的主要商旅汇聚地。新疆境内的哈萨克族、塔吉克族、乌孜别克族等少数民族更是为中国与中亚之间的劳务合作奠定了文化基础。据数据显示，2013 年，新疆输出到哈萨克斯坦的劳工达到 2960 人，占中国对哈劳务输出的 41.45%，新疆对哈承包工程营业额达到 90153 万美元，占中国对哈承包工程营业额的 30.90%。而且新疆对哈承包工程营业额占到新疆对外承包工程营业额的 60% 以上，中亚地区是新疆对外经济合作的主要地区。同样地，和第一部分显示的一样，新疆对中亚国家的劳务合作也是以承包工程带动的劳务输出为主，以劳务合作形式的劳务输出占比很小。

三 从中亚国家劳务输出看，俄罗斯是其劳务的主要流入地，并积极拓展其他地区

中亚国家独立之后，由于自身经济发展困难，人力资源丰富、拥有大量剩余劳动力的乌兹别克斯坦、吉尔吉斯斯坦和塔吉克斯坦等中亚国家通过大量的国际劳务移民解决劳动力就业问题。大量的外国劳务移民也带来了可观的国际劳工汇款。由表 12-3 可以看出，国际劳务汇款是吉尔吉斯斯坦和塔吉克斯坦国家的重要收入来源，占到了国内 GDP 的 30%，尤其是塔吉克斯坦有些年份达到了 40% 以上。哈萨克斯坦和土库曼斯坦人口密度小，国内经济发展较快，国外劳务移民比例就很小。

表 12 – 3　　　2012—2016 年中亚国家已收劳工回款和职工
薪酬占 GDP 的比例

国家	2012 年	2013 年	2014 年	2015 年	2016 年
哈萨克斯坦	0.09	0.09	0.10	0.11	0.23
吉尔吉斯斯坦	30.75	31.06	30.03	25.27	30.48
塔吉克斯坦	42.22	43.47	36.64	28.76	26.86
土库曼斯坦	0.11	0.10	0.07	0.04	0.02
乌兹别克斯坦	10.99	11.59	9.24	4.56	3.37

数据来源：世界银行数据库。

俄罗斯是中亚劳务移民的主要流入地。相比于中亚国家的人口增长，俄罗斯却劳动力资源供应方面存在很大缺口，再加上历史文化的相似性以及较高的工作待遇，中亚移民大量流入俄罗斯。塔吉克斯坦约 85%、吉尔吉斯斯坦约 60%、乌兹别克斯坦约 70% 的劳务移民都进入了俄罗斯。2014 年，从俄罗斯汇往乌兹别克斯坦、吉尔吉斯斯坦和塔吉克斯坦的汇款分别占到各自 GDP 的 9%、27.8%、41.7%，这与这三个国家收到的总汇款差别不大，这同样表明俄罗斯是中亚三国劳务主要的流入地。

不过 2015 年之后随着大宗商品价格下降和卢布大幅贬值，中亚国家的劳务收入急剧下降（2015 年和 2016 年塔吉克斯坦和乌兹别克斯坦的外汇占比明显下降，见表 12 – 3），同时俄罗斯从 2015 年起还严格了引进劳务的规定，来自乌塔两国的劳工移民数量不断减少。此外中亚国家也在积极拓展国家劳务输出的目的国，为大量的国际劳务输出提供更多选择。比如 2009 年塔吉克斯坦政府与沙特阿拉伯进行了有关组织劳务输出的谈判，不过沙特阿拉伯对劳务移民的要求比俄罗斯要严格，塔吉克斯坦政府也将目光投向了东欧国家的劳务市场，不过那里同样存在着语言障碍和技能考核要求；吉尔吉斯斯坦与韩国之间签订了合法劳务移民协议等。而中国的新疆地广人稀，经济发展迅速，在吸引塔吉克斯坦和吉尔吉斯斯坦两国劳务移民方面拥有着天然的地理经济人文的优势，以后有潜力成为中亚劳务移民的主要选择。

第三节　加强中国与中亚国家劳务合作已经具备的有利条件

中国（新疆）与中亚国家间的人员交流历史悠久，源远流长，后因中苏关系恶化，几近停滞。苏联解体中亚国家独立后，中国与之建立起外交关系。然后在中国西部大开发和向西开放的战略格局下，中国在与中亚国家边界线上建立了功能完备，体系完整的开放口岸体系，以期带动中国与中亚国家的人员往来和经济合作。不过从以上部分的分析中可以看出，中国与中亚国家间的劳务合作（包括劳务输出和劳务输入）还处于起步阶段，远远落后于中国东南和东北地区与边界国家劳务合作的水平。似乎有一座隐形的大山横在中国与中亚国家之间，阻碍着相互间的人往来。

不过，从 2013 年中国"丝绸之路经济带"建设倡议提出以来，中国与中亚及国际形势发生了诸多变化，出现了有利于加强中国与中亚国家劳务合作的有力条件。

一　"一带一路"倡议逐渐深入人心，得到国际社会的广泛响应

如果说上合组织的成立主要是为了解决中国与中亚国家的边界问题，打击"三股势力"促进边境地区的和平与安宁的话，"一带一路"倡议就主要是着重解决发展中国家的发展问题。中国的经验充分证明，发展是硬道理，发展是解决前进道路上所遇到的问题和困难的重要方法。"一带一路"倡议提出以来，已经得到了国际上 180 多个国家和地区的积极响应，很多国家都将其视为加快自身发展的重大机遇，很多务实的基础性大项目相继落地。"一带一路"倡导的是开发性、包容性的发展，与其他国际发展组织并不冲突，正像哈萨克斯坦总统纳扎尔巴耶夫在出席"一带一路"国际合作高峰论坛时所说，"丝绸之路经济带"可很好地连接上合组织、欧亚经济联盟和欧盟。"一带一路"倡议将广大的亚非拉发展中国家紧密连接在一起，通过团结协作促进自身发展，这有利于形成国际发展新秩序和国际治理新模式，解决国际发展中的和平赤字、发展赤字

和治理赤字。这同时将增强中国在国际社会上的话语权。

二 中国与中亚国家间经贸合作的迅猛发展，催生了众多劳务合作的需求

2014年中国是哈萨克斯坦的第一大贸易伙伴，为哈萨克斯坦第二大出口市场和第一大进口来源地，2015年中国是哈萨克斯坦的第二大贸易伙伴。据最新的贸易数据，2017年第一季度，中哈贸易额增长30%。2016年1—10月，在吉国对外贸易额下降的情况下，中吉间的贸易额增长了50%，中国是吉国第一大贸易伙伴和第一大进口来源国。2016年1—8月中国和塔吉克斯坦两国贸易额增长45%，同期，塔俄两国贸易额下降10%。2016年中国是土库曼斯坦的最大的贸易伙伴，是乌兹别克斯坦第二大贸易伙伴国和第一大投资来源国。经贸的快速发展有利于双方建立对各自商品的认同和商品中所附带的文化的认知，也会催生出众多从事经贸服务的工作岗位，这需要双方加强人员的交流和协调。只有劳务人员合作的不断加强，才能使双方的经贸合作关系得到稳定可持续的发展。

三 中国（新疆）与俄罗斯经济发展形势的鲜明对比有利于中国吸引中亚劳工

俄罗斯是中亚国家劳务移民的首选目的国，不过随着俄罗斯经济低迷，以及卢布贬值，中亚国家的移民和外汇收入受到了很大影响。据俄罗斯央行统计，2015年中亚国家自俄侨汇总额为66.5亿美元，比2014年减少了一半。2015年塔吉克斯坦自俄侨汇为12.77亿美元，仅占2014年侨汇金额（38.31亿美元）的三分之一。2016年1—9月，塔吉克斯坦自俄侨汇收入为14.32亿美元，同比又减少14.5%。据俄罗斯移民局统计，近两年在俄的塔籍劳务移民人数减少14%。2016年乌兹别克斯坦侨汇收入占乌GDP比重低于5%，乌国正通过推行就业保障计及鼓励出口以解决侨汇收入大幅减少和务工人员返乡造成的影响。

与此相对应的是，中国经济保持了中高速增长，每年对世界经济增长的贡献率达到了30%以上。中国职工的工资待遇相比于俄罗斯、哈萨

克斯坦等中高收入国家也有了一定的竞争力。根据独联体国家间统计委员会2017年5月发布的数据，2017年月平均工资最高的是俄罗斯，达到了660美元，其次是哈萨克斯坦430美元，最低是塔吉克斯坦127美元。而中国新疆虽然比中国整体上工资水平要低，不过新疆2015年全区在岗职工（含私营企业）月平均工资是4417元（约合660美元），并且全区在岗职工年平均工资逐年增长，平均工资近3年年均增长11.2%。中国（新疆）完全有可能会成为中亚劳务移民心仪的就业目的地，让中国的经济发展更多地惠及周边民众。（见表12-4）

表12-4　　　　2017年独联体国家及乌克兰月平均名义工资　　（单位：美元）

国家	俄罗斯	哈萨克斯坦	白俄罗斯	亚美尼亚	阿塞拜疆	摩尔多瓦	乌克兰	乌兹别克斯坦	吉尔吉斯斯坦	塔吉克斯坦
位次	1	2	3	4	5	6	7	8	9	10
金额	660	430	412	365	290	270	250	250	201	127

数据来源：中国商务部网站（http://www.mofcom.gov.cn/article/i/jyjl/e/201705/20170502571779.shtml）。

四　中亚国家的发展需要寻求更多的与中国的劳务合作的机会

在丝绸之路经济带倡议下，中国与中亚国家的合作会不断由能源资源、基础设施等不需要人员过多交流的项目向农业、旅游业等更依赖人员交流的合作项目转变。中亚国家粮食安全基础薄弱，而中国农业却取得了举世瞩目的成就，双方的农业合作空间广阔，中方农业人员可以给中亚国家带去农业发展经验和技术。中亚国家旅游资源丰富，而中国的出境旅游需求旺盛，每年的出境旅游达到了一亿多人次，双方合作前景广阔。比如吉尔吉斯斯坦，境内94%为山地地形，贫困和失业问题严重，不过吉国适合发展旅游业，根据2016年世界旅游组织的评估，吉尔吉斯是最具有发展旅游业潜力的国家之一。据吉国贸易统计局消费市场统计处主管专家向媒体通报，2016年，进入吉尔吉斯斯坦的外国游客数量为290万人次，其中92%的人员是独联体国家公民，8%的人员是独联体国家以外的公民，而在独联体以外的国家中，中国游客的数量还要排在德国与土耳其之后。中国与吉国是接壤国家，如何更多地吸引中国游客到吉旅游成为吉国旅游业发展的重要分水岭。

第四节 加强中国与中亚国家劳务合作的几点措施

"丝绸之路经济带"建设的倡议提出以来，中国与中亚国家在能源资源、基础设施方面推出了一些代表性的合作项目，在投资贸易方面采取了很多便利化的措施，而且"一路一带"倡议也与区域发展联盟和国家发展战略进行了积极对接，双方的经贸合作得到了迅猛发展。不过与此相对应的，中国与中亚国家间的劳务合作还处于比较低的水平，人员往来呈现出偶发性的特点，缺少自发性和持续性。缺少人员的密切往来，高水平的经贸合作也难以得到稳定的持续的增长，因此有必要采取有效措施来加强中国与中亚国家间的劳务合作，补齐这块发展中的短板。结合目前加强劳务合作的有利条件，可以采取的措施如下。

一 在"丝绸之路经济带"倡议下，加强中国与中亚国家间的文化交流

由于中亚在不同历史上不同时期受到古希腊、蒙古、波斯、突厥、俄罗斯等不同势力的影响，形成了突厥文化、佛教文化、波斯文化、伊斯兰文化、斯拉夫文化、西方文化六大文化并存的多元文化体系。相比较而言，华夏文化对其影响相对薄弱。21世纪以来中国与中亚国家通过签订文化领域的合作协议、开展文化活动、在中亚开设孔子学院、推广汉语教学等方式不断加强相互间的文化交流，不过总体而言，相对于政治和经济领域的合作，文化合作仍然相对滞后，中亚普通民众对中国了解还不够，甚至对中国有抵触戒备的心理，这是加强相互间劳务合作的重要阻碍。在丝绸之路经济带建设倡议下，加强双方的文化交流可以从以下几个方面采取措施。第一，制定文化合作的长期发展战略，形成文化合作的备忘录；第二，加强输出文化产业的合作，将反映中国发展成就的纪录片和反映中国普通民众生活的影视剧翻译成当地语言，在中亚

国家放映，让中亚普通民众有更多渠道了解中国文化；第三，举行双方文化交流年活动；第四，扩大中国与中亚国家间的非政府、民间的交流，尤其是学者和媒体的交流；第五，继续办好孔子学院和中国文化中心，培养中亚汉语人才，加大吸纳留学生的力度。另外，相互间的文化交流能促进双方的劳务合作，反过来，加强劳务合作也是促进双方文化交流的重要形式。

二 采取优惠措施吸引中亚劳工到中国（新疆）工作

对于加强中国与中亚国家间的劳务合作，鉴于中国有着丰富劳动力资源，很多学者倾向于研究如何加强中国（新疆）对中亚国家的劳务输出。不过由于中亚国家普遍担心大批的中国劳工会对他们的经济稳定和工作岗位产生冲击，它们对中国劳工采取了较严格的限制措施，加强中国的劳务输出收效不大。如前所述，中亚国家（乌塔吉三国）也有较强的劳务输出的需求，中国（新疆）可以采取必要措施吸引其居民来中国（新疆）工作，以此作为突破口来带动双方间的劳务合作。具体措施包括：第一，随着丝绸之路经济带建设的推进，在丝绸之路沿线会催生出一些新的就业岗位，这些岗位面向中亚，服务于丝绸之路经济带建设，这些新增就业岗位可以以一定比例对合适的中亚劳工优先录用；第二，吸引中亚国家企业来华投资，建立中亚产业园区，以此带动中亚劳工来华务工；第三，简化中亚劳工来华入境程序，降低入境成本；第四，鉴于中亚劳工大都受教育水平低，主要以建筑业和低端服务业为主，可以加强对中亚劳工的培训，增加其就业竞争性。根据国际移民理论，先期的劳务移民会对后期的劳务移民有着明显的带动作用，"移民链"一旦形成，便会生生息息运作下去。再加上中国经济增长带动的劳务工资的不断提升和工作环境的持续改善，相信中国（新疆）会成为中亚国家劳务移民重要的意向目的地。

三 加强双方农业合作

民以食为天，农业是中国与中亚国家的基础性行业，同时也是劳务合作、文化交流、增强互信的重要载体。中亚国家粮食安全基础薄弱，而中国的农业发展取得了举世瞩目的成就,农业是中亚国家希望与中国加强合作的重要领域。中国与中亚国家间的农业合作可以借鉴中非农业合作的经验,重要措施是中国在中亚援建农业技术示范中心。农业技术示范中心可以根据援建目的国的农业发展特点确定自己的发展重点,比如在塔吉两国可以援建以小麦种植为主的示范中心,而在乌国则可以以棉花种植为主,在哈国以畜牧业为主。农业技术示范中心的定位一方面是技术示范和培训,对当地民众进行农业技术的示范并开展培训,以提高当地的农业生产水平。另一方面是技术试验,农业生产与时节气候密切相关,中国与中亚相比气候有差别,中国的作物在中亚的适应性需要不断试验来总结完善,这也为进一步的技术合作奠定必要的技术积累。另外,农业技术示范中心可以作为引进中国农业企业或者个人到中亚国家投资的平台,一方面可以借助其进行实地考察,对目的国所拥有的农业资源、农业市场情况、农业政策等方面都会有比较清晰的了解;另一方面其拥有的技术积累可以有效缩短投资企业在当地实现盈利的时间。

四 大力拓展中国与中亚国家的旅游合作

旅游作为增进民间交往、促进民众感情交流的重要载体,在"一带一路"建设中,发挥着天然的润滑剂和升华剂的作用。不过同劳务合作一样,中国与中亚国家间的旅游合作处于初步阶段。2015年中亚国家来华旅游的人数,只占到来华旅游人数的1.46%,也远落后于同是发展中国家的马来西亚、蒙古国和菲律宾等国。2015年中国到中亚国家旅游的人数为34.12万人次,与当年中亚五国居民来华旅游总人数38.06万人次相近,同样远落后于缅甸、越南和马来西亚的210.27万人次、178.09万人次和167.65万人次。中国与中亚国家的旅游资源丰富,旅游合作潜力巨大,是推进丝绸之路经济带建设的重要着力点。2016年以来,中国与中亚国家的旅游合作尤其是中哈旅游合作取得了快速进展。2016年8月,中国公民赴哈旅游团首发,标志着哈萨克斯坦正式成为中国组团出境旅游目的地,近300名中国游客分4批进入哈国。2016年,新疆推出"穿越天山廊道探秘世界遗产"中哈吉三国跨境自驾游、"中俄哈蒙"环阿尔泰山跨境自驾游,填补了中国与哈萨克斯坦等国的国际自驾旅游的空白。

2017年中哈合作举办哈萨克斯坦"中国旅游年",哈国政府和旅游企业将以吸引中国游客作为其重要目标。今后中国与中亚国家的旅游合作一方面要加强双方签证、交通、支付等领域便利化措施的不断完善,另一方面要实现从简单的游客接待转向产业要素流动,促进双方旅游企业的深入合作,共同推出更多有丝绸之路特色的国际精品旅游线路,不断完善旅游基础设施,提升旅游服务水平。

参考文献

一 中文文献

阿依波力·哈德勒别克（Aybol·Hadelbek）：《基于经济差异与互补的新疆与中亚经济合作研究》，硕士学位论文，哈尔滨师范大学，2019年。

布娲鹣·阿布拉：《中亚五国农业及与中国农业的互补性分析》，《农业经济问题》2008年第3期。

程中海、孙培蕾：《中国与中亚周边国家贸易便利化影响因素研究》，《商业研究》2014年第11期。

沈琼：《"一带一路"战略背景下中国与中亚农业合作探析》，《河南农业大学学报》2016年第50卷第1期。

陈俭：《中国与中亚五国农业经贸合作模式研究》，博士学位论文，新疆农业大学，2014年。

邓启明：《海峡两岸现代农业合作研究 模式创新与运行机制》，经济科学出版社2014年版。

付旋：《中国—东盟农业企业跨国合作模式分析及绩效提升研究》，博士学位论文，广西大学，2017年。

扶玉枝：《中国新疆与中亚五国农业合作点评》，《俄罗斯中亚东欧市场》2008年第142卷第1期。

高贵现：《中非农业合作的模式、绩效和对策研究》，博士学位论文，华中农业大学，2014年。

高志刚：《基于三类模式的中国新疆与中亚次区域经济合作平台构

建》,《俄罗斯中亚东欧市场》2010年第10期。

郭扬、李金叶:《基于心理博弈的中国与中亚非资源型产业多维合作体系研究》,《经济问题探索》2018年第9期。

韩永辉、罗晓斐:《中国与中亚区域贸易合作治理研究——兼论"一带一路"倡议下共建自贸区的可行性》,《国际经贸探索》2017年第33卷第2期。

胡鞍钢、马伟、鄢一龙:《"丝绸之路经济带":战略内涵、定位和实现路径》,《新疆师范大学学报》(哲学社会科学版)2014年第35卷第2期。

纪祥、郭晓琼:《中亚国家在俄罗斯的劳务移民问题》,《俄罗斯东欧中亚研究》2017年第1期。

李豫新、朱新鑫:《中国新疆与中亚五国农业区域合作机制探析》,《对外经贸实务》2011年第273卷第10期。

李芳芳、李豫新、李婷:《中国新疆与中亚国家农业区域合作存在的问题及制约因素分析》,《世界农业》2011年第391卷第11期。

李仲海:《中亚地区的农业:现实与未来》,《今日前苏联东欧》1993年第3期。

李中海:《中亚的粮食安全及粮食保障前景》,载李进峰、吴宏伟、李伟主编《上海合作组织发展报告(2013)》,社会科学文献出版社2013年版。

李豫新、朱新鑫:《农业"走出去"背景下中国与中亚五国农业合作前景分析》,《农业经济问题》2010年第9期。

李黎、杨娜:《中国与中亚国家农产品贸易影响因素实证研究》,《新疆农垦经济》2016年第7期。

李新兴、马凤才、黄德林:《丝绸之路经济带建设对中国和中亚地区农业经济与贸易的影响——以运输效率变动为视角》,《世界农业》2016年第7期。

梁丹辉、吴圣、李婷婷:《中国与中亚农业合作现状及展望》,《农业展望》2017年第13卷第8期。

刘一伟:《劳动力流动、收入差距与农村居民贫困》,《财贸研究》

2018 年第 29 卷第 5 期。

刘华芹、李钢：《建设"丝绸之路经济带"的总体战略与基本架构》，《国际贸易》2014 年第 3 期。

刘英杰、马惠兰：《中亚国家与中国新疆农业合作模式及途径探讨》，《世界农业》2010 年第 372 卷第 4 期。

刘佛翔、苏尔托诺夫·苏合洛伯：《塔吉克斯坦农业发展现状及中塔农业合作问题分析》，《农业经济》2019 年第 11 期。

罗玲波、段秀芳：《中国新疆对哈萨克斯坦劳务输出的影响因素研究》，《新疆社会科学》2016 年第 2 期。

马莉莉、任保平：《丝绸之路经济带发展报告》，中国经济出版社 2014 年版。

任华、刘威志：《"丝绸之路经济带"背景下中国与中亚国家贸易影响因素的分析——基于贸易引力模型》，《新疆社科论坛》2017 年第 4 期。

盛来运：《国外劳动力迁移理论的发展》，《统计研究》2005 年第 8 期。

石岚、王富忠：《"一带一路"视域下中国新疆与中亚国家农业合作》，《新疆社会科学》2018 年第 212 卷第 1 期。

石先进：《"一带一路"框架下中国与中亚五国农业产能合作路径》，《云南大学学报》（社会科学版）2020 年第 19 卷第 1 期。

施勇杰：《中非农业合作模式创新研究》，博士学位论文，石河子大学，2009 年。

王晨：《"一带一路"倡议下中国与中亚农产品贸易影响因素与潜力研究》，硕士学位论文，浙江农林大学，2019 年。

王亮、黄德林、段梦：《"一带一路"倡议下中国与中亚 5 国农产品双边自贸区建设研究——基于 GAMS 的动态可计算一般均衡模型》，《世界农业》2019 年第 11 期。

王海运：《建设"丝绸之路经济带"促进地区各国共同发展》，《俄罗斯学刊》2014 年第 4 卷第 19 期。

王有兴、杨晓妹：《公共服务与劳动力流动——基于个体及家庭异质性视角的分析》,《广东财经大学学报》2018年第33卷第4期。

王超:《中白工业园积极探索第三方市场合作》,《世界知识》2020年第14期。

王淑漪、梁丹辉、李志强、李婷婷:《中国与中亚农产品贸易影响因素分析》,《农业展望》2014年第10卷第12期。

王力、苗海民、温雅:《中国与中亚五国棉花合作潜力分析及模式探究》,《新疆大学学报》(哲学·人文社会科学版)2016年第44卷第5期。

王慧敏、翟雪玲:《中国与中亚五国农业合作的潜力研究》,《经济研究参考》2017年第31期。

王晓鸿、吕璇:《"一带一路"背景下中国与中亚五国农业合作研究》,《河北地质大学学报》2018年第41卷第4期。

吴万虎:《塔吉克斯坦国水资源及其径流对气候变化的响应》,硕士学位论文,新疆农业大学,2013年。

夏怡然、陆铭:《城市间的"孟母三迁"——公共服务影响劳动力流向的经验研究》,《管理世界》2015年第10期。

徐超:《高等教育扩展对劳动力流动的影响——基于省级面板数据的实证分析》,《西北人口》2015年第4期。

严海玲:《中国新疆同中亚5国开展农业合作的前景展望与提升策略研究》,《世界农业》2015年第436卷第8期。

杨恕、王术森:《丝绸之路经济带:战略构想及其挑战》,《兰州大学学报》(社会科学版)2014年第42卷第1期。

赵德昭、许和连:《FDI农业技术进步与农村剩余劳动力转移——基于合力模型的理论与实证研究》,《科学学研究》2012年第30卷第9期。

张志新、孙照吉、高小龙:《国际贸易、OFDI与中国劳动力跨国流动——基于30个主要输入国及地区差异的实证分析》,《山东理工大学学报》(社会科学版)2016年第32卷第2期。

张原、陈建奇:《"一带一路"背景下的国际劳务合作——机遇、挑战及启示》,《劳动经济评论》2018年第11卷第2期。

郑子青:《土地制度变迁对农村人口流动的影响研究》,《中国人民大学学报》2014 年第 2 期。

郑晓明、吕佳宁：《"一带一路"倡议下中国对外直接投资与对外劳务合作》，《开发研究》2018 年第 5 期。

张济路：《中俄农业合作模式研究》，硕士学位论文，黑龙江大学，2017 年。

张美珍：《俄罗斯的中亚劳务移民现状及其问题分析》，《西伯利亚研究》2014 年第 41 卷第 6 期。

张宁、杨正周、阳军：《上海合作组织农业合作与中国粮食安全》，社会科学文献出版社 2014 年版。

张宁：《中国与中亚国家的粮食贸易分析》，《欧亚经济》2019 年第 2 期。

张宁：《"一带一路"倡议下的中欧班列：问题与前景》，《俄罗斯学刊》2018 年第 8 卷第 2 期。

张宁、张琳：《丝绸之路经济带与欧亚经济联盟对接分析》，《新疆师范大学学报》（哲学社会科学版）2016 年第 37 卷第 2 期。

张宁：《中亚国家的水资源合作》，《俄罗斯中亚东欧市场》2005 年第 10 期。

张宁：《简析哈萨克斯坦的绿色发展战略》，《欧亚经济》2020 年第 2 期。

周德翼、常瑞甫、肖运来：《中非农业合作模式创新研究》，中国农业科学技术出版社 2011 年版。

周聿峨、阮征宇：《当代国际移民理论研究的现状与趋势》，《暨南学报》（哲学社会科学版）2003 年第 2 期。

朱怡洁：《新疆和中亚区域农业合作的现状、模式与对策》，硕士学位论文，新疆财经大学，2012 年。

朱新鑫、杨晓林、刘维忠：《丝绸之路经济带背景下中国新疆与中亚五国农业科技合作路径探析》，《农业经济》2017 年第 4 期。

赵惠、杨恕：《中亚国家农业经济体制改革评述》，《东欧中亚研究》1999 年第 1 期。

张芸、杨光、杨阳：《"一带一路"战略：加强中国与中亚农业合作的契机》,《国际经济合作》2015 年第 1 期。

肖斌:《中亚国家的粮食安全指数及评估》,《俄罗斯东欧中亚研究》2013 年第 1 期。

景守武、夏咏、唐洪松、辛冲冲:《中国与中亚农业技术转移分析》,《湖北农业科学》2016 年第 55 卷第 14 期。

张飘洋、秦放鸣:《中国与中亚国家农业合作研究:一个国内文献综述》,《安徽农业科学》2015 年第 43 卷第 36 期。

赵明昭、张春敏:《中国与中亚地区农产品贸易的深化——以"一带一路"战略为背景》,《人民论坛》2015 年第 36 期。

张芸、杨光、杨阳:《"一带一路"战略:加强中国与中亚农业合作的契机》,《国际经济合作》2015 年第 1 期。

章庆慧、蔡畅:《"丝绸之路经济带"构想下的"无差异空间"与区域合作——论中国与中亚的交通运输合作》,《欧亚经济》2014 年第 6 期。

二 英文文献

Aigul Yerseitova, Sara Issakova, Leila Jakisheva, Almarff Nauryzbekova, Altynay Moldasheva, "Efficiency of using Agricultural Land in Kazakhstan. Entrepreneurship and Sustainability Issues", *Entrepreneurship and Sustainability Center*, Vol. 6, No. 2, 2018.

Asadov, S., "Food Security and the Agricultural Cooperation Agenda in Central Asia with a Focus on Tajikistan", *University of Central Asia – Institute of Public Policy and Administration (IPPA) Working Paper*, No. 16, 2013.

Baydildina, A. Akshinbay, A., "Agricultural Policy Reforms and Food Security in Kazakhstan and Turkmenistan", *Food Policy*, No. 25, 2000.

Conradson D., Latham A., "Transnational Urbanism: Attending to Everyday Practices and Mobilities", *Journal of Ethnic & Migration Studies*, Vol. 31, No. 2, 2005.

Davis S. J., "The Flow Approach to Labor Market: New Data Sources and Micro–macro Links", *Journal of Economic Perspectives*, Vol. 20, No. 3.

Lerman, Z., "Tajikistan: An Overview of Land and Farm Structure Reforms", *Discussion Paper*, No. 2, 2008.

Moses J. W., International Migration: Globalization's Last Frontier, Zed Books, 2006.

Omarkhanova Z., Esbergenova L., Makisheva Z., et al., "Trends of the Agriculture Development in the Republic of Kazakhstan", *International Journal of Economic Perspectives*, Vol. 10, No. 4, 2016.

Petrick M., Pomfret R., Agricultural Policies in Kazakhstan, Discussion Paper, Leibniz Institute of Agricultural Development in Transition Economies, 2016.

Peyrouse, S., "The Multiple Paradoxes of the Agriculture Issue in Central Asia", *EUCAM Working Paper*, No. 6, 27 November 2009.

Pomfret, R., "Distortions to agricultural incentives in Tajikistan, Turkmenistan and Uzbekistan", *Discussion Paper*, No. 1856-2016-152646, 2007.

Tleubayev A., Bobojonov I., Götz L., et al., "Determinants of Productivity and Efficiency of Wheat Production in Kazakhstan: A Stochastic Frontier Approach", Discussion Paper, Leibniz Institute of Agricultural Development in Transition Economies, 2017.

三 俄文文献

Саатова, Х. Я. (2016). Состояние развития и специализации сельского хозяйства в Узбекистане за годы реформ [J]. Экономика и финансы (Узбекистан), (11).

Соколов В И. (2015). Водное хозяйство Узбекистана: прошлое, настоящее и будущее [J]. Ташкент, (1).

Станчин, И. М. (2016). Водные ресурсы и водопользование в Туркменистане: история, современное состояние и перспективы развития [J]. Синергия, (5).

Станчин, И. М. (2017). Производство хлопка и пшеницы в системе продовольственной безопасности Туркменистана [J].

Территория науки, (3).

Naumov J, Puga I. (2019). Проблемы и перспективы развития животноводства в Узбекистане [R]. Discussion Paper.

Umarov K. Сектор животноводства в Таджикистане: Проблемы устойчивого и сбалансированного развития [R]. Discussion Paper, 2019.